주택 비과세

절세 맛집 주택 비과세

───────────────

초판 1쇄 발행 2023년 6월 1일

지은이   김명택 오혜숙 김선아 이승훈
펴낸이   이세연
편 집   최은정
디자인   유혜현
제 작   npaper

펴낸곳   도서출판 혜윰터
주 소   (04091) 서울특별시 마포구 토정로 222 한국출판콘텐츠센터 301-1호
이메일   hyeumteo@gmail.com
인스타그램 www.instagram.com/hyeumteo

부동산 절세 비법 한 권으로 끝내기

절세 맛집

주택 비과세

김명택 · 오혜숙 · 김선아 · 이승훈 지음

★★★
세무사가 뽑은
대표적인
상담 사례 모음

★★★
사례별
유튜브 강연
QR코드 수록

★★★
경매 부동산
취득에서 양도까지
완벽 해설

혜윰터
INFO

매년 변경되는 세제는 납세자뿐 아니라 세무 대리인에게도 늘 촉각을 곤두세워야 할 문제다. 특히, 부동산 세제는 국가 경제 측면에서 큰 부분을 차지하는 영역이기에 경기 상황에 따라 한 해에도 수차례씩 변경될 수밖에 없다.
경기 확장 국면에선 규제 강화책으로, 경기 수축 국면에서는 규제 완화책으로 마치 오케스트라 마에스트로의 지휘와도 같은 조세정책의 진수를 볼 수 있는 영역인 것이다.
숙련된 마에스트로의 완벽한 지휘로 경제주체들의 예측 가능성을 높여 경제에 이바지할 수도 있는 것이 부동산 조세정책이지만, 때론 섣부른 지휘 또는 경제의 급작스러운 외생변수에 의해 경제의 불확실성이 높아지는 것도 조세정책의 또 다른 면모다.

하지만 납세의무자인 일반 시민들에게는 예측 가능성이나 불확실성과 상관없이 늘 어렵고 힘든 것이 세금 문제일 수밖에 없다. 게다가 부동산 세제는 매년 수차례 변경되는 탓에 세무 전문가도 모든 내용을 완벽하게 파악하기 힘든 것이 현실인데, 일반 납세자는 그 난해함이 더할 수밖에 없다.
이 책의 저자들은 이러한 고민으로부터 일반인도 쉽게 세금 관련 내용을 이해할 수 있도록 사례별로 정리한 도서를 출판하게 되었다. 이는 세무 전문가로서 조금이나마 공익에 기여하고 싶다는 마음에서 시작된 여정이었음을 말씀드리고 싶다.

이 책은 저자들이 세무 전문가로서 활동한 상담 중 자주 발생한 사례를 묶고 법령 순서에 기초하여 파트를 구성하였다. 또한, 법령 및 해석은 2023년 5월 현재를 기준으로 적용한 것으로 추후 개정세법에 따른 사례 해석은 개정본에서 다루어질 예정이다.

첫째, 이 책의 목적은 납세자가 자신의 사례에 가장 근접한 내용을 접하고 부동산 조세 제도에 대한 높은 벽을 낮추는 데 있으며 책 한 권으로 세무 전문가를 비서로 두는 것과 동일한 효용을 느낄 수 있게 하는 것이다.

둘째, 납세자와 자주 대면하는 직종에 종사하는 분들에게 큰 도움이 될 것이다. 공인중개사, 법무사, 경매 전문가 등 납세자와 접촉이 잦은 전문가들은 본 도서의 차례만 보고도 고객의 니즈를 가장 빠르게 파악할 수 있으며 다양한 상황에 따라 상담 가능토록 책을 구성하였다.

셋째, 대한민국에서 가장 쉬운 언어로 풀어 쓴 세법 관련 도서라 자부하지만, 일반 납세자에게는 여전히 어려울 수 있는 점을 고려하여 사례마다 강의 영상 QR코드를 모두 수록하였다. 읽고 보고 듣는 동시다발적 과정을 통해 세법을 보다 쉽게 이해할 수 있기를 기대한다. 세무 전문가가 현업에 종사하면서 강의 영상을 촬영하고 무상배포하는 것은 이 책의 목적에 부합하고자 하는 바이니 많은 분의 응원과 격려를 바란다.

넷째, 각 파트별 주제를 '이해하기'와 '알아보기'로 간략하게 정리하였다. 법의 취지나 쟁점들을 너무 깊게 다루지 않은 것은 이 책이 일반 대중을 위한 실용서임을 강조하기 위함이며 '사례'에서 보다 구체적으로 설명이 진행되게 서술하였다.

다섯째, 각 사례마다 '해설'에서 일반적인 설명과 '핵심 포인트 정리'에서 요약 설명을 그리고 '하나 더'에서 심화 내용을 추가하였다. '하나 더'가 부가 첨언이라 하여 중요도가 떨어지는 것은 결코 아니다. 실속 있는 절세코드가 곳곳에 숨어 있다.

여섯째, 하나의 파트가 끝나는 지점마다 삽입된 '절세 포인트'는 말 그대로 절세의 핫플레이스다. 사례에서 다루어졌으나 다른 각도의 절세 방안을 소개하거나 사례에서 다루지 않은 또 다른 상황들을 '절세 포인트'에서 다루고 있으니 본편의 사례가 자신의 상황과 조금 다른 경우 절세 포인트에서 힌트를 찾길 바란다.

마지막으로 저자들이 집필에 전념할 수 있게 물심양면으로 지원해주신 덕산세무회계 김종인 총괄팀장님, 김미정 실장님, 백수민 실장님께 지면을 빌려 감사의 마음을 전한다. 또한, 까탈스러운 저자들의 끊임없는 요구를 받아주신 이세연 대표님과 최은정 편집자님, 유혜현 디자이너님께도 진심 어린 감사를 전하고 싶다.

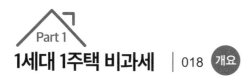

Part3

일시적 2주택 비과세 특례 | 094

Part 4

취학 등 부득이한 사유 비과세 특례 | 124 개요

Part 5

분양권의 1세대 1주택 특례 | 140 개요

입주권의 1세대 1주택 특례 | 166 개요

장기임대주택 거주주택 특례 | 210 개요

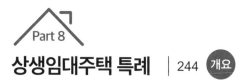

Part 8

상생임대주택 특례 | 244 개요

Part11

농어촌주택 특례 | 328 개요

Part 12

조세특례제한법 주택 과세특례 | 346 개요

Part 13
경매 세금

Part 14
435 **주택 유형별 세무상 취급**

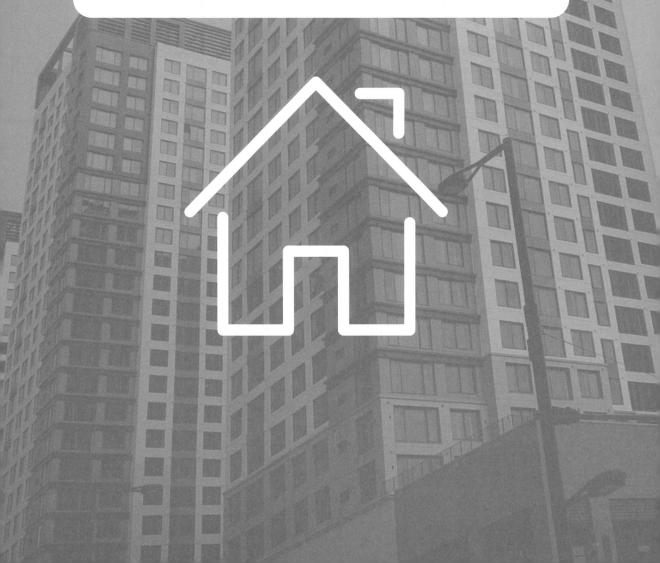

Part 1

1세대 1주택 비과세

소득세법에 따라 토지·건물 등의 자산을 유상으로 양도하는 경우 양도소득세가 과세된다. 그러나 사회·정책적인 이유로 일정한 요건에 해당하는 경우에는 양도소득세를 비과세하거나 감면해주는 제도가 있다. 대표적으로 국민주거생활 안정을 위한 1세대 1주택 비과세 규정과 자경농민의 보호를 위한 자경감면제도 등이 있다. 이 중 1세대 1주택 비과세 규정에 대해 살펴보고자 한다.

이해하기

1. 1세대 1주택 상태에서 2년 이상 보유(취득 당시 조정대상지역인 경우 2년 이상 거주요건 추가)한 주택(주택부수토지 포함)을 양도하는 경우 양도소득세를 과세하지 않는다. 단, 양도 당시 실지거래가액이 12억원을 초과하는 고가주택은 과세한다.

2. 1세대가 1주택을 양도하기 전에 다른 주택을 대체 취득하거나 상속, 동거봉양, 혼인 등으로 인하여 2주택 이상을 보유하는 경우에는 일정 요건을 충족하는 주택을 양도한다면 양도소득세를 과세하지 않는다.

3. 원조합원입주권을 1개 보유한 1세대가 일정 요건을 충족하는 원조합원입주권을 양도하는 경우 양도소득세를 과세하지 않는다. 단, 양도 당시 실지거래가액이 12억원을 초과하면 양도소득세를 과세한다.

4. 양도일 현재 원조합원입주권 1개 외에 1주택을 보유하고(분양권 미보유 한정) 해당 1주택을 취득한 날부터 3년 이내(세법에서 정하는 사유에 해당하고 3년 이내에 양도하지 못하는 경우를 포함)에 해당 조합원입주권을 양도하는 경우 양도소득세를 과세하지 않는다.

5. 1세대가 주택과 조합원입주권(또는 분양권)을 보유하다가 그 주택을 양도하는 경우에는 비과세되지 않는다. 다만, 원조합원이 사업시행기간 동안 거주할 목적으로 취득한 대체주택의 양도이거나 세법에서 정한 부득이한 사유에 해당한다면 비과세한다.

알아두기

양도로 보는 경우

매매, 교환, 법인에 현물출자, 대물변제, 이혼위자료, 공동사업을 영위하기 위한 부동산 현물출자, 경락, 환매조건부, 신탁재산 유상이전, 환지청산금, 물납, 부담부증여 시 채무부담액 등.

양도로 보지 않는 경우

명의신탁 해지, 매매원인 무효, 소유권이전등기 전 당초 계약 해지, 이전등기 후 합의해제로 환원, 공유물분할, 토지거래허가를 받지 않은 상태에서 매매대금 지급, 본인 경락받음, 등기 착오로 다르게 등기되어 정정하거나, 사해행위취소 판결에 따른 소유권 이전, 재산분할청구권에 따른 소유권 이전, 환지처분, 지적경계선 변경을 위한 교환, 지적공부상의 면적이 감소하여 조정금을 지급받음 등.

양도소득세 과세대상 자산

① 토지, 건물
② 부동산에 관한 권리
    부동산을 취득할 수 있는 권리
    지상권
    전세권과 등기된 부동산임차권
③ 기타자산
    특정주식 등
    사업용 부동산과 함께 양도하는 영업권
    특정시설물 이용권, 회원권
    부동산과다보유법인의 주식 등
    토지, 건물과 함께 양도하는 이축권(20.1.1. 이후)
④ 신탁 수익권(21.1.1. 이후)
⑤ 주식 등 → 25.1.1. 이후부터 주식 등 금융투자소득으로 분류과세
    상장주식 또는 출자지분
    비상장주식 또는 출자지분
⑥ 파생상품 등 → 25.1.1. 이후부터 주식 등 금융투자소득으로 분류과세

가족의 범위

① 포함: 거주자 본인, 거주자의 배우자, 직계비속, 직계비속의 배우자, 직계존속, 배우자의 직계존속, 거주자의 형제자매, 배우자의 형제자매

  예) 본인, 배우자, 자녀, 부모, 장인, 장모, 처남, 처제, 시부모, 시아주버니, 시동생, 시누이, 사위, 며느리

② 불포함: 형제자매의 배우자

  예) 형수, 제수, 동서, 형부, 제부

배우자 없는 단독세대를 1세대로 인정하는 경우

① 거주자의 연령이 30세 이상인 경우

② 거주자의 연령이 30세 미만이나 배우자가 사망하거나 이혼한 경우

③ 거주자의 소득이 중위소득의 40% 수준 이상으로서 소유한 주택 등을 관리 및 유지하면서 독립된 생계를 유지할 수 있는 경우(미성년자 제외)

중위소득의 40%

연도	1인 가구	2인 가구	3인 가구	4인 가구
2021	731,132	1,235,232	1,593,580	1,950,516
2022	777,925	1,304,034	1,677,880	2,048,432
2023	831,157	1,382,462	1,773,927	2,160,386

단위: 원

생계를 같이 한다는 의미

'생계를 같이하는 동거가족'이란 반드시 주민등록표상 세대를 같이함을 요구하지는 않으나 일상에서 동일한 생활자금으로 생활하는 단위를 의미한다. 따라서 생계를 같이하는 동거가족 인지의 판단은 주민등록지에 관계없이 실질적으로 한 주거지에 거주하면서 생계를 함께하고 동거하는가로 판단해야 한다.

독립 생계를 인정받으려면 거주자에게 독립 생계를 유지할 만한 충분한 소득이 있다는 사실 만으로는 부족하고, 거주자와 가족이 서로의 도움 없이 각자의 생활자금으로 생계를 유지하 였다는 사실이 인정되어야 한다.

충족 요건

① 거주자인 1세대가 양도일 현재 1주택 보유
② 2년 이상 보유
③ 취득 당시 조정대상지역인 경우 2년 이상 거주
④ 등기된 주택
⑤ 매매계약서의 거래가액이 실지거래가액일 것

혜택

소득세법상 부동산의 양도는 양도소득세 과세대상이나 1주택을 보유한 1세대가 요건을 모두 충족하여 양도하는 경우에는 양도소득세를 비과세한다. 비과세는 국가에서 과세권을 당초부터 포기한 것이므로 납세자의 신고의무도 없으며 별도의 행정처분을 거치지 않고 당연히 양도소득세가 과세되지 않는다.

사례1

1주택 처분 후 즉시 나머지 1주택 양도 시 비과세

2020년 5월	2021년 10월	2022년 12월	2023년 7월
A주택 취득 조정대상지역	B주택 취득 임대	B주택 양도	A주택 양도

상황

- 20년 05월: A주택 취득 후 계속 거주중(조정대상지역)
- 21년 10월: B주택 취득 후 임대
- 22년 12월: B주택 양도
- 23년 07월: A주택 양도(양도가액 10억원)

질문

- A주택 보유기간 동안 2주택자인 적이 있어도 A주택 양도 시 비과세 가능한가요?

⏳ **해설**

비과세 가능하다.

1세대 1주택 상태에서 2년 이상 보유(취득 당시 조정대상지역인 경우 2년 이상 거주요건 추가)한 주택(주택부수토지 포함)을 양도하는 경우 양도소득세를 과세하지 않는다. 단, 양도 당시 실지 거래가액이 12억원을 초과하는 고가주택은 과세한다.

1세대 및 1주택 여부는 양도 시점 기준으로 판단한다. 즉 보유기간 동안 다주택 상태였어도 양도 시점에 1주택이면 1세대 1주택에 해당되고 비과세 요건도 충족했다면 비과세가 가능하다.

위 사례의 B주택은 양도 시 1세대 2주택 상태이며 일시적 2주택 비과세 특례 요건을 충족하지 못하므로 양도소득세가 과세된다. B주택은 보유기간 2년 미만으로 단기양도에 해당되어 60%의 양도소득세율이 적용되며 양도소득세의 10%인 개인지방소득세(양도소득)도 함께 신고·납부하여야 한다.

A주택은 1세대 1주택 상태로 비과세 요건인 2년 이상 보유, 2년 이상 거주요건을 충족하고 양도가액이 12억원 이하이므로 양도 시 전체 비과세 가능하다. 만약 A주택 양도가액이 15억원이었다면 고가주택의 기준금액인 12억원을 초과하는 부분에 대한 양도소득세가 과세된다. 양도가액이 12억원을 초과하는 고가주택이라고해서 전체 양도차익 모두 과세하는 게 아닌 기준금액 초과분에 대해서만 과세한다는 의미다.

같은 날 A와 B주택을 양도하였다면 양도소득세는 어떻게 과세될까?

1세대 1주택 비과세규정 적용 시 2개 이상의 주택을 같은 날 양도하는 경우에는 해당 거주자가 선택하는 순서에 따라 주택을 양도한 것으로 본다. 이 경우, 각각의 양도소득세를 계산해 세금이 많이 나오는 주택을 나중에 양도한 것으로 적용해 비과세 혜택을 받는 것이 유리하다. 일반적으로 양도차익이 큰 주택을 나중에 양도하는 것이 절세에 유리하다.

▶ 핵심 포인트 정리!

1. 1세대 1주택 상태에서 2년 이상 보유(취득 당시 조정대상지역인 경우 2년 이상 거주요건 추가)한 주택(주택부수토지 포함)을 양도하는 경우 양도소득세를 과세하지 않는다. 단, 양도 당시 실지거래가액이 12억원을 초과하는 고가주택은 과세한다.

2. 1세대 및 1주택 여부는 양도 시점을 기준으로 판단한다.

3. 1세대 1고가주택 양도인 경우 고가주택 기준금액인 12억원을 초과하는 부분에 대한 양도소득세가 과세된다. 이때 장기보유공제율은 2년 이상 거주한 경우에는 표2의 우대율(최대 80%)이 적용되나 그 외에는 표1의 일반율(최대 30%)이 적용된다.

4. 같은 날 두 개 이상의 주택을 양도하는 경우에는 거주자가 선택하는 순서에 따라 주택을 양도한 것으로 본다. 따라서 세금이 많이 나오는 주택을 나중에 양도한 것으로 선택하여 비과세 혜택을 받는 것이 절세에 유리하다.

5. 같은 날 1주택을 취득, 양도한 경우에는 1주택을 양도한 후 다른 1주택을 취득한 것으로 보아 1세대 1주택 비과세 기준을 적용한다. 즉, 1세대 1주택 상태에서 양도한 것으로 보아 비과세 요건을 충족하면 비과세 가능하다.

6. 1세대 1주택의 비과세 요건을 갖춘 대지와 건물을 동일한 세대의 구성원이 각각 소유하고 있는 경우에도 이를 1세대 1주택으로 본다.

7. 2필지의 토지 위에 주택이 있는 경우에도 한 울타리 안에 있고 1세대가 주거용으로 사용하는 때에는 주택과 이에 부수되는 토지로 본다.

8. 1세대 1주택 비과세의 판정은 양도일 현재를 기준으로 한다. 매매특약에 따라 잔금 청산 전에 주택을 멸실한 경우 양도 물건의 판정기준일은 양도일(잔금 청산일)이므로 주택의 양도가 아닌 토지의 양도로 보아 1세대 1주택 비과세를 받을 수 없다(22.12.20. 이후 매매계약 체결한 분부터 적용됨).

9. 매매특약에 따라 잔금 청산전 주택을 상가로 용도변경한 경우 22.10.21. 이후 매매계약 체결분부터 양도일(잔금 청산일) 현재 현황에 따라 양도 물건을 판정하므로 주택의 양도가 아닌 상가의 양도에 해당되어 비과세되지 않는다.

하나 더!!

주택부수토지로 인정되는 면적 = 건물정착면적 X 배율

주택 소재지	배율
수도권 내의 주거지역, 상업지역, 공업지역	3배
수도권 내의 녹지지역	5배
수도권 밖의 도시지역(주거 · 상업 · 공업 · 녹지지역)	5배
그 밖의 지역	10배

집을 팔기 전 이사할 집 취득 시 비과세

| 2020년 5월 | 2021년 12월 | 2023년 5월 |
| A주택 취득
조정대상지역 | B주택 취득 | A주택
양도 |

상황

- 20년 05월: A주택 취득 후 계속 거주중(조정대상지역)
- 21년 12월: B주택 취득
- 23년 05월: A주택 양도(양도가액 10억원)

질문

- A주택 양도 시 2주택 상태라도 비과세 가능한가요?

⏳ 해설

비과세 가능하다.

소득세법에서는 1세대가 1주택을 보유하는 경우로서 2년 이상 보유(취득 당시 조정대상지역인 경우 2년 이상 거주요건 추가)한 주택(주택부수토지 포함)을 양도하는 경우 양도소득세를 과세하지 않는다.

그러나 주거이전을 위한 대체 취득이거나 상속, 동거봉양, 혼인 등으로 인하여 2주택 이상을 보유한 상태에서 종전주택 양도 시 특례 규정에 의해 양도일 현재 2주택자지만 1세대 1주택으로 보아 비과세 여부를 판단한다.

각각의 사유별로 별도의 요건이 세법에 규정되어 있으므로 사유별 구체적인 요건은 1세대 1주택 비과세 특례 해당 파트에서 자세히 살펴보기로 한다.

위 사례의 경우 A주택(종전주택) 취득하고 1년이 지난 후 B주택(신규주택)을 취득하였고 신규주택 취득 후 3년 이내에 종전주택을 양도하는 상황이므로 일시적 2주택 비과세 특례의 요건을 충족하고 있다.

따라서 A주택 양도 시 1세대 1주택으로 보아 비과세 여부를 판단한다. A주택 취득 시 조정대상지역이므로 비과세 요건은 보유기간 2년 이상과 거주기간 2년 이상 모두를 충족하여야 한다. 해당 주택은 보유 요건과 거주요건을 모두 충족하고 있으므로 1세대 1주택 비과세 가능하다.

▶ 핵심 포인트 정리!

주택에 대한 비과세는 1세대 1주택자에게 주는 특례이다. 그러나 주거이전 목적이거나 부모님을 봉양하기 위한 합가, 혼인으로 인한 합가 등으로 2주택자가 된 경우까지 모두 과세하는 것은 사회정책적인 측면에서 바람직하지 않다. 따라서 세법에서는 이처럼 부득이한 사유로 2주택자가 된 경우 1주택자로 보아 비과세 가능하게 하는 특례를 두고 있다.

따라서 주거이전 등의 사유로 부득이하게 2주택자가 된 경우라면 1주택자로 판단될 수 있는지를 사전에 꼼꼼히 검토하여 절세 기회를 놓치지 않기 바란다.

하나 더!!

1세대 1주택 비과세 특례: 다음은 2주택이나 1주택으로 보아 비과세 여부를 판단함

1. 일시적 2주택

2. 주택(또는 조합원입주권 또는 분양권) 상속으로 2주택

3. 동거봉양합가로 2주택

4. 혼인 합가로 2주택

5. 문화재주택 포함 2주택

6. 상속받은 농어촌주택, 이농주택, 귀농주택 포함 2주택

7. 부득이한 사유로 수도권 밖 주택 취득으로 2주택

8. 다가구주택 일괄양도 시

9. 수도권 소재 법인 또는 공공기관의 수도권 밖 이전으로 인한 주택 취득으로 2주택

10. 장기임대주택(또는 장기어린이집)과 거주주택으로 2주택

11. 1주택과 1조합원입주권 소유한 경우

12. 1주택과 1분양권 소유한 경우

원조합원입주권 양도 시 비과세

2018년 5월 — A주택 취득 조정대상지역
2021년 12월 — A주택 재건축사업 사업시행계획인가
2022년 3월 — A주택 관리처분계획인가
2023년 3월 — A조합원 입주권 양도

상황

- 18년 05월: A주택 취득 후 거주(조정대상지역)
- 21년 12월: A주택 도정법에 의한 재건축사업 사업시행계획인가
- 22년 03월: A주택 관리처분계획인가
- 23년 03월: A조합원입주권 양도(양도가액 10억원)

질문

- A조합원입주권을 양도해도 1세대 1주택으로 보아 비과세 가능한가요?

⧗ 해설

비과세 가능하다.

1세대 1주택 비과세 규정은 '주택'에 대한 비과세 규정이다. 따라서 주택이 아닌 부동산을 취득할 수 있는 권리인 조합원입주권은 원칙적으로 비과세 되지 않는다. 그러나 1주택을 2년 이상 보유하던 자가 관리처분계획인가일 전에 그 주택을 양도하면 비과세가 적용되는 반면, 관리처분계획인가일 이후 양도하면 주택이 아닌 입주권으로 보아 비과세가 적용되지 않는 불합리한 부분이 있어서 원조합원의 입주권도 비과세 대상인 1세대 1주택으로 볼 수 있도록 세법 규정을 신설하였다.

원조합원입주권 양도에 대한 비과세 내용을 살펴보면, 1세대가 소유한 1주택이 '도시 및 주거환경정비법 등'에 따라 조합원입주권으로 전환된 경우로서 권리변환일 현재 비과세 요건을 충족한 조합원입주권을 양도하는 경우 양도소득세를 과세하지 않는다. 단 양도가액이 12억 원을 초과하는 경우에는 양도소득세를 과세한다.

주의할 점은 위 규정은 원조합원이 입주권을 양도할 때만 적용된다는 점이다. 그러므로 다른 조합원이나 제삼자로부터 승계 취득한 승계조합원입주권을 양도하는 경우에는 어떠한 경우라도 비과세되지 않는다.

위 사례의 경우 A주택을 취득 후 계속 거주하던 중에 해당 주택이 재건축사업으로 인해 관리처분계획인가일인 22년 3월 조합원입주권으로 전환되었다. 전환 시점에서 2년 이상 보유하였고 2년 거주요건(주택 취득 당시 조정대상지역)까지 모두 충족하였으므로 A조합원입주권 양도 시 비과세 가능하다.

▶ 핵심 포인트 정리!

1. 원조합원이 입주권을 양도하는 경우 권리변환일 현재 사업시행 대상 주택이 비과세 요건을 충족한 경우 1세대 1주택으로 보아 비과세한다.

2. 권리변환일이란 도정법상 재건축·재개발사업은 관리처분계획인가일, 빈집법상 소규모재건축사업·소규모재개발사업·자율주택정비사업·가로주택정비사업은 사업시행계획인가일을 말한다.

3. 권리변환일 현재 비과세 요건을 충족하지 못했으나 권리변환일 이후에도 주택이 철거되지 않고 거주했다면 실질과세원칙에 따라 취득일부터 철거일(철거 전 퇴거했다면 퇴거일)까지 기간 동안 2년 보유 및 2년 거주(취득 시 조정대상지역)하였다면 비과세 요건을 충족한 것으로 본다.

4. 권리변환일 당시 2주택을 보유하고 있어도 입주권으로 전환된 주택이 권리변환일 현재 비과세 요건을 갖췄고 해당 입주권 양도 전에 다른 주택을 양도하였다면 입주

권 양도 시 1세대 1주택으로 보아 비과세한다.

👆 하나 더!!

국유지(國有地) · 시유지(市有地) 불하와 재개발 · 재건축 주택

1. 국 · 시유지 불하받은 후 재개발주택으로 완성된 후 양도하는 경우

도정법에 따른 주택재개발지역 내 주택 부수토지로 장기간 사용 · 수익한 시유지를 불하받아 구주택과 함께 주택재개발조합에 제공하고 받은 조합원입주권이 주택으로 완성된 후 양도하는 경우 1세대 1주택 비과세 적용을 위한 보유기간은 해당 시유지 취득 시기에 상관없이 주택 재개발 전후의 보유기간을 통산하여 판정한다.

2. 국 · 시유지 불하받은 후 조합원입주권으로 양도한 경우

1세대 1주택 비과세 요건인 보유기간의 계산은 주택 및 그 부수토지의 취득일부터 양도일까지로 계산하는 것이 원칙이지만, 국 · 시유지(國市有地) 위에 주택 부분만을 소유한 자가 그 국 · 시유지를 주택의 부수토지로 장기간 사용수익한 사실에 기반하여 국가 등으로부터 토지를 불하받아 주택과 함께 주택재개발조합에 제공하고 취득한 재개발아파트의 입주권을 아파트 준공 전에 양도하는 경우, 관리처분인가일 등 현재 기존주택의 보유기간이 2년 이상인 경우에는 당해 부수토지의 보유기간에 관계없이 1세대 1주택 비과세 요건 중 보유 요건을 충족한 것으로 본다.

👆 하나 더!!

조합원입주권의 양도차익 및 장기보유특별공제액

1. 입주권을 양도하는 경우 관리처분계획인가일 등 권리변환일을 기준으로 ① 관리처분계획인가 전 양도차익(기존 건물분 양도차익)과 ② 관리처분계획인가 후 양도차

익(입주권프리미엄 양도차익)으로 구분하여 양도차익을 계산한다.

① 관리처분계획인가 전 양도차익=(기존 건물분 평가액-취득가액)-기타 필요경비

② 관리처분계획인가 후 양도차익=양도가액-(기존 건물분 평가액+청산금 납부액)- 기타필요경비

2. 장기보유특별공제액은 관리처분계획인가 전 양도차익에 대해서만 적용한다. 이때 장기보유특별공제액 적용 보유기간은 기존 건물분의 취득일부터 관리처분계획 등 인가일까지의 기간으로 한다.

재개발 등으로 취득한 신축건물의 양도차익 및 장기보유특별공제액

1. 관리처분계획 등 인가일을 기준으로 ①관리처분계획인가 전 양도차익과 ② 관리처 분계획인가 후 양도차익으로 구분하여 양도차익을 계산한다.

① 관리처분계획인가 전 양도차익=(기존 건물분 평가액-취득가액)-기타 필요경비

② 관리처분계획인가 후 양도차익=양도가액-(기존 건물분 평가액+청산금 납부액)- 기타필요경비

2. ②의 관리처분계획인가 후 양도차익은 다시 ③기존건물분 양도차익과 ④청산금납 부분 양도차익으로 구분하여 계산한다.

③ 기존 건물분 양도차익=②×기존 건물분 평가액 / (기존 건물분 평가액+청산금)

④ 청산금 납부분 양도차익=②×청산금 / (기존 건물분 평가액+청산금)

☞ 기존 건물분 전체 양도차익=①+③

☞ 청산금 납부분 양도차익=④

3. 기존 건물분 전체 양도차익과 청산금 납부분 양도차익에 각각의 장기보유특별공제 를 적용한다. 이때 장기보유특별공제액 적용 보유기간 계산은 기존 건물분은 취득 일부터 양도일까지, 청산금 납부분은 관리처분계획 등 인가일부터 양도일까지의 기 간으로 한다.

재개발 등으로 취득한 신축건물의 양도차익 및 장기보유특별공제액 계산 사례

┌ 관처일 전 양도차익=8억원 - 5억원=3억원
└ 관처일 후 양도차익=12억원 - (8억원+2억원)=2억원*

*2억원 ┌ 기존 건물분: 2억원 ×8/(8+2)=1.6억원
      └ 청산금 납부분: 2억원 ×2/(8+2)=0.4억원

장기보유공제 ┌ 기존 건물분= (3억원+1.6억원) ┌ 20년 ×4% ┐ =3.68억원
           │   └ 17년 ×4% ┘ Max 80%
           └ 청산금 납부분=0.4억원× ┌ 10년 ×4%=0.16 ──── =0.272억원
                                  └ 7년 ×4%=0.112억원

주택 보유 상황에서 원조합원입주권 양도 시 비과세

| 2018년 5월 | 2021년 12월 | 2022년 3월 | 2022년 5월 | 2023년 3월 |
| A주택 취득 조정대상지역 | A주택 재건축 사업시행계획인가 | A주택 관리처분계획인가 | B주택 취득 조정대상지역 | A조합원입주권 양도 |

상황

- 18년 05월: A주택 취득 후 거주(조정대상지역)
- 21년 12월: A주택 도정법에 의한 재건축사업 사업시행계획인가
- 22년 03월: A주택 관리처분계획인가
- 22년 05월: B주택 취득 후 거주(조정대상지역)
- 23년 03월: A조합원입주권 양도

질문

- 주택 보유 상황에서 A조합원입주권 양도 시 비과세 가능한가요?

⌛ 해설

비과세 가능하다.

양도일 현재 원조합원입주권 1개 외에 1주택을 보유한 경우(22.1.1. 이후 취득한 분양권을 보유하지 않은 경우로 한정)로서 해당 1주택을 취득한 날부터 3년 이내(세법에서 정하는 사유에 해당하는 경우 3년 이내에 양도하지 못하는 경우를 포함)에 해당 조합원입주권을 양도하는 경우 양도소득세를 과세하지 않는다.

이는 원조합원입주권은 종전주택의 연장으로 보아 일시적 2주택 규정을 준용하여 비과세한다는 의미이므로 다른 조합원이나 제삼자로부터 승계 취득한 승계조합원입주권을 양도하는 경우에는 주택의 양도가 아닌 부동산에 관한 권리의 양도로 보아 양도소득세가 과세된다.

일시적 2주택 규정과 다른 점은 종전주택 취득하고 1년 이상이 지난 후에 신규주택을 취득해야 한다는 요건이 없다는 것이다. 이는 관리처분계획인가일 이후 투기 목적이 아닌 이주를 위해 구입하는 주택의 취득 시기를 제한할 이유가 없기 때문이다.

위 사례의 경우 양도하는 입주권이 원조합원의 입주권이고 권리변환일인 관리처분계획인가일 현재 비과세 요건(보유 2년 이상, 거주 2년 이상)을 충족하고 있으며, 신규주택 취득일부터 3년 이내에 조합원입주권을 양도하는 상황이므로 비과세가 가능하다.

▶ 핵심 포인트 정리!

양도일 현재 원조합원입주권 1개 외에 1주택을 보유한 경우(22.1.1. 이후 취득한 분양권을 보유하지 않은 경우로 한정)로서 해당 1주택을 취득한 날부터 3년 이내(세법에서 정하는 사유에 해당하는 경우 3년 이내에 양도하지 못하는 경우를 포함)에 해당 조합원입주권을 양도하는 경우 양도소득세를 과세하지 않는다(단, 양도가액 12억원 초과 시 과세).

👆 하나 더!!

신규주택 취득 후 3년이 지나 원조합원입주권을 양도해도 비과세받을 수 있는 세법에서 정한 사유란 다음과 같다.

1. 「한국자산관리공사 설립 등에 관한 법률」에 따른 한국자산관리공사에 매각을 의뢰한 경우
2. 법원에 경매를 신청한 경우
3. 「국세징수법」에 따른 공매가 진행 중인 경우
4. 재개발사업, 재건축사업 또는 소규모재건축사업 등의 시행으로 「도시 및 주거환경

정비법」제73조 또는「빈집 및 소규모주택 정비에 관한 특례법」제36조에 따라 현금으로 청산을 받아야 하는 토지 등 소유자가 사업시행자를 상대로 제기한 현금청산금 지급을 구하는 소송절차가 진행 중인 경우 또는 소송절차는 종료되었으나 해당 청산금을 지급받지 못한 경우

5. 재개발사업, 재건축사업 또는 소규모재건축사업 등의 시행으로「도시 및 주거환경정비법」제73조 또는「빈집 및 소규모주택 정비에 관한 특례법」제36조에 따라 사업시행자가「도시 및 주거환경정비법」제2조 9호 또는「빈집 및 소규모주택 정비에 관한 특례법」제2조 6호에 따른 토지등소유자를 상대로 신청·제기한 수용재결 또는 매도청구소송 절차가 진행 중인 경우 또는 재결이나 소송절차는 종료되었으나 토지 등 소유자가 해당 매도대금 등을 지급받지 못한 경우

👆 하나 더!!

원조합원입주권과 1주택 외에 22.1.1. 이후 취득한 분양권을 보유하지 않은 경우로 한정한다는 의미

21.1.1. 이후 취득한 분양권은 다른 주택의 비과세나 중과 여부 판단 시 주택수에 포함된다. 그러므로 1 원조합원입주권+1주택+1분양권인 경우 2주택이 아닌 3주택 상태가 되어 일시적 2주택에 준하여 비과세하는 동 규정을 원칙적으로는 적용받을 수 없는 것이다. 그런데 21.1.1. 이후 취득한 분양권이 아닌 22.1.1. 이후 취득한 분양권부터 제한하는 이유는 무엇일까?

이는 21.12.8. 소득세법 제89조 1항 4호 가목 및 나목의 개정 전에는 분양권 보유를 제한하는 조문이 없었고 21.12.8. 개정된 소득세법의 분양권 보유 제한 시행일이 22.1.1이므로 동 규정 적용 시에는 22.1.1. 이후 취득한 분양권부터 주택수에 포함한다는 의미이다.

또한 이 규정은 부칙에 의해 22.1.1. 이후 취득하는 조합원입주권의 양도부터 적용되므로 21.12.31. 이전에 취득한 조합원입주권의 경우 22.1.1. 이후 취득한 분양권을 보

유해도 다른 요건을 충족한다면 비과세가 가능하다.

즉, 1원조합원입주권(21.12.31. 이전 취득분)+1주택+1분양권인 경우 분양권의 취득 시기에 관계없이 일시적 2주택에 준하여 비과세하는 동 규정을 적용할 수 있다.

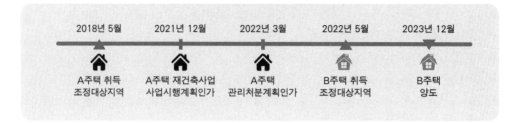

사례5
정비사업 시행기간 동안 거주 목적으로 취득한 주택 양도 시 비과세

2018년 5월 — A주택 취득 조정대상지역
2021년 12월 — A주택 재건축사업 사업시행계획인가
2022년 3월 — A주택 관리처분계획인가
2022년 5월 — B주택 취득 조정대상지역
2023년 12월 — B주택 양도

상황

- 18년 05월: A주택 취득 후 거주(조정대상지역)
- 21년 12월: A주택 도정법에 의한 재건축사업 사업시행계획인가
- 22년 03월: A주택 관리처분계획인가
- 22년 05월: B주택 취득 후 거주(조정대상지역)
- 23년 12월: B주택 양도

질문

- 재건축사업 시행기간 동안 거주 목적으로 취득한 B주택 양도 시 비과세 가능한가요?

⌛ 해설

비과세 가능하다.

1세대가 주택(주택부수토지 포함)과 조합원입주권(또는 분양권)을 보유하다가 그 주택을 양도하는 경우에는 1세대 1주택 비과세를 적용하지 않는다. 조합원입주권(또는 분양권)은 다른 주택 양도 시 비과세나 중과 여부 판단할 때 주택수에 포함되기 때문이다.

다만, 도정법에 따른 재개발·재건축사업, 빈집법에 따른 가로주택정비사업 등의 시행기간 중 거주를 위하여 취득한 주택이거나 그 밖의 대통령령으로 정하는 경우에 해당되는 주택을 양도하는 경우에는 1세대 1주택으로 보아 비과세 여부를 판단한다.

위 사례의 경우 기존 주택(A주택)이 도정법에 의한 재건축사업의 시행으로 인해 원조합원입주권으로 전환되었고 사업시행기간 동안 거주하기 위한 대체주택(B주택)을 취득하여 1년 이상 거주한 후 B주택을 양도하는 상황이다.

대체주택은 사업시행인가일 이후 취득하고 1년 이상 거주하여야 함을 비과세 요건으로 하며 B주택은 이 요건을 모두 충족하고 있으므로 비과세 가능하다. 단 사후관리 요건(신축주택 거주요건 및 대체주택 양도 기한)을 모두 충족하여야 하며 충족하지 못한 경우 양도소득세가 과세된다.

대체주택은 사업시행인가일 이후부터 재개발·재건축 대상 주택이 준공되기 전까지 여러 번 사고 팔아도 비과세가 가능하다. 즉, 사업시행인가일 이후에 취득하여 1년 이상 거주한 후 대체주택을 비과세로 양도하고 이후 다른 대체주택 취득 후 1년 이상 거주한다면 또다시 비과세가 가능하다.

또한 국내에 1주택(A)을 소유한 1세대가 그 주택에 대한 도정법 등에 따른 재건축사업의 시행기간 동안 다른 주택(B·C·D)을 취득하여 C주택을 양도하고 D주택을 소유한 구성원이 별도세대로 분리된 경우로서 대체주택 비과세의 요건을 모두 갖춘 B주택을 양도하는 때에도 이를 1세대 1주택으로 보아 비과세 규정을 적용한다.

▶ 핵심 포인트 정리!

1. 1세대가 주택(주택부수토지 포함)과 조합원입주권(또는 분양권)을 보유하다가 그 주택을 양도하는 경우에는 1세대 1주택 비과세를 적용하지 않는다. 조합원입주권(또는 분양권)은 다른 주택 양도 시 비과세나 중과 여부 판단할 때 주택수에 포함되기 때문이다.

2. 그러나 도정법에 따른 재개발·재건축사업, 빈집법에 따른 가로주택정비사업 등의 시행기간 중 거주를 위하여 취득한 주택이거나 그 밖의 부득이한 사유로서 대통령령으로 정하는 경우에 해당되는 주택을 양도하는 경우에는 1세대 1주택으로 보아 비과세 여부를 판단한다.

3. 대체주택은 사업시행인가일 이후부터 재개발·재건축 대상 주택이 준공되기 전까지 여러 번 사고 팔아도 비과세가 가능하다.

하나 더!!

[소득세법 시행령 제156조의2]
1주택+1입주권 상태에서 주택 양도 시 1세대 1주택 비과세 적용되는 부득이한 경우

1. 1주택을 소유한 1세대가 그 주택을 양도하기 전에 조합원입주권을 취득함으로써 일시적으로 1주택과 1조합원입주권을 소유하게 된 경우로서 3년 내 종전주택 양도 시

2. 1주택을 소유한 1세대가 그 주택을 양도하기 전에 조합원입주권을 취득함으로써 일시적으로 1주택과 1조합원입주권을 소유하게 된 경우로서 부득이한 사유로 3년이 지나 종전주택 양도 시

3. 1주택(일반주택)을 소유한 1세대가 조합원입주권을 상속받아 1주택과 1조합원입주권을 소유하게 된 경우로서 일반주택 양도 시

4. 1주택(일반주택)과 1조합원입주권을 소유한 1세대가 상속주택 등을 받은 경우 일반주택 양도 시

5. 동거봉양하기 위하여 세대를 합가하여 1주택+1입주권 상태가 된 경우로서 합친 날부터 10년 이내에 먼저 양도하는 주택

6. 혼인으로 인해 세대를 합가하여 1주택+1입주권 상태가 된 경우로서 합친 날부터 5년 이내에 먼저 양도하는 주택

사례6

해외 취학으로 출국 후 주택양도 시 비과세

2022년 10월 — A주택 취득 조정대상지역
2023년 3월 — 미국대학원 합격
2023년 7월 — 세대 전원 출국 취학 목적
2023년 10월 — A주택 양도

상황

- 22년 10월: A주택 취득(조정대상지역)
- 23년 03월: 미국 A대학원 박사과정(4년) 합격
- 23년 07월: 취학을 위해 세대 전원 출국
- 23년 10월: A주택 양도

질문

- 해외 취학으로 출국하는 경우 비과세 가능한가요?

⧗ 해설

비과세 가능하다.

1세대가 양도일 현재 국내에 1주택을 보유하고 있는 경우로서 해당 주택의 보유기간이 2년 이상(취득 시 조정대상지역인 경우 2년 이상 거주요건 추가)인 주택의 경우에는 양도소득세가 과세되지 않는다. 그러나 세법에서 부득이하다고 정한 사유에 해당하는 경우에는 보유기간 및 거주기간에 대한 제한 없이 비과세가 가능하다. 즉 양도일 현재 1세대 1주택 상황이라면 2년 미만 보유 및 거주하여도 비과세가 가능하다는 의미이다.

세법에서 정한 부득이하다고 인정되는 사유에는 '1년 이상 계속 국외거주를 필요로 하는 취학 등으로 출국'이 포함되며 출국일 현재 1주택자가 출국일부터 2년 이내에 해당 주택을 양도하는 경우에는 보유기간 및 거주기간의 제한 없이 비과세 가능하다.

위 사례의 경우 23년 10월 A주택 양도 시 보유 및 거주기간이 2년 미만이나 1년 이상 계속 국외 거주를 필요로 하는 취학으로 출국하는 경우로서 세법에서 정한 부득이한 사유에 해당하므로 비과세가 가능하다.

취학을 위해 출국한 후 세대 전원이 영주권을 취득한 경우를 생각해보자.

국내에 1주택을 소유하던 1세대가 1년 이상 계속하여 국외 거주를 필요로 하는 취학 또는 근무상의 형편으로 세대 전원이 출국하고, 출국일로부터 2년이 경과하여 해당 주택을 양도하는 경우에는 양도소득세 비과세가 적용되지 않으나, 국외에 계속 거주하여 해외이주법에 따른 현지 이주하는 경우로서 영주권 또는 그에 준하는 장기체류 자격을 취득한 날로부터 2년 이내에 해당 1주택을 양도하는 경우에는 해외이주법에 따른 해외이주로 보아 출국일을 적용한다.

일반적으로 출국일은 세대 전원이 출국한 날로 하되 해외이주법에 따른 현지이주의 경우 출국일은 영주권 또는 그에 준하는 장기체류 자격을 취득한 날을 의미하므로 영주권 등을 취득한 날로부터 2년 이내에 해당 1주택을 양도하는 경우에는 비과세가 가능하다.

즉, 1년 이상 계속 국외거주를 필요로 하는 취학 등으로 세대 전원이 출국한 날로부터 2년 내에 주택을 양도하지 못하였어도 영주권 등을 취득한 날로부터 2년 이내에 주택을 양도하면 비과세가 가능하다는 의미이다.

▶ 핵심 포인트 정리!

1. 1세대가 양도일 현재 국내에 1주택을 보유하고 있는 경우로서 해당 주택의 보유기간이 2년 이상(취득 시 조정대상지역인 경우 2년 이상 거주요건 추가)인 주택의 경우에는 양도소득세가 과세되지 않는다.

2. 그러나 세법에서 부득이하다고 정한 사유에 해당하는 경우에는 보유기간 및 거주기간에 대한 제한 없이 비과세가 가능하다.

3. 1세대 1주택 비과세 판단 시 보유기간 및 거주기간의 제한을 받지 않는 부득이한 사유는 다음과 같다.

① 건설임대주택(공공매입임대주택 포함)을 분양받아 양도하는 경우
② 공익사업용으로 양도 및 수용되는 경우(양도일 또는 수용일부터 5년 이내에 양도하는 그 잔존주택 및 부수토지 포함)
③ 해외이주로 세대 전원이 출국하는 경우
④ 1년 이상 계속하여 국외거주를 필요로 하는 취학 또는 근무상의 형편으로 세대 전원이 출국하는 경우
⑤ 1년 이상 거주한 주택을 취학, 근무상의 형편, 질병의 요양 등 부득이한 사유로 양도하는 경우

👆 하나 더!!

해외이주법에 따른 해외이주의 종류

제4조(해외이주의 종류) 이 법에 따른 해외이주의 종류는 다음 각호와 같이 구분한다.

1. 연고이주: 혼인·약혼 또는 친족 관계를 기초로 하여 이주하는 것

2. 무연고이주: 외국기업과의 고용계약에 따른 취업이주, 제10조 3항에 따른 해외이주 알선업자가 이주대상국의 정부기관·이주알선기관 또는 사업주와의 계약에 따르거나 이주대상국 정부기관의 허가를 받아 행하는 사업이주 등 1호 및 3호 외의 사유로 이주하는 것

3. 현지이주: 해외이주 외의 목적으로 출국하여 영주권 또는 그에 준하는 장기체류 자격을 취득한 사람의 이주

하나 더!!

해외이주 관련 예규 판례

1. 해외이주법에 따른 연고이주 또는 무연고이주인지 현지이주인지의 여부는 외교통 상부장관이 교부하는 해외이주신고확인서 및 현지이주확인서 또는 거주여권사본 에 의한다.

2. 해외이주법에 따른 현지이주의 경우 출국일은 소득세법 시행규칙 제71조 6항에 따라 영주권 또는 그에 준하는 장기체류 자격을 취득한 날을 말한다.

3. 1세대가 조세특례제한법 제99조의3이 적용되는 감면주택(A)과 다른 1주택(B)을 보유하다 해외이주법에 따른 해외이주를 하고 영주권을 취득한 날부터 2년 이내에 비거주자인 상태에서 출국일 당시 보유하던 2주택 중 감면주택(A) 외의 1주택(B) 을 양도하는 경우 1세대 1주택 비과세 특례가 적용되지 않는다.

4. '해외이주에 따른 비과세 특례' 규정은 거주자로서 국내에서 1주택을 소유하다가 국외로 이주한 후 추가로 주택을 취득하였더라도 그 추가로 취득한 주택을 먼저 처분한 다음 출국일(해외이주법에 따른 현지이주의 경우 출국일은 영주권 또는 그에 준하는 장기체류 자격을 취득한 날임)부터 2년 이내에 당초 소유하던 주택을 양도한 경우에 도 적용된다.

5. 사업 창업을 위해 해외 이주하는 경우는 소득세법 시행령 제154조 1항 2호 다목의 근무상 형편에 해당하지 않으므로 비과세 판단 시 보유기간 및 거주기간의 제한을 받는다.

6. 1세대가 양도일 현재 국내에 1주택을 보유하고 있는 경우로서 해외이주로 세대 전 원이 출국하는 경우 양도소득세를 비과세하는 소득세법 관련 규정은 입법 취지상 해외이주가 불확실한 상태에서 거주목적으로 주택을 취득하는 경우에 적용되는 것

이고, 해외이주 사실을 알고 취득하는 경우까지 양도소득세 비과세 특례를 부여하는 것은 아니다. 미국 영주권 및 시민권을 취득한 자로서 이미 부득이한 사유가 발생한 상태에서 언제든지 출국할 수 있음을 알면서도 주택을 취득한 경우 해외이주 시 1세대 1주택의 비과세 특례 규정을 적용하지 않는다.

7. 해외이주법에 따른 해외이주 시 장기보유특별공제율 적용은 양도하는 주택이 1세대 1고가주택이고, 해당 주택의 취득 시부터 양도 시까지 2년 이상 거주하지 않은 경우에는 소득세법 제95조 2항의 표1(최대 30%)에 따른 장기보유특별공제율을 적용한다. 즉, 비과세 요건 판단 시에는 보유 및 거주기간의 제한을 받지 않지만 1세대 1고가주택에 대한 장기보유특별공제율은 2년 이상 거주한 경우에 한하여 표2(최대 80%)를 적용한다는 의미이다.

8. 국내에 1주택만 소유하고 있던 1세대가 해외이민으로 인하여 세대 전원이 출국하여 비거주자인 상태에서 국내의 주택이 도시 및 주거환경정비법에 의한 재개발·재건축이 된 후 당해 주택을 양도하는 경우에, 동 주택이 고급주택이나 미등기 양도주택이 아니면 1세대 1주택으로 양도소득세가 비과세되는 것이나, 조합원의 지위를 승계(취득)하여 중도금을 불입하던 중 해외이주 등의 사유에 의하여 출국한 후 비거주자인 상태에서 완성된 주택을 양도하는 경우에는 위의 비과세 대상 주택에 포함하지 않는다.
소득세법 시행령 제154조 1항 2호 다목의 규정은 주택을 취득한 이후 해외이주 기타 동법시행규칙 제71조 2항에서 정한 부득이한 사유가 발생하는 때에 적용되는 규정이므로, 주택이 아닌 부동산을 취득할 수 있는 권리(입주권)를 보유하다가 세대 전원이 출국하여 비거주자인 상태에서 완성된 재개발아파트를 양도하는 경우에는 양도소득세가 과세된다.

사례7

1세대 1주택자의 양도소득세 비과세

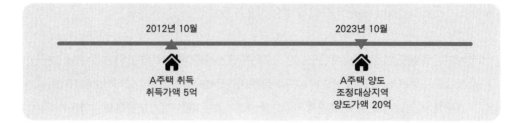

2012년 10월
A주택 취득
취득가액 5억

2023년 10월
A주택 양도
조정대상지역
양도가액 20억

상황

▪ 12년 10월: A주택 취득(취득가액: 5억원) 후 계속 거주 중
▪ 23년 10월: A주택 양도(양도가액: 20억원, 조정대상지역)

질문

▪ 1세대 1주택자이면 양도소득세가 모두 비과세 가능한가요?

⧖ 해설

A주택 양도 시 12억원 초과분의 양도차익에 대해서는 양도소득세가 과세된다.

1세대가 양도일 현재 국내에 1주택을 보유하고 있는 경우로서 해당 주택의 보유기간이 2년 이상(취득 시 조정대상지역인 경우 2년 이상 거주요건 추가)인 주택의 경우에는 양도소득세가 과세되지 않는다.

그러나 양도가액이 12억원을 초과하는 고가주택의 경우에는 양도차익 중 12억원 초과분에서 장기보유에 따른 특별 공제액을 차감하여 양도소득세가 과세된다. 즉, 양도가액이 12억원 이하인 경우에는 전체 양도차익에 대해 모두 비과세되어 납부할 세금이 없지만 양도가액이 12억원을 초과하는 경우에는 전체 양도차익 중 12억원 초과분에 해당하는 양도차익에 대해서는 양도소득세가 과세된다는 의미이다.

양도가액이 12억원을 초과한다고 해서 전체 양도차익에 대해 양도소득세가 과세되지 않을 뿐만 아니라, 전체 양도차익 중 12억원 초과분에서 장기보유에 따른 특별 공제액을 차감해주어 1세대 1고가주택 소유자에 대한 양도소득세 부담을 줄여주고 있다. 이는 투기수요가 아닌 1주택자에게 과도한 세금을 부과함으로써 주거이전의 자유를 제한하거나 주거의 안정성을 해치지 않기 위함이다.

12억원 초과분 양도차익에서 공제되는 장기보유특별공제액은 거주 여부에 따라 달리 적용된다. 전체 보유기간 중 2년 이상 거주한 경우에는 실거주 목적의 보유로 보아 우대 공제율이 적용되는 표2(최대 80% 공제)를 적용하나, 해당 주택에서 거주하지 않았거나 2년 미만 거주한 경우에는 일반 공제율이 적용되는 표1(최대 30% 공제)에 의해 장기보유특별공제액을 계산한다. 주의할 점은 1세대 1주택자라고 해서 모두 표2가 적용되는 것이 아니라 해당 주택에서 2년 이상 거주한 경우에만 우대 공제율인 표2를 적용한다는 것이다. 또한 표2는 오래 거주할수록 더 많은 우대율을 적용해주는 구조로 실거주한 기간이 길수록 더 많은 공제를 받을 수 있도록 지원해주고 있다.

사례의 경우 양도소득세를 계산해보자(계산 편의상 필요경비 없는 것으로 가정).

구분	금액	비고
양도가액	2,000,000,000	
(-)취득가액	500,000,000	
(=)양도차익	1,500,000,000	
양도차익중 12억원 초과분	600,000,000	15억원×(20억원-12억원) / 20억원
(-)장기보유특별공제		
보유기간별 공제	240,000,000	6억원×min[11년×4%, 40%]
거주기간별 공제	240,000,000	6억원×min[11년×4%, 40%]
(=)양도소득 금액	120,000,000	
(-)기본공제	2,500,000	
(=)과세표준	117,500,000	
(X)세율	35%	누진공제액 1,544만원
(=)양도소득세 산출세액	25,685,000	
(+)지방소득세	2,568,500	
(=)총납부할 세액	28,253,500	

표에서 보는 바와 같이 20억원에 양도하였어도 실제 세금 부담액은 약 1.4% 수준인 것을 확인할 수 있다.

위의 사례에서 해당 주택에서 거주하지 않았을 경우의 양도소득세를 계산해보자.

구분	금액	비고
양도가액	2,000,000,000	
(-)취득가액	500,000,000	
(=)양도차익	1,500,000,000	
양도차익중 12억원 초과분	600,000,000	15억×(20억-12억) / 20억
(-)장기보유특별공제	132,000,000	6억×min[11년×2%, 30%]
(=)양도소득 금액	468,000,000	
(-)기본공제	2,500,000	
(=)과세표준	465,500,000	
(X)세율	40%	누진공제액 2,594만원
(=)양도소득세 산출세액	160,260,000	
(+)지방소득세	16,026,000	
(=)총납부할 세액	176,286,000	

거주하지 않았을 경우 실제 세금 부담액이 약 8.8%로 증가함을 확인할 수 있다. 동일한 1세대 1주택자여도 거주 여부 및 거주기간에 따라 오래 실거주할수록 더 우대받고 있음을 알 수 있다.

위의 사례에서 만약 2주택자였다면 양도소득세는 얼마일까?

구분	금액	비고
양도가액	2,000,000,000	
(-)취득가액	500,000,000	
(=)양도차익	1,500,000,000	

(−)장기보유특별공제	330,000,000	15억×min[11년×2%, 30%]
(=)양도소득 금액	1,170,000,000	
(−)기본공제	2,500,000	
(=)과세표준	1,167,500,000	
(X)세율	45%	누진공제액 6,594만원
(=)양도소득세 산출세액	459,435,000	
(+)지방소득세	45,943,500	
(=)총납부할 세액	505,378,500	

1세대 1주택자에 비해 2주택자는 세금 부담액이 크게 늘어나고 있음을 알 수 있다.

다주택자가 조정대상지역에 있는 주택을 양도하는 경우에는 양도소득세가 중과세된다. 이때 중과세는 세율과 장기보유특별공제 부분에서 적용되는데 다주택자라면 장기보유특별공제 적용이 배제되며 세율은 20(30)%p 추가 과세된다.

다주택자의 세율은 2주택자는 기본세율에서 20%p가 추가 적용되고 3주택 이상은 기본세율에서 30%p가 추가 적용된다. 주의할 점은 기본세율을 적용해서 산출된 양도소득세에서 20(30)%가 추가되는 것이 아닌 각 과세구간별 세율 자체가 20(30)% 높아진 상태로 양도소득세가 산출된다는 점이다.

예를 들어 2주택자로 과세표준이 1억원인 경우 기본세율 35%(누진공제 1,544만원)를 적용하여 산출된 1,956만원의 120%인 2,347.2만원이 과세되는 것이 아니라 세율 자체를 20% 높여 55%(누진공제 1,544만원)를 적용하여 양도소득세는 3,956만원이 과세된다.

그러나 현재 24.5.9까지 양도분에 대해서는 중과세가 유예되어 중과세율이 아닌 기본세율이 적용되고 장기보유특별공제도 적용해주고 있다.

문제의 사례에서 다주택자이면서 유예기간이 끝난 후에 양도한다면 양도소득세는 위에 산출된 5억여원보다 2배 가까이 늘어난 약 10억원이 된다.

지금까지의 사례를 정리해보면 아래의 표와 같다.

상황	총 부담세액
1세대 1주택 & 2년 이상 거주	28,253,500
1세대 1주택 & 2년 미만 거주	176,286,000
2주택 & 중과유예기간 내 양도	505,378,500
2주택 & 중과유예기간 후 양도	998,178,500

이렇듯 동일한 양도차익이어도 본인의 상황 및 양도 시기 등에 따라 세부담이 크게 달라질 수 있으므로 양도할 계획이 있다면 반드시 사전에 다각도로 꼼꼼히 검토하여 절세 기회를 놓치지 않기 바란다.

▶ 핵심 포인트 정리!

1. 1세대가 양도일 현재 국내에 1주택을 보유하고 있는 경우로서 해당 주택의 보유기간이 2년 이상(취득 시 조정대상지역인 경우 2년 이상 거주요건 추가)인 주택의 경우에는 양도소득세가 과세되지 않는다.

2. 그러나 양도가액이 12억원을 초과하는 경우 초과분에 해당하는 양도차익에 대해서는 양도소득세가 과세된다.

3. 1세대 1고가주택 양도의 경우 전체 양도차익 중 12억원 초과분에서 장기보유에 따른 특별공제를 산출하여 양도차익에서 차감한다.

4. 장기보유특별공제율에는 1세대 1주택자 중 해당 주택에서 2년 이상 거주한 자에 대한 우대 공제율인 표2와 해당 주택에서 거주하지 않았거나 2년 미만 거주한 경우에 적용되는 일반 공제율인 표1이 있다.

5. 2주택 이상 보유한 다주택자가 조정대상지역에 있는 주택을 양도하는 경우 양도소득세가 중과세된다. 즉 장기보유특별공제 적용이 배제되며 세율은 2주택자인 경우 기본

세율+20%p, 3주택 이상인 경우 기본세율+30%p가 적용된다.

6. 그러나 소득세법 시행령에 의해 현재 다주택자에 대한 중과세는 24.5.9까지 양도하는 경우 적용이 유예되고 있다. 즉 다주택자가 조정대상지역에 있는 주택을 24.5.9까지 양도한다면 기본세율을 적용하고 장기보유특별공제도 적용하여 양도소득세가 과세된다.

 하나 더!!

장기보유특별공제율

표1: 일반공제율

보유기간	공제율
3년 이상 4년 미만	6%
4년 이상 5년 미만	8%
5년 이상 6년 미만	10%
6년 이상 7년 미만	12%
7년 이상 8년 미만	14%
8년 이상 9년 미만	16%
9년 이상 10년 미만	18%
10년 이상 11년 미만	20%
11년 이상 12년 미만	22%
12년 이상 13년 미만	24%
13년 이상 14년 미만	26%
14년 이상 15년 미만	28%
15년 이상	30%

표2: 2년 이상 거주한 1세대 1주택자

보유기간	공제율	거주기간	공제율
3년 이상 4년 미만	12%	2년 이상 3년 미만 (보유기간 3년 이상 한정)	8%
		3년 이상 4년 미만	12%
4년 이상 5년 미만	16%	4년 이상 5년 미만	16%
5년 이상 6년 미만	20%	5년 이상 6년 미만	20%
6년 이상 7년 미만	24%	6년 이상 7년 미만	24%
7년 이상 8년 미만	28%	7년 이상 8년 미만	28%
8년 이상 9년 미만	32%	8년 이상 9년 미만	32%
9년 이상 10년 미만	36%	9년 이상 10년 미만	36%
10년 이상	40%	10년 이상	40%

*장기보유특별공제율의 표1과 표2는 본문의 모든 파트에서 동일하게 적용된다.

주거용 오피스텔을 업무용으로 임대 후 주택양도 시 비과세

2012년 10월
A주택 취득

2018년 3월
B오피스텔 취득
주거용 임대

2020년 3월
B오피스텔
업무용 임대

2023년 10월
A주택 양도
조정대상지역

상황

- 12년 10월: A주택 취득(취득가액: 5억원) 후 계속 거주 중
- 18년 03월: B오피스텔 취득 후 주거용으로 임대
- 20년 03월: B오피스텔 개인사업자에게 사업장으로 임대, 상가임대사업자등록
- 23년 10월: A주택 양도(양도가액: 10억원, 조정대상지역)

질문

- 주거용 오피스텔을 업무용으로 용도변경한 후 A주택 양도 시 비과세 가능한가요?

⌛ 해설

비과세 가능하다.

세법에서는 건물에 대한 비과세나 중과를 '주택'에 한해 적용하고 있다. 만약 상가를 여러 개 가지고 있어도 보유하고 있는 주택이 1채라면 그 주택 양도 시 비과세가 가능하다는 의미이다. 이때 '주택'이란 허가 여부나 공부(公簿)상의 용도구분과 관계없이 사실상 주거용으로 사용하는 건물을 말한다. 이 경우 그 용도가 분명하지 아니하면 공부상의 용도에 따른다.

주택을 양도한 자가 다른 건물을 소유하고 있는 경우, 그 다른 건물이 주택에 해당하는지 여부는 건물 공부상의 용도 구분에 관계없이 실제 용도가 사실상 주거에 사용하는 건물인가에 따라 판단한다.

위 사례의 경우 A주택 양도일 현재 B 오피스텔은 주거용이 아닌 사업용으로 실제 사용되고 있으므로 주택이 아닌 상가건물에 해당되어 A주택의 비과세나 다주택자 중과에 영향을 미치지 않는다. 따라서 A주택 양도 시 1세대 1주택 상태이고 비과세 요건인 2년 이상 보유 요건을 충족하고 있으므로 비과세가 가능하다.

여기서 한 가지 주의할 점은 사실상 주거용으로 사용하는지의 판단이 명확해야 한다는 점이다. 용도가 명확하지 않을 시 공부상 용도로 판단하여 과세된다.

실무적으로 보면 사실판단이 필요한 사항에 대해서는 납세자와 과세관청 사이에 잦은 마찰이 존재한다. 납세자는 세금이 절감되는 방향으로 해석되길 원하나 과세관청은 보수적으로 판단하는 경향이 있기 때문이다.

예를 들어 가정보육시설인 놀이방 전용시설로만 사용하여 주거용으로 사용한 적이 없는 아파트가 주택에 해당하는지 여부에 대해 대법원은 일시적으로 주거가 아닌 다른 용도로 사용되고 있다고 하더라도 그 구조·기능이나 시설 등이 본래 주거용으로서 주거용에 적합한 상태에 있고 주거 기능이 그대로 유지·관리되고 있어 언제든지 본인이나 제삼자가 주택으로 사용할 수 있는 건물의 경우에는 이를 주택으로 보아야 한다는 판결을 내리고 있다.

또 다른 판례에서는 법인의 사택으로 임대중인 아파트라도 소유자가 임의처분 가능하므로 이를 주택으로 봐야 한다고 하며, 주거용에 적합한 시설 등을 갖추고 언제든 주택으로 사용 가능하면 주택으로 인정된다고 판결하고 있다.

반면 공부상 건물이 주택일지라도 고시원 사업자등록 후 실제 영업을 하여 사업용 건물로 사용하였다면 주택으로 볼 수 없어 1세대 1주택 비과세가 될 수 없다는 대법원 판례가 있으며, 소득세법 기본통칙에서는 공부상 주택이나 주거용이 아닌 영업용 건물(점포, 사무소 등)로 사용하다가 양도하는 때에는 주택으로 보지 않아 비과세하지 않는다고 규정한다.

이렇듯 사실판단이 필요한 상황에 대해서는 과세당국과 납세자의 입장이 다를 수 있어 납세자의 입장에서 주택으로 보는 게 유리할지(예: 1세대 1주택 비과세) 아니면 주택이 아닌 것으로 보는 게 유리할지(예: 다주택자 중과) 여부에 따라 사전에 명확한 근거 상황을 준비해야 한다.

문제의 사례에서 B 오피스텔을 당초 업무용으로 사용하다가 주거용으로 전용한 후 A주택 양도하면 양도소득세가 비과세되는지 살펴보자.

오피스텔은 건축물대장에 업무용도로 기재되어 있으나 세법은 공부상의 용도에 관계없이 실질 용도에 따라 주택 여부를 판단하므로 오피스텔을 주거용으로 사용하는 경우 해당 오피스텔은 주택으로 간주되어 A주택 양도 시 2주택 상태가 되므로 1세대 1주택 비과세를 받을 수 없다. 그러나 세법의 다른 특례를 활용하면 A주택을 비과세받을 수 있으니 만약 본인이 이런 상황이라면 전문가와 함께 적극적으로 절세 방법을 찾아보기를 권한다.

▶ 핵심 포인트 정리!

1. 1세대가 양도일 현재 국내에 1주택을 보유하고 있는 경우로서 해당 주택의 보유기간이 2년 이상(취득 시 조정대상지역인 경우 2년 이상 거주요건 추가)인 주택의 경우에는 양도소득세가 과세되지 않는다.

2. 1주택 여부는 양도일 현재 주택수에 따라 판단하며 이때의 주택은 사실상 주거용으로 사용하는 건물을 의미한다. 단 용도가 불분명한 경우에는 공부상의 용도로 판단한다.

3. 주거용으로 사용하던 오피스텔을 업무용으로 용도변경 후 다른 주택 양도 시 오피스텔은 주택수에 포함되지 않아 해당 주택의 비과세나 중과 여부 판단 시 영향을 미치지 않는다.

4. 업무용으로 사용하던 오피스텔을 주거용으로 전용한 경우 양도 당시 다른 주택이 없는 상태에서 비과세 요건을 충족하면 비과세가 가능하다. 다만 비과세 요건의 판단은 주거용으로 사용한 기간부터 기산하여 보유기간 및 거주기간 충족 여부를 판단한다.

하나 더!!

무허가 주택

1. 무허가 건축물이란 건축법 등 관계법령의 허가를 받지 않거나 신고하지 않고 건축한 건축물로 건축물대장이 존재하지 않는다.

2. 건축법상 건축허가를 받지 못해 건축물대장이 없는 경우 등기도 불가능하다.

3. 무허가 주택도 1세대 1주택 비과세 요건을 갖추고 있다면 비과세 가능하다. 다만 무허가주택이 특정건축물 양성화 조치에 따라 등기 가능한데도 미등기 상태로 양도하는 경우에는 미등기 양도에 해당하여 세법상 불이익을 받는다.
   즉, 건축법상 건축허가를 받지 못해 등기가 불가한 무허가 주택을 비과세 요건을 갖춰 양도하는 경우에는 1세대 1주택 비과세가 가능하나 등기가 가능함에도 미등기 상태로 양도하는 경우에는 양도소득세가 과세되는 것이다.

4. 미등기 양도인 경우 1세대 1주택 비과세 및 감면 혜택을 받을 수 없다. 또한 장기보유특별공제 및 양도소득기본공제를 받을 수 없으며 70%의 높은 세율이 적용된다.

5. 무허가 주택을 보유한 상태에서 다른 주택을 양도하는 경우 그 양도하는 주택의 비과세 및 중과 여부 판단할 때 무허가 주택은 주택수에 포함되므로 1세대 1주택 비과세는 불가능하다.

사례9

부모에게 증여받은 주택 보유 기간 10년 미만 비과세

2023년 1월	2023년 2월	2025년 12월
A주택 증여취득 비조정대상지역	세대 전입 후 거주	A주택 양도 조정대상지역

상황

- 23년 01월: 무주택자인 갑은 별도세대인 부친으로부터 A주택을 증여받음
  (비조정대상지역, 증여가액 10억원)
- 23년 02월: A주택으로 갑의 세대 전원 전입 후 계속 거주
- 25년 12월: A주택 양도(조정대상지역, 양도가액 11억원)

질문

- 부모님께 증여받은 주택(A주택)은 반드시 10년 이상 보유해야 비과세 가능한가요?

⧗ 해설

비과세 가능하다.

배우자 등 이월과세 규정은 양도일로부터 소급하여 5년(23.1.1. 이후 증여분부터는 10년) 이내에 그 배우자, 직계존비속으로부터 증여받은 자산의 양도차익을 계산할 때 취득가액 및 취득시기를 증여자의 취득 당시 가액 및 취득일로 하는 규정을 말한다. 이는 배우자나 직계존비속 간 적용되는 증여재산공제와 증여세와 양도소득세의 세율 차이를 이용하여 세금을 줄이는 행위를 방지하기 위함이다.

이월과세 규정은 증여 자산 중 토지, 건물, 분양권, 조합원입주권, 특정시설물이용권, 회원권에 적용되며 주식의 증여는 적용하지 않는다.

그러나 양도소득세 이월과세가 적용되어 오히려 세금이 줄어들면 이월과세 적용을 배제하고 있는데 그 대표적인 예가 이월과세가 적용되어 수증자가 1세대 1주택자로 비과세가 되는 경우이다.

예를 들어 별도세대인 부친이 1년 6개월 보유한 비조정대상지역 주택을 증여받은 자녀가 6개월 보유 후 양도하는 경우 이월과세가 적용된다면 취득 시기가 부친의 취득일부터 기산되어 단기 양도임에도 불구하고 2년 이상 보유 요건을 충족하여 비과세되는 상황이 발생한다.

이처럼 이월과세가 적용되어 수증자가 1세대 1주택자로 비과세되는 경우 이월과세 규정은 적용 배제되고 부당행위계산부인 규정이 적용된다. 단, 동일세대원으로부터 증여받은 경우에는 이월과세를 적용하여 취득가액은 증여자의 취득 당시 금액으로 하고 보유기간 및 거주기간 계산 시 증여자의 취득 시기부터 기산한다.

그러나 위의 사례처럼 이월과세 규정을 적용하지 않아도 1세대 1주택 비과세 양도에 해당하는 경우에는 이월과세 적용이 배제된다.

사례의 경우 별도세대인 부친에게 증여받아 2년 이상 보유하고 양도하는 경우로서 양도 당시 1세대 1주택이라면 비과세 대상으로 이월과세 적용이 배제되는 반면 부당행위계산부인 규정이 적용되는 것이나, 양도 대금이 실질적으로 수증자에게 귀속되는 경우에는 부당행위계산부인 규정도 적용되지 않는다.

따라서 갑이 증여일로부터 2년 이상 보유한 후 1세대 1주택 상태로 양도하고 양도 대금이 실질적으로 갑에게 귀속되는 경우 이월과세 규정과 부당행위계산부인 규정이 모두 적용되지 않아 비과세 가능하다.

만약 사례에서 주택 증여 시 주택담보대출이나 임대차계약을 승계받는 부담부증여였다면 이월과세 규정이 어떻게 적용되는지 살펴보자.

부담부증여의 이월과세 적용 여부는 양도에 해당하는 유상이전된 부담부증여분과 증여에 해당하는 무상이전된 순수 증여분으로 구분하여 판단하여야 한다.

이월과세나 부당행위계산부인은 증여에 대해 적용되는 규정이므로 양도에 해당하는 부담부증여분은 이월과세 규정이나 부당행위계산부인 규정의 적용 대상이 아니다. 따라서 부담부증여분은 증여받은 날로부터 2년 이상 보유하고, 다른 주택을 보유하지 않은 경우 1세대 1주택 비과세 적용이 가능한 것이다.

한편 무상이전된 순수 증여분은 이월과세 적용 대상이나 증여받아 2년 이상 보유한 후 1세대 1주택 상태에서 양도하고 양도 대금이 실질적으로 본인에게 귀속된 경우에는 이월과세나 부당행위계산부인 규정이 모두 적용되지 않아 비과세가 가능하다.

▶ 핵심 포인트 정리!

1. 양도일로부터 소급하여 5년(23.1.1. 이후 증여분부터는 10년) 이내에 그 배우자, 직계존비속으로부터 증여받은 자산의 양도차익을 계산할 때 취득가액 및 취득 시기를 증여자의 취득 당시 가액 및 취득일로 하는 이월과세 규정이 적용된다.

2. 다음의 어느 하나에 해당하는 경우에는 이월과세 적용을 배제한다.
   ① 사업인정고시일부터 소급하여 2년 이전에 증여받은 경우로서 세법에서 정한 법률에 따라 증여일로부터 5년(10년) 내에 협의매수 또는 수용된 경우
   ② 이월과세를 적용할 경우 1세대 1주택의 비과세 양도에 해당하게 되는 경우
   ③ 이월과세를 적용하여 계산한 양도소득 결정세액이 이월과세를 적용하지 않고 계산한 양도소득 결정세액보다 적은 경우
   ④ 양도일 현재 사망으로 배우자와 혼인관계 소멸된 경우

3. 이월과세 규정을 적용하지 않아도 1세대 1주택 고가주택의 양도에 해당하게 되면 이월과세 규정을 적용한다. 이는 이월과세 적용 시 장기보유특별공제율과 세율 적용 측면에서 납세자에게 더 유리하기 때문이다.

1세대 1주택 양도 시 이월과세 판단 기준

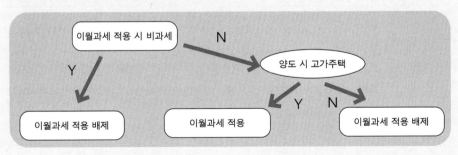

4. 양도일 현재 직계존비속이 사망했어도 이월과세 규정은 적용되나 배우자가 사망한 경우에는 이월과세 적용이 배제된다. 그러나 이혼으로 배우자 관계가 소멸했다면 양도일 현재 배우자 관계가 아니어도 이월과세 규정이 적용된다.

5. 양도소득세 이월과세가 적용되어 수증자가 1세대 1주택자로 비과세되는 경우 이월과세 규정의 적용은 배제되나 부당행위계산부인 규정이 적용된다.

 하나 더!!

배우자 · 직계존비속 간 이월과세 규정

개념	양도일로부터 소급하여 5년(23.1.1. 이후 증여분부터는 10년) 이내에 그 배우자, 직계존비속으로부터 증여받은 자산의 양도차익을 계산할 때 취득가액 및 취득 시기를 증여자의 취득 당시 가액 및 취득일로 하는 규정
해당 자산	- 토지, 건물, 분양권, 조합원입주권, 특정시설물이용권, 회원권 - 주식은 해당되지 않음
납세의무자	수증자
연대납세의무	없음
취득가액	- 증여자의 취득 당시 가액(실지거래가액-매매사례가액-감정가액-환산가액-기준시가 순) - 취등록세, 취득 시 중개수수료 포함, 수증자 취득록세는 미포함
필요경비	양도 시 중개수수료 및 증여세 환산 취득가액 적용 시, 양도 시 중개수수료 불인정, 증여세는 인정
취득 시기	증여자의 취득 시기(장기보유특별공제율 및 세율 적용 시)
다주택 중과	수증자 기준으로 판단(증여자 다주택 여부 무관)
적용 배제	- 이월과세가 적용되어 1세대 1주택 비과세되는 경우(2014.1.1. 신설) - 이월과세 적용 시 양도소득세보다 이월과세 미적용 시 양도소득세가 큰 경우(17.7.1 이후) - 양도일 현재 사망으로 배우자와 혼인관계 소멸된 경우 - 사업인정고시일 2년 이전에 증여받고 5년(10년) 내 협의매수 · 수용된 경우
적용 사례	- 이월과세 적용하지 않아도 1세대 1주택 비과세되는 경우로서 고가주택 양도에 해당하는 경우 이월과세 적용(2016.1.1. 이후 양도부터) - 양도일 현재 이혼으로 인해 혼인 관계가 소멸된 경우 - 양도일 현재 직계존비속이 사망한 경우

특수관계인 간의 부당행위계산부인 규정

개념	특수관계인(배우자, 직계존비속 제외)에게 자산을 증여한 후 수증자가 타인에게 5년 (23.1.1. 이후 증여분부터는 10년) 양도한 경우로서 ②의 세액이 ①의 세액보다 큰 경우 증여자가 직접 양도한 것으로 봄. ① 수증자의 증여세 납부액+양도소득세(공제감면 차감 후 세액) ② 증여자가 직접 양도하는 경우로 보아 계산한 양도소득세
특수관계인	- 사촌 이내 혈족 - 3촌 이내 혈족 - 배우자(사실혼 포함) - 혼외자의 생부, 생모(경제적 연관 관계가 있는 경우에 한함) - 이월과세 적용되는 경우 배우자, 직계존비속 제외 - 임원과 그 밖의 사용인(이들과 생계를 함께하는 친족 포함) - 본인의 금전이나 그 밖의 재산으로 생계를 유지하는 자(이들과 생계를 함께하는 친족 포함) - 본인이 직접 또는 간접으로 지배적 영향력 행사하는 법인
해당 자산	모든 자산
납세의무자	증여자
연대납세의무	증여자, 수증자 연대납세의무 있음
취득가액	증여자 취득가액
필요경비	증여자 필요경비
취득 시기	증여자 취득일
증여세	환급
적용 배제	양도소득이 수증자에게 실질적으로 귀속된 경우 사망 등으로 특수관계 소멸 후 양도하는 경우

절세 포인트

[1주택의 취득 시기가 다른 경우 비과세 판단]
1주택의 취득 시기가 다른 경우 비과세 여부는 각 취득 시기별로 판단한다. 별도세대인 거주자와 모친이 1주택(A주택)을 공동으로 취득하여 보유하다 거주자와 배우자가 1주택(B주택)을 공동으로 취득(각 1/2지분)하고 배우자가 A주택의 모친 지분을 매매로 취득한 후 A주택을 양도하는 경우 배우자는 일시적 2주택 특례 적용 대상에 해당하지 않는다.

[매매계약 체결 당시 무주택세대 여부]
매매계약 체결 당시 비조정대상지역이고 계약금을 지급한 사실이 증빙서류에 의하여 확인되는 주택으로서 해당 주택의 거주자가 속한 1세대가 계약금 지급일 현재 무주택자인 경우에는 취득일(잔금 청산일) 현재 조정대상지역이 된 경우라도 거주기간 요건을 적용하지 않는다.
그러나 해당 주택의 거주자가 속한 1세대가 계약금 지급일 현재 조특법상 감면주택을 보유한 경우에는 무주택세대로 보지 않는다. 따라서 해당 주택양도 시 거주요건을 충족하여야 비과세 가능하다.
즉, 거주자의 소유주택으로 보지 않는 조특법상 감면주택은 1세대 1주택 비과세 판단 시 주택수에 포함되지 않지만 이전 매매계약 체결 당시 무주택세대 여부를 판단할 때는 조특법상 감면주택도 주택을 보유한 것으로 보아 무주택세대로 보지 않는다는 의미이다.

[별도세대와 공동소유한 주택의 거주요건]
별도세대인 모친과 조정대상지역에 있는 주택을 공동으로 취득하고 양도하는 경우 보유기간 중 2년 이상 거주요건을 충족하여야 1세대 1주택 비과세가 가능하다. 이때 2년 이상 거주요건 충족 여부는 공동 소유자별로 각각 판단하며 공동 소유자 1인이 거주기간 요건을 충족하여도 다른 공동 소유자의 거주기간 충족 여부와는 무관하다.

[가로주택정비사업에 따라 취득한 입주권의 공동 소유자 간 공유지분 정리 시 양도소득세 대상 여부]
갑(자녀)과 을(모친)이 공동소유하고 있는 종전주택(각 1/2지분) 1채를 가로주택정비사업에 따라 정비조합에 제공하고 2개의 입주권(A·B입주권, 갑과 을이 각 1/2지분 소유)을 분양받은 후, 공동소유 지분을 서로 교환하여 각 단독소유로 지분 정리하는 경우 공유물 분할에 해당하여

양도소득세 과세대상이 아니다. 다만 상호지분 청산 시 시가차액에 관한 정산을 하는 경우 그 정산된 부분은 양도소득세 과세대상에 해당한다.

[국유지 불하받아 유상취득한 주택부수토지에 대한 비과세 요건]
상속받은 무허가주택을 양도하는 경우로 해당 주택 부수토지 중 지적재조사사업으로 장기간 점유 사용수익사실이 인정되어 해당 주택 소재지가 조정대상지역으로 지정된 이후 국유지 불하받아 유상취득한 토지는 조정대상지역으로 지정된 이후 취득하였으므로 1세대 1주택 비과세 판단 시 거주기간 요건도 충족하여야 한다.

[17.8.3. 이후 동일세대원이 된 피상속인이 취득한 상속주택 양도 시 거주요건 적용 여부]
17.8.2. 이전에 조정대상지역 소재 주택을 피상속인이 취득하고, 17.8.3. 이후에 동일세대원이 된 상속인이 동 주택을 상속받아 양도하는 경우에는 1세대 1주택 비과세 판단 시 거주기간 요건도 충족하여야 한다.

[동일세대원으로부터 증여받은 분양권에 의해 취득한 주택의 비과세 거주요건 적용 여부]
조정대상지역 내 주택의 분양계약을 17.8.2. 이전 체결하고 계약금을 지급하였으나, 이후에 그 지분 중 1/2을 배우자에게 증여 시 1세대 1주택 비과세 거주요건을 적용하지 않는다.

[1주택을 보유한 1세대가 비조정대상지역 내 A분양권을 취득하고 동일세대 내에서 증여한 경우로서 조정대상지역 지정 후 세대 분리하고 A주택을 취득한 경우 1세대 1주택 거주요건이 있는지]
소득세법 시행령 제154조 1항 5호에서 "거주자가 조정대상지역의 공고가 있은 날 이전에 매매계약을 체결하고 계약금을 지급한 사실이 증빙서류에 의하여 확인되는 경우로서 해당 거주자가 속한 1세대가 계약금 지급일 현재 주택을 보유하지 아니하는 경우"와 관련한 1세대란, 계약금 지급일 현재 주택을 보유하지 않은 1세대를 의미한다. 질문의 경우 계약금 지급일 현재 무주택세대가 아니므로 해당 주택 양도 시 1세대 1주택 거주요건을 충족하여야 한다.

[공동상속주택 소수지분 상속 취득 후 매매등으로 지분을 추가 취득하여 단독소유가 된 후 양도하는 경우, 1세대 1주택 비과세 적용 여부]

지분별 취득 시기에 따라 조정대상지역 지정 이후 취득분은 2년 이상 보유 및 거주기간 요건을 모두 충족하고, 조정대상지역 지정 전 취득분에 대해서는 2년 이상 보유기간 요건을 충족하여야 1세대 1주택 비과세 특례를 적용받을 수 있다.

[세대구분형 아파트 일부를 임대하고 다른 일부를 거주한 경우 전체에 대해 1세대 1주택 비과세 가능 여부]
17.8.3. 이후에 취득한 조정대상지역에 소재한 세대구분형 아파트 1주택을 보유한 거주자가 주택의 일부를 임대하고, 다른 일부에 1세대가 2년 이상 실제 거주하는 경우 해당 주택의 양도로 발생하는 소득은 전체에 대해 1세대 1주택 비과세를 적용받을 수 있다.

[조정대상지역내 겸용주택 취득 이후 용도변경 시 1세대 1주택 비과세 거주요건 적용 여부]
취득 당시 조정대상지역에 소재한 겸용주택을 2회 이상 용도변경하여 다시 주택으로 용도변경하는 시점에 조정대상지역에서 해제된 경우에도, 1세대 1주택 비과세 요건 판정 시 거주요건 적용한다. 반면, 업무용 오피스텔을 주거용으로 용도변경하는 시점에 조정대상지역이라면 1세대 1주택 비과세 요건 판정 시 거주요건을 충족해야 한다.

[조합원입주권을 상속받아 취득한 신축주택 양도 시 거주요건 적용 여부]
17.8.2. 이전에 별도세대원으로부터 상속받은 조합원입주권에 의해 17.8.3. 이후 취득한 신축주택(취득 당시 조정대상지역 소재)을 양도하는 경우에는 1세대 1주택 비과세 요건 판정 시 거주요건을 충족해야 한다.

[17.8.2. 이전에 자가건설로 주택을 취득하기 위해 착공을 한 경우 거주요건 적용 여부]
17.8.2. 이전에 건축허가를 받아 착공신고를 하고 17.8.3. 이후에 완공하여 취득한 자가건설 주택을 양도하는 경우에도 1세대 1주택 비과세 요건 중 거주요건을 적용한다.

[매매특약에 따라 잔금 청산 전에 주택을 멸실한 경우 양도 물건의 판정기준일]
매매특약에 따라 잔금 청산 전에 주택을 멸실한 경우 양도 물건의 판정기준일은 양도일(잔금청산일)이며, 22.12.20. 이후 매매계약을 체결한 분부터 적용한다. 즉, 22.12.20.이후 계약분부터 매매특약에 따라 잔금 청산 전에 주택을 멸실한 경우에는 1세대 1주택이였어도 주택의 양도가 아니므로 1세대 1주택 비과세를 적용받을 수 없으며 사업용토지의 양도로 보아 과세

된다.

[매매특약에 따라 잔금 청산 전에 주택을 상가로 용도변경한 경우]

주택에 대한 매매계약을 체결하고, 그 매매특약에 따라 잔금 청산 전에 주택을 상가로 용도변경한 경우 22.10.21. 이후 매매계약 체결분부터 양도일(잔금 청산일) 현재 현황에 따라 양도물건을 판정한다. 즉, 22.10.21. 이후 매매계약분부터 계약일에 주택이었어도 양도일 현재 상가인 경우 1세대 1주택 비과세 규정이나 다주택자 중과 규정이 적용되지 않는다.

[지역주택조합의 조합원 지위를 조정대상지역 공고 전 승계 취득 시 1세대 1주택 비과세 거주요건 적용 여부]

사업계획을 승인받은 지역주택조합의 조합원의 신규주택을 취득할 수 있는 권리를 조정대상지역 공고 이전 매매계약을 체결하고 계약금을 지급한 사실이 확인되며 계약금 지급일 현재 무주택세대인 경우에는 1세대 1주택 비과세의 거주요건을 적용하지 않는다.

[보유기간 · 거주기간 관련 예규 판례]

1. 1세대가 1주택을 보유하면서 배우자가 사업상의 형편 등 부득이한 사유로 처음부터 본래의 주소에서 일시 퇴거한 경우 나머지 세대원이 거주요건을 충족하였다면 1세대 1주택으로 본다.

2. 주택을 근린생활시설로 용도변경하여 업무용으로 사용하다가 다시 주택으로 용도 변경한 후 양도하는 경우 주택으로 사용한 기간을 통산한다.

3. 주택양도 당시 거주자에 해당한다면 1세대 1주택 비과세 여부를 판정함에 있어 보유기간 계산은 거주자 신분에서의 보유기간을 통산하고, 거주기간은 그 보유기간 중 거주한 기간을 통산하는 것이나, 양도 당시 비거주자에 해당한다면 1세대 1주택 비과세 규정이 적용되지 않는다.

4. 거주기간의 계산은 원칙적으로 세대 전원이 당해 주택의 취득일 이후 실제 거주한 기간에 따르는 것이나 그 내용이 불분명한 경우에는 주민등록표상 전입일로부터 전출일까지로 한다.

5. 거주기간 또는 보유기간 계산 시 거주하거나 보유하는 중에 소실, 도괴(무너짐), 노후 등으로 인하여 멸실되어 재건축한 주택의 경우에는 그 멸실된 주택과 재건축한 주택에 대한 기간을 통산한다. 이때 공사기간은 통산하지 않는다.

6. 도정법상 재건축 주택의 1세대 1주택 비과세 판정 시 거주기간 계산에서 재건축한 신주택을 양도하는 경우에는 거주하지 아니한 공사기간은 제외하고 멸실된 구주택과 재건축한 신주택에서 실제 거주한 기간을 합산한다.

7. 결혼으로 인하여 배우자와 세대를 합친 경우에 1세대 1주택의 거주기간 계산에는 결혼 전 거주자의 거주기간과 결혼 후 거주자 및 배우자의 거주기간을 통산한다.

8. 1주택을 보유한 피상속인이 사망하여 동 주택을 상속개시일 현재 동일세대의 세대원이 상속받아 양도하는 경우 보유기간 및 거주기간 계산 시 상속인의 상속개시 전후의 기간을 서로 통산한다.

Part 2
다가구주택 겸용주택 고가주택

시대별로 선호하는 주거형태도 유행을 탄다.

대표적 주거형태는 단독주택과 공동주택이 있다. 단독주택에는 다중주택과 다가구주택이 있으며 공동주택에는 아파트, 다세대, 연립주택 등이 있다. 최근에는 아파텔, 도시형생활주택 등 생소한 주택의 형태들이 등장하고 있다. 세법에서 어떻게 보는지 살펴보자.

적용법규

건축법
단독주택, 공동주택

주택법
단독주택, 공동주택, 준주택, 국민주택, 민영주택, 임대주택 등 개념적 확장

조세법
고가주택, 저가주택, 농어촌주택, 거주주택, 임대주택, 신축주택, 미분양주택 등 조세정책 목적상 다양한 개념으로 구분

취급범위

다가구주택
세법은 한 가구가 독립하여 거주할 수 있도록 구획된 부분을 각각 하나의 주택으로 본다. 다만, 다가구주택을 구획된 부분별로 양도하지 않고 하나의 매매단위로 하여 양도하는 경우에는 그 전체를 단독주택으로 본다.

준주택
주거용 오피스텔 등 공부상의 용도구분과 관계없이 상시 주거용으로 사용하는 경우 주택으로 본다.

고가주택
1세대 1주택 비과세 적용 시 12억원 이하는 비과세하고 12억원 초과분에 대해서는 과세한다.

기타 주택
지역 간 균형발전, 서민 주거생활안정 등 조세정책 목적상 활용

사례1

다가구주택 양도 시 비과세

2013년 1월
A다가구주택
취득

2017년 8월
조정대상지역
지정

2023년 2월
A다가구주택
양도

상황

- 13년 01월: 갑, A다가구주택 12억원 취득
- 17년 08월: 조정대상지역 지정
- 23년 02월: A다가구주택 30억원 일괄양도

다가구주택 현황

24 m²	옥탑(1가구)	월세
90 m²	3층(1가구)	소유주 거주
100 m²	2층(3가구)	월세
100 m²	1층(2가구)	월세
80 m²	지하(상가)	월세

대지167 m²

질문

- A주택 양도 시 비과세 가능한가요?

⏳ 해설

비과세되지 않는다.

다만, 본인이 선택하는 하나의 호에 대해서는 비과세가 가능하다.

A다가구주택을 하나의 매매단위로 하여 양도 시 단독주택으로 보아 1세대 1주택 비과세 여부를 판단한다.

갑은 하나의 매매단위로 양도하였고 13년 01월 취득하여 비과세 요건인 2년 이상 보유 요건 또한 충족한 상태이다. 따라서 갑은 실지거래가액이 30억원이므로 12억원을 초과하는 양도가액에 대해서만 과세라고 생각할 수 있다. 더욱이 2년 이상 거주하였으므로 장기보유특별공제 표2(보유 40%, 거주 40%)를 적용해 양도차익에 80%까지 공제한다면 과세될 금액은 매매가액에 비해 상당히 적은 세금만 납부하면 된다고 생각할 수 있다.

갑의 생각이 맞는지 살펴보자.

먼저 다가구주택인지 검토해보면 A주택은 건축 층수에서 제외하는 지하층과 옥탑을 제외하면 3개 층이 주택용도이고 주택 층의 바닥면적 합계도 660㎡ 이내이며 19세대 이하가 거주하고 있다. A주택은 다가구주택의 외관을 갖추고 있어 갑은 다가구주택이라 생각하기 쉽다.

하지만 건축법 시행령에서 층수에 대해서 다음과 같이 규정하고 있다.

층수: 승강기탑(옥상 출입용 승강장을 포함한다), 계단탑, 망루, 장식탑, 옥탑, 그 밖에 이와 비슷한 건축물의 옥상 부분으로서 그 수평투영면적의 합계가 해당 건축물 건축면적의 8분의 1(주택법 제15조 1항에 따른 사업계획승인 대상인 공동주택 중 세대별 전용면적이 85제곱미터 이하인 경우에는 6분의 1) 이하인 것과 지하층은 건축물의 층수에 산입하지 아니하고, 층의 구분이 명확하지 아니한 건축물은 그 건축물의 높이 4미터마다 하나의 층으로 보고 그 층수를 산정하며, 건축물이 부분에 따라 그 층수가 다른 경우에는 그중 가장 많은 층수를 그 건축물의 층수로 본다.

사례에서 옥탑의 수평투영면적이 24%(24㎡/100㎡)에 달해 8분의 1을 초과하므로 층수에 산입된다. 즉, 1층부터 옥탑까지 4개 층을 주거용으로 쓰고 있다. 주택으로 쓰는 층수가 3개 층을 초과하므로 A주택은 다가구가 아닌 다세대주택에 해당한다.

결론적으로 A주택은 7가구로 구성된 다세대주택이므로 갑이 선택하는 한 개의 호에 대해서만 비과세받을 수 있다. 이 경우 갑은 3층을 비과세로 선택하는 것이 가장 유리하다.

▶ 핵심 포인트 정리!

1세대 1주택 비과세 규정을 적용할 때 다가구주택은 한 가구가 독립하여 거주하도록 구획된 부분을 각각 하나의 주택으로 본다. 다만, 해당 다가구주택을 구획된 부분별로 양도하지 아니하고 하나의 매매단위로 하여 양도하는 경우에는 그 전체를 하나의 주택으로 본다.

다가구주택은 주택으로 사용하는 층수가 3개층 이하여야 한다. 옥탑은 주거용으로 사용하는 경우에도 주택의 층수에서 제외되는 것으로 알고 있는 것이 일반적이다.

그러나 건축법에 따라 옥탑 면적이 건축물 건축면적의 8분의 1을 초과하는 경우 건축물의 층수에 포함된다.

한편, 건축법 시행령에서는 주거용으로 사용하는 옥탑 외 장애인용 승강기 탑 등 건축물의 옥상 부분으로 그 수평투영면적의 합계라고 규정되어 있기 때문에 옥탑 외 건축물의 옥상 부분을 모두 고려해야 한다.

👆 하나 더!!

1. 겸용주택(전체의 실지거래가액이 12억원 이하)

하나의 건물이 주택과 주택 외의 부분으로 복합된 경우와 주택에 딸린 토지에 주택 외 건물이 있는 경우를 겸용주택이라 한다. 1세대 1주택 비과세를 적용함에 있어 겸용주택은 그 전부를 주택으로 본다. 다만, 주택의 연면적이 주택 외 부분의 연면적보다 적거나 같을 때는 주택 외의 부분은 주택으로 보지 아니한다.

주택의 연면적 > 주택 외 부분 ⇒ 전체를 주택
주택의 연면적 ≤ 주택 외 부분 ⇒ 주택만 주택

2. 겸용주택의 고가주택 판단

주택과 주택 외 부분을 포함한 전체의 실지거래가액이 12억원을 초과하면 면적에 관계없이 주택 부분만 주택으로 보아 고가주택 여부를 판단한다. 이때 주택 부분 양도가액은 전체 양도가액을 기준시가 등으로 주택과 주택 외 부분으로 안분하여 계산한다. 안분된 주택양도가액이 12억원을 초과하면 고가주택에 해당한다.

3. 절세 TIP

다가구주택의 경우 단독주택으로 보는 다가구인지, 다세대주택으로 보는지 또는 겸용주택에 해당하는지 그 판단은 양도일 현재를 기준으로 한다.

따라서 매매의사가 있는 경우 사전에 또는 계약체결 후라도 종합적인 세무 검토를 통해 다가구주택이 다세대주택으로 간주되어 사례처럼 세금폭탄을 맞는 상황은 피할 수 있을 것이다.

사례2

겸용다가구주택 양도 시 비과세

2013년 1월 — A다가구주택 취득

2017년 8월 — 조정대상지역 지정

2023년 2월 — A다가구주택 양도

상황

- 13년 01월: 갑, A다가구주택 12억원에 취득
- 17년 08월: 조정대상지역 지정
- 23년 02월: A다가구주택 30억원에 양도

다가구주택 현황

24㎡	옥탑	
90㎡	3층(1가구)	소유주 거주
100㎡	2층(3가구)	월세
100㎡	1층(상가)	월세

대지167㎡

질문

① A주택 양도 시 비과세 가능한가요?
② 비과세 시 전체 양도차익에 대해 비과세 가능한가요?

⏳ 해설

① 원칙적으로 비과세된다.

상황을 살펴보면 A주택은 주거용으로 사용하는 3개 층 이하의 주택으로 하나의 매매단위로 양도하였으므로 세법상 단독주택으로 취급하는 다가구주택이다.

② A주택은 겸용고가주택으로 주택 부분에 대한 양도차익 중 12억원 초과 부분에 대해서만 과세된다.

만약, A주택이 겸용주택으로서 전체 양도가액 중 12억원 이하인 경우라면 상가를 포함한 전체 양도차익을 비과세한다. 사례에서 12억원이 초과하는 고가주택에 해당하므로 주택 부분에 대해서만 비과세를 적용받을 수 있다.

고가겸용주택의 양도 시 과세방식은 아래와 같다.

양도가액을 주택분과 상가분으로 구분하여 기준시가로 안분계산

⇒ 주택분(주택+주택부수토지)의 안분 양도가액 중 12억원 이하는 비과세 12억원 초과분에 대해서는 과세된다.
⇒ 주택 외 부분(상가+상가부수토지)은 과세

이렇게 함으로써 종전의 주택 외 부분에 대해서도 장기보유특별공제가 80%까지 공제되는 여지를 배제하여 장기보유특별공제 표1을 적용토록 한 것이다.

안분한 주택 부분의 12억원 초과분에 대해 과세하는 경우 A주택의 보유기간 중 2년 이상 거주요건을 충족하였다면 장기보유특별공제를 최대 80%까지 받을 수 있다.

▶ 핵심 포인트 정리!

겸용주택의 고가주택 판정

하나의 건물이 주택과 주택 외 부분으로 복합된 겸용주택의 고가주택 판정은 주택면적과 주택 외 면적을 비교하여 크고 작음과 상관없이 전체의 양도가액이 12억원을 초과하면 전체 양도가액 중 주택 부분에 해당하는 금액을 안분한 후 안분된 주택분 양도가액을 기준으로 12억원 초과 여부를 판단한다.

부담부증여 주택의 고가주택 판정

주택을 부담부증여하는 경우 수증자가 인수하는 채무액이 12억원 이하에 해당되더라도 전체의 주택가액은 [채무액×(증여가액÷채무액)]으로 환산하여 12억원을 초과하면 고가주택으로 본다.

예컨대 아파트(감정가액 14억원, 금융채무 5억원)를 부담부증여 시 증여자는 채무 5억원을 양도가액으로 보아 양도소득세를 신고 · 납부하여야 한다. 채무액이 5억원으로 12억원 이하이지만 환산가액 [5×(14÷5)=14억원]이 12억원을 초과하므로 고가주택에 해당한다. 따라서 12억원 초과분에 대한 양도차익 중 5억원에 상응하는 부분(12억원 초과분 양도차익×5/14)에 대해선 과세되는 것이다. 이 경우 2년 이상 거주하였다면 장기보유특별공제 표2를 적용한다.

주택 일부 양도 시 고가주택 판정

주택의 일부를 양도하는 경우에도 양도가액을 [실지거래가액×(전체면적÷양도면적)]으로 환산계산한 금액이 12억원을 초과하는 경우 고가주택으로 본다.

하나 더!!

겸용주택 양도 시 주택과 주택 외 부분의 가액이 불분명한 경우

1. 양도가액 또는 취득가액을 실지거래가액에 따라 산정하는 경우로서 토지와 건물 등을 함께 취득하거나 양도한 경우에는 이를 각각 구분하여 기장하되 토지와 건물 등 가액의 구분이 불분명할 때에는 취득 또는 양도 당시의 기준시가 등을 고려하여 대통령령*으로 정하는 바에 따라 안분계산한다.

* ① 토지와 건물 또는 구축물 등에 대한 기준시가가 모두 있는 경우

공급계약일 현재의 기준시가에 따라 계산한 가액에 비례하여 안분 계산한 금액. 다만, 감정평가가액[제28조에 따른 공급시기(중간지급조건부 또는 장기할부판매의 경우는 최초 공급시기)가 속하는 과세기간 직전 과세기간 개시일부터 공급시기가 속하는 과세기간 종료일까지 감정평가 및 감정평가사에 관한 법률에 따른 감정평가법인 등이 평가한 감정평가가액을 말한다]이 있는 경우에는 그 가액에 비례하여 안분 계산한 금액으로 한다.

② 토지와 건물 등 중 어느 하나 또는 모두의 기준시가가 없는 경우로 감정평가가액이 있는 경우

그 가액에 비례하여 안분 계산한 금액. 다만, 감정평가가액이 없는 경우에는 장부가액(장부가액이 없는 경우에는 취득가액)에 비례하여 안분계산한 후 기준시가가 있는 자산에 대해서는 그 합계액을 다시 기준시가에 의하여 안분계산한 금액으로 한다.

③ 1호와 2호를 적용할 수 없거나 적용하기 곤란한 경우

국세청장이 정하는 바에 따라 안분하여 계산한 금액

2. 토지와 건물 등을 함께 취득하거나 양도한 경우로서 그 토지와 건물 등을 구분 기장한 가액이 1에 따라 안분계산한 가액과 100분의 30 이상 차이가 있는 경우에는 토지와 건물 등의 가액 구분이 불분명한 때로 본다.

구분기장의 의미

구분기장이란 매매계약서 작성 시 토지 및 건물을 구분하여 표시한 실지거래가액을 의미한다. 상가겸용주택이라면 주택, 상가, 토지로 구분기장하여 계약서상에 특약내용을 기재할 수 있다.

그렇다고 합리적인 근거 없이 세금을 줄이고자 임의로 기재한 가액은 과세당국으로부터 부인될 수 있으므로 감정평가액 또는 기준시가 등에 근거하여 1차적으로 안분하고 세법에서 용인되는 범위 내에서 최종적으로 매매 당사자 간에 합의하여 결정하는 것이 바람직하다.

겸용주택 양도 시 부가가치세

겸용주택의 경우 주택 외 부분(상가 등)에 대해서는 사업자등록을 하고 임대사업을 영위하고 있는 것이 일반적이다. 따라서 매매 시 상가건물 부분에 대해서 부가가치세 문제가 발생된다.

부가가치세법상 일반과세자는 상가건물의 공급가액(양도가액)에 대해 10%를 부가가치세로 매수자에게 세금계산서를 발행하고 부가가치세를 징수하여 신고·납부하여야 한다.

따라서 계약서 작성 시 상가건물과 상가부수토지의 합리적 가액 결정이 중요해진다. 하지만 임대사업과 관련해 임차인을 승계하는 등 포괄적으로 양도양수하는 경우에는 세금계산서 발행 및 부가가치세 거래징수 등은 필요 없다.

사업의 양도자 및 양수자가 일반과세자 또는 간이과세자인지 불구하고 과세사업자이면 사업의 포괄양수도로 본다. 다만, 일반과세자로부터 사업을 포괄양수받은 사업자에 대해서는 간이과세자로 등록이 불가하다.

1세대 1주택자 부모가 자녀에게 저가양도 시 비과세

2013년 1월 — A다가구주택 취득
2017년 8월 — 조정대상지역 지정
2023년 2월 — A다가구주택 양도

상황

- 13년 01월: 갑(부친), A다가구주택 6억원 취득 후 거주 중
- 17년 08월: 조정대상지역 지정
- 23년 02월: 을(자녀) A주택 10억원 취득
  *을 본인 자금으로 갑 계좌 매매대금송금
  *A다가구주택의 감정가액: 15억원

다가구주택 현황

24㎡	옥탑	
90㎡	3층(1가구)	소유주 거주
100㎡	2층(3가구)	월세
100㎡	1층(상가)	월세

대지167㎡

질문

- A주택 양도 시 비과세 가능한가요? (부모님은 A주택 처분 후 귀농 예정)

⧖ 해설

원칙적으로 비과세 가능하다.

세법상 특수관계자인 부모와 자녀 간에 거래로서 매매대금 수수가 금융거래로 입증되는 만큼 양도에 해당되어 A주택은 비과세받을 수 있다.

다만, 소득세법 제101조에 양도소득의 부당행위계산 규정을 두어 특수관계인에게 시가보다 낮은 가격으로 자산을 양도한 때에는 조세부담을 부당하게 감소시킨 것으로 보아 부당행위계산부인 규정을 적용한다. 해당 사례에서 시가는 감정가액인 15억원으로 볼 수 있다. 즉, 양도가액이 시가와 대가의 차액이 3억원 이상이거나 시가의 5%에 상당하는 금액 이상인 때 조세의 부담을 부당하게 감소시킨 것으로 보아 시가를 양도가액으로 하여 양도소득 금액을 계산하는 것이다. 따라서 (시가 – 대가=5억원) ≧ Min{①3억원, ②15억원×5%}이므로 갑의 양도가액은 15억원으로 하여 양도세를 신고납부하여야 한다.

결과적으로 갑은 양도가액이 15억원이 되어 고가주택에 해당하며 그 가액 중 12억원 초과분에 대해서 과세되는 것이다. 물론 2년 이상 거주하였으므로 장기보유특별공제는 표2를 적용받을 수 있다.

한편, 상속증여세법 제35조는 특수관계인에게 저가 양도한 경우 시가와 대가의 차이가 시가의 30%와 3억원 중 적은 금액 이상인 경우 이익을 증여한 것으로 보아(시가-대가)-Min{①시가×30%, ②3억원} 금액을 증여재산으로 하여 과세한다.

따라서, 자녀 을이 5억원-Min{①4.5억원, ②3억원}=2억원은 증여받은 것으로 보아 증여세가 과세된다.

▶ 핵심 포인트 정리!

양도소득의 부당행위계산

양도소득이 있는 거주자의 행위 또는 계산이 그 거주자의 특수관계인과의 거래로 인하여 그 소득에 대한 조세부담을 부당하게 감소시킨 것으로 인정되는 경우에는 그 거주자의 행위 또는 계산과 관계없이 해당 과세기간의 소득 금액을 계산할 수 있다.

'조세의 부담을 부당하게 감소시킨 것으로 인정되는 경우'란 다음 각호 ①, ②의 어느 하나에 해당하는 때를 말한다. 다만, 시가와 거래가액의 '차액'이 3억원 이상이거나 시가의 100분의 5에 상당하는 금액 이상인 경우로 한정한다.

① 고가매입, 저가양도

　특수관계인으로부터 시가보다 높은 가격으로 자산을 매입하거나 특수관계인에게 시가보다 낮은 가격으로 자산을 양도한 때

② 그 외

　특수관계인과의 거래로 해당 연도의 양도가액 또는 필요경비의 계산 시 조세의 부담을 부당하게 감소시킨 것으로 인정되는 때

저가양수 또는 고가양도에 따른 이익의 증여

특수관계인 간에 재산을 시가보다 낮은 가액으로 양수하거나 시가보다 높은 가액으로 양도한 경우로서 그 대가와 시가의 차액이 특수관계인 간의 거래에 있어서 증여이익은 (시가-대가)≧Min{①시가×30% ②3억원} 이상인 경우에 [(시가-대가)-Min{①시가×30% ②3억원}]으로 계산한다.

하나 더!!

직계존비속간의 저가양도, 고가양수의 활용

부모와 자녀 간에 주택을 매매하는 경우가 종종 발생한다. 고금리 상황에서는 소득이 없는 부모의 주택 대출이자가 부담스러워 자녀가 주택을 인수하는 사례가 종종 발생한다. 제삼자와의 거래와는 달리 직계존비속 간의 매매는 일반적으로 시가보다 저가양도되는 경우가 많은데, 이 경우 과세당국은 이를 부당행위로 보아 시가를 양도가액으로 간주하고 더불어서 시가와 대가의 차이가 일정 금액 이상인 경우 증여세가 과세되기도 한다.

1세대 1주택자라면 부모와 자녀 간에 주택 등을 저가로 매매하는 경우에는 오히려 부당행위계산부인 규정과 증여세법의 저가양도 시 이익의 증여 규정을 활용해 부모세대로부터 자녀세대로 주택 등의 이전을 통해 부모의 이자부담 감소, 자녀의 주택 취득 기회, 생전(生前)이전으로 인한 상속세 부담 감소 등 긍정적인 측면도 많음을 알 수 있다.

고가주택의 과세소득 계산

2014년 9월 — A다가구주택 취득

2017년 8월 — 조정대상지역 지정

2023년 2월 — A주택 양도

상황

- 14년 09월: A주택 8억원 취득 후 거주
- 17년 08월: 조정대상지역 지정
- 23년 02월: A주택 24억원 양도

질문

- A주택 양도 시 과세소득은 얼마인가요?

⧗ 해설

고가주택의 양도소득세 계산 흐름을 살펴보자.

검토 사항

① 12억원 초과분에 대한 양도차익

② 장기보유특별공제 표1 또는 표2 적용 여부

③ 같은 연도에 양도한 자산 유무

검토 내용

① 12억원 초과 양도차익=전체 양도차익×(양도가액-12억원)/양도가액

　=(24-8)×[(24-12)÷24]=8억원

② 취득 후 계속 거주로 2년 이상 거주요건 충족: 표2 적용

　　장기보유특별 공제율: (보유공제=8년×4%, 거주공제=8년×4%)=64%

　　장기보유특별 공제액: 8억원×64%=5.12억원

　　양도소득 금액: 양도차익 – 장기보유특별공제액=8-5.12=2.88억원

③ 같은 연도에 양도한 자산 없는 것으로 가정

　　A주택 양도 시 양도소득 금액 2.88억원

[참고] 양도소득 합산신고

동일 과세기간에 ①토지, 건물, ②부동산에 관한 권리 ③(①, ②) 자산과 함께 양도하는 영업권 등 기타 자산을 둘 이상 양도하는 경우 양도소득 산출세액은 다음 각호의 금액 중 큰 것으로 한다.

1. 과세기간의 양도소득과세표준 합계액에 대하여 누진세율을 적용하여 계산한 양도소득 산출세액

2. 자산별 양도소득 산출세액 합계액

다시 설명하면, 개별 자산별로 각각 산출한 세액(중과 및 제제 성격)의 합계액이 전체 자산에 누진세율을 적용하여 산출한 세액보다 낮아지는 것을 방지하기 위함이다.

결과적으로 다음의 ①, ② 중 큰 금액으로 합산신고하여야 한다.

① 동일 과세기간에 양도한 합산 대상 자산의 과세표준을 합산하여 누진세율을 곱한 금액

② 개별 자산별(단기양도, 다주택 중과, 비사업용토지 중과 등)로 별도 세율로 산출한 세액의 합계액

핵심 포인트 정리!

장기보유특별공제 표2 적용 대상

1세대가 양도일 현재 국내에 1주택(제155조 · 제155조의2 · 제156조의2 · 제156조의3 및 그 밖의 규정에 따라 1세대 1주택으로 보는 주택을 포함)을 보유하고 그 보유기간 중 거주기간이 2년 이상인 것을 말한다. 이 경우 선순위 공동상속주택인 경우 거주기간은 공동상속주택을 소유한 것으로 보는 사람이 거주한 기간으로 판단한다.

 하나 더!!

고가주택과 고급주택의 비교

고가주택은 소득세법상 개념으로 실지거래가액이 12억원을 초과하는 주택으로 소득세법상 1세대 1주택 비과세를 적용함에 있어 12억원 초과분은 비과세되지 않고 과세된다.

반면 고급주택은 지방세법상 정의로서 취득세가 중과되는 주택을 의미한다.

고급주택을 매매로 취득 시 취득세율(1~3%)에 중과세율(2%×4)을 더한 9~11%의 취득세율이 적용된다.

지방세법상 취득세 중과되는 고급주택

주거용 건축물 또는 그 부속토지의 면적과 가액이 대통령령으로 정하는 기준을 초과하거나 해당 건축물에 67제곱미터 이상의 수영장 등 대통령령으로 정하는 부대시설을 설치한 주거용 건축물과 그 부속토지

구분	내용	
가액	취득 시 공시가격 9억원 초과*	
면적	1. 주택	연면적 331㎡ 초과
		대지면적 662㎡ 초과
	2. 공동주택	연면적 245㎡ 초과 (복층은 274㎡ 초과)
부대시설	3. 엘리베이터	적재하중 200kg 초과
	4. 에스컬레이터	공동주택과 부속토지 제외
	5. 수영장	67㎡ 이상

* 4.와 5. 해당 주택은 공시가격 9억원 이하도 고급주택에 해당

다가구주택 임대주택 등록 후 일반주택 양도 시 비과세

2013년 1월 **A주택 취득**
2017년 8월 **B주택 취득** (배우자)
2020년 3월 **A주택 임대등록** (2층 전체)
2023년 2월 **B주택 양도**

상황

- 13년 01월: 갑 A다가구주택 6억원에 취득 후 거주 중
- 17년 08월: 배우자 B주택 취득
- 20년 03월: A다가구주택 일부 민간임대등록(2층 전부)
- 23년 02월: B주택 양도

다가구주택 현황

면적	구분	비고
24 m^2	옥탑	
90 m^2	3층(갑세대거주)	소유주 거주
100 m^2	2층(2호,임대등록)	월세
100 m^2	1층(상가)	월세

대지167 m^2

질문

- B주택 양도 시 비과세 가능한가요?

⌛ 해설

비과세되지 않는다.

소득세법 시행령 제155조 20항의 거주주택 특례는 장기임대주택 요건과 거주주택 요건을 모두 충족하여야 한다.

사례의 경우 B주택은 거주주택 요건 2년 이상 거주를 미충족하여 비과세되지 않는다.

거주주택은 비조정대상지역에서 취득하더라도 반드시 2년 이상 거주요건을 충족하여야 한다.

한편, 민특법은 다가구주택을 임대등록하는 경우로서 임대사업자 본인이 거주하는 실(室)을 제외한 나머지 전부를 임대하는 경우에는 일부만을 임대등록이 가능하도록 범위를 확장하였다. 따라서 본인이 거주하지 않으면 일부만을 임대등록할 수 없다.

사례에서 B주택을 거주주택 비과세 특례를 받기 위해선 다가구주택 전부를 임대등록하고 B주택에서 2년 이상 거주요건을 충족하여야 한다.

▶ 핵심 포인트 정리!

다가구주택의 일부 호 임대주택 등록 가능 여부

민특법에 따라 주택(20.7.11. 이후 아파트 제외)은 장기일반임대주택으로 등록이 가능하다. 그러므로 다가구주택도 임대주택으로 등록이 당연히 가능한 것이다.

그런데, 다가구주택의 일부(戶)만 임대주택 등록이 가능할까?

민특법 제2조에서 대통령령으로 정하는 일부만을 임대하는 주택을 포함한다고 규정하고 있고 민특법 시행령 제2조의2에서 민특법 제2조 1호에서 "대통령령으로 정하는 일부만을 임대하는 주택이란 건축법 시행령 별표1 1호 다목에 따른 다가구주택으로서 임대사업자 본인이 거주하는 실(한 세대가 독립하여 구분 사용할 수 있도록 구획된 부분을 말한다)을 제외한 나머지 실 전부를 임대하는 주택을 말한다. 이와 같이 규정하고 있어 일부 호만도 임대등록이 가능하도록 개정하였다(2017.1.17. 법령공포).

하나 더!!

소득세법 시행령 제155조 20항 거주주택 비과세 특례

장기임대주택 등과 그 밖의 1주택을 국내에 소유하고 있는 1세대가 거주주택을 양도하는 경우에는 국내에 1개의 주택을 소유하고 있는 것으로 보아 비과세 규정을 적용한다. 다만, 장기임대주택을 보유하고 있는 경우에는 생애 한 차례만 거주주택을 최초로 양도하는 경우로 한정한다.

☀ 절세 포인트

[다가구주택 및 다세대주택의 1세대 1주택 비과세규정 처분 기한]

1세대 1주택 비과세 규정을 적용함에 있어 다가구주택을 하나의 매매단위로 양도하는 경우에는 이를 단독주택으로 보아 1주택으로 보는 것이나, 다세대주택의 경우에는 한 가구가 독립하여 거주할 수 있도록 구획된 부분을 각각 하나의 주택으로 본다.

다가구주택을 다세대주택으로 용도변경하여 양도하는 경우 먼저 양도하는 주택은 양도소득세가 과세되는 것이며, 마지막에 양도하는 1주택에 대하여는 비과세 요건을 갖춘 경우 양도소득세가 비과세된다.

일반건축물을 다세대주택으로 용도변경하여 일반인에게 분양하는 경우로서 부동산매매의 규모·거래 횟수·반복성 등을 종합적으로 판단하여 사업적인 것으로 인정되는 경우에는 사업소득에 해당되어 종합소득세가 과세된다.

[다가구주택을 다세대주택으로 용도변경하여 양도하는 경우]

건설업으로 보는 경우

판매를 목적으로 다가구주택 또는 다세대주택(다가구주택을 다세대주택으로 용도변경하는 경우 포함)을 신축하여 양도하는 경우

부동산매매업으로 보는 경우

판매를 목적으로 부동산을 매입하여 양도하는 경우

부동산임대업으로 보는 경우

부동산을 신축하거나 매입하여 다년간 임대용으로 사용하는 경우

주택 양도 시 건설업, 부동산매매업으로 보는 경우는 종합소득세 대상이며 부동산임대업에 사용하다 양도하는 경우에는 양도소득세 대상이다. 부동산의 양도가 사업소득인지 양도소득에 해당하는지는 그 규모, 횟수 등 실질에 비추어 사업활동으로 볼 수 있을 정도의 계속성과 반복성이 있는지 등을 고려하여 사실판단할 사항이다.

[별도세대원과 공동소유한 다가구주택]

별도세대의 세대원과 공동소유한 다가구주택을 구획된 부분별로 양도하지 아니하고 하나의 매매단위로 양도하는 경우에는 비과세 규정을 적용할 때 그 전체를 하나의 주택으로 보는 것이다.

[임의 재건축한 주택의 부수토지에 대한 장기보유특별공제 보유기간]

노후 등으로 인하여 종전주택을 멸실하고 재건축한 주택으로서 고가주택을 양도하는 경우, 해당 고가주택의 부수토지에 대한 장기보유특별공제액을 계산할 때 장기보유특별공제 표2에 따른 공제율은 종전주택의 부수토지였던 기간을 포함하여 보유기간별 공제율을 적용한다.

[다가구주택의 장기일반민간임대주택 특례 적용]

다가구주택을 호별로 조세특례제한법 제97조의3에 따른 장기일반민간임대주택으로 등록한 경우, 조세특례제한법 제97조의3의 요건을 충족한 임대가구는 양도소득세의 장기보유특별공제에 대한 과세특례가 적용된다.

8년 이상 계속 임대 후 양도하는 경우: 50%
10년 이상 계속 임대 후 양도하는 경우: 70%

[도시형생활주택의 1세대 1주택 및 고가주택 적용 여부]

원룸형 도시형생활주택을 하나의 매매단위로 양도한 경우 단독주택으로 보아 1세대 1주택 및 고가주택을 판단한다. 도시형생활주택에는 단지형 연립주택, 단지형 다세대주택, 원룸형주택이 있다. 도시형생활주택으로 원룸형인 경우 호별로 구분등기되지 않고 주택으로 사용하는 3개층 이하로 연면적 $660\,m^2$ 이내면 다가구주택으로서 하나의 매매단위로 양도하는 경우 단독주택으로 보아 1세대 1주택 및 고가주택 적용 여부를 판단하여야 한다.

[겸용주택의 1세대 1주택 비과세]

겸용주택이란 하나의 건물이 주택과 주택 외의 부분으로 복합되어 있는 경우와 주택에 딸린 토지에 주택 외의 건물이 있는 경우로서 겸용주택 전체 실지거래가액의 12억원 초과 여부에 따라 세법상 처리가 달라진다.

① 실지거래가액이 12억원 이하인 경우로서 '주택〉주택 외 건물'이면 주택 외 건물을 포함한 전체를 주택으로 보아 비과세하고 '주택≤주택 외 건물' 이면 주택 부분만 비과세한다.

② 실지거래가액이 12억원 초과인 경우에는 면적과 관계없이 주택 부분만 주택으로 보아 1
세대 1주택 비과세 및 고가주택 여부를 판단한다.

[고가 겸용주택의 장기보유특별공제]

1세대 1주택으로 고가주택인 경우 12억원 초과분에 대해서 과세하고 2년 이상 보유 및 그 보
유기간 동안 2년 이상 거주요건을 충족한 경우에는 장기보유특별공제 표2(보유기간에 따라 연
4%씩 최대 40%, 거주기간에 따라 연 4%씩 최대 40%)에 따른 공제를 최대 80%까지 받을 수 있다.
22.1.1. 이후 양도분부터는 주택의 연면적이 주택 외 부분의 연면적보다 크다고 하더라도 주
택 부분에 대해서만 고가주택 양도차익이 적용되므로 종전의 주택 외 부분에 대해서까지 장
기보유특별공제 표2가 적용되던 모순을 개선하였다.

[겸용주택의 용도변경]

주택≦주택 외 건물인 복합건물을 2년 이상 보유하다가 주택 외 건물 부분을 주택으로 용도
변경하여 전부를 1주택으로 양도한 경우 당해 용도변경된 주택으로 인하여 주택의 부수토지
가 증가되는 경우 그 증가된 부수토지에 대하여는 용도변경일 이후 2년 이상 경과하여야 양
도소득세를 비과세받을 수 있다.

[고가주택을 여러 사람이 공동소유한 경우]

고가주택 해당 여부는 그 소유지분에 관계없이 1주택(그 부수토지 포함) 전체를 기준으로 판정
한다.

[토지와 건물 소유자가 각각 다른 경우]

고가주택은 주택과 부수토지의 소유자가 동일세대이거나 동일할 것을 요구하고 있지 않으므
로 주택과 부수토지의 소유자가 다르더라도 주택과 부수토지의 실거래가액의 합계 금액이
12억원을 초과한 경우 부수토지를 양도하더라도 고가주택의 부수토지의 양도로 본다.

[다가구주택을 공동소유하다 자기 지분만을 양도하는 경우]

1세대 1주택 비과세 규정을 적용할 때 다가구주택을 공동으로 소유하다가 자기 지분만을 양
도하는 경우 다가구주택은 하나의 매매단위가 아니므로 공동주택으로 보는 것이며, 예를 들
어 소유지분(1/3)이 3가구 중 1가구에 해당하는지, 3가구 각각의 1/3에 해당하는지는 실질

로 판단하며 이 경우 3가구 중 1가구에 해당하는 경우에는 해당 1가구의 양도가액만으로 고가주택 여부를 판정한다.

[주택부수토지가 주택보다 보유기간이 긴 경우]

소득세법 제95조 2항 장기보유특별공제율을 적용할 때 1세대 1주택에 딸린 토지를 양도하는 경우로서 주택보다 보유기간이 오래된 주택 부수토지에 대한 장기보유특별공제는 그 토지의 전체 보유기간에 따른 같은 항 표1과 주택 부수토지로서의 보유기간에 따른 같은 항 표2 중 큰 공제율을 적용한다.

예를 들어 나대지를 3년 보유하다 단독주택을 신축하여 주택으로 5년 이상 보유(2년 이상 거주) 중 양도한 1세대 1주택자로서 고가주택인 경우 12억원 초과분에 대한 양도차익에서 차감하는 '토지'의 장기보유특별공제는 아래의 ①, ②의 방식 중 ①의 방식으로 장기보유특별공제율은 28%가 적용된다.

① Max [A. 주택부수토지 (4%×5년+4%×2년=28%), B. 토지 전체 보유기간 (2%×8년=16%)]
② 나대지+주택부수토지(2%×3년+4%×5년=26%)

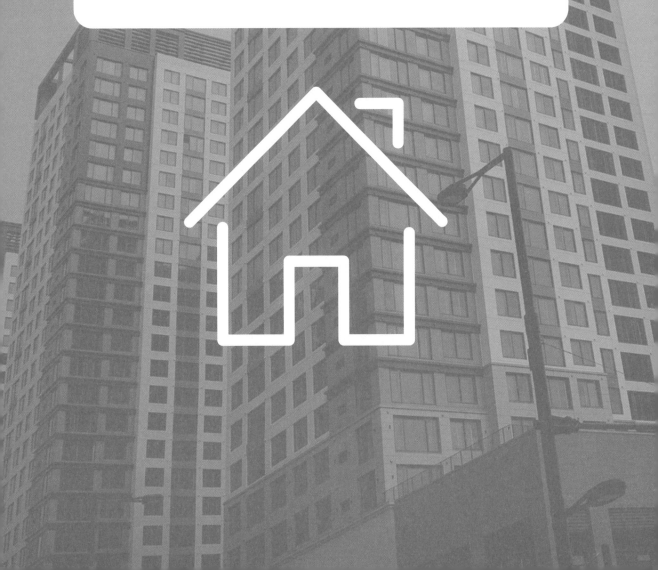

Part 3

일시적 2주택 비과세 특례

일시적 1세대 2주택 비과세 특례는 1주택을 보유한 1세대가 그 주택을 양도하기 전에 다른 주택을 취득하여 일시적으로 2주택이 된 경우에도 일정 요건을 모두 충족하면 실제로는 2주택자이지만 먼저 보유한 주택을 양도할 때 1주택자로 보아 비과세를 적용해주는 규정이다.

국내에 1주택(종전주택)을 소유한 ① 거주자인 1세대가 종전주택을 취득한 날부터 ② 1년 이상이 지난 후 신규주택을 취득함으로써 ③ 일시적으로 2주택이 된 경우 ④ 일정 기간 내에 종전주택을 양도하는 경우에는 1세대 1주택으로 보아 ⑤ 비과세 여부를 판단한다.

관련 사례

번호	내용			사례 번호
①	거주자와 비거주자			5번
②	일시적 2주택			1번
③	신규주택 취득 기한에 대한 예외			2번
④	종전주택 양도 기한			3번, 4번, 6번, 7번
⑤	비과세 요건	원칙	2년 보유, 조정대상지역에서 취득한 경우 2년 거주요건 추가	2번, 3번, 4번, 5번, 6번, 7번
		예외	일정한 경우 보유기간 및 거주기간에 대한 제한이 없음	

2주택자는 양도소득세가 과세된다(양도 시 조정대상지역이면 중과세 대상). 그러나 1세대가 세법에서 정한 요건을 충족한 일시적 2주택자인 경우 먼저 양도하는 종전주택을 1주택으로 보아 비과세 여부를 판단한다.

즉, 종전주택이 비과세 요건을 충족하고 있다면 2주택자여도 양도소득세가 비과세된다(고가주택인 경우 12억원 초과분은 과세).

사례1

이사 갈 집을 미리 샀을 때 1세대 1주택 비과세

2020년 1월 — A주택 취득 후 조정대상지역

2022년 1월 — B주택 취득 조정대상지역

2023년 1월 — A주택 양도 조정대상지역

상황

- 20년 1월: A주택 취득 후 계속 거주(조정대상지역)
- 22년 1월: B주택 취득(조정대상지역)
- 23년 1월: A주택 양도

질문

- 23년 1월 A주택 양도 시 2주택자이지만 1세대 1주택 비과세 가능한가요?

⏳ 해설

비과세 가능하다.

세법에서는 특정한 사유로 2주택자가 된 경우 일정한 요건을 충족하면 1세대 1주택으로 보아 비과세 규정을 적용하는 특례가 있다. 이때 특정한 사유란 일시적인 2주택, 동거봉양을 위한 합가, 혼인으로 인한 합가, 상속 등의 사유를 말하며 위의 사례는 세법상 일시적으로 2주택에 해당하는지 살펴볼 필요가 있다.

세법상 일시적 2주택은 종전주택(A주택) 취득한 날부터 1년 이상이 지난 후 신규주택(B주택)을 취득함으로써 일시적으로 2주택이 된 경우 신규주택 취득일로부터 3년 내 종전주택을 양도하면 1세대 1주택으로 보아 비과세 여부를 판단한다.

위의 사례는 A주택 취득한 날부터 1년이 지난 후 B주택을 취득하였고 A주택을 B주택 취득일로부터 3년 내 양도해야 하는 요건을 모두 충족하므로 세법상 일시적 2주택에 해당되며 비과세 요건인 2년 보유 및 2년 거주요건도 모두 충족하여 비과세 가능하다.

▶ 핵심 포인트 정리!

1. 조정대상지역에서 주택을 취득한 경우 1세대 1주택으로 비과세를 받으려면 2년 이상 보유 요건 외에 2년 이상 거주요건까지 충족하여야 한다.

2. 주택 취득 당시 조정대상지역이었으나 양도 당시 조정대상지역에서 해제된 경우라도 거주요건 여부는 주택 취득 시를 기준으로 판단하므로 주의하여야 한다.

3. 종전주택의 양도 기한은 23.1.12. 이후 양도분부터는 조정대상지역 여부와 무관하게 모두 3년이 적용된다. 그러나 23.1.12. 전에 종전주택을 양도한 경우라면 종전주택의 양도 기한은 취득 시 종전주택과 신규주택의 소재지에 따라 달라진다.

4. 23.1.12. 이전에 종전주택을 양도하는 경우 종전주택과 신규주택 중 하나라도 비조정대상지역이라면 종전주택의 양도 기한은 신규주택 취득일로부터 3년 이내나 종전주택과 신규주택이 모두 조정대상지역이라면 2년이 적용된다. 이때 조정대상지역 여부 판단은 신규주택 취득 시점이며 종전주택 양도 시를 기준으로 판단하지 않는다.

하나 더!!

일시적 2주택 판단 흐름도

1) 종전주택을 23.1.12. 이전 양도하는 경우

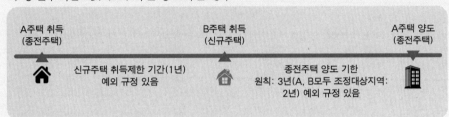

A주택 취득
(종전주택)

B주택 취득
(신규주택)

A주택 양도
(종전주택)

신규주택 취득제한 기간(1년)
예외 규정 있음

종전주택 양도 기한
원칙: 3년(A, B모두 조정대상지역:
2년) 예외 규정 있음

2) 종전주택을 23.1.12. 이후에 양도하는 경우

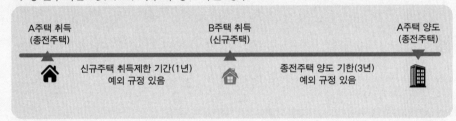

A주택 취득
(종전주택)

B주택 취득
(신규주택)

A주택 양도
(종전주택)

신규주택 취득제한 기간(1년)
예외 규정 있음

종전주택 양도 기한(3년)
예외 규정 있음

사례2

공공임대주택 분양전환 후 1년 내 신규주택 취득 시 일시적 2주택 해당 여부

2016년 12월	2022년 10월	2022년 12월	2023년 1월
A주택 (공공임대아파트) 입주 후 거주	A주택 분양전환	B주택 비조정대상 지역	A주택 양도

상황

- 16년 12월: 공공임대아파트(A) 입주 후 현재까지 거주 중
- 22년 10월: 분양전환
- 22년 12월: B주택 취득(비조정대상지역)
- 23년 01월: A주택 양도

질문

- 공공임대주택의 분양전환에 따른 A주택 취득일인 22년 10월에서 1년이 경과하기 전인 22년 12월에 B주택을 취득한 경우에도 A주택 양도 시 일시적 2주택으로 보아 비과세 가능한가요?

⌛ 해설

비과세 가능하다.

국내에 1주택을 소유한 1세대가 그 주택(종전주택)을 양도하기 전에 다른 주택(신규주택)을 취득함으로써 일시적으로 2주택이 된 경우, 종전주택을 취득한 날부터 1년 이상이 지난 후 신규주택을 취득하고 신규주택을 취득한 날부터 3년 이내에 종전주택을 양도하는 경우에는 1세대 1주택으로 보아 비과세를 적용한다.

그러나 다음의 경우에는 종전주택을 취득한 날부터 1년 이상이 지난 후 신규주택을 취득해야 하는 요건을 적용하지 않는다.

1) 건설임대주택(공공매입임대주택 포함)을 분양전환 받은 경우
2) 사업인정고시일 전에 취득한 종전주택이 수용된 경우
3) 1년 이상 거주한 주택을 취학 등 부득이한 사유로 양도하는 경우

위 사례의 경우 신규주택 취득 시기에 대한 요건을 적용받지 않는 1)에 해당하고 B주택 취득일로부터 3년 내 A주택을 양도하였으므로 1세대 1주택으로 보아 비과세가 가능하다.

▶ 핵심 포인트 정리!

1. 종전주택을 취득한 날부터 1년 이상이 지난 후 신규주택을 취득하여야 한다는 의미는 종전주택을 취득하고 최소 1년이 지난 후에 신규주택을 취득해야 투기수요로 보지 않겠다는 것이다. 예를 들어 종전주택을 22.12.30에 취득하였다면 1년이 경과한 23.12.31. 이후부터 신규주택을 취득해야 한다.

2. 신규주택 취득 시기에 대한 요건을 적용받지 않았다면 1세대 1주택의 비과세 요건인 2년 보유와 취득 시 조정대상지역인 경우 2년 거주요건에 대한 제한도 받지 않는다.

3. 해외이주로 세대 전원이 출국하거나 1년 이상 계속하여 국외 거주가 필요한 취학·근무상 형편으로 세대 전원이 출국하는 경우 출국일 현재 1주택을 보유하고 출국일로부터 2년 이내에 양도하면 1세대 1주택의 비과세 요건인 보유기간과 거주기간에 대한 제한을 받지 않는다.

하나 더!!

해외이주법에 따른 해외이주의 종류

제4조(해외이주의 종류) 이 법에 따른 해외이주의 종류는 다음 각호와 같이 구분한다.

1. 연고이주: 혼인·약혼 또는 친족 관계를 기초로 하여 이주하는 것

2. 무연고이주: 외국기업과의 고용계약에 따른 취업이주, 제10조 3항에 따른 해외이주 알선업자가 이주대상국의 정부기관·이주 알선기관 또는 사업주와의 계약에 따르거나 이주대상국 정부기관의 허가를 받아 행하는 사업이주 등 1호 및 3호 외의 사유로 이주하는 것

3. 현지이주: 해외이주 외의 목적으로 출국하여 영주권 또는 그에 준하는 장기체류 자격을 취득한 사람의 이주

사례3

종전주택이 팔리지 않을 때 비과세 방법

2015년 10월
A주택 취득 후 거주
조정대상지역

2022년 6월
B주택 취득
조정대상지역

?
A주택
양도 예정

상황

- 15년 10월: A주택 취득 후 계속 거주
- 22년 06월: B주택 취득. 취득 당시 A주택과 B주택 모두 조정대상지역에 소재

질문

- B주택 취득 후 A주택을 매물로 내놓았지만, 부동산거래 급감으로 전혀 매도 문의가 없는 상황이라면, 종전주택 양도 기한인 3년 내에 A주택을 못 팔아도 비과세받을 방법이 있을까요?

해설

세법에서 규정한 상황에 해당하면 비과세 가능하다.

일시적 2주택 상태에서 종전주택 양도 기한 내에 종전주택을 양도하지 못하면 비과세되지 않는 것이 원칙이다.

그러나 종전주택 양도 기한 내에 세법에서 규정한 다음의 상황에 해당하는 경우에는 종전주택 양도 기한을 경과하여 양도하여도 종전주택 양도 기한 내에 처분한 것으로 보아 1세대 1주택 비과세가 가능하다. 단, 종전주택 양도 기한이 종료되는 날 현재 종전주택이 비과세 요건을 갖추고 있어야 하며 종전주택 양도 기한 내에 매각 의뢰 등을 하여야만 한다.

1) 한국자산관리공사에 매각을 의뢰한 경우
2) 법원에 경매를 신청한 경우
3) 공매가 진행 중인 경우
4) 재개발사업 등의 시행으로 현금으로 청산받아야 하는 토지 등 소유자가 사업시행자를 상대로 제기한 현금 청산금 지급을 구하는 소송절차가 진행 중인 경우 또는 소송절차는 종료되었으나 해당 청산금을 지급받지 못한 경우
5) 재개발사업 등의 사업시행자가 토지 등 소유자를 상대로 신청·제기한 수용재결 또는 매도청구소송 절차가 진행 중인 경우 또는 재결이나 소송절차는 종료되었으나 토지 등 소유자가 해당 매도대금 등을 지급받지 못한 경우

위 사례처럼 종전주택을 양도하기 어려운 상황이라면 종전주택 양도 기한 내에 한국자산관리공사에 매각을 의뢰하거나 법원에 경매를 신청하는 것도 비과세받을 수 있는 하나의 방법이다.

▶ 핵심 포인트 정리!

1. 종전주택 양도 기한이 종료되는 날 현재 종전주택이 비과세 요건을 갖추지 않았다면 한국자산관리공사에 매각을 의뢰한 경우 등에 해당되어도 1세대 1주택 특례 규정을 적용할 수 없다.

2. 종전주택 양도 기한 내에 매각 의뢰 등을 하여야만 한다. 종전주택 양도 기한이 지나 매각 의뢰한 경우에는 일시적 2주택에 따른 1세대 1주택 특례 규정을 적용받을 수 없다.

3. 종전주택 양도 기한 내에 종전의 주택에 대하여 법원에 경매가 신청되었으나 이후 당해 경매신청이 취하된 경우에는 1세대 1주택 특례 규정을 적용받을 수 없다.

4. 종전주택 양도 기한 내에 제삼자로부터의 압류 및 가처분이 있었다 하더라도 법에서 열거한 사유에 해당하지 않으므로 일시적 2주택으로 볼 수 없다.

근무지 이전으로 신규주택 취득 후 2년 미만 보유한 종전주택 양도 시 비과세

2021년 1월	2022년 3월	2022년 3월	2022년 5월
A주택 취득 후 거주 (서울)	부산 지점 발령	B주택 취득 (부산)	A주택 양도

상황

- 21년 01월: 서울 소재 A주택 취득 후 계속 거주. 갑을은행 서울지점에서 근무 중
- 22년 03월: 갑을은행 부산지점으로 발령
- 22년 03월: 부산 소재 B주택 취득 후 세대원 모두 전입 및 거주
- 22년 05월: A주택 양도

질문

- 2년 미만 보유한 종전주택(A주택)을 양도하는 경우에도 비과세 가능한가요?

해설

비과세 가능하다.

위 사례는 1년 이상 거주한 A주택을 세법에서 정한 부득이한 사유(근무상의 형편)로 양도하는 경우이므로 보유기간 및 거주기간의 요건을 충족하고 있지 않지만 비과세 가능하다.

한 가지 주의할 점은 종전주택에서 1년 이상 거주하여야 비과세 가능하다는 점이다. 1세대 1주택 비과세 판단 시 보유기간 및 거주기간 제한을 받지 않는 다른 경우들과는 다르게 위의 부득이한 사유는 1년 이상 거주한 주택이어야 하고 1년 거주요건은 비조정대상지역이라 해도 적용됨을 주의해야 한다.

좀 더 자세히 살펴보자면, 1세대 1주택 비과세를 받기 위해서는 2년 보유(조정대상지역에서 취득한 경우 2년 거주요건 추가)요건을 충족하여야 비과세가 가능하다. 그러나 세법에서는 1년 이상 거주한 주택을 아래와 같이 부득이한 사유로 다른 시·군으로 주거를 이전하는 경우에는 보유기간 및 거주기간의 제한을 받지 않고 비과세가 가능하도록 규정한다. 만약 일시적 2주택 상태라면 신규주택 취득 시기에 대한 요건도 제한하지 않는다.

1) 초·중등교육법에 따른 학교(초등학교 및 중학교 제외) 및 고등교육법에 따른 학교 취학
2) '직장'의 변경이나 전근 등 근무상의 형편
3) '1년 이상'의 치료나 요양을 필요로 하는 질병의 치료 또는 요양
4) 학교폭력예방 및 대책에 관한 법률에 따른 학교폭력으로 인한 전학(같은 법에 따른 '학교폭력대책자치위원회'가 피해 학생에게 전학이 필요하다고 인정하는 경우에 한함)

위의 부득이한 사유 외에도 1세대 1주택 비과세 판단 시 보유기간 및 거주기간의 제한을 받지 않는 경우는 아래와 같다.

1) 민간(또는 공공)건설임대주택이나 공공매입임대주택을 분양전환받은 경우
2) 사업인정고시일 전에 취득한 종전주택이 수용된 경우
3) 해외이주로 세대 전원이 출국하는 경우
4) 1년 이상 계속하여 국외거주 필요한 취학, 근무상 형편으로 세대 전원 출국하는 경우

▶ 핵심 포인트 정리!

1. 1세대 1주택 비과세 판단 시 보유기간 및 거주기간의 제한을 받지 않는 경우는 아래와 같다.
① 민간건설임대주택, 공공건설임대주택 또는 공공매입임대주택을 취득하여 양도하는 경우로서 해당 임대주택의 임차일부터 양도일까지의 기간 중 세대 전원이 거주(부득이한 사유로 세대원 일부가 거주하지 못하는 경우 포함)한 기간이 5년 이상인 경우

② 사업인정고시일 전에 취득한 종전주택이 수용되는 경우(양도일 또는 수용일부터 5년 이내에 양도하는 잔존주택 및 그 부수토지 포함)

③ 해외이주로 세대 전원이 출국하는 경우(출국일 현재 1주택 보유 & 출국일로부터 2년 이내에 양도하는 경우에 한함)

④ 1년 이상 계속하여 국외거주를 필요로 하는 취학 또는 근무상의 형편으로 세대 전원이 출국하는 경우(출국일 현재 1주택 보유 & 출국일로부터 2년 이내에 양도하는 경우에 한함)

⑤ 1년 이상 거주한 주택을 취학, 근무상의 형편, 질병의 요양, 그 밖에 부득이한 사유로 양도하는 경우

2. 1세대 1주택 비과세 판단 시 보유기간 제한은 있으나 거주기간 제한을 받지 않는 경우는 거주자가 조정대상지역의 공고가 있은 날 이전에 매매계약을 체결하고 계약금을 지급한 사실이 증빙서류에 의하여 확인되는 경우로 1세대의 세대원 전부가 계약금 지급일 현재 무주택자여야 한다.

3. 일시적 2주택 비과세 요건 중 신규주택 취득 기간 제한의 제한을 받지 않는 경우는 아래와 같다.

① 민간건설임대주택, 공공건설임대주택 또는 공공매입임대주택을 취득하여 양도하는 경우로 해당 임대주택의 임차일부터 양도일까지의 기간 중 세대 전원이 거주(부득이한 사유로 세대원 일부가 거주하지 못하는 경우 포함)한 기간이 5년 이상인 경우

② 사업인정고시일 전에 취득한 종전주택이 수용되는 경우(양도일 또는 수용일부터 5년 이내에 양도하는 잔존주택 및 그 부수토지 포함)

③ 1년 이상 거주한 주택을 취학, 근무상의 형편, 질병의 요양, 그 밖에 부득이한 사유로 양도하는 경우

하나 더!!

부득이한 사유에 해당하는 사례

1. 취학
① 취학의 사유에는 초등학교·중학교 취학은 해당하지 않으나, 특수학교는 부득이한 사유에 해당한다.
② 평생교육법에 따른 학교부설 평생교육기관은 고등교육법에 기초한 학교에 해당하지 않아 1세대 1주택 비과세 특례를 적용받을 수 없다.
③ 취학상 형편에는 초·중등교육법에 따른 초등학교 및 중학교는 해당하지 않으며 국외 학교 취학도 동 규정을 준용하여 판단한다.

2. 근무
① 근무상의 형편이란 동일 직장 내 전근, 새로운 직장으로 취업 모두에 해당한다.
② 동일한 시·군 내 무직 상태에서 다른 시·군에 새로운 직장으로 근무를 위해 세대 전원이 이전하고 기존주택을 양도한 때에도 '부득이한 사유'에 해당한다.

3. 질병
1년 이상 치료 또는 요양을 위한 부득이한 경우만을 말하는 것으로 주거환경을 이유로 한 거주이전이 부득이한 사유에 해당되기 위해서는 기존 주거환경에서는 질병 치료나 요양이 불가하고 새로운 주거환경에서만 비로소 치료나 요양이 가능한 특별한 사정이 있어야 한다. 예를 들어 새로운 주거지역에 있는 병원에서 희소병 치료를 위한 임상 대상 환자로 선정되어 세대 전원이 다른 시·군으로 주거를 이전하는 경우 질병에 의한 부득이한 사유로 본다.

4. 학교폭력
학교폭력예방 및 관련 대책 법률에 따른 학교폭력으로 인한 전학은 '학교폭력대책자치위원회'가 피해 학생에게 전학이 필요하다고 인정한 경우에 한하므로 가해 학생의 강제 전학은 해당하지 않는다.

비거주자의 일시적 2주택 비과세 특례 적용 여부

2020년 9월	2022년 12월	2023년 7월
A주택 취득 후 거주	B주택 취득	출국 예정
조정대상지역	조정대상지역	

상황

- 20년 09월: A주택 취득 후 계속 거주(조정대상지역)
- 22년 12월: B주택 취득(조정대상지역)
- 23년 07월: 국외 대학원 취학으로 세대 전원 출국 예정(예상 체류 기간: 4년)

질문

- 출국 이후 A주택을 25년 12월까지 양도하는 경우 일시적 2주택으로 보아 비과세 가능한가요?

⌛ 해설

비과세 불가하다.

위 사례의 경우 출국일 현재 2주택을 보유하고 있고 비거주자라면 일시적 2주택자에 대한 비과세 특례는 적용되지 않으므로 A주택 양도 시 비과세받을 수 없다.

1세대 1주택 비과세 및 1세대 1주택으로 보는 일시적 2주택 비과세 특례는 거주자를 그 대상으로 하여 적용하는 것으로 비거주자는 비과세 대상에서 제외된다.

다만 1년 이상 계속하여 국외 거주가 필요한 취학 또는 근무상의 형편으로 세대 전원이 출국하거나 출국일 현재 1주택을 보유하고 출국일로부터 2년 이내에 그 주택을 양도하는 경우에는 보유기간 및 거주기간에 대한 제한 없이 1세대 1주택 비과세가 가능하다.

위 사례의 경우 사전에 절세 플랜을 통하여 A주택과 B주택 모두 비과세 가능한 방법을 찾을 수 있다.

출국하기 전에 A주택을 양도하면 일시적 2주택 비과세 특례가 적용되어 A주택에 대한 비과세를 받을 수 있고 그 상태에서 출국 후 2년 이내에 B주택을 양도하면 2년 보유, 2년 거주요건을 충족하지 않아도 비과세를 받을 수 있다.

▶ 핵심 포인트 정리!

1. 세법에서는 거주자와 비거주자의 판단을 국적이 아닌 국내에 주소 또는 183일 이상 거소를 두고 있는지로 판별한다.

2. 거주자는 한국에 주소가 있거나 183일 이상의 거소를 둔 사람을 말하며 비거주자란 거주자가 아닌 사람을 말한다.

3. 주소란 주민등록등본상의 소재지를 의미하는 것이 아닌 생활의 근거가 되는 곳으로 국내에서 생계를 같이하는 가족 및 국내에 소재하는 자산의 유무 등 생활관계의 객관적인 사실에 따라 판정된다.

4. 183일 이상 국내에 거주할 것을 필요로 하는 직업을 가졌거나 국내에 생계를 같이 하는 가족이 있으며 그 직업과 자산 상태를 비추어 계속해서 183일 이상 국내에 거주할 것으로 인정되는 경우 국내에 주소가 있는 것으로 본다.

5. 주소나 거소의 국외이전을 위해 출국하는 날의 다음 날부터 비거주자가 된다.

6. 거주자가 국외이주 등으로 비거주자가 되었다가 다시 거주자가 된 후 주택을 양도하는 경우의 보유기간 및 거주기간은 거주자로서의 보유 및 거주기간을 통산하여

계산한다.

7. 국내에 거주하는 자로서 비거주자가 해당 주택을 3년 이상 계속 보유하고 그 주택에서 거주하면서 거주자로 전환된 경우에는 비거주자로서의 보유 및 거주기간과 거주자로서의 보유 및 거주기간을 통산하여 계산한다.

오피스텔을 주거용과 업무용으로 반복해서 변경하여 임대한 경우 일시적 2주택 비과세

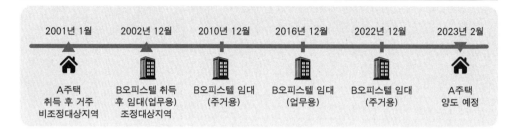

2001년 1월	2002년 12월	2010년 12월	2016년 12월	2022년 12월	2023년 2월
A주택 취득 후 거주 비조정대상지역	B오피스텔 취득 후 임대(업무용) 조정대상지역	B오피스텔 임대 (주거용)	B오피스텔 임대 (업무용)	B오피스텔 임대 (주거용)	A주택 양도 예정

상황

- 01년 01월: A주택 취득 후 계속 거주(비조정대상지역)
- 02년 12월: B오피스텔 취득 후 업무용으로 임대
- 10년 12월: B오피스텔 주거용으로 임대
- 16년 12월: B오피스텔 업무용으로 임대
- 22년 12월: B오피스텔 주거용으로 임대(조정대상지역)
- 23년 02월: A주택 양도 예정

질문

- A주택 양도 시 일시적 2주택으로 보아 비과세 가능한가요?

해설

비과세 가능하다.

위 사례는 최종적으로 상시 주거용으로 사용하기 시작한 22년 12월을 신규주택 취득일로 보아 종전주택 양도 기한 내에 종전주택인 A주택을 양도하면 일시적인 1세대 2주택 비과세 특례를 적용받을 수 있다.

이때 종전주택 양도 기한이란 23.1.12. 이후 종전주택을 양도하면 조정대상지역 여부와 무관하게 3년이 적용되나, 23.1.12. 전 종전주택을 양도하면 신규주택 취득 시에 종전주택과 신규주택이 모두 조정대상지역인 경우 2년 그 외에는 3년을 말한다.

1세대 1주택의 특례 규정 적용 시 국내에 1주택(A주택)을 소유한 1세대가 업무용 시설인 오피스텔 1채를 취득하여 업무용 시설 또는 주거용 시설로 반복하여 변경 사용하는 경우에는 당해 오피스텔을 최종적으로 상시 주거용으로 사용하는 날을 신규주택을 취득한 것으로 보아 일시적인 1세대 2주택 비과세 특례를 적용한다.

▶ 핵심 포인트 정리!

종전주택 양도 기한의 기준이 되는 신규주택 취득일 사례를 살펴보자.

1. 1세대 1주택이던 자가 소유하던 상가를 용도 변경하여 주택으로 사용할 때에는 주택으로 용도변경한 때에 다른 주택을 취득한 것으로 보아 소득세법 시행령 제155조 1항의 일시적인 1세대 2주택 비과세 특례를 적용한다.

2. 경매로 취득한 신규주택은 민사집행법에 따른 매각허가결정일을 매매계약 체결일로 보는 것이며, 취득일은 경락대금의 잔금을 청산한 날과 소유권이전등기 접수일 중 빠른 날이 된다. 종전주택을 보유한 상태에서 신규주택의 매매계약 체결일(매각허가결정일)이 조정대상지역의 공고가 있는 날 이전인 경우의 일시적 2주택 허용 기간은 3년을 적용한다. 만약 종전주택의 양도일이 23.1.12. 이후라면 조정대상지역 여부와 무관하게 일시적 2주택 허용 기간은 3년을 적용한다.

3. 1주택자가 신규주택을 취득하기 위하여 지역주택조합에 가입한 경우 지역주택조합의 사업계획승인일 이후부터 신규주택을 취득할 수 있는 권리, 즉 분양권으로 취급한다. 따라서 21.1.1. 이후 지역주택조합의 사업계획승인이 나서 입주자로 선정된 지위를 취득한 경우에는 다른 주택의 비과세 및 중과 여부 판단 시 주택수에 포함된다.

4. 1주택을 소유한 1세대가 그 주택을 양도하기 전에 신규주택을 취득하여 일시적으

로 2주택이 된 경우로서 신규주택 취득일로부터 종전주택 양도 기한 이내에 종전주택을 양도한 경우에는 일시적 2주택 비과세 특례 규정에 의하여 양도소득세를 비과세하는 것이며, 신규주택을 증여로 취득하는 경우에도 동일하게 적용한다.

5. 국내에 거주하는 1주택을 소유한 1세대가 1주택을 양도하기 전에 '다른 주택을 취득'함으로써 일시적으로 2주택이 된 경우 다른 주택을 취득한 날부터 종전주택 양도 기한 이내에 종전의 주택을 양도하는 경우에는 이를 1세대 1주택으로 보아 비과세 요건을 충족한 경우 양도소득세를 비과세하는 것이나, 동일세대원으로부터 증여받는 경우에는 당초부터 1세대 2주택 상태이며 위의 '다른 주택의 취득'에 포함하지 않는다.

6. 일시적 2주택 비과세 특례 규정 적용 시 새로 취득하는 주택이 기존주택을 멸실하고 재건축한 경우에는 기존주택의 취득일을 주택의 취득일로 보는 것이다. 1세대 2주택을 소유하던 거주자가 그중 하나의 주택이 재건축된 경우 당해 재건축 주택은 새로운 주택의 취득으로 보는 것이 아니라 기존주택의 연장으로 보므로 기존주택의 취득일을 주택의 취득일로 보아 일시적 2주택 비과세 여부를 판단한다.

사례7

분양권(20.12.31 이전 취득분)이 신축주택으로 완공된 후 종전주택 양도 시 일시적 2주택 비과세

2019년 6월	2020년 7월	2023년 5월	2024년 8월	2026년 4월
A아파트 분양계약 조정대상지역	B아파트 분양계약 비조정대상지역	A아파트 준공 취득	B아파트 준공 취득	A아파트 양도 예정

상황

- 19년 6월: A아파트 분양 계약(조정대상지역)
- 20년 7월: B아파트 분양 계약(비조정대상지역)
- 23년 5월: A아파트 준공 후 취득
- 24년 8월: B아파트 준공 후 취득
- 26년 4월: A아파트 양도 예정

질문

- 20.12.31 이전에 2개의 분양권을 순차적으로 취득 후 먼저 완공된 주택을 양도하는 경우 일시적 2주택 비과세가 가능한가요?

⏳ 해설

비과세 가능하다.

위 사례는 주택수에 포함되지 않는 분양권(20.12.31. 이전 취득분)을 2개 취득한 후 순차적으로 준공된 경우로서 A주택(종전주택) 양도 시 일시적 2주택 규정이 적용된다.

이때 취득한 분양권에 의해 완공된 주택의 취득 시기는 잔금 청산일과 소유권이전등기 접수일 중 빠른 날을 취득일로 본다. 단, 잔금 청산일 이후 완공된 경우에는 완공일(사용승인일, 임시사용승인일, 실제 입주일 중 빠른 날)을 취득일로 본다.

사례의 경우 종전주택에 해당하는 A아파트의 취득 시기는 23년 5월이며 신규주택 취득 기간 제한인 1년 이상이 지난 24년 8월에 신규주택을 취득하였으므로 이날로부터 종전주택 양도 기한인 3년 이내에 A주택(종전주택)을 양도하면 일시적 2주택 비과세 적용이 가능하다.

▶ 핵심 포인트 정리!

종전주택의 양도일이 23.1.12. 이후인 경우 종전주택의 양도 기한은 조정대상지역 여부와 무관하게 3년이 적용된다.

그러나 종전주택의 양도일이 23.1.12. 이전인 경우 소득세법 시행령은 종전주택 처분 기한에 대해 주택과 분양권을 구분하여 규정하고 있다. 일시적 2주택의 종전주택 양도 기한 판단은 신규주택(분양권 포함) 취득 시 종전주택 유무에 따라 적용 방법이 달라진다. 이때 분양권은 주택수에 포함되지 않는 20.12.31. 이전 취득분을 의미한다.

분양권 계약 시 종전주택이 있는 경우

1. 종전주택 취득일 & 신규주택 계약일 & 신규주택 취득일 모두 조정대상지역인 경우:
   신규주택 계약일이 18.9.14. 이후면 2년 내 (18.9.13. 이전이면 3년 내)

2. 1. 외의 경우 → 3년

분양권 계약 시 종전주택이 없는 경우

종전주택 취득일 & 신규주택 계약일 & 신규주택 취득일 모두 조정대상지역인 경우: 종전주택 취득일이 18.9.14. 이후면 2년 내 (18.9.13. 이전이면 3년 내)

2. 1. 외의 경우 → 3년

3. 분양권 2개를 취득 후 순차 완공된 경우 분양권 취득 순서와 관계없이 먼저 완공된 주택을 종전주택으로 본다.

분양권(21.1.1 이후 취득분)이 신축주택으로 완공된 후 종전주택 양도 시 일시적 2주택 비과세

2019년 6월	2021년 7월	2023년 5월	2024년 8월	2026년 4월
A아파트 분양계약 조정대상지역	B아파트 분양계약 비조정대상지역	A아파트 준공 취득	B아파트 준공 취득	A아파트 양도 예정

상황

- 19년 6월: A아파트 분양 계약(조정대상지역)
- 21년 7월: B아파트 분양 계약(비조정대상지역)
- 23년 5월: A아파트 준공 후 취득
- 24년 8월: B아파트 준공 후 취득
- 26년 4월: A아파트 양도 예정

질문

- B분양권(21.1.1. 이후 취득분)을 취득한 후 A주택을 취득한 경우로서 B분양권이 주택으로 완공된 이후 A주택을 양도하는 경우, 일시적 2주택 비과세가 가능한가요?

⏳ 해설

비과세되지 않는다.

21.1.1. 이후 취득하는 분양권은 다른 주택의 양도 시 '주택'으로 보아 비과세나 중과 여부를 판단한다. 따라서 다른 주택의 일시적 2주택 비과세 여부를 판단할 때 21.1.1. 이후 취득한 분양권을 '주택'으로 취급하면 이해하기가 쉽다.

위 사례의 경우 20.12.31. 이전에 취득한 A아파트 분양권은 주택수에 포함되지 않으므로 일시적 2주택 비과세 판단 시 영향을 미치지 않는다. 그러나 주택수에 포함되는 21년 7월에 취득한 B분양권은 다른 주택(A주택) 양도 시 주택을 취득한 것처럼 취급되므로 23년 5월에 준공 취득한 A아파트는 신규주택 취득으로 취급된다. 위 사례는 '신규주택'인 A아파트를 먼저 양도하는 상황이므로 일시적 2주택 비과세가 적용되지 않는 것이다.

이때 특히 주의해야 할 점은 A주택 양도 시 일시적 2주택 여부는 B주택이 이미 완공된 주택이더라도 B주택 취득 시를 기준으로 판단하는 것이 아닌 B분양권 취득 시를 기준으로 판단한다는 점이다.

주택의 취득 시점(잔금 청산일이나 소유권이전등기 접수일 중 빠른 날)으로 보면 A주택과 B주택은 언뜻 일시적 2주택 비과세 요건을 충족하는 것처럼 보일 수 있으나 주택수에 포함되는 분양권(21.1.1. 이후 취득분)으로 취득한 주택인 경우에는 분양권 취득 시를 기준으로 판단하므로 일시적 2주택 비과세 요건을 충족하지 못하고 있다.

결론적으로 말하자면 분양권을 21.1.1. 이후 취득하고 다른 주택을 취득했다면 분양권의 완공 여부와 무관하게 다른 주택 양도 시 일시적 2주택에 해당되지 않아 비과세를 받을 수 없다.

만약 종전주택 취득으로 취급한 B분양권을 먼저 양도하면 일시적 2주택 비과세가 가능할까? 정답은 "비과세되지 않는다"이다. 1세대 1주택 비과세는 '주택'에 대한 비과세 규정이므로, 주택으로 볼 뿐 실제로 주택이 아닌 분양권은 어떠한 경우에도 비과세가 되지 않기 때문이다.

그렇다면 종전주택 취득처럼 취급한 B분양권이 B주택으로 완공된 후에 B주택을 먼저 양도하면 일시적 2주택 비과세가 가능할까?

이런 경우 또한 비과세되지 않는다. 종전주택 취득처럼 취급하는 것은 다른 주택(A주택) 양도 시에만 적용할 뿐, 주택으로 보는 분양권에 의해 완성된 주택(B주택)의 양도 시에는 주택의 취득 시점(잔금 청산일이나 소유권이전등기 접수일 중 빠른 날)을 기준으로 일시적 2주택 여부를 판단하기 때문이다. 주택의 취득 시기를 기준으로 보면 A주택이 종전주택이고 B주택이 신규주택인데 신규주택을 먼저 양도하는 상황이므로 일시적 2주택 요건을 충족하지 못해 비과세가 적용되지 않는 것이다.

 **핵심 포인트 정리!**

1. 기존에 주택이 없는 상태에서 분양권을 21.1.1. 이후 취득하고 다른 주택을 취득했다면 분양권의 완공 여부와 무관하게 다른 주택 양도 시 일시적 2주택에 해당되지 않아 비과세를 받을 수 없다.

2. 기존에 주택이 있는 상태에서 분양권을 21.1.1. 이후 취득했다면 기존주택 취득일로부터 1년 이상이 지난 후 분양권을 취득하고 3년 내에 기존주택을 양도하는 경우 비과세를 받을 수 있다.

3. 2의 경우 3년 내 기존주택을 양도하지 못한 경우에도 분양권에 따라 취득한 주택이 완성된 후 3년 이내에 그 주택으로 세대 전원이 이사하여 1년 이상 계속하여 거주하고 분양권에 따라 취득하는 주택이 완성되기 전 또는 완성된 후 3년 이내에 종전의 주택을 양도하면 비과세를 받을 수 있다.

☀️ 절세 포인트

[신규주택 취득하면 일시적 2주택 비과세 적용이 안 되는 기간이 있다]

신규주택은 반드시 종전주택 취득일로부터 1년 이상이 지난 후부터 취득해야 한다. '1년 이상'이 아니라 '1년 이상이 지난 후부터'라고 표현되고 있음을 주의해야 한다. 딱 1년이 되는 날 신규주택을 취득하면 일시적 2주택 비과세 요건을 충족하지 못하게 된다는 의미이다.

예를 들어 종전주택 취득일이 22.1.4이라면 기산일은 초일불산입 규정에 따라 22.1.5이며 1년이 되는 날은 23.1.4이다. 따라서 1년 이상이 지난 날은 23.1.5이므로 신규주택은 23.1.5. 이후부터 취득해야만 요건을 충족할 수 있다.

[분양권도 신규주택 취득 제한 기간을 지켜야 한다]

종전주택 취득일로부터 1년이 지난 후에 분양권(21.1.1. 이후 취득분)을 취득하는 경우에도 종전주택 양도 시 일시적 2주택으로 보아 비과세 여부를 판단한다. 이때 종전주택 처분 기한은 조정대상지역 여부와 무관하게 3년이 적용된다.

또한 분양권 취득일로부터 3년이 지났어도 일정한 요건을 충족하면 종전주택을 비과세해주고 있다. 자세한 내용은 '분양권의 1세대 1주택 특례편'을 참고하기 바란다.

[1주택을 보유한 비거주자는 양도 시기를 놓치지 말아야 한다]

비거주자인 경우 원칙적으로 1주택 비과세 혜택을 받을 수 없다. 그러나 출국일 현재 1주택을 보유하고 출국일로부터 2년 내에 양도하는 경우에는 비과세 혜택을 받을 수 있으니 취학 등으로 1년 이상 해외 체류하는 경우 양도 시기를 사전검토하여야 한다.

[기간 계산은 세법에 따라 정확히 해야 한다]

세법에서의 기간 계산은 별도의 규정이 없다면 민법 규정을 준용한다. 민법에서는 '기간을 일, 주, 월 또는 연으로 정한 때에는 기간의 초일은 산입하지 아니한다. 그러나 그 기간이 오전 영시로부터 시작할 때에는 그러하지 아니하다'고 규정하고 있으며, '주, 월 또는 연의 처음으로부터 기간을 기산하지 않는 경우 최후의 주, 월 또는 연에서 그 기산일에 해당하는 날의 전일로 기간이 만료한다'고 규정하고 있다.

예를 들어 신규주택 취득일이 20.3.5이고 취득 당시 종전주택과 신규주택이 모두 조정대상지역이었다면 종전주택의 양도 기한은 20.3.6부터 기산하여 2년이 되는 날인은 전일인

22.3.5이 된다. 이해하기 쉽게 말하자면 신규주택 취득일이 20.3.5이면 종전주택 양도 기한은 22.3.5가 되는 것이다.

한편 세법의 개정으로 종전주택을 23.1.12. 이후 양도하는 경우에는 조정대상지역 여부와 무관하게 종전주택 양도 기한은 3년이 적용된다. 따라서 위 예시의 경우 종전주택을 23.3.5까지 양도하고 일시적 2주택의 요건을 충족하면 비과세 적용이 가능하다.

[보유기간 계산은 세법에 별도 규정이 있다]

세법에서는 보유기간 계산에 대해 '취득일부터 양도일까지로 한다'고 규정하고 있다. 세법에 별도의 규정이 있으므로 민법 규정이 아닌 세법 규정에 따라 보유기간을 계산하여야 한다. '취득일부터'라고 규정하고 있으므로 민법의 초일불산입 원칙과는 달리 초일을 산입하여 보유기간을 계산한다.

예를 들어 20.12 20. 주택 취득 시 조정대상지역이었다면 비과세 요건은 보유기간 2년 이상과 거주기간 2년 이상을 충족하여야 한다. 보유기간 계산 시 초일을 산입하므로 20.12.20부터 기산하여 2년 후 기산일의 전일인 22.12.19이 2년이 되는 날이므로 22.12.19부터 양도해도 비과세 가능하다. 결론적으로 주택 취득일이 20.12.20이라면 22.12.19부터 양도해도 비과세가 된다.

[예외규정을 알면 절세가 보인다]

세법에는 부득이하다고 판단되는 경우 신규주택 취득 기간 제한, 종전주택 양도 기한, 비과세 요건 등에 대한 예외규정들이 있으니 반드시 확인해서 비과세 가능한지를 살펴보아야 한다.

상황	신규주택 취득 기간 제한	보유 기간	거주 기간
건설임대주택(공공매입임대주택 포함)을 분양전환받는 경우	X	X	X
사업인정고시일 전 취득한 종전주택이 수용된 경우	X	X	X
1년 이상 거주한 주택을 취학 등 사유로 양도하는 경우	X	X	1년
해외이주로 세대 전원 출국하는 경우	-	X	X
1년 이상 해외거주 필요한 취학, 근무상 형편으로 세대 전원 출국하는 경우	-	X	X
조정대상지역공고 전 매매계약체결+계약금 지급+무주택 세대인 경우	O	O	X

[분양권은 취득 시기가 중요하다]

분양권은 20.12.31. 이전 취득한 경우와 21.1.1. 이후 취득한 경우가 세법상 다르게 취급된다. 20.12.31. 이전 취득한 분양권은 다른 주택의 비과세나 중과 여부를 판단할 때 주택수에 포함되지 않지만 21.1.1. 이후 취득한 분양권은 주택수에 포함되기 때문이다. 이에 대한 자세한 내용은 '분양권의 1세대 1주택 특례편'을 참고하기 바란다.

[분양권 양도는 어떠한 경우에도 비과세되지 않는다]

21.1.1. 이후 취득한 분양권은 다른 주택의 비과세나 중과 여부를 판단할 때 주택수에 포함되는 것일 뿐, 분양권 자체가 주택은 아니므로 1주택에 대한 비과세 혜택을 받을 수는 없다.

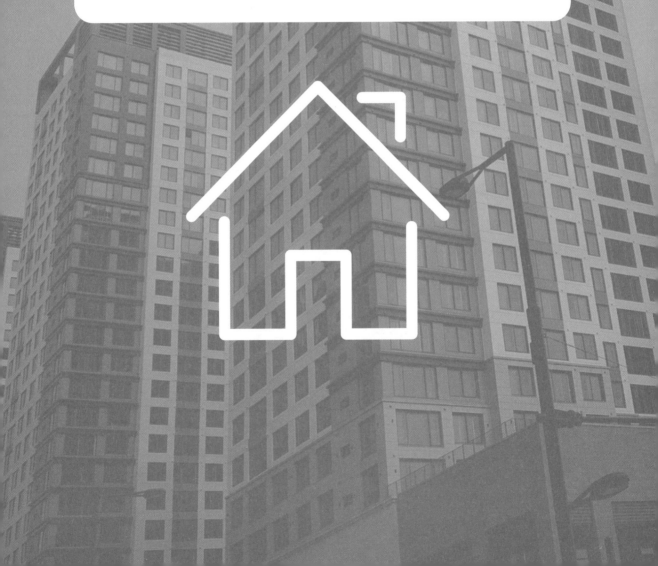

Part 4
취학 등 부득이한 사유 비과세 특례

취학, 근무상 형편, 질병요양, 공공기관 이전 등으로 부득이하게 주거를 이전해야 하는 경우가 있다.

소득세법에서는 부득이한 사유 등으로 취득한 지방 소재 주택이 있는 경우 일반 주택에 대한 1세대 1주택 비과세 특례를 두고 있다.

부득이한 사유로 취득한 비수도권 소재 주택 특례

취학, 근무상의 형편, 질병의 요양, 그 밖에 부득이한 사유(이하 '부득이한 사유')로 취득한 수도권 밖에 소재하는 주택과 그 밖의 주택(이하 '일반주택')을 국내에 각각 1개씩 소유하고 있는 1세대가 부득이한 사유가 해소된 날부터 3년 이내에 일반주택을 양도하는 경우 국내에 1개의 주택을 소유하고 있는 것으로 보아 비과세 규정을 적용한다.

혜택

1. 부득이한 사유로 취득한 비수도권 소재 주택 특례

   부득이한 사유가 해소된 날부터 3년 이내에 일반주택을 양도하는 경우 비과세 특례를 적용한다.

2. 법인 또는 공공기관의 수도권 밖 이전 특례

   종전주택 처분 기한을 5년으로 연장하고 종전의 주택을 취득한 날부터 1년 이상이 지난 후 다른 주택을 취득하는 요건을 적용하지 않는다.

사례1

1세대 1주택자로서 취학 등 부득이한 사유로 주거를 이전한 경우 비과세

2020년 2월	2021년 2월	2021년 3월
A주택 취득 조정대상지역	타지역 전학 (자녀)	A주택 양도

상황

- 20년 02월: A주택(서울) 취득 및 거주(조정대상지역)
- 21년 02월: 자녀의 용인 OO고등학교 진학
- 21년 03월: A주택 양도 및 세대 전원 용인시로 거주이전

질문

- A주택 양도 시 비과세 가능한가요?

⌛ 해설

비과세 가능하다.

1세대 1주택자로서 취학 등 부득이한 사유로 다른 시 · 군으로 주거를 이전하는 경우에는 1년 이상 거주한 주택은 비과세 요건인 보유기간 및 거주기간의 제한을 받지 않는다.

사례는 서울에서 용인까지 통학이 어려운 상황이므로 부득이한 사유에 해당된다.

따라서, 부득이한 사유가 해소되지 않은 상태에서 양도하는 경우에는 소득세법 시행령 제154조 1항 3호에 따라 비과세 규정을 적용받을 수 있다.

만일, 사례에서 자녀가 진학 후 부적응으로 6개월 후 서울로 다시 전학하게 되어 21년 09월에 A주택을 양도하는 경우는 어떻게 될까?

다른 시·군으로의 진학이라는 부득이한 사유가 해소된 상태에서 양도하는 경우 보유기간 2년 이상 및 거주기간 2년 이상 요건을 충족하지 못했으므로 비과세되지 않는 것이다.

반면 소득세법 시행령 제155조 8항을 적용받는 경우에는 부득이한 사유가 해소된 날부터 3년 이내에 양도하는 경우 1년 이상 거주한 주택은 특례에 따라 비과세된다.

▶ 핵심 포인트 정리!

1. 1세대 1주택자의 양도소득세 비과세 요건은 양도일 현재 주택의 보유기간이 2년 이상(취득 당시 조정대상지역은 그 보유기간 중 거주기간이 2년 이상)이다. 다만, 1세대 1주택자로 양도일 현재 아래 1)부터 3)까지의 어느 하나에 해당하면 그 보유기간 및 거주기간의 제한이 없으며 아래 4)는 거주기간의 제한이 없다.

1) 민간건설임대주택이나 공공건설임대주택 또는 공공매입임대주택을 취득하여 양도하는 경우로서 임대주택의 임차일부터 양도일까지의 기간 중 세대 전원이 거주(취학, 근무상의 형편, 질병의 요양, 그 밖에 부득이한 사유로 세대의 구성원 중 일부가 거주하지 못하는 경우 포함)한 기간이 5년 이상인 경우

2) 아래 각목의 어느 하나에 해당하는 경우

가. 주택 및 그 부수토지(사업인정고시일 전에 취득한 주택 및 그 부수토지에 한한다)의 전부 또는 일부가 공익사업 등에 의한 협의매수·수용 (양도일 또는 수용일부터 5년 이내에 양도하는 그 잔존주택 및 그 부수토지를 포함)

나. 해외이주로 세대 전원이 출국하는 경우. 다만, 출국일 현재 1주택을 보유하고 있는 경우로서 출국일부터 2년 이내에 양도하는 경우에 한한다.

다. 1년 이상 계속하여 국외거주를 필요로 하는 취학 또는 근무상의 형편으로 세대 전원이 출국하는 경우. 다만, 출국일 현재 1주택을 보유하고 있는 경우로서 출국일부터 2년 이내에 양도하는 경우에 한한다.

3) 1년 이상 거주한 주택을 취학, 근무상의 형편, 질병의 요양, 그 밖에 부득이한 사유

로 양도하는 경우

4) 조정대상지역 공고일 이전 매매계약을 체결하고 계약금 지급 사실이 증빙서류에 의하여 확인되는 경우로서 거주자가 속한 1세대가 계약금 지급일 현재 무주택인 경우

2. 거주기간의 경우 비거주자는 해당 주택을 3년 이상 계속 보유하고 그 주택에서 거주한 상태로 거주자로 전환된 경우는 보유기간을 3년(조정대상지역 취득은 3년 거주요건 추가)으로 한다.

👆 하나 더!!

1. 부득이한 사유

1) 초·중등교육법(초등학교 및 중학교를 제외한다) 및 고등교육법에 따른 학교로 취학

2) 직장의 변경이나 전근 등 근무상의 형편

3) 1년 이상의 치료나 요양이 필요한 질병 치료 또는 요양

4) 학교폭력예방 및 대책에 관한 법률에 따른 학교폭력으로 인한 전학(같은 법에 따른 학교폭력대책자치위원회가 피해 학생에게 전학이 필요하다고 인정하는 경우에 한한다)

2. 근무상 형편

전근 또는 취업과 같은 근무상 형편으로 다른 시·군으로 주거 이전하는 경우 1년 이상 거주한 주택은 보유기간 및 거주기간의 제한 없이 비과세받을 수 있다.

그렇다면 전근 또는 취업과 같은 사유만 있으면 비과세가 가능한가?

근무상 형편으로 다른 시·군으로 거주이전 하여도 출퇴근이 가능한 경우는 부득이한 사유에 해당되지 않는다. 저자의 견해로는 출퇴근이 곤란한 경우란 통상의 교통수단으로 왕복 3시간 이상인 경우는 근무 형편상 부득이한 사유로 볼 수 있을 것으로 판단된다.

[고용보험법 시행규칙 101조 별표2]

근로자의 수급자격이 제한되지 아니하는 정당한 이직 사유
6. 다음 각 목의 어느 하나에 해당하는 사유로 통근이 곤란(통근 시 이용할 수 있는 통상의 교통수단으로는 사업장으로의 왕복에 드는 시간이 3시간 이상인 경우를 말한다)하게 된 경우

사례2

취학 등 부득이한 사유 발생 시 파는 시점에 따른 비과세

2014년 9월	2020년 4월	2020년 6월	2023년 7월
A주택 취득	지방 근무발령	B주택 취득	A주택 양도

상황

- 14년 09월: A주택(서울) 취득 및 거주
- 20년 04월: 전북 익산 근무 발령
- 20년 06월: B주택(익산) 취득 및 세대 전원 전입
- 23년 07월: A주택 양도

질문

- A주택 양도 시 부득이한 사유로 비과세 가능한가요?

⌛ 해설

비과세 가능하다.

부득이한 사유가 해소되지 않은 경우는 1년 이상 거주한 일반주택 처분 시 양도 기한의 제한 없이 비과세 된다. 반면 부득이한 사유가 해소된 경우에는 해소된 날부터 3년 이내에 양도하여야 비과세받을 수 있다.

취학, 근무상 형편, 질병의 요양, 그 밖의 부득이한 사유로 취득한 수도권 밖에 소재하는 주택과 일반주택을 국내에 각각 1개씩 소유하고 있는 1세대가 부득이한 사유가 해소된 날부터 3

년 이내에 일반주택을 양도하는 경우 1세대 1주택으로 보아 비과세 규정을 적용한다. 부득이한 사유가 해소된 날이란 취학, 근무상 형편, 질병의 요양, 그 밖의 부득이한 사유가 졸업, 퇴사 등으로 소멸된 날을 의미한다.

종전에는 근무상의 형편, 질병의 요양 등 부득이한 사유로 취득한 수도권 밖 소재 주택과 그 밖의 주택을 각각 1개씩 소유하고 있는 거주자에게는 양도 시기 제한 없이 일반주택의 양도소득세를 비과세하였으나, 소득세법 시행령 제155조 8항의 개정법령 공포일(12.2.2.) 이후부터는 그 부득이한 사유가 해소된 경우에는 3년 이내에 일반주택을 양도하는 경우에만 비과세한다.

▶ 핵심 포인트 정리!

소득세법 시행령 제155조 8항
부득이한 사유로 수도권 밖 소재 주택을 취득하고 일반주택을 양도하는 경우 1세대 1주택으로 보아 소득령 제154조 1항에 따라 비과세 규정을 적용한다.

소득세법 시행령 제154조 1항
부득이한 사유로 수도권 밖에 주택을 취득하고 일반주택을 양도하는 경우 보유기간 및 거주기간의 제한이 없지만 반드시 1년 이상 거주요건은 충족하여야 한다.

🖐 하나 더!!

취학 등 부득이한 사유로 수도권 밖 소재 주택을 취득하고 일반주택을 보유하고 있는 경우 부득이한 사유가 해소되어 3년 이내에 수도권 밖 주택을 먼저 양도해도 비과세가 가능할까?
부득이한 사유로 수도권 밖 소재 주택의 특례는 반드시 일반주택을 먼저 양도해야만 비과세 특례를 받을 수 있다는 점을 기억하자. 따라서 수도권 밖 주택을 먼저 양도하는 경우에는 비과세 되지 않는다.

사례3

근무상 형편 등 부득이한 사유의 판단 기준

2018년 5월 · A주택 취득 / 조정대상지역

2018년 9월 · 지방 근무

2022년 5월 · B주택 취득

2023년 1월 · A주택 양도

상황

- 18년 05월: 갑, 서울 소재 A주택 취득(조정대상지역)
- 18년 09월: 천안에서 계속 근무 중(기숙사 생활)
- 22년 05월: 퇴사 후 아산시로 취업 후 아산시 소재 B주택 취득
- 23년 01월: A주택 양도

질문

- A주택 양도 시 부득이한 사유로 비과세 가능한가요?

⌛ 해설

비과세되지 않는다.

위 사례의 경우 A주택은 아산시로 이직함에 따라 비로소 출퇴근이 불가능해진 경우가 아니라 처음부터 종전 근무지(천안)와 통상의 통근거리에 있지 않았다. 따라서, A주택 양도는 근무상 형편과 관련성이 없어 부득이한 사유에 해당되지 않는다.

근무 형편상 부득이한 사유란 보유하고 거주 중인 주택에서 통상 출퇴근이 곤란하여 출퇴근이 가능한 다른 시·군으로 주거를 이전하거나 실수요 목적으로 수도권 밖 소재에 주택을 취득하는 경우 1년 이상 거주한 주택은 보유 및 거주기간의 제한 없이 비과세를 적용한다.

그러나 사례에서는 처음부터 천안에서 근무하고 있어 A주택은 통상 출퇴근이 가능한 거리에 있지 않아 근무상 형편과 관련성이 없다. 따라서 아산시 소재 주택을 취득하고 서울 소재 A주택을 양도해도 근무상 부득이한 사유에 해당되지 않는다.

사례는 B주택을 A주택 취득일부터 1년 이상이 지나서 취득하였고 B주택(신규) 취득일로부터 3년 이내에 양도하였으므로 일시적 2주택 특례로 비과세되지 않을까?
하지만, A주택은 조정대상지역에서 취득하여 비과세 요건 중 2년 이상 거주요건을 충족하지 못해 비과세받을 수 없다.

그런데, 갑이 아산에서 거주하고 갑의 나머지 세대원은 A주택에서 2년 이상 거주요건을 충족한 경우라면 어떻게 될까?
이 경우 종전주택의 처분 기한인 B주택 취득일로부터 3년 이내 양도 시 일시적 2주택으로 비과세받을 수 있다. 왜냐하면 기획재정부령으로 정하는 취학, 근무상의 형편, 질병의 요양, 그 밖에 부득이한 사유로 세대 구성원 중 일부만 주거 이전하는 경우 세대 전원이 거주한 것으로 보기 때문이다.

▶ 핵심 포인트 정리!

부득이한 사유에 해당하는 주택
취학(전학): 통상 통학이 불가능해진 주택
근무상 형편: 통상 통근이 불가능해진 주택
질병의 요양: 통원 치료가 불가능해진 주택

하나 더!!

소득세법 시행령 제155조의 특례

① 일시적 2주택

② 상속주택

③ 공동상속주택

④, ⑤ 동거봉양(혼인 합가)

외 농어촌주택, 수도권 밖 소재 주택, 거주주택 등 특례와 조세특례제한법의 특례 등 다양한 특례가 있다. 각 특례의 요건들이 다르고 중첩적용도 가능한 사례가 있으므로 하나의 양도에 복수의 세무 검토가 필요한 이유다.

공공기관 등의 이전으로 수도권 소재 일반주택 양도 시 비과세

2013년 9월	2016년 8월	2016년 10월	2018년 7월	2023년 1월
A주택 취득	지방 이주 (공공기관 이전)	B분양권 취득	B주택 완공	A주택 양도

상황

- 13년 09월: 갑 과천 A주택 취득 (과천청사 종사)
- 16년 08월: 갑 세종시로 이주(공공기관 이전)
- 16년 10월: 갑 B분양권 취득(공주시)
- 18년 07월: B주택 완공
- 23년 01월: A주택 양도

질문

- A주택 양도 시 비과세 가능한가요?

⧗ 해설

비과세된다.

갑은 공공기관 종사자로 ① 공공기관이 수도권 밖으로 이전하고 ② 갑이 취득한 주택이 공공기관이 이전한 시·군 또는 연접한 시·군에 있으며 ③ 종전주택(A)이 수도권에 위치하고 ④ 종전주택 양도 기한 이내에 양도하였고 ⑤ 양도일 현재 비과세 요건(2년 이상 보유)을 충족하였으므로 비과세된다.

소득세법 시행령 제155조 1항의 일시적 2주택 비과세 특례 규정은 ① 신규주택 취득 기한: 종전주택 취득일로부터 1년 이상 지나서 취득하고 ② 종전주택 처분 기한: 신규주택 취득일로부터 종전주택을 3년 이내 처분해야 소득세법 시행령 제154조 1항의 비과세 규정을 적용한다.

반면에 공공기관의 지방 이전에 대한 비과세 특례는 일시적 2주택 비과세 특례 규정 ①의 신규주택 취득 기한의 제한이 없다. 즉, 1년이 경과되기 전에 취득해도 무방하고 ②의 종전주택 처분 기한 3년을 5년으로 연장하여 적용하고 있다.

▶ 핵심 포인트 정리!

일시적 2주택 특례를 적용할 때 수도권에 소재한 법인 또는 공공기관이(공공기관 등) 수도권 밖의 지역으로 이전하는 경우 법인의 임원과 사용인 및 공공기관의 종사자가 속한 1세대가 취득하는 다른 주택이 공공기관 등이 이전한 시·군(연접 시·군 포함)에 소재하는 경우에는 일시적 2주택의 종전주택 처분 기한 '3년'을 '5년'으로 본다.

이 경우 종전주택은 수도권에 소재하는 주택에 한하며 취득한 날부터 1년 이상이 지난 후 다른 주택을 취득하는 요건을 적용하지 않는다.

👆 하나 더!!

위 해설에서 설명한 바와 같이 공공기관 이전에 따른 양도소득세 특례는 5가지 요건으로 구성되어 있다. 하지만 과세당국은 5가지 요건 외에 6번째 요건으로 '수도권 밖으로 이전할 당시 해당 공공기관에 종사할 것'을 예규로 해석 적용해왔다. 하지만 조세심판례는 '공공기관의 종사자' 범위에 대한 명확한 기준이 없다고 하였다.

따라서 '이전할 공공기관의 해당 이전 부서 종사자'로 명확하게 해석하지 않았으므로 당사자라면 구제 방법을 검토해보길 권한다. (참고 심판례: 조심2019서1758, 2019.10.01.)

☀ 절세 포인트

[근무상 형편 비과세 특례의 부득이한 사유 해당 여부]

근무상 형편에 따른 1세대 1주택 비과세 특례는 직장 근무지와 통상 출퇴근이 가능한 주택에서 거주하던 1세대가 직장의 변경이나 전근 등 근무상의 부득이한 사유로 인하여 종전의 거주지와 다른 시·군으로 세대 전원이 주거를 이전하는 경우에 적용되는 것으로서, 종전 근무지와 통상 출퇴근이 당초부터 가능하지 않은 주택에 대해서는 부득이한 사유로 인한 비과세 특례 규정이 적용되지 않는 것이다.

[지방 발령 전 지방주택 취득 시 일반주택의 비과세 여부]

1년 이상 거주한 주택을 기획재정부령으로 정하는 취학, 근무상의 형편, 질병의 요양, 그 밖에 부득이한 사유로 양도하는 경우에는 그 보유기간 및 거주기간의 제한 없이 비과세를 적용받을 수 있는 것이나, 부득이한 사유 발생 전에 지방 소재 주택을 취득한 경우로 일반주택을 양도 시에는 부득이한 사유로 인한 일반주택의 비과세 특례를 적용받을 수 없다.

[근무상 형편으로 타 시군으로 이전]

직장과의 통상 출퇴근이 가능한 지역 내에 있는 1주택을 소유하고 있는 거주자가 근무상 형편으로 다른 시·읍·면으로 전 세대원이 거주 이전한 후 종전주택을 양도한 경우에는 보유기간 및 거주기간의 제한 없이 비과세받을 수 있다. 이 경우 종전주택에서 통상 출퇴근 가능 여부는 구체적인 정황을 참작하여 판정한다.

예를 들어 평택에서 아산으로 전근 등으로 세대 전원이 이전하는 경우 평택에서 아산까지 거리, 교통수단, 통상의 출퇴근 시간 등 구체적인 정황상 평택에서 아산까지 출퇴근이 가능하다고 판단되면 보유기간(조정대상지역에서 취득 시 2년 이상 거주요건 추가)을 충족하여야만 비과세받을 수 있는 것이다.

[근무상 또는 취학상 형편에 따른 비과세 특례]

취학 또는 근무상 형편 등의 사유 발생일 현재 보유 중인 주택이 소재하지 않는 다른 시·군에 소재하는 주택의 주소지에서 통학(통근)이 불가능하여 해당 주택을 양도하는 경우에는 비과세 특례를 적용받을 수 없다.

예를 들어 서울에 주택을 보유하고 있으나 직장이 아산에 있는 경우로 아산에서 전세로 거주 중 전근 등으로 인하여 평택으로 옮기는 경우는 처음부터 서울 주택은 근무상 형편과 관련성이 없는 것이다.

[근무상 형편 비과세 특례의 부득이한 사유 해당 여부]

근무상 형편에 따른 1세대 1주택 비과세 특례는 직장 근무지와 통상 출퇴근이 가능한 주택에서 거주하던 1세대가 직장의 변경이나 전근 등 근무상의 부득이한 사유로 인하여 종전의 거주지와 다른 시·군으로 세대 전원이 주거를 이전하는 경우에 적용되나 일부 세대원이 학업, 근무상 이유 등으로 주거를 이전하지 못하는 경우에도 적용되는 것이다.

[해외이주의 경우]

국내에 1세대를 구성하고 1주택을 보유한 거주자가 해외이주법에 따른 해외이주로 세대 전원이 출국함으로써 비거주자가 된 상태에서 출국일 현재 보유하고 있던 1주택을 출국일로부터 2년 이내에 양도하는 경우에는 보유기간 및 거주기간에 제한 없이 1세대 1주택 비과세(실거래가액 12억원 초과하는 경우는 과세)를 적용받을 수 있다.

해외이주법에 따른 현지이주의 경우 출국일은 영주권 또는 그에 준하는 장기체류 자격을 취득한 날을 말한다.

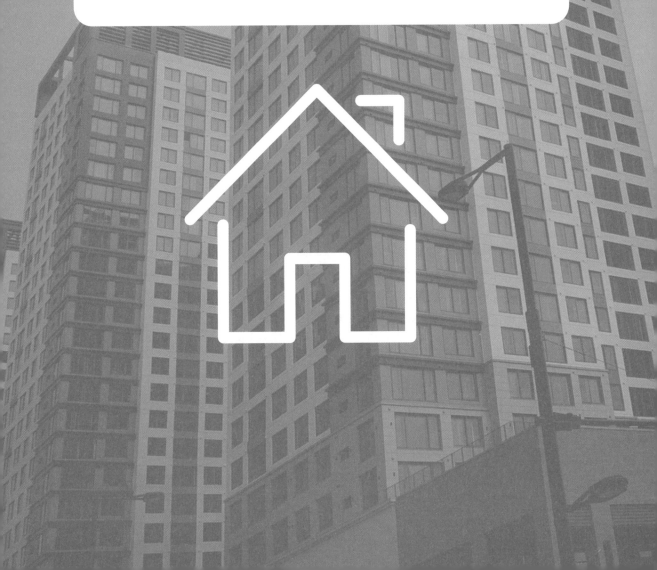

Part 5
분양권의 1세대 1주택 특례

20.8.18. 소득세법 개정에 따라 21.1.1. 이후 취득한 주택분양권은 다른 주택의 비과세나 중과 여부 판단 시 주택수에 포함된다. 이에 따라 1세대가 주택과 21.1.1. 이후 취득한 주택분양권을 소유한 경우의 1세대 1주택 특례 규정이 신설되었다.

국내에 1주택을 소유한 1세대가 그 주택을 양도하기 전에 주택수에 포함되는 분양권(21.1.1. 이후 취득분)을 취득함으로써 일시적으로 1주택과 1분양권을 소유하게 된 경우 세법에서 정한 일정 요건을 충족하면 종전주택 양도 시 1세대 1주택으로 보아 비과세 요건 충족 여부를 판단한다.

충족 요건

종전주택을 취득한 날부터 1년 이상이 지난 후에 분양권을 취득하고 그 분양권을 취득한 날로부터
1. 3년 이내에 종전주택을 양도할 것
2. 3년이 지나 종전주택을 양도하는 경우에는 다음의 요건을 모두 갖춰야 한다.
 ① 분양권에 따라 취득하는 주택이 완성된 후 3년 이내에 그 주택으로 세대 전원이 이사하여 1년 이상 계속하여 거주할 것
 ② 분양권에 따라 취득하는 주택이 완성되기 전 또는 완성된 후 3년 이내에 종전의 주택을 양도할 것

혜택

1세대가 주택을 보유한 상태에서 21.1.1. 이후 분양권을 취득한 경우 분양권이 주택수에 포함되어 종전주택 양도 시 2주택자로 보아 비과세받을 수 없게 된다. 이에 대해 일시적 2주택 규정을 준용한 새로운 조문을 신설하여 분양권 취득으로 인해 1주택과 1분양권을 소유한 1세대에게 비과세 특례 혜택을 주고 있다.

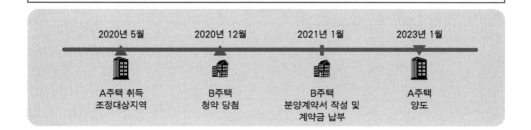

사례1

청약 당첨된 분양권의 취득 시기

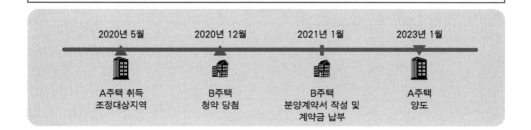

2020년 5월	2020년 12월	2021년 1월	2023년 1월
A주택 취득 조정대상지역	B주택 청약 당첨	B주택 분양계약서 작성 및 계약금 납부	A주택 양도

상황

- 20년 05월: A주택 취득 후 계속 거주 중(조정대상지역)
- 20년 12월: B주택 청약 당첨
- 21년 01월: B주택 분양계약서 작성 및 계약금 납부
- 23년 01월: A주택 양도

질문

- 20년 12월 말에 청약 당첨된 후 분양계약서 작성과 계약금 납부는 21년 1월에 한 경우 분양권의 취득 시기는 언제인가요?

⧗ 해설

B주택 분양권의 취득 시기는 20년 12월이다.

입주자 모집공고에 따른 청약이 당첨되어 분양계약한 경우 분양권의 취득 시기는 분양계약서 작성일이나 계약금 납부일이 아닌 청약 당첨일이다. 분양권의 정의인 '주택에 대한 공급계약을 통하여 주택을 공급받는 자로 선정된 지위'는 당첨일에 확정되기 때문이다.

위 사례의 경우 B주택 분양권 취득일이 20.12.31. 이전이므로 주택수에 포함되는 분양권으로 보지 않아 23년 01월 A주택 양도 시 1세대 1주택 비과세 규정이 적용된다. 따라서 1세대 1주택 비과세 요건(보유 2년, 조정대상지역에서 취득한 경우 거주 2년)을 충족하고 있는 A주택은 양도소득세 비과세가 가능하다.

만약 사례에서 B주택 분양권을 청약 당첨이 아닌 기존 분양권 소유자로부터 21년 1월에 승계 취득했다면 어떻게 될까?

승계 취득한 분양권의 취득 시기는 잔금 청산일이므로 B주택 분양권은 주택수에 포함되는 분양권(21.1.1. 이후 취득분)에 해당되어 A주택 양도 시 일시적 1주택 1분양권 특례에 해당되는 지를 검토하여야 한다. 사례의 경우는 종전주택을 취득한 날부터 1년이 지난 후에 분양권을 취득해야 한다는 요건을 충족하지 못하고 있으므로 23년 01월 A주택 양도 시 비과세되지 않는다.

▶ 핵심 포인트 정리!

1. 20.12.31. 이전에 취득한 분양권은 다른 주택의 비과세 및 중과 여부를 판단할 때 주택수에 포함되지 않는 반면 21.1.1. 이후에 취득한 분양권은 주택수에 포함되어 다른 주택 양도 시 비과세 및 중과 여부 판단에 영향을 미친다. 따라서 분양권의 취득 시기를 정확히 아는 것이 매우 중요하다.

2. 입주자 모집공고에 따른 청약이 당첨되어 분양계약한 경우 분양권의 취득 시기는 청약 당첨일이다.

3. 분양권을 승계 취득한 경우 분양권의 취득일은 잔금 청산일이다.

4. 분양권을 증여로 취득한 경우 별도세대원으로부터 증여받은 분양권은 권리의무승계일이 취득일이며, 동일세대원으로부터 증여받은 분양권은 증여자의 당초 취득일을 기준으로 주택수 포함 여부를 판단한다.

사례2

21.1.1. 이후 취득한 모든 분양권의 주택수 포함 여부

2018년 5월	2020년 12월	2022년 3월	2022년 10월	2023년 3월
A주택 취득 비조정대상지역	B주택 취득 조정대상지역	C분양권 취득 생활형 숙박시설	D오피스텔 분양권 취득	A주택 양도

상황

- 18년 05월: A주택 취득(비조정대상지역)
- 20년 12월: B주택 취득(조정대상지역)
- 22년 03월: C생활형 숙박시설 분양권 취득
- 22년 10월: D오피스텔 분양권 취득
- 23년 03월: A주택 양도

질문

- 21년 이후 오피스텔 분양권과 생활형 숙박시설 분양권을 취득했는데 23년 A주택 양도 시 비과세 가능한가요?

해설

비과세 가능하다.

소득세법 시행령 제156조의3 주택과 분양권을 소유한 경우 1세대 1주택의 특례에서의 분양권은 주택법 등 대통령령으로 정하는 법률에 따른 주택에 대한 공급계약을 통하여 주택을 공급받는 자로 선정된 지위를 말하며, 여기에는 오피스텔 분양권과 생활형 숙박시설 분양권이 포함되지 않는다.

위 사례의 경우 A주택 양도 시 현황을 보면 B주택과는 일시적 2주택 비과세 요건을 충족하고 있고, C생활형 숙박시설 분양권과 D오피스텔 분양권은 A주택의 비과세나 중과 여부 판단 시 주택수에서 제외되는 분양권이다. 따라서 사례의 A주택은 일시적 2주택 비과세 특례에 의해 비과세 가능하다.

▶ 핵심 포인트 정리!

1. 소득세법상 '주택'이란 허가 여부나 공부(公簿)상의 용도구분과 관계없이 사실상 주거용으로 사용하는 건물을 말한다. 이 경우 그 용도가 분명하지 아니하면 공부상의 용도에 따른다. 즉, 사실상 주거용으로 사용한 주거용 오피스텔이나 생활형 숙박시설이라면 공부상의 용도구분과 관계없이 주택으로 보아 비과세 및 중과 여부를 판단한다.

2. 소득세법상 '분양권'이란 주택법 등 대통령령으로 정하는 법률에 따른 주택에 대한 공급계약을 통하여 주택을 공급받는 자로 선정된 지위를 말하며, 오피스텔 분양권과 생활형 숙박시설 분양권은 포함되지 않는다. 즉, 오피스텔 분양권과 생활형 숙박시설 분양권은 21.1.1. 이후 취득하여도 다른 주택 양도 시 비과세 및 중과 여부 판단 시 영향을 미치지 않는다.

3. 주거용 오피스텔은 다른 주택 양도 시 주택에 해당되어 비과세나 중과 여부 판단에 영향을 미치나, 주거용 오피스텔 분양권은 다른 주택 양도 시 주택으로 보지 않아 비과세나 중과 여부 판단에 영향이 없다.

하나 더!!

주택수에 포함되지 않는 분양권의 예시

1. 20.12.31. 이전에 취득한 주택 분양권

2. 20.12.31. 이전에 취득한 지역주택조합의 조합원 입주권

3. 업무용 오피스텔 분양권

4. 주거용 오피스텔(아파텔) 분양권

5. 생활형 숙박시설 분양권

6. 상가 분양권

7. 토지 분양권

8. 아파텔 분양권

9. 이주자 택지 분양권

10. 아파트형공장 분양권

종전주택 취득일로부터 1년 이내 주택분양권을 취득하고 종전주택 양도 시 비과세

2021년 1월   2021년 12월   2025년 1월

A주택
(공공임대아파트)
조정대상지역

B주택
분양권 취득

A주택
양도

상황

- 21년 01월: A주택 취득 후 계속 거주 중(조정대상지역)
- 21년 12월: B주택분양권 취득
- 25년 01월: A주택 양도

질문

- 종전주택 취득일로부터 1년 이내 주택 분양권을 취득하고 종전주택(A주택) 양도해도 비과세 가능한가요?

해설

비과세 가능하다.

소득세법 시행령 제156조의3 주택과 분양권을 소유한 경우 1세대 1주택의 특례는 종전주택을 취득한 날부터 1년 이상이 지난 후에 분양권을 취득하고 그 분양권을 취득한 날로부터 3년 이내에 종전주택을 양도하는 경우 적용된다.

다만, 3년이 지나서 종전주택을 양도하는 경우로서 실거주 목적의 분양권 취득이라면 '종전의 주택을 취득한 날부터 1년이 지난 후 분양권을 취득하는 요건'은 22.2.15. 소득세법 시행령 개정에 따라 추가된 요건이므로 시행일인 22.2.15. 이전에 분양권을 취득한 경우에는 '종전의 주택을 취득한 날부터 1년이 지난 후 분양권을 취득하는 요건'을 적용하지 않는다.

위 사례의 경우 B분양권은 21.1.1. 이후 취득한 주택분양권으로 다른 주택 양도 시 주택수에 포함되고, 종전주택인 A주택 취득한 날부터 1년 이내에 취득하였으나 개정전인 22.2.15. 이전에 취득하였으므로 '1년 이상이 지난 후' 요건은 적용되지 않는다. B분양권 취득 후 3년이 지난 25년 1월에 양도하는 A주택은 소득세법 시행령 제156조의3 특례 요건을 모두 충족하므로 비과세 가능하다. 단, 분양권에 따라 취득하는 주택이 완성된 후 3년 이내에 그 주택으로 세대 전원이 이사하여 1년 이상 계속 거주하여야 하며, 종전주택은 분양권에 따라 취득하는 주택이 완성되기 전 또는 완성된 후 3년 이내에 양도하여야 한다.

▶ 핵심 포인트 정리!

1. 소득세법 시행령 제156조의3 규정은 주택이 있는 상태에서 분양권을 취득한 경우에 대한 특례이다. 따라서 주택이 없는 상태에서 분양권을 먼저 취득하고 다른 주택을 취득한 경우는 소득세법 시행령 제156조의3에 의한 비과세 특례가 적용되지 않는다.

2. 기존에 주택이 있는 상태에서 분양권을 21.1.1. 이후 취득했다면 기존주택 취득일로부터 1년 이상이 지난 후 분양권을 취득하고 3년 내에 기존주택을 양도하는 경우 소득세법 시행령 제156조의3에 의해 비과세 특례가 가능하다.

3. 3년이 지나서 종전주택을 양도하는 경우로서 실거주 목적으로 분양권을 22.2.15. 이전에 취득한 경우에는 '종전의 주택을 취득한 날부터 1년이 지난 후 분양권을 취득하는 요건'을 적용하지 않으므로 1년 이내에 취득해도 특례 대상에 해당된다.

4. 3년이 지나서 종전주택을 양도하는 경우에는 분양권에 따라 취득하는 주택이 완성된 후 3년 이내에 그 주택으로 세대 전원이 이사하여 1년 이상 계속 거주하여야 하며, 종전주택은 분양권에 따라 취득하는 주택이 완성되기 전 또는 완성된 후 3년 이내에 양도하여야 한다.

분양권 취득 후 3년이 지나 종전주택 양도 시 비과세

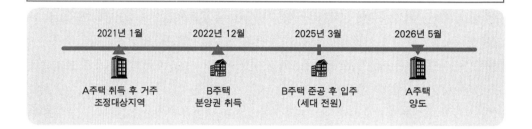

| 2021년 1월 | 2022년 12월 | 2025년 3월 | 2026년 5월 |
| A주택 취득 후 거주 조정대상지역 | B주택 분양권 취득 | B주택 준공 후 입주 (세대 전원) | A주택 양도 |

상황

- 21년 01월: A주택 취득 후 계속 거주 중(조정대상지역)
- 22년 12월: B주택분양권 취득
- 25년 03월: B주택 준공 후 세대 전원 입주
- 26년 05월: A주택 양도

질문

- 분양권 취득 후 3년이 지나서 종전주택(A주택) 양도해도 비과세 가능한가요?

해설

비과세 가능하다.

소득세법 시행령 제156조의3 주택과 분양권을 소유한 경우 1세대 1주택의 특례는 종전주택을 취득한 날부터 1년 이상이 지난 후에 분양권을 취득하고 그 분양권을 취득한 날로부터 3년 이내에 종전주택을 양도하는 경우 적용된다.

만약 분양권 취득 후 3년 이내에 기존주택을 양도하지 못한 경우에는 분양권에 따라 취득한 주택이 완성된 후 3년 이내에 그 주택으로 세대 전원이 이사하여 1년 이상 계속하여 거주하고, 분양권에 따라 취득하는 주택이 완성되기 전 또는 완성된 후 3년 이내에 종전의 주택을 양도하면 소득세법 시행령 제156조의3 비과세 특례를 적용할 수 있다.

위 사례의 경우 B분양권 취득일인 22년 12월부터 3년 이내인 25년 12월까지 A주택을 양도했다면 비과세 특례 적용이 가능하다.

그러나 3년 내인 25년 12월까지 A주택을 양도하지 못했다면 B분양권에 따라 취득한 B주택이 완성된 후 3년 이내인 28년 3월까지 세대 전원이 이사하여 1년 이상 계속 거주하고 종전주택을 양도한다면 소득세법 시행령 제156조의3 비과세 특례를 적용할 수 있다.

이때 A주택이 고가주택이라면 장기보유특별공제율 적용은 A주택의 취득일부터 기산하여 판단하며 2년 이상 거주한 1세대 1주택 고가주택에 대한 공제율인 표2(보유기간별 연 4%, 거주기간별 연 4%, 최대 80%)를 적용하는 것이다.

사례의 경우 B분양권에 따라 취득한 B주택이 완성된 후 3년 이내에 세대 전원이 B주택으로 이사하여 계속 거주 중이고 종전주택인 A주택을 양도하는 상황이므로 비과세 특례를 적용할 수 있다.

▶ 핵심 포인트 정리!

1. 기존에 주택이 있는 상태에서 분양권을 21.1.1. 이후 취득했다면 기존주택 취득일로부터 1년 이상이 지난 후 분양권을 취득하고 3년 이내에 기존주택을 양도하는 경우 소득세법 시행령 제156조의3에 의해 비과세 특례가 가능하다.

2. 분양권 취득 후 3년 이내에 기존주택을 양도하지 못한 경우에는 분양권에 따라 취득한 주택이 완성된 후 3년 이내에 그 주택으로 세대 전원이 이사하여 1년 이상 계속하여 거주하고, 분양권에 따라 취득하는 주택이 완성되기 전 또는 완성된 후 3년 이내에 종전의 주택을 양도하면 소득세법 시행령 제156조의3 비과세 특례를 적용할 수 있다.

3. 소득세법 시행령 제156조의3에 따른 1주택과 1분양권을 소유한 상태에서 2년 이

상 거주한 기존주택을 양도한 경우 장기보유특별공제율은 1세대 1주택 고가주택(2년 거주)에 대한 표2의 공제율을 적용한다.

👆 하나 더!!

장기보유 특별공제	공제율	요건
표1	연 2% (최대 30%)	3년 이상 보유한 토지 · 건물 및 원조합원입주권
표2	연 4% (최대 40%)	1세대 1주택자로서 최대 80% 공제 (2년 이상 거주해야 함)
	연 4% (최대 40%)	

21.1.1. 이후 분양권 취득 후 다른 주택 취득 시 1주택 1분양권 특례 적용 여부

2022년 1월 — A분양권 취득 비조정대상지역

2023년 2월 — B주택 취득 비조정대상지역

2024년 5월 — A주택 준공 후 취득

2025년 5월 — B주택 양도

상황

- 22년 01월: A주택 분양권 취득(비조정대상지역)
- 23년 02월: B주택 취득(비조정대상지역)
- 24년 05월: A주택 준공 후 취득
- 25년 05월: B주택 양도

질문

- 주택이 없는 상태에서 21.1.1. 이후 분양권을 취득한 후 다른 주택(B주택)을 취득한 경우 1주택 1분양권 특례가 적용되어 B주택 양도 시 비과세 가능한가요?

⌛ 해설

비과세되지 않는다.

소득세법 시행령 제156조의3 주택과 분양권을 소유한 경우 1세대 1주택의 특례는 주택이 있는 상태에서 분양권을 취득한 경우에만 적용된다. 즉, 주택이 없는 상태에서 분양권을 먼저 취득하고 이후에 다른 주택을 취득한 경우에는 소득세법 시행령 제156조의3에 의한 특례 적용 대상에 해당되지 않는다.

기존에 주택이 없는 상태에서 분양권을 21.1.1. 이후 취득하고 다른 주택을 취득했다면 다른 주택 양도 시 일시적 2주택에 해당되지 않아 비과세를 받을 수 없다. 다른 주택의 일시적 2주택 비과세 여부를 판단할 때 21.1.1. 이후 취득한 분양권은 '주택'처럼 취급되기 때문이다.

즉, 다른 주택 양도 시에는 21.1.1. 이후 먼저 취득한 분양권을 '종전주택'처럼 보고 이후 취득한 다른 주택을 '신규주택'처럼 본다는 의미이다. 주의할 점은 종전주택 취득처럼 취급하는 것은 분양권 보유 상태에서 다른 주택 양도 시에만 적용한다는 것이다.

위 사례의 경우 22년 1월에 취득한 A분양권은 종전주택처럼 취급되고 23년 2월에 취득한 B주택은 신규주택 취득에 해당한다. 따라서 신규주택인 B주택을 먼저 양도하는 상황이므로 일시적 2주택 비과세가 적용되지 않는 것이다.

특히 주의해야 할 점은 B주택 양도 시 일시적 2주택 여부는 A분양권이 이미 완공된 주택 상태이더라도 A주택의 취득 시점이 아닌 A분양권의 취득 시를 기준으로 판단한다는 것이다. 주택수에 포함되는 분양권은 다른 주택 양도 시 분양권일 때부터 이미 주택처럼 취급되기 때문이다.

결론적으로 무주택자가 분양권을 21.1.1. 이후 취득한 후 다른 주택을 취득했다면 분양권의 완공 여부와 무관하게 다른 주택 양도 시 일시적 2주택 요건을 충족하지 않아 비과세를 받을 수 없는 것이다.

▶ 핵심 포인트 정리!

1. 소득세법 시행령 제156조의3 1주택 1분양권에 대한 비과세 특례는 1주택을 먼저 보유한 상태에서 21.1.1. 이후 분양권을 취득한 경우에 적용되는 특례이다. 따라서 21.1.1. 이후에 분양권을 먼저 취득한 후 주택을 취득한 경우에는 적용되지 않는다.

2. 20.12.31. 이전에 분양권을 취득한 후 다른 주택을 취득한 경우에는 분양권으로 취득한 주택이 준공되어 취득한 시점에 주택으로 포함된다. 이후 다른 주택을 양도할 때는 소득세법 시행령 155조 1항에 의해 일시적 2주택 비과세 여부를 판단하여야 한다.

3. 21.1.1. 이후 취득하는 분양권은 다른 주택의 양도 시 비과세나 중과 여부를 판단할 때 주택수에 포함될 뿐 실제 주택이 아니기 때문에 1세대 1주택 비과세 특례 적용 대상이 될 수 없다. 즉, 분양권의 양도는 어떠한 경우에도 비과세가 되지 않는다.

4. 21.1.1. 이후 취득하는 분양권이 주택 취득처럼 취급되는 경우는 분양권 보유 상태에서 다른 주택 양도 시에만 적용하는 것이다. 따라서 분양권에 의해 나중에 완성된 주택의 양도 시에는 주택의 취득 시점을 기준으로 다른 주택과의 일시적 2주택 여부를 판단하여야 한다. 이런 경우 분양권 상태에서 보유한 주택이 '종전주택'이 되고 분양권에 의해 완성된 주택은 '신규주택'이 되므로 분양권에 의해 완성된 주택을 먼저 양도 시 일시적 2주택 상태의 신규주택 양도에 해당되어 비과세되지 않는다.

5. 20.12.31. 이전에 취득한 A분양권을 보유한 1세대가 21.1.1. 이후 B분양권을 취득한 경우로서 A분양권이 먼저 주택으로 완공된 이후 해당 주택을 양도하는 경우에는 소득세법 시행령 155조 1항에 따른 일시적 2주택 비과세 특례를 적용받을 수 없다. 20.12.31. 이전에 취득한 분양권은 주택이 아니므로 기존주택이 없는 상태에서 21.1.1. 이후 분양권을 취득한 경우와 동일한 상황이기 때문이다.

6. 20.12.31. 이전에 취득한 2개의 분양권이 21.1.1. 이후 순차적으로 준공되고 먼저 완공된 주택을 양도하는 경우 일시적 2주택 비과세 여부의 판단은 주택의 취득 시점을 기준으로 판단한다.

7. 21.1.1. 이후 취득한 2개의 분양권이 각각 주택으로 완성된 후 먼저 완성된 주택을 양도하는 경우 소득세법 시행령 제155조 1항에 따른 일시적 2주택 비과세 특례를 적용받을 수 없다. 왜냐하면 먼저 완성된 주택의 취득 시점에서 주택수에 포함되는 분양권을 보유한 상태이므로 먼저 완성된 주택의 양도 시에는 주택의 취득 시점이 아닌 분양권의 취득 시점을 기준으로 비과세나 중과 여부를 판단하기 때문이다.
즉, 주택수에 포함되는 분양권은 다른 주택 양도 시 일시적 2주택 여부를 판단할 때 종전주택의 취득처럼 취급되고 다른 주택은 신규주택처럼 취급되는데 신규주택을 먼저 양도하는 상황이라 일시적 2주택 비과세 특례가 적용되지 않는 것이다.

하나 더!!

일반분양받은 아파트의 취득 시기

일반분양받은 아파트(분양권을 승계 취득한 경우 포함)의 경우 잔금 청산일을 취득 시기로 보는 것이며, 잔금을 청산하기 전에 소유권이전등기를 한 경우에는 소유권이전등기 접수일을 취득 시기로 본다. 다만, 분양받은 아파트가 잔금 청산일까지 완성되지 아니한 경우에는 당해 아파트의 완성일(사용승인일을 말하며, 다만, 사용승인 전에 사실상 사용하거나 임시사용승인을 얻은 경우에는 그 사실상의 사용일 또는 임시사용승인일 중 빠른 날로 함)이 취득 시기가 된다. 결론적으로 일반분양받은 아파트의 취득 시기는 준공일과 잔금 청산일 중 늦은 날이 된다.

반면 승계 취득한 입주권에 의해 취득한 아파트의 취득 시기는 잔금 청산일이 아니라 준공일(사용승인일)과 임시사용승인일 또는 사실상 사용일 중 빠른 날이 된다.

사례6

1주택자가 지역주택조합의 조합원인 경우 비과세

2015년 1월	2015년 12월	2021년 5월	2023년 2월
지역주택조합가입	A주택 취득 거주 중	지역주택조합 사업계획승인	A주택 양도

상황

- 15년 01월: 지역주택조합 가입
- 15년 12월: A주택 취득 후 계속 거주 중
- 21년 05월: 지역주택조합 사업계획승인
- 23년 02월: A주택 양도

질문

- 지역주택조합의 조합원인 1주택 보유자가 해당 1주택(A주택) 양도 시 1세대 1주택 비과세 적용이 가능한가요?

해설

비과세 가능하다.

지역주택조합 조합원의 주택을 취득할 수 있는 권리는 통상적으로 입주권이라 칭하지만 세법상으로는 입주권이 아닌 분양권으로 보며 사업계획승인일을 그 취득일로 본다. 만약 지역주택조합원의 지위를 매매를 통해 승계 취득했다면 잔금 청산일을 그 취득일로 보며, 별도세대원에게 증여받아 취득한 경우에는 권리의무승계일을 취득일로 본다.

위 사례의 경우 종전주택을 보유한 상태에서 21.1.1. 이후 분양권을 취득한 상황에 해당되므로 소득세법 시행령 156조의3 특례 규정을 적용할 수 있다. 제156조의3 비과세 특례는 기존주택을 취득한 날로부터 1년이 지난 후 분양권을 취득하고 그 취득일로부터 3년 이내에 기존주택을 양도하는 경우 1주택으로 보아 비과세 여부를 판단하고 있다.

사례를 살펴보면 종전주택 취득일(15년 12월)로부터 1년이 지난 후 사업계획이 승인되었으며 사업계획승인일인 21년 5월에 취득한 지역주택조합의 입주권은 주택수에 포함되는 분양권에 해당된다. 분양권 취득일로부터 3년 이내인 23년 2월에 A주택을 양도하므로 해당 사례는 제156조의3 특례 적용 요건을 모두 충족하여 비과세가 가능하다.

만약 위 사례에서 사업계획승인이 22.2.15. 이전이고 종전주택을 사업계획승인일로부터 3년이 지나서 양도하는 상황이라면 '종전의 주택을 취득한 날부터 1년이 지난 후 분양권을 취득하는 요건'을 적용하지 않으므로 종전주택 취득 후 1년 이내에 사업계획이 승인되어도 비과세 특례 대상에 해당된다.

▶ 핵심 포인트 정리!

1. 지역주택조합의 조합원이 주택법에 따른 주택에 대한 공급계약을 통하여 주택을 공급받는 자로 선정된 지위(해당 지위를 매매 또는 증여 등의 방법으로 취득한 것으로 포함함)는 소득세법 제88조 10호에 따른 분양권에 해당하며 사업계획승인일을 그 취득일로 본다.

2. 지역주택조합의 사업계획승인일이 20.12.31. 이전이라면 해당 분양권은 다른 주택의 양도 시 비과세나 중과 여부 판단할 때 주택수에 포함되지 않는다.

3. 세법상 '조합원입주권'이란 도시 및 주거환경정비법 제74조에 따른 관리처분계획의 인가 및 빈집 및 소규모주택 정비에 관한 특례법 제29조에 따른 사업시행계획인가로 인하여 취득한 입주자로 선정된 지위를 말한다. 이 경우 도시 및 주거환경정비법에 따른 재건축사업 또는 재개발사업, 빈집 및 소규모주택 정비에 관한 특례법에

따른 자율주택정비사업, 가로주택정비사업, 소규모재건축사업 또는 소규모재개발 사업을 시행하는 정비사업조합의 조합원(같은 법 제22조에 따라 주민합의체를 구성하는 경우에는 같은 법 제2조 6호의 토지등소유자를 말한다)으로서 취득한 것(그 조합원으로부터 취득한 것을 포함한다)으로 한정하며, 이에 딸린 토지를 포함한다.

👆 하나 더!!

주택법 시행령 제21조 조합원의 자격

① 법 제11조에 따른 주택조합의 조합원이 될 수 있는 사람은 다음 각호의 구분에 따른 사람으로 한다. 다만, 조합원의 사망으로 그 지위를 상속받는 자는 다음 각호의 요건에도 불구하고 조합원이 될 수 있다.

1. 지역주택조합 조합원: 다음 각 목의 요건을 모두 갖춘 사람

가. 조합설립인가 신청일(해당 주택건설대지가 법 제63조에 따른 투기과열지구 안에 있는 경우에는 조합설립인가 신청일 1년 전의 날을 말한다. 이하 같다)부터 해당 조합주택의 입주 가능일까지 주택을 소유(주택의 유형, 입주자 선정 방법 등을 고려하여 국토교통부령으로 정하는 지위에 있는 경우를 포함한다. 이하 이 호에서 같다)하는지에 대하여 다음의 어느 하나에 해당할 것.
 1) 국토교통부령으로 정하는 기준에 따라 세대주를 포함한 세대원[세대주와 동일한 세대별 주민등록표에 등재되어 있지 아니한 세대주의 배우자 및 그 배우자와 동일한 세대를 이루고 있는 사람을 포함한다. 이하 2)에서 같다] 전원이 주택을 소유하고 있지 아니한 세대의 세대주일 것
 2) 국토교통부령으로 정하는 기준에 따라 세대주를 포함한 세대원 중 1명에 한정하여 주거전용면적 85제곱미터 이하의 주택 1채를 소유한 세대의 세대주일 것

나. 조합설립인가 신청일 현재 법 제2조 11호 가목의 구분에 따른 지역에 6개월 이상 계속하여 거주하여 온 사람일 것

다. 본인 또는 본인과 같은 세대별 주민등록표에 등재되어 있지 않은 배우자가 같은 또는 다른 지역주택조합의 조합원이거나 직장주택조합의 조합원이 아닐 것

21.1.1. 이후 취득한 분양권이 있는 경우 동거봉양합가·혼인 합가 시 비과세

2014년 1월	2021년 12월	2022년 5월	2023년 1월	2023년 2월
A주택 취득 (갑)	B분양권 당첨 취득 (을)	갑을 혼인신고	B주택 준공 후 취득	A주택 양도

상황

- 14년 01월: 갑, A주택 취득
- 21년 12월: 을, B분양권 취득(당첨)
- 22년 05월: 갑과 을, 혼인신고(A주택 거주)
- 23년 01월: B주택 준공 후 취득
- 23년 02월: A주택 양도

질문

- 혼인으로 1주택 1분양권 보유한 1세대가 된 경우 혼인 전에 소유하던 주택(A주택)을 양도할 때 비과세 가능한가요?

해설

비과세 가능하다.

1주택을 소유하는 자(갑)가 21.1.1. 이후 취득한 1분양권을 소유하는 자(을)와 혼인함으로써 1세대가 1주택과 1분양권을 소유하게 된 후 혼인한 날부터 5년 이내에 갑이 당초 혼인 전에 소유하던 주택을 양도하는 경우, 소득세법 시행령 제156조의3 6항에 따라 이를 1세대 1주택으로 보아 비과세 여부를 판단한다.

위 사례의 경우 A주택은 비과세 요건인 2년 이상 보유 요건을 충족하고 있으므로 비과세 가능하다.

▶ 핵심 포인트 정리!

1. 1주택자와 1주택자가 혼인하고 21.1.1. 이후 분양권을 취득하는 경우 혼인 합가 특례(소득령§155⑤)와 일시적 1주택 1분양권 특례(소득령§156의3②)를 중첩 적용하여 종전주택 양도 시 1세대 1주택으로 보아 소득령§154①을 적용하여 비과세 여부를 판단한다.

2. 1주택을 보유한 자와 20.12.31. 이전 취득한 1분양권을 보유한 자가 혼인함으로써 1세대가 1주택과 1분양권을 소유하게 된 경우에는 소득세법 시행령 제156조의3 6항인 동거봉양 또는 혼인 합가 규정을 적용할 수 없다. 그러나 20.12.31. 이전 취득한 분양권은 주택수에 포함되지 않으므로 1주택 양도 시 비과세 요건을 충족하였다면 비과세 가능하다.

3. 국내에 1주택을 보유하는 1세대가 1주택을 보유하는 60세 이상의 직계존속을 동거봉양하기 위하여 세대를 합침으로써 1세대 2주택이 된 상태에서 종전주택을 취득한 날부터 1년 이상 지난 후 21.1.1. 이후 분양권을 취득하는 경우로서 분양권을 취득한 날부터 3년 이내에 그리고 세대합가일부터 10년 이내에 합가 전 보유하던 종전주택을 양도할 때에는 이를 1세대 1주택으로 보아 비과세 여부를 판단한다.

4. 조특법상 감면주택(A주택)과 장기임대주택(B·C주택) 및 거주주택(D주택)을 소유한 1세대가 21.1.1. 이후 종전주택(D주택)을 취득한 날부터 1년 이상이 지난 후에 분양권(E분양권)을 취득하고 그 분양권(E분양권)을 취득한 날부터 3년 이내에 종전주택(D주택)을 양도하는 경우에는 이를 1세대 1주택으로 보아 비과세 여부를 판단한다.

하나 더!!

소득세법 시행령 제156조3의 4항 상속받은 분양권(21.1.1. 이후 취득분)

1. 상속받은 분양권과 일반주택을 각각 1개씩 소유하고 있는 1세대가 일반주택을 양도하는 경우에는 국내에 1개의 주택을 소유하고 있는 것으로 보아 1세대 1주택 비과세 여부를 판단한다.

2. 이때 상속받은 분양권은 피상속인이 상속개시 당시 주택 또는 조합원입주권을 소유하지 않은 경우의 상속받은 분양권만 해당한다.

3. 상속개시 당시 피상속인이 2개 이상의 분양권을 소유한 경우에는 피상속인이 소유한 기간이 가장 긴 1개의 분양권을 의미하며, 소유한 기간이 같은 분양권이 2개 이상일 경우에는 상속인이 선택하는 1개의 분양권을 말한다.

4. 공동상속분양권의 경우에는 상속지분이 가장 큰 상속인의 소유로 보며, 상속지분이 동일한 경우에는 최연장자가 소유한 것으로 본다.

절세 포인트

[주택이 없는 상태에서 21.1.1. 이후 분양권을 취득한 경우]

종전에 주택이 없는 상태에서 분양권을 21.1.1. 이후 취득하고 다른 주택을 취득했다면 분양권의 완공 여부와 무관하게 다른 주택 양도 시 일시적 2주택에 해당되지 않아 비과세를 받을 수 없다. 21.1.1. 이후 취득한 분양권은 다른 주택의 비과세나 중과 여부 판단 시 주택수에 포함되는 것일 뿐, '주택'이 아니기 때문에 일시적 2주택 비과세 특례 대상이 될 수 없기 때문이다. 소득세법 시행령 제156조의3 규정은 주택이 있는 상태에서 분양권을 취득한 경우에 대한 특례이다. 따라서 주택이 없는 상태에서 분양권을 먼저 취득하고 다른 주택을 취득한 경우 해당 조항에 의한 비과세 특례도 받을 수 없다.

[주택이 있는 상태에서 21.1.1. 이후 분양권을 취득한 경우]

종전에 주택이 있는 상태에서 분양권을 21.1.1 이후 취득했다면 종전주택 취득일로부터 1년 이상이 지난 후 분양권을 취득하고 3년 내 종전주택을 양도하는 경우 비과세를 받을 수 있다. 3년 내에 종전주택을 양도하지 못한 경우에는 분양권에 따라 취득한 주택이 완성된 후 3년 이내에 그 주택으로 세대 전원이 이사하여 1년 이상 계속하여 거주하고 분양권에 따라 취득하는 주택이 완성되기 전 또는 완성된 후 3년 이내에 종전의 주택을 양도하면 비과세를 받을 수 있다.

[주택이 없는 상태에서 21.1.1. 이후 취득한 분양권에 의해 완성된 주택을 양도하는 경우]

무주택자가 21.1.1. 이후 분양권을 취득하고 그 이후에 다른 주택을 취득하게 되면 소득세법 시행령 제156조의3에 의한 일시적인 1주택과 1분양권 보유 상태로 보지 않는다. 따라서 다른 주택(A주택)과 분양권에 의해 완성된 주택(B주택)중 먼저 양도하는 주택은 비과세 특례를 적용받을 수 없다. A주택과 B주택 중 하나를 양도한 후 나머지 1주택에 대해서는 비과세 요건을 충족한다면 비과세 적용이 가능하다.

[분양권 양도는 어떠한 경우에도 비과세되지 않는다]

21.1.1. 이후 취득하는 분양권은 다른 주택의 양도 시 비과세나 중과 여부를 판단할 때 주택수에 포함될 뿐 실제 주택이 아니기 때문에 1세대 1주택 비과세 특례 대상이 아니다.

[20.12.31. 이전 취득한 분양권은 주택수에 포함되지 않는다]

20.12.31. 이전에 취득한 분양권은 다른 주택의 양도 시 비과세나 중과 여부를 판단할 때 주택수에 포함되지 않는다. 즉 20.12. 31. 이전에 취득한 분양권을 가지고 있어도 다른 주택을 양도할 때 그 주택 외에 보유한 주택이 없다면 1세대 1주택으로 보아 비과세 여부를 판단한다.

[오피스텔 분양권은 어떠한 경우에도 주택수에 포함되지 않는다]

오피스텔을 공급받는 자로 선정된 지위는 소득세법 시행령에 따른 분양권에 해당하지 않는다. 따라서 용도(주거용, 업무용) 불문하고 오피스텔 분양권은 21.1.1. 이후 취득하여도 다른 주택 양도 시 비과세나 중과 여부를 판단할 때 주택수에 포함되지 않아 영향을 미치지 않는다.

[주택수에 포함되는 분양권과 입주권은 비과세 특례 범위가 다르다]

조합원입주권은 국내에 1주택을 소유한 1세대가 그 주택에 대한 재개발사업, 재건축사업 또는 소규모재건축사업 등의 시행기간에 거주하기 위하여 대체주택을 취득한 경우 일정 요건을 모두 갖추어 대체주택을 양도하는 때에는 이를 1세대 1주택으로 보아 비과세 규정을 적용한다(보유기간 및 거주기간 제한 없음).

그러나 주택수에 포함되는 분양권은 조합원입주권과는 달리 대체주택에 대한 비과세 규정이 없다. 따라서 주택수에 포함되는 분양권을 보유하고 거주 목적으로 취득한 대체주택을 양도한 경우에도 비과세되지 않는다.

[분양권은 취득 방법에 따라 취득 시기가 다르다]

20.12.31. 이전에 취득한 분양권은 다른 주택의 비과세 및 중과 여부를 판단할 때 주택수에 포함되지 않는 반면 21.1.1. 이후에 취득한 분양권은 주택수에 포함되어 다른 주택의 양도 시 비과세 및 중과 여부 판단에 영향을 미친다. 따라서 분양권의 취득 시기를 정확히 아는 것이 매우 중요하다.

입주자 모집공고에 따른 청약이 당첨되어 분양계약한 경우 분양권의 취득 시기는 분양계약서 작성일이나 계약금 납부일이 아닌 청약당첨일이다. 분양권의 정의인 '주택에 대한 공급계약을 통하여 주택을 공급받는 자로 선정된 지위'는 당첨일에 확정되기 때문이다.

반면 기존 분양권 소유자로부터 분양권을 승계 취득하였다면 잔금 청산일이 분양권의 취득일이 된다.

한편 20.12.31. 이전에 취득한 분양권을 21.1.1. 이후 동일세대원에게 증여한 경우에는 증여자가 당초 취득한 날을 취득일로 보므로 주택수에 포함되지 않는다. 그러나 별도세대원에게 증여한 경우에는 권리의무승계일(일반적으로 분양계약서상 명의변경일을 말함)이 취득일이 되므로 주택수에 포함된다.

[21.1.1~22.2.14. 취득한 분양권은 특례 적용 시 취득 제한 기간이 없다]

종전주택을 3년이 지나서 양도하는 경우로서 22.2.15. 전에 분양권을 취득한 경우에는, '종전의 주택을 취득한 날부터 1년이 지난 후 분양권을 취득하는 요건'을 적용하지 않는다. 그러므로 21.1.1~22.2.14. 취득한 분양권은 종전의 주택을 취득한 날부터 1년 이내에 취득해도 소득세법 시행령 제156조의3에 의한 비과세 특례 적용이 가능하다.

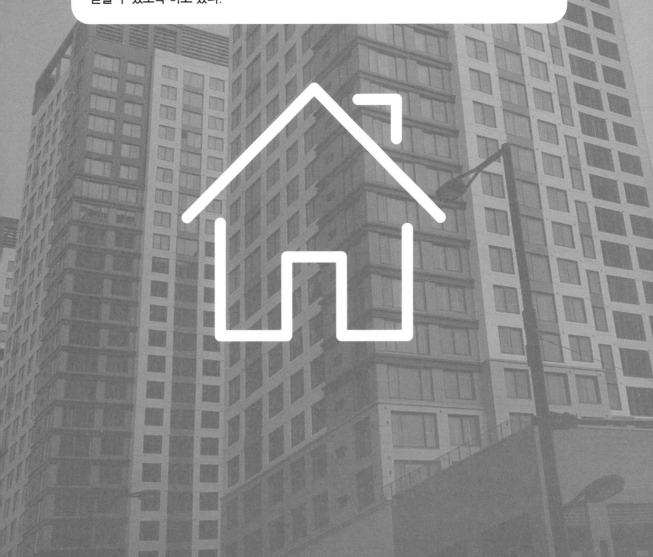

Part 6
입주권의 1세대 1주택 특례

2006.1.1. 이후부터 조합원입주권이 주택수에 포함됨에 따라 1세대가 주택과 조합원입주권을 보유하다가 그 주택을 양도하는 경우에는 1세대 1주택 비과세를 받을 수가 없다. 다만 주택재건축사업 등의 사업시행기간 중 거주를 위하여 취득하거나 그 밖의 부득이한 사유가 있는 경우에는 조합원입주권을 보유한 상태에서 주택을 양도하더라도 비과세를 적용받을 수 있도록 하고 있다.

이해하기

1. 국내에 1주택을 소유한 1세대가 그 주택을 양도하기 전에 조합원입주권을 취득함으로써 일시적으로 1주택과 1조합원입주권을 소유하게 된 경우 세법에서 정한 일정 요건을 충족하면 종전주택 양도 시 1세대 1주택으로 보아 비과세 여부를 판단한다.

2. 국내에 1주택을 소유한 1세대가 그 주택에 대한 재개발사업 등의 시행기간 동안 거주하기 위하여 다른 주택(대체주택)을 취득한 경우로서 1년 이상 거주한 대체주택 양도 시 1세대 1주택으로 보아 비과세 여부를 판단한다.

3. 국내에 1주택(일반주택)을 소유한 1세대가 조합원입주권을 상속받아 1주택과 1조합원입주권을 소유하게 된 경우 일반주택 양도 시 1세대 1주택으로 보아 비과세 여부를 판단한다. 다만, 피상속인이 상속개시 당시 주택(또는 분양권)을 소유하지 않은 경우여야 하며, 상속인과 피상속인이 상속개시 당시 동일세대인 경우에는 동거봉양합가로 인해 2주택이 된 경우로 합치기 이전부터 보유하던 주택이 조합원입주권으로 전환된 경우에만 상속받은 조합원입주권으로 본다.

4. 국내에 1주택(일반주택)과 1조합원입주권을 소유한 1세대가 상속주택 등을 받은 경우 일반주택 양도 시 상속주택 등은 없는 것으로 본다. 따라서 일반주택과 조합원입주권만을 소유한 것으로 보아 위의 1번, 2번의 규정을 적용한다. 이때 상속주택 등이란 피상속인이 주택, 조합원입주권, 분양권 중 어느 하나의 형태만 소유한 상태에서 상속이 개시된 경우의 주택 등을 말한다.

5. 아래의 (1)에 해당하는 자가 (2)에 해당하는 자를 동거봉양하기 위하여 세대를 합친 경우 합친 날부터 10년 이내에 먼저 양도하는 주택이 ① ② ③ ④ 중 어느 하나에 해당하는 경우에는 1세대 1주택으로 보아 비과세 여부를 판단한다.

[(1), (2)에 해당하는 자]
(1) 다음의 어느 하나를 소유하고 1세대를 구성하는 자
(2) 다음의 어느 하나를 소유하고 있는 60세 이상의 직계존속
▶ 다음의 어느 하나: 1주택 / 1조합원입주권(또는 1분양권) / 1주택과 1조합원입주권(또는 1

분양권)

[먼저 양도하는 주택]

① 합친 날 이전에 소유하던 주택

② 합친 날 이전에 원조합원입주권 소유자가 재개발 등 사업시행기간 동안 거주하기 위해 취득한 대체주택

③ 합친 날 이전에 승계조합원입주권(또는 분양권) 소유자가 그 입주권(또는 분양권) 취득 전에 취득한 주택

④ 합친 날 이전에 조합원입주권(또는 분양권)만 소유하던 자가 합친 날 이후에 사업 완료로 인해 취득한 주택

합가 전 보유	1주택	→	1주택	합가 후 선양도주택
	원조합원입주권+대체주택	→	대체주택	
	종전주택+승계입주권 (또는 분양권)	→	종전주택	
	입주권(또는 분양권)	→	합가 후 사업 완료로 취득한 신축주택	

6. 아래의 (1)에 해당하는 자가 (2)에 해당하는 자와 혼인함으로 세대를 합친 경우 혼인한 날부터 5년 이내에 먼저 양도하는 주택이 ① ② ③ ④ 중 어느 하나에 해당하는 경우에는 1세대 1주택으로 보아 비과세 여부를 판단한다.

[(1), (2)에 해당하는 자]

(1) 다음의 어느 하나를 소유하고 있는 자

(2) 다음의 어느 하나를 소유하고 있는 다른 자

▶ 다음의 어느 하나: 1주택 / 1조합원입주권(또는 1분양권) / 1주택과 1조합원입주권(또는 1분양권)

[먼저 양도하는 주택]

① 합친 날 이전에 소유하던 주택

② 합친 날 이전에 원조합원입주권 소유자가 재개발 등 사업시행기간 동안 거주하기 위해 취

득한 대체주택

③ 합친 날 이전에 승계조합원입주권(또는 분양권) 소유자가 그 입주권(또는 분양권) 취득 전에 취득한 주택

④ 합친 날 이전에 조합원입주권(또는 분양권)만 소유하던 자가 합친 날 이후에 사업 완료로 인해 취득한 주택

7. 문화재주택과 일반주택 및 조합원입주권을 각각 1개씩 소유하고 있는 1세대가 일반주택을 양도하는 경우에는 일반주택과 조합원입주권만을 소유한 것으로 보아 위의 1번, 2번의 규정을 적용한다.

8. 이농주택(5년 이상 거주)과 일반주택 및 조합원입주권을 각각 1개씩 소유하고 있는 1세대가 일반주택을 양도하는 경우에는 일반주택과 조합원입주권만을 소유한 것으로 보아 위의 1번, 2번의 규정을 적용한다.

9. 피상속인이 상속개시 당시 주택은 소유하지 않고 조합원입주권과 분양권만 소유한 경우에는 상속인이 조합원입주권 또는 분양권 중 하나에 대해서만 선택하여 상속받은 것으로 보아 위의 3번, 4번의 규정을 적용한다.

10. 부동산 및 부동산을 취득할 수 있는 권리의 변환 시기

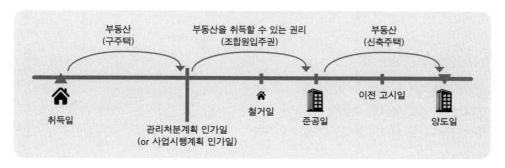

알아보기

세법상 주택수에 포함되는 조합원입주권의 정비사업 범위

① 도정법상 재건축사업(06.1.1. 이후 취득분)

② 도정법상 재개발사업(06.1.1. 이후 취득분)

③ 빈집법상 소규모재건축사업(18.2.9. 이후 취득분)

④ 빈집법상 소규모재개발사업(22.1.1. 이후 취득분)

⑤ 빈집법상 자율주택정비사업(22.1.1. 이후 취득분)

⑥ 빈집법상 가로주택정비사업(22.1.1. 이후 취득분)

　　* 도정법: 도시 및 주거환경정비법

　　* 빈집법: 빈집 및 소규모주택 정비에 관한 특례법

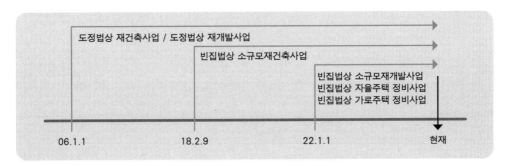

조합원입주권 권리 변환 시기 연혁

구 분		03.6.30. 이전	03.7.1.~05.5.30.	05.5.31. 이후
도정법	재건축사업	사업계획승인일	사업시행인가일	관리처분계획 인가일
	재개발사업	관리처분계획인가일	관리처분계획인가일	
빈집법	소규모재건축사업	사업시행계획인가일(18.2.9. 이후)		
	소규모재개발사업	사업시행계획인가일(22.1.1. 이후)		
	자율주택정비사업			
	가로주택정비사업			

충족 요건

주택과 조합원입주권을 소유한 경우 1세대 1주택의 특례는 각 조항별로 세법상 해당 요건이 상이하므로 구체적인 요건은 각 사례에서 소개하기로 한다.

혜택

1세대가 1주택과 1조합원입주권을 소유하다가 그 주택을 양도하는 경우에는 2주택 상태로 보아 원칙적으로 1세대 1주택 비과세 규정을 적용하지 않는다. 그러나 도정법에 따른 재건축 사업 등의 시행기간 중 거주를 위하여 주택을 취득하는 경우나 그 밖의 세법에서 열거하는 사유로 조합원입주권을 보유하고 있는 경우에는 주택 양도 시 1세대 1주택 비과세를 적용받을 수 있다.

조합원입주권 취득 후 3년 내 종전주택 양도 시 비과세

2020년 5월
A주택 취득
조정지역대상지역

2021년 12월
B조합원입주권
승계 취득

2023년 1월
A주택 양도

상황

- 20년 05월: A주택 취득 후 계속 거주 중(조정대상지역)
- 21년 12월: B 조합원입주권 승계 취득
- 23년 01월: A주택 양도

질문

- 23년 1월 A주택 양도 시 비과세 가능한가요?

⌛ 해설

비과세 가능하다.

국내에 1주택을 소유한 1세대가 그 주택을 양도하기 전에 조합원입주권을 취득함으로써 일시적으로 1주택과 1조합원입주권을 소유하게 된 경우 종전의 주택을 취득한 날부터 1년 이상이 지난 후에 조합원입주권을 취득하고 그 조합원입주권을 취득한 날부터 3년 이내에 종전의 주택을 양도하는 경우에는 이를 1세대 1주택으로 보아 비과세 여부를 판단한다.

사례의 경우 종전의 주택(A주택)을 취득한 이후 1년 이상이 지난 후에 B조합원입주권을 취득하였고 그 조합원입주권을 취득한 날부터 3년 이내에 종전주택(A주택)을 양도하는 상황이므로 이를 1세대 1주택으로 보아 비과세 여부를 판단한다. A주택은 양도일 현재 보유기간 2년 이상, 거주기간 2년 이상(취득 시 조정대상지역)으로 비과세 요건을 충족하므로 비과세 가능하다.

입주권 취득 기한 예외

위의 요건 중 종전주택이 다음에 해당하는 경우에는 "종전의 주택을 취득한 날부터 1년 이상이 지난 후 조합원입주권을 취득"하는 요건을 적용하지 않는다. 즉, 종전주택이 ① ② ③에 해당하는 경우에는 종전주택 취득일로부터 1년 내에 조합원입주권을 취득해도 1주택 1조합원입주권 특례를 적용받을 수 있다.
 ① 건설임대주택(공공매입임대주택 포함)을 분양전환받아 양도하는 경우로서 임차일부터 양도일까지의 기간 중 세대 전원이 거주한 기간이 5년 이상인 경우
 ② 사업인정고시일 전 취득한 종전주택이 협의매수·수용되는 경우
 ③ 1년 이상 거주한 주택을 취학, 근무상의 형편, 질병의 요양 등 부득이한 사유로 양도하는 경우

종전주택 처분 기한 예외

한편 위의 요건 중 종전주택이 다음의 사유에 해당하는 경우에는 3년 이내에 양도하지 못하는 경우에도 "조합원입주권을 취득한 날부터 3년 이내에 종전의 주택을 양도"한 것으로 본다. 단 다음의 사유에 해당하는 방법에 따라 양도된 경우에 한한다.

 ① 한국자산관리공사에 매각을 의뢰한 경우
 ② 법원에 경매를 신청한 경우
 ③ 국세징수법에 따른 공매가 진행 중인 경우

▶ 핵심 포인트 정리!

1. 조합원입주권은 주택이 아닌 부동산을 취득할 수 있는 권리이지만 세법상으로는 다른 주택의 비과세나 중과 여부 판단 시 주택수에 포함된다. 따라서 1주택을 소유한 상태에서 조합원입주권을 취득한 후 그 종전주택을 양도하는 경우 세법상 2주택 상태가 되어 원칙적으로 1세대 1주택 비과세를 받을 수 없다. 그러나 실수요 목적이거나 대체 취득의 상황인 경우에는 특례 규정을 두어 종전의 주택을 취득한 날부터 1년 이상이 지난 후에 조합원입주권을 취득하고 그 조합원입주권을 취득한 날부터 3년 이내에 종전의 주택을 양도하는 경우에는 이를 1세대 1주택으로 보아 비과세 여부를 판단한다.

2. 종전주택이 임대주택 분양전환된 후 양도, 사업인정고시일 전 취득한 종전주택이 협의매수·수용된 경우, 1년 이상 거주한 종전주택을 부득이한 사유로 양도하는 경우에는 "종전주택 취득일로부터 1년 이상이 지난 후에 조합원입주권을 취득"하는 요건이 적용되지 않는다.

3. 종전주택이 한국자산관리공사에 매각 의뢰, 법원 경매 신청, 공매가 진행 중인 경우에는 "조합원입주권을 취득한 날부터 3년 이내에 종전의 주택을 양도"하지 못해도 3년 내 양도한 것으로 보아 비과세 특례를 적용한다.

조합원입주권 취득 후 3년이 지나 종전주택 양도 시 비과세

2020년 5월 — A주택 취득 후 거주 조정대상지역
2021년 12월 — B조합원입주권 승계 취득
2025년 3월 — B주택 준공
2026년 5월 — A주택 양도

상황

- 20년 05월: A주택 취득 후 계속 거주 중(조정대상지역)
- 21년 12월: B 조합원입주권 승계 취득
- 25년 03월: B주택 준공 후 세대 전원 입주
- 26년 05월: A주택 양도

질문

- 조합원입주권 취득 후 3년이 지나 종전주택(A주택) 양도 시 비과세 가능한가요?

⏳ 해설

비과세 가능하다.

국내에 1주택을 소유한 1세대가 그 주택(종전주택)을 양도하기 전에 조합원입주권을 취득함으로써 일시적으로 1주택과 1조합원입주권을 소유하게 된 경우 종전주택을 취득한 날부터 1년이 지난 후에 조합원입주권을 취득하고 그 조합원입주권을 취득한 날부터 3년이 지나 종전주택을 양도하는 경우로서 다음 각호의 요건을 모두 갖춘 때에는 이를 1세대 1주택으로 보아 비과세 여부를 판단한다.

① 재개발사업, 재건축사업 또는 소규모재건축사업 등의 관리처분계획 등에 따라 취득하는 주택이 완성된 후 3년 이내에 그 주택으로 세대 전원이 이사(취학, 근무상의 형편, 질병의 요양 그 밖의 부득이한 사유로 세대의 구성원 중 일부가 이사하지 못하는 경우를 포함한다)하여 1년 이상 계속하여 거주할 것

② 재개발사업, 재건축사업 또는 소규모재건축사업 등의 관리처분계획 등에 따라 취득하는 주택이 완성되기 전 또는 완성된 후 3년 이내에 종전의 주택을 양도할 것

이는 일반적으로 관리처분계획인가일로부터 3년 정도면 재개발 등의 사업이 완료되어 주택이 완공될 것으로 예상되지만 3년이 경과되어 완공되어도 이를 부득이한 사유로 보아 비과세해주겠다는 의미이다. 다만 조합원입주권의 취득이 신축주택 완공 후 실거주 목적이어야 한다는 전제이므로 ①과 ②의 요건을 모두 충족할 것을 요구하고 있는 것이다.

사례의 경우 조합원입주권을 취득한 날부터 3년이 지나 종전주택을 양도하지만 B주택이 완공된 후 세대 전원이 이사하여 1년 이상 계속하여 거주하였고 B주택 완공 후 3년 내에 종전주택을 양도하는 상황이므로 1세대 1주택으로 보아 비과세 요건을 판단한다. A주택은 양도일 현재 보유기간 2년 이상, 거주기간 2년 이상(취득 시 조정대상지역)으로 비과세 요건을 충족하므로 비과세 가능하다.

위의 요건 중 "종전의 주택을 취득한 날부터 1년 이상이 지난 후 조합원입주권을 취득"하는 요건은 22.2.15. 소득세법 시행령 개정에 따라 추가된 조문이며 부칙에 따라 22.2.15. 이후 취득하는 조합원입주권부터 적용한다. 따라서 22.2.14. 이전에 취득한 조합원입주권은 종전주택 취득일로부터 1년 이내에 취득하여도 특례 적용이 가능하다.

앞서 살펴본 사례1의 경우는 12.6.29. 이후 양도분부터 "종전의 주택을 취득한 날부터 1년 이상이 지난 후 조합원입주권을 취득"하는 요건이 추가되었으므로 차이가 있다.

한편 조합원입주권을 22.2.15. 이후에 취득하여도 종전주택이 다음에 해당하는 경우에는 "종전의 주택을 취득한 날부터 1년 이상이 지난 후 조합원입주권을 취득"하는 요건을 적용하지 않는다. 즉, 종전주택이 ① ② ③에 해당하는 경우에는 종전주택 취득일로부터 1년 내에 조합원입주권을 취득해도 1주택 1조합원입주권 특례를 적용받을 수 있다.

① 건설임대주택(공공매입임대주택 포함)을 분양전환받아 양도하는 경우로서 임차일부터 양도일까지의 기간 중 세대 전원이 거주한 기간이 5년 이상인 경우

② 사업인정고시일 전 취득한 종전주택이 협의매수 · 수용되는 경우
③ 1년 이상 거주한 주택을 취학, 근무상의 형편, 질병의 요양 등 부득이한 사유로 양도하는 경우

▶ 핵심 포인트 정리!

1. 조합원입주권 취득일부터 3년이 지나 종전주택을 양도하는 경우에도 세법에서 정한 일정 요건을 충족하면 1세대 1주택으로 보아 비과세 규정을 적용한다. 이때 말하는 일정 요건이란 조합원입주권의 취득이 완공후 실거주 목적일 것을 요구하고 있다.

2. 구체적인 요건을 살펴보면 재건축 주택 완공 후 3년 이내 재건축 주택으로 세대 전원이 이사하여 1년 이상 계속하여 거주할 것과 종전주택을 재건축 주택 완공 전 또는 완공 후 3년 이내에 양도할 것을 규정하고 있다.

3. 종전주택을 조합원입주권 취득 후 3년 내에 양도한다면 2번의 사후관리 요건은 적용되지 않는다. 즉 3년 내에 양도했다면 재건축 주택이 완공된 후 거주하지 않아도 종전주택 양도에 대한 양도세가 추징되지 않는다는 의미이다.

4. 종전주택을 조합원입주권 취득 후 3년이 지나 재건축 주택 완공 전에 양도한 경우에는 종전주택이 비과세 요건을 충족한다면 1세대 1주택으로 보아 비과세 특례를 적용하여 신고할 수 있다. 그러나 재건축 주택 완공 후 반드시 그 주택으로 3년 이내 세대 전원이 이사하여 1년 이상 계속하여 거주하여야 한다. 만약 이러한 사후관리 요건을 충족하지 못하게 된 때에는 그 사유가 발생한 날이 속하는 달의 말일부터 2개월 이내에 주택 양도 당시 동 특례를 적용받지 않을 경우에 납부하였을 세액을 양도소득세로 신고 · 납부하여야 한다.

5. 종전주택을 조합원입주권 취득 후 3년이내 양도하는 경우 "종전의 주택을 취득한 날부터 1년 이상이 지난 후 조합원입주권을 취득"하는 요건은 12.6.29. 이후 양도하는 종전주택부터 적용한다.

6. 종전주택을 조합원입주권 취득 후 3년이 지나 양도하는 경우로 "종전의 주택을 취득한 날부터 1년 이상이 지난 후 조합원입주권을 취득"하는 요건은 22.2.15. 이후 취득하는 조합원입주권부터 적용한다.

> ### 1종전주택+1조합원입주원 → 1종전주택 양도 시 비과세

 3년 이내 종전주택 양도 시 비과세
종전주택 취득 후 **1년 경과** 조합원입주권 취득 규정 – 12.6.29. 이후 종전주택 양도분부터 적용

 3년이 지나 종전주택 양도 시 비과세
종전주택 취득 후 1년 경과 조합원입주권 취득 규정 – 22.2.15. 이후 취득하는 조합원입주권부터 적용

 하나 더!!

종전주택을 3년 경과 후 양도하는 경우

1) 22.2.15. 전에 조합원입주권 취득

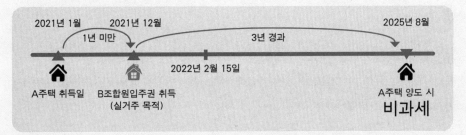

조합원입주권을 22.2.15. 전에 취득하였으므로 "종전주택 취득일부터 1년 경과 후 입주권 취득"해야 하는 요건이 적용되지 않는다. 따라서 다른 요건을 모두 충족했다면 A주택 양도 시 비과세 가능하다.

만약 종전주택을 조합원입주권 취득일로부터 3년 내에 양도하는 상황이라면 12.6.29. 이후 양도분부터는 "종전주택 취득일부터 1년 경과 후 입주권 취득" 요건이 적용되므로 비과세가 되지 않는다.

따라서 조합원입주권을 종전주택 취득일로부터 1년 이내 취득하면서 그 취득일이 22.2.15. 전이라면 종전주택을 조합원입주권 취득일로부터 3년 경과 후 양도하는 것을 반드시 고려하여야 한다.

2) 22.2.15. 이후에 조합원입주권 취득

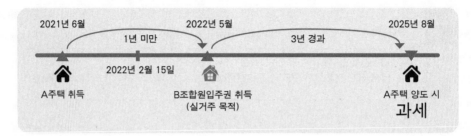

조합원입주권을 22.2.15. 이후에 취득하였으므로 "종전주택 취득일부터 1년 경과 후 입주권 취득"해야 하는 요건이 적용된다. 따라서 해당 사례의 경우는 요건 미충족으로 인해 A주택 양도 시 비과세되지 않는다. 위의 사례는 조합원입주권 취득 후 3년 이내 종전주택을 양도하여도 3년 이후 종전주택 양도 시와 동일하게 비과세 되지 않는다.

👆 하나 더!!

재건축 주택으로 세대 전원이 이사하여 거주하지 않아도 되는 부득이한 사유
세대 구성원 중 일부가 다음의 어느 하나에 해당하는 사유로 다른 시·군으로 주거를 이전하는 경우를 말한다.

1) 초·중등교육법에 따른 학교(초등학교 및 중학교를 제외한다) 및 고등교육법에 따른 학교로의 취학
2) '직장'의 변경이나 전근 등 근무상의 형편
3) '1년 이상'의 치료나 요양이 필요한 질병의 치료 또는 요양
4) 학교폭력예방 및 대책에 관한 법률에 따른 학교폭력으로 인한 전학(같은 법에 따른 '학교폭력대책자치위원회'가 피해 학생에게 전학이 필요하다고 인정하는 경우에 한한다)

재개발사업 시행기간 동안 거주한 주택 양도 시 비과세

상황

- 18년 05월: A주택 취득 후 거주(조정대상지역)
- 21년 12월: A주택 도정법에 의한 재건축사업 사업시행계획인가
- 22년 01월: B주택 취득, 세대 전원 이사 후 거주(조정대상지역)
- 22년 03월: A주택 관리처분계획인가
- 25년 03월: A주택 완공, 세대 전원 이사 후 거주
- 26년 05월: B주택 양도

질문

- B주택 양도 시 비과세 가능한가요?

⧗ 해설

비과세 가능하다.

국내에 1주택을 소유한 1세대가 그 주택에 대한 재개발사업 등의 시행기간 동안 거주하기 위하여 다른 주택(대체주택)을 취득한 경우로서 아래의 요건을 모두 갖추어 대체주택 양도 시 1세대 1주택으로 보아 비과세 여부를 판단한다. 이 경우 보유기간 및 거주기간의 제한을 받지 않는다.

 ① 재개발사업 등의 사업시행인가일 이후 대체주택을 취득하여 1년 이상 거주할 것

② 재개발사업 등의 관리처분계획 등에 따라 취득하는 주택이 완성된 후 3년 이내에 그 주택으로 세대 전원이 이사(기획재정부령으로 정하는 취학, 근무상의 형편, 질병의 요양, 그 밖에 부득이한 사유로 세대원 중 일부가 이사하지 못하는 경우를 포함한다)하여 1년 이상 계속하여 거주할 것. 다만, 주택이 완성된 후 3년 이내에 취학 또는 근무상의 형편으로 1년 이상 계속하여 국외에 거주할 필요가 있어 세대 전원이 출국하는 경우에는 출국 사유가 해소(출국한 후 3년 이내에 해소되는 경우만 해당한다)되어 입국한 후 1년 이상 계속하여 거주해야 한다.

③ 재개발사업 등의 관리처분계획 등에 따라 취득하는 주택이 완성되기 전 또는 완성된 후 3년 이내에 대체주택을 양도할 것

위 사례의 경우 1세대 1주택자가 그 주택(A주택)에 대한 재건축사업이 시행됨에 따라 시행기간 동안 거주할 주택(B주택)을 사업시행인가일 이후에 취득하여 거주하였고, 재건축 주택이 완성된 후 3년 이내에 그 주택으로 세대 전원이 이사하여 1년 이상 계속 거주 중인 상태에서 재건축 주택이 완성된 후 3년 이내에 B주택을 양도하였으므로 대체주택 양도 시 1세대 1주택으로 보는 요건을 모두 충족하였다. 대체주택 양도 시 비과세 여부를 판단할 때 2년 보유, 2년 거주 요건의 제한을 받지 않으므로 B주택은 비과세 가능하다.

주의할 점은 대체주택에 대한 비과세 여부 판단할 때 보유 및 거주기간의 제한은 받지 않지만 1세대 1주택으로 보는 요건 중 대체주택에서 1년 이상 거주 요건이 있으므로 취득 당시 조정대상지역 여부와 무관하게 반드시 1년 이상 거주하여야 한다는 점이다.

한편 과세당국은 사업시행인가일 현재 해당 재개발·재건축 대상 1주택만 소유할 것을 비과세 요건으로 해석하고 있으나 최근 조세심판원에서는 1주택 소유 여부를 사업시행인가일이 아닌 대체주택의 취득일을 기준으로 판단한 사례가 있다. 즉 사업시행인가일 현재 재개발·재건축 대상 주택 외에 다른 주택을 소유하고 있었어도 대체주택 취득하기 전에 재개발·재건축 대상 주택 외에 다른 주택을 모두 처분하였다면 대체주택에 대한 비과세 특례가 가능하다고 본 것이다.

▶ 핵심 포인트 정리!

1. 소득세법 시행령 제156조의2 주택과 조합원입주권을 소유한 경우 1세대 1주택의

비과세 특례를 적용받으려면 대체주택을 재개발·재건축사업 등의 사업시행인가일 이후에 취득하여야 한다. 따라서 세법상 조합원입주권의 취득 시기인 관리처분계획인가일 이전이라도 재개발·재건축 예정 주택을 취득하고 사업시행인가일 이후에 대체주택을 취득하면 특례 적용이 가능하다.

2. 대체주택을 사업시행인가일 이전에 취득한 경우 비과세 특례를 적용받을 수 없으며 사업시행인가일 이후부터 재개발·재건축 주택이 준공되기 전까지 취득한 경우에 특례 적용 대상이 된다.

3. 특례 적용 대상 대체주택의 양도인 경우 비과세 판단 시 보유기간 및 거주기간에 대한 제한을 받지 않는다. 그러나 대체주택의 요건 중에 대체주택에서 1년 이상 거주 요건이 있으므로 주의하여야 한다. 즉 사업시행인가일 이후에 대체주택을 취득한 후 양도할 때까지 1년 미만 거주하였다면 소득세법 시행령 제156조의2 요건을 충족하지 못하여 비과세 되지 않는다.

4. 사업시행인가일 이후 대체주택 용도로 분양권 및 입주권을 승계 취득한 후 준공되어 1년 이상 거주한 경우에도 대체주택에서 1년 이상 거주한 것으로 인정한다.

5. 대체주택은 여러 번 사고팔아도 비과세 가능하다. 사업시행인가일 이후에 취득하여 1년 이상 거주한 후 대체주택을 비과세로 양도하고 이후 다른 대체주택 취득 후 1년 이상 거주한다면 또다시 비과세가 가능하다. 단 사후관리 요건(신축주택 거주 요건 및 대체주택 양도 기한)을 모두 충족하여야 한다.

6. 종전주택의 재건축에 따라 대체주택을 취득하여 거주하던 중 종전주택의 재건축이 완료된 후 대체주택을 양도할 당시 대체주택이 관리처분인가에 따라 조합원입주권으로 전환된 경우에는 문언상 그 적용 대상을 대체주택으로 한정하여 규정하고 있고 관리처분계획인가에 따라 부동산을 취득할 수 있는 권리로 전환된 경우에는 별도 규정이 없는 이상 조합원입주권으로 전환된 상태에서 양도한 것으로 1세대 1주택 비과세 특례 대상이 아니다.

조합원입주권 상속받은 후 보유 주택 양도 시 비과세

2021년 1월
A주택 취득
조정대상지역

2022년 12월
B조합원입주권
상속 취득

2023년 5월
A주택 양도

상황

- 21년 01월: A주택 취득 후 계속 거주 중(조정대상지역)
- 22년 12월: 별도세대인 부친으로부터 B조합원입주권 상속(그 외 상속재산 없음)
- 23년 05월: A주택 양도

질문

- A주택 양도 시 비과세 가능한가요?

⏳ 해설

비과세 가능하다.

상속받은 조합원입주권과 일반주택을 국내에 각각 1개씩 소유하고 있는 1세대가 일반주택을 양도하는 경우에는 국내에 1개의 주택을 소유하고 있는 것으로 보아 비과세 규정을 적용한다. 다만, 상속인과 피상속인이 상속개시 당시 1세대인 경우에는 1주택을 보유하고 1세대를 구성하는 자가 직계존속을 동거봉양하기 위하여 세대를 합침에 따라 2주택을 보유하게 되는 경우로 합치기 이전부터 보유하고 있었던 주택이 조합원입주권으로 전환된 경우에만 상속받은 조합원입주권으로 본다.

위 사례의 경우 A주택을 소유한 1세대가 상속을 원인으로 조합원입주권을 소유하게 되어 1주택 1조합원입주권이 된 상태로 A주택 양도 시 국내에 1개의 주택을 소유한 것으로 보아 비과세 규정을 적용한다. A주택은 양도일 현재 보유기간 2년 이상, 거주기간 2년 이상(취득 시 조정대상지역)으로 비과세 요건을 충족하므로 비과세 가능하다.

▶ 핵심 포인트 정리!

1. 소득세법 시행령 제156조의2 6항의 '상속받은 조합원입주권'에는 피상속인이 상속개시 당시 주택 또는 분양권을 소유하지 않은 경우만 해당한다.

2. 피상속인이 상속개시 당시 2개 이상의 조합원입주권을 소유한 경우에는 다음의 순위에 따른 1개의 조합원입주권만 해당한다.
   ① 피상속인이 소유한 기간(주택 보유기간과 조합원입주권 보유기간을 합한 기간)이 가장 긴 1개의 조합원입주권
   ② 소유한 기간이 같은 조합원입주권이 2개 이상인 경우 피상속인이 거주한 기간(주택에 거주한 기간)이 가장 긴 1개의 조합원입주권
   ③ 소유한 기간과 거주한 기간이 같은 조합원입주권이 2개 이상인 경우 상속인이 선택하는 1개의 조합원입주권

3. 공동상속조합원입주권의 경우에는 다음의 순서에 따라 해당하는 사람이 그 공동상속조합원입주권을 소유한 것으로 본다.
   ① 상속지분이 가장 큰 상속인
   ② 해당 공동상속조합원입주권의 재개발사업 등의 관리처분계획 등의 인가일(인가일 전에 주택이 철거되는 경우에는 기존주택의 철거일) 현재 피상속인이 보유하고 있었던 주택에 거주했던 자
   ③ 최연장자

4. 일반주택에는 상속개시 당시 상속인이 보유한 주택 또는 상속개시 당시 보유한 조합원입주권이나 분양권에 의하여 사업시행 완료 후 취득한 신축주택만 해당하며,

상속개시일부터 소급하여 2년 이내에 피상속인으로부터 증여받은 주택 또는 조합원입주권이나 분양권에 의하여 사업시행 완료 후 취득한 신축주택은 제외한다.

5. 피상속인이 상속개시 당시 주택은 소유하지 않고 조합원입주권과 분양권만 소유한 경우에는 상속인이 조합원입주권 또는 분양권 중 하나에 대해서만 선택하여 상속받은 것으로 보아 위의 규정을 적용한다.

👆 하나 더!!

13.2.15. 이후 일반주택 취득의 의미

상속주택에 대한 1세대 1주택 비과세 특례를 살펴보면 종전에는 상속주택을 보유한 상태에서 일반주택을 양도할 경우 횟수에 관계없이 비과세가 적용되었으나 13.2.15. 소득세법 시행령 개정으로 상속개시 당시 보유한 일반주택만 상속주택 비과세 특례를 적용하는 것으로 변경되었으며 이 개정 규정은 13.2.15. 이후 취득하여 양도하는 분부터 적용하고 있다.

즉 13.2.14. 이전 일반주택을 취득한 경우에는 상속개시 이후에 취득한 경우라도 상속주택은 주택수에서 제외되어 일반주택 양도 시 비과세가 가능한 반면, 13.2.15. 이후 일반주택을 취득한 경우에는 상속개시 당시 보유중인 일반주택을 양도할 때만 상속주택을 주택수에서 제외하여 해당 일반주택 양도 시 비과세를 적용해주고 있다.

위 상속주택 특례 규정을 제156조의2에서도 준용하여 13.2.14. 이전 일반주택을 취득한 경우에는 상속개시 이후에 취득한 경우라도 상속받은 조합원입주권은 주택수에서 제외되어 일반주택 양도 시 비과세가 가능한 반면, 13.2.15. 이후 일반주택을 취득한 경우에는 상속개시 당시 보유 중인 일반주택을 양도할 때만 상속받은 조합원입주권을 주택수에서 제외하여 해당 일반주택 양도 시 비과세를 적용해주고 있다.

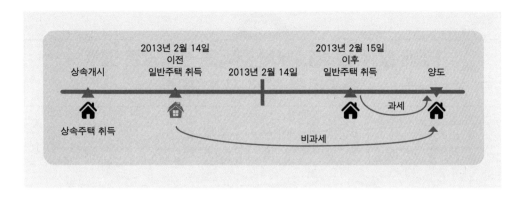

1주택 1입주권 상태에서 주택을 상속받은 경우 일반주택 양도 시 비과세

2022년 1월	2023년 2월	2024년 5월	2025년 5월
A주택 취득 조정대상지역	B조합원입주권 승계 취득 조정대상지역	C주택 상속 취득	A주택 양도

상황

- 22년 01월: A주택 취득 후 계속 거주(조정대상지역)
- 23년 02월: B조합원입주권 승계 취득(조정대상지역)
- 24년 05월: 별도세대원인 부친으로부터 C주택 상속(그 외 상속재산 없음)
- 25년 05월: A주택 양도

질문

- 1주택과 1조합원입주권을 보유한 상태에서 주택을 상속받고 일반주택(A주택) 양도 시 비과세 가능한가요?

해설

비과세 가능하다.

국내에 1주택(일반주택)과 1조합원입주권을 소유한 1세대가 상속으로 주택 등을 받은 경우 일반주택 양도 시 일반주택과 조합원입주권을 소유한 것으로 보아 앞서 설명한 사례 1부터 사례 3까지의 규정을 적용한다.

- 사례 1: 조합원입주권 취득 후 3년 이내 일반주택 양도
- 사례 2: 조합원입주권 취득 후 3년 지나 일반주택 양도

- 사례 3: 재개발 등 사업시행기간 중 취득한 대체주택 양도

이 경우 사례1 및 사례2의 규정을 적용받는 일반주택은 상속개시 당시 보유한 주택(상속개시일부터 소급하여 2년 이내에 피상속인으로부터 증여받은 주택 또는 조합원입주권이나 분양권에 의하여 사업시행 완료 후 취득한 신축주택은 제외)으로 한정한다.

위 사례의 경우 A주택(일반주택)과 B조합원입주권을 각각 1개씩 보유한 상태에서 상속으로 C주택(상속주택)을 취득한 후 일반주택을 양도하는 상황이다. 이러한 경우 일반주택과 조합원입주권을 소유한 것으로 보아 1세대 1주택 특례 여부를 판단하여야 한다.
A주택 취득 후 1년이 지나 B조합원입주권을 취득하였고 조합원입주권 취득 후 3년 이내에 A주택을 양도하는 경우 1세대 1주택으로 보아 비과세 여부를 판단한다. A주택은 양도일 현재 보유기간 2년 이상, 거주기간 2년 이상(취득 시 조정대상지역)으로 비과세 요건을 충족하므로 비과세 가능하다.
위 사례에서 상속주택이 2개 이상인 경우라면 선순위 상속주택을 제외한 나머지 상속받은 주택은 일반주택으로 취급되므로 A주택 양도 시 다주택자에 해당되어 비과세되지 않는다.

▶ 핵심 포인트 정리!

1. '일반주택'에는 상속개시일부터 소급하여 2년 이내에 피상속인으로부터 증여받은 주택 또는 조합원입주권이나 분양권에 의하여 취득한 신축주택은 제외된다.

2. '상속으로 받은 주택 등'은 다음의 경우를 말한다.
   ① 상속받은 주택
   - 2개 이상인 경우 피상속인의 보유기간 가장 긴 것 〉 거주기간 가장 긴 것 〉 상속개시 당시 거주한 주택 〉 기준시가 높은 것의 순서에 의한 1개의 주택
   ② 상속받은 조합원입주권
   - 피상속인이 주택 또는 분양권을 소유하지 않은 경우에 한함
   - 2개 이상 조합원입주권을 소유한 경우: 보유기간 가장 긴 것 〉 거주기간 가장 긴 것 〉 상속인의 선택에 의한 1개의 조합원입주권

- 공동상속조합원입주권인 경우: 지분이 가장 큰 자 〉해당 주택에 거주한 자 〉최연
  장자의 소유로 봄
③ 상속받은 분양권
- 피상속인이 주택 또는 조합원입주권을 소유하지 않은 경우에 한함
- 2개 이상 분양권을 소유한 경우: 보유기간 가장 긴 것 〉상속인의 선택에 의한 1개
  의 분양권
- 공동상속분양권인 경우: 지분이 가장 큰 자 〉최연장자의 소유로 봄

👆 하나 더!!

소득세법 시행령 제156조의2 15항

피상속인이 상속개시 당시 주택은 소유하지 않고 조합원입주권과 분양권만 소유한 경우에는 상속인이 조합원입주권 또는 분양권 중 하나에 대해서만 선택하여 상속받은 것으로 보아 6항, 7항 2호 또는 4호를 적용할 수 있다. 이 경우 피상속인이 상속개시 당시 분양권 또는 조합원입주권을 소유하고 있지 않은 경우여야 한다는 요건은 적용하지 않는다.

즉, 피상속인이 주택이 없는 상태에서 조합원입주권과 분양권을 각각 소유한 경우 상속인은 입주권과 분양권 중 선택하여 상속받은 주택 등에 해당하는 특례를 적용받을 수 있다.

실제는 조합원입주권과 분양권을 모두 소유하고 있지만 둘 중 하나만 상속받은 것으로 본다는 것이므로 당초 특례 조문의 상속개시 당시 분양권을 소유하지 않은 입주권, 입주권을 소유하지 않은 분양권이라는 요건은 적용하지 않고 특례를 적용한다는 의미이다.

사례6

동거봉양으로 1주택 1조합원입주권 상태에서 완공된 재개발신축주택 양도 시 비과세

2015년 1월	2020년 12월	2021년 5월	2021년 12월	2024년 2월	2025년 10월
A주택 취득 (父)	B주택 취득 (子)	A주택 재개발사업 관리처분계획인가	동거봉향합가 B주택 거주	A주택 준공	A주택 양도

상황

- 15년 01월: 부친, A주택 취득 후 계속 거주
- 20년 12월: 자녀, B주택 취득 후 계속 거주
- 21년 05월: A주택 도정법상 재개발사업 관리처분계획인가
- 21년 12월: 동거봉양합가 후 B주택 거주
- 24년 02월: A주택 재개발신축주택 완공
- 25년 10월: A주택 양도

질문

- 동거봉양합가 후 완공된 재개발신축주택(A주택) 양도 시 비과세 가능한가요?

⧗ 해설

비과세 가능하다.

아래의 (1)에 해당하는 자가 (2)에 해당하는 자를 동거봉양하기 위하여 세대를 합친 경우 합친 날부터 10년 이내에 먼저 양도하는 주택이 ① ② ③ ④ 중 하나에 해당하는 경우에는 1세대 1주택으로 보아 비과세 여부를 판단한다.

[(1), (2)에 해당하는 자]

(1) 다음의 어느 하나를 소유하고 1세대를 구성하는 자

(2) 다음의 어느 하나를 소유하고 있는 60세 이상의 직계존속

▶ 다음의 어느 하나: 1주택 / 1조합원입주권(또는 1분양권) / 1주택과 1조합원입주권(또는 1분양권)

[먼저 양도하는 주택]

① 합친 날 이전에 소유하던 주택

② 합친 날 이전에 원조합원입주권 소유자가 재개발 등 사업시행기간 동안 거주하기 위해 취득한 대체주택

③ 합친 날 이전에 승계조합원입주권(또는 분양권) 소유자가 그 입주권(또는 분양권) 취득 전에 취득한 주택

④ 합친 날 이전에 조합원입주권(또는 분양권)만 소유하던 자가 합친 날 이후에 사업 완료로 인해 취득한 주택

합가 전 보유			합가 후 선양도주택
	1주택	→	1주택
	원조합원입주권+대체주택	→	대체주택
	종전주택+승계입주권(또는 분양권)	→	종전주택
	입주권(또는 분양권)	→	합가 후 사업 완료로 취득한 신축주택

위 사례의 경우 1주택을 소유하던 아들이 1조합원입주권을 소유한 부친과 동거봉양으로 합가한 후 부친이 합가 전부터 소유하던 조합원입주권에 의해 합가 후 완공된 주택을 합가일로부터 10년 이내에 먼저 양도하는 상황이므로 1세대 1주택으로 보아 비과세 여부를 판단한다.

원조합원의 재개발신축주택 보유기간은 구 주택의 취득일인 15년 1월부터 기산하므로 2년 이상 보유 요건을 충족하여 비과세 가능하다.

▶ 핵심 포인트 정리!

1. 소득세법 시행령 제156조의2 비과세 특례에 의해 동거봉양으로 세대를 합침으로써 1세대가 1주택+1조합원입주권, 1주택+2조합원입주권, 2주택+1조합원입주권, 2주택+2조합원입주권 등을 소유하게 되는 경우 합친 날부터 10년 이내에 먼저 양도하는 주택이 같은 영 3호, 4호 또는 5호에 따른 주택 중 어느 하나에 해당하는 경우 1세대 1주택으로 보아 비과세 여부를 판단한다.

2. '먼저 양도하는 주택'이란 합가일 이전부터 소유하던 주택, 합가일 이전 원조합원입주권 소유자가 재개발사업 등의 시행기간 동안 거주하기 위해 합가 전 취득한 대체주택, 합가일 이전 승계조합원입주권(또는 분양권) 소유자가 그 입주권(또는 분양권) 취득 전에 취득한 주택, 합가 전 조합원입주권만 소유하던 자가 재개발사업 등의 사업시행 완료에 따라 합가 후 완공된 주택을 말한다.

3. 2번의 대체주택은 원조합원인 자가 재개발사업 등의 사업시행인가일 이후 취득하고 1년 이상 거주한 주택을 말하며, 조합원입주권을 승계 취득한 후 거주 목적으로 취득한 주택은 포함하지 않는다.

4. '합가일 이전부터 소유하던 주택'이란 직계존속과 직계비속 세대가 합가 전부터 소유하던 주택을 말하며, 합가 전 조합원입주권이 매매 등으로 승계 취득된 것인 경우에는 합가 전 조합원입주권을 취득하기 전부터 소유하던 주택을 말한다.

👆 하나 더!!

소득세법 시행령 제156조의2 9항 혼인 합가로 주택과 입주권을 소유하게 된 경우
1호에 해당하는 자가 1호에 해당하는 다른 자와 혼인함으로써 1세대가 1주택과 1조합원입주권, 1주택과 2조합원입주권, 2주택과 1조합원입주권 또는 2주택과 2조합원

입주권 등을 소유하게 되는 경우 혼인한 날부터 5년 이내에 먼저 양도하는 주택(이하 이 항에서 '최초 양도주택'이라 한다)이 2호, 3호 또는 4호에 따른 주택 중 어느 하나에 해당 하는 경우에는 이를 1세대 1주택으로 보아 제154조 1항을 적용한다.

1. 다음 각 목의 어느 하나를 소유하는 자
가. 1주택
나. 1조합원입주권 또는 1분양권
다. 1주택과 1조합원입주권 또는 1분양권

2. 혼인한 날 이전에 1호 가목에 해당하는 자가 소유하던 주택

3. 혼인한 날 이전에 1호 다목에 해당하는 자가 소유하던 주택. 다만, 다음 각 목의 어 느 하나의 요건을 갖춘 경우로 한정한다
가. 혼인한 날 이전에 소유하던 조합원입주권(혼인한 날 이전에 최초양도주택을 소유하던 자가 소유하던 조합원입주권을 말한다. 이하 이 항에서 '혼인 전 조합원입주권'이라 한다) 이 최초 조합원입주권인 경우에는 최초 양도주택이 그 재개발사업, 재건축사업 또 는 소규모재건축사업 등의 시행기간 중 거주하기 위하여 사업시행계획인가일 이 후 취득된 것으로서 취득 후 1년 이상 거주하였을 것
나. 혼인 전 조합원입주권이 매매 등으로 승계 취득된 것인 경우에는 최초 양도주택이 혼인 전 조합원입주권을 취득하기 전부터 소유하던 것일 것
다. 혼인한 날 이전에 취득한 분양권으로서 최초양도주택이 혼인한 날 이전에 분양권 을 취득하기 전부터 소유하던 것일 것

4. 혼인한 날 이전에 1호 나 항목에 해당하는 자가 소유하던 1조합원입주권 또는 1분 양권에 의하여 재개발사업, 재건축사업 또는 소규모재건축사업 등의 관리처분계획 등 또는 사업시행 완료에 따라 혼인한 날 이후에 취득하는 주택

수용 및 보상 관련 세법상 쟁점 정리

⏳ 해설

1. 1세대 1주택 비과세 판단 시 보유 및 거주기간 제한 없이 비과세 가능

사업인정고시일 전에 취득한 주택 및 그 부수토지의 전부 또는 일부가 공익사업을 위한 토지 등의 취득 및 보상에 관한 법률에 의한 협의매수·수용 및 그 밖의 법률로 수용되는 경우 1세대 1주택 비과세 판단 시 보유기간 및 거주기간의 제한을 받지 않는다.

2. 종전주택 수용 시 일시적 2주택의 취득 기한 제한 없이 비과세 가능

사업인정고시일 전에 취득한 주택 및 그 부수토지의 전부 또는 일부가 협의매수되거나 수용 되는 경우 종전주택 취득일부터 1년 내에 다른 주택을 취득하여도 일시적 2주택 특례 적용이 가능하다.

3. 일부 수용에 따른 잔존주택 및 부수토지의 1세대 1주택 비과세 판단

사업인정고시일 전에 취득한 주택 및 그 부수토지의 일부가 협의매수되거나 수용되는 경우로 서 잔존주택 및 그 부수토지를 양도일 또는 수용일부터 5년 이내에 양도하는 때에는 종전주 택 및 부수토지의 양도 또는 수용에 포함되는 것으로 보아 1세대 1주택 비과세 여부를 판단 한다.

4. 다주택자 중과세율 적용 제외

21.2.17. 이후 양도분부터 조특법 77조에 따라 양도소득세가 감면되는 주택을 양도하는 경 우 다주택자이더라도 중과세율 적용이 배제된다.

5. 거주주택 비과세 특례 후 임대주택 수용에 따른 의무임대기간 미충족 시 추징 배제

수용 등 기획재정부령으로 정하는 부득이한 사유로 해당 임대기간 요건 또는 운영 기간 요건 을 충족하지 못하게 되거나 임대의무 호수를 임대하지 않게 된 때에는 해당 임대주택을 계속 임대하거나 해당 어린이집을 계속 운영하는 것으로 보아 거주주택 비과세에 대해 추징하지 않는다.

6. 주택의 건물과 토지가 시차를 두고 수용되는 경우 고가주택 양도차익

주택과 그에 딸린 토지가 시차를 두고 협의매수·수용된 경우 전체를 하나의 거래로 보아 고가주택 양도차익을 계산한다.

7. 주택 및 그 부수토지가 일부 수용되는 경우 고가주택 판단 방법

주택 및 그에 딸린 토지가 일부 수용되는 경우에도 양도 당시의 실지거래가액 합계액에 양도하는 부분의 면적이 전체 주택 면적에서 차지하는 비율로 나누어 계산한 금액이 12억원을 초과하는 경우 고가주택으로 본다.

8. 수용 시 양도 시기

잔금 청산일, 소유권이전등기 접수일, 수용 개시일 중 빠른 날이 양도일이다. 다만, 소유권에 관한 소송으로 보상금이 공탁된 경우에는 소유권 관련 소송 판결 확정일을 양도일로 한다.

9. 증액보상금의 양도 시기

증액보상으로 인해 양도 시기가 변동되는 것은 아니므로 증액보상금 수령일이 아닌 당초 양도 시기에 포함한다. 따라서 증액보상금 수령일의 말일부터 2개월 이내에 당초 신고된 양도소득세를 수정신고 및 납부하여야 하며 이때 신고불성실가산세 및 납부불성실가산세는 적용되지 않는다.

10. 보상금 증액과 관련된 비용의 필요 경비 포함

토지 등이 협의 매수 또는 수용되는 경우로서 그 보상금의 증액과 관련하여 직접 소요된 소송비용·화해비용 등의 비용은 증액보상금을 한도로 하여 양도소득세 필요경비로 포함된다.

11. 공익사업용 토지 등에 대한 양도소득세 감면

사업인정고시일부터 소급하여 2년 이전에 취득한 토지 등을 23.12.31. 이전에 양도함으로써 발생하는 소득에 대해서는 양도소득세의 10~40%에 상당하는 세액을 감면한다.

12. 비사업용토지 제외

사업인정고시일 5년 이전 취득(사업인정고시일이 21.5.3. 이전인 경우 2년)한 경우 비사업용토지에서 제외된다. 다만 사업인정고시일이 06.12.31. 이전인 경우에는 취득 시기 제한 없이 비사업용토지에서 제외되며, 수용되는 토지가 상속받은 토지인 경우 피상속인이 취득한 날을 기준으로 취득일을 판정한다. 또한 배우자 등 이월과세를 적용받는 경우에는 증여자가 해당 자산을 취득한 날을 기준으로 취득일을 판정한다.

13. 이월과세 적용 배제

사업인정고시일부터 소급하여 2년 이전에 증여받은 경우로서 법률에 따라 협의매수 또는 수용되는 경우에는 이월과세 적용이 배제된다.

14. 부당행위계산부인 규정 적용

특수관계인(이월과세 적용받는 배우자 및 직계존비속 제외)에게 자산을 증여받은 후 5년(23.1.1. 이후 증여받은 경우에는 10년) 이내에 양도한 경우에 적용되는 부당행위계산부인 규정은 수용 시에도 적용된다.

15. 환산 취득가액 계산 시 양도 시 기준시가 특례

개인이 소유하는 토지가 2009.2.4. 이후 공익사업을 위한 토지 등의 취득 및 보상에 관한 법률에 따른 협의매수·수용 및 그 밖의 법률에 따라 수용되는 경우로서 양도 당시의 기준시가보다 보상금액 산정의 기초가 되는 기준시가가 적은 경우에는 보상금액 산정의 기초가 되는 기준시가를 양도 당시의 기준시가로 적용한다.

[사례]

- 1990. 2월: 토지 취득 (취득 당시 기준시가 5천원)
- 2006. 11월: 사업인정고시
  (보상가액 산정 시 표준지 개별공시지가로 산정된 기준시가 1만원)
- 2009. 5월: 토지수용 보상가액 5억원 (양도 당시 기준시가 2만원)
- ☞ 환산 취득가액 : 2억 5천만원(=5억원 ×5천원 / 1만원)

따라서 환산 취득가액 계산 시 양도 기준시가는 ① 양도 시 기준시가 ② m^2당 보상가액 ③ 보상산정의 기초가 되는 기준시가 중 작은 금액이 된다. 단, 보상산정의 기초가 되는 기준시가는 보상액 산정의 기준이 되는 '표준지 개별공시지가의 기준일'을 기준일로 공시된 해당 토지의 개별공시지가를 말하는 것이지 표준지 개별공시지가를 의미하는 것이 아니다.

▶ **핵심 포인트 정리!**

1. 세법 조문별 협의매수 · 수용되는 부동산의 취득 기한

보유 및 거주기간 제외	신규주택 취득 기한 제외	수용 감면 적용	사업용 토지 의제
사업인정고시일 전 취득	사업인정고시일 전 취득	사업인정고시일 2년 이전 취득	사업인정고시일 5년 이전 취득(사업인정고시일이 21.5.3. 이전인 경우 2년)

2. 공익사업 등에 의한 협의매수 또는 수용에 따른 세법상 혜택
 - 1세대 1주택 비과세 판단 시 보유 및 거주기간 제한 없이 비과세 가능
 - 종전주택 수용 시 일시적 2주택의 취득 기한 제한 없이 비과세 가능
 - 다주택자 중과세율 적용 제외
 - 거주주택 비과세 특례 후 임대주택 수용에 따른 의무임대기간 미충족 시 추징 배제
 - 보상금 증액과 관련된 비용의 필요경비 포함
 - 공익사업용 토지 등에 대한 양도소득세 감면
 - 비사업용토지 제외
 - 이월과세 적용 배제

하나 더!!

공익사업 등을 위한 수용에 따른 보상의 기준과 절차
사업인정고시
토지조서 및 물건조서 작성
보상계획 공고 및 열람
감정평가법인 선정 및 감정평가
보상액 산정
손실보상 협의 및 계약 체결(1차 증액)
협의 성립 시 소유권 이전 및 보상금 지급으로 보상 절차 종결
협의 불성립 시 수용재결 신청
수용보상금 지급 및 공탁으로 수용 절차 종결
수용재결 불복 시 이의신청(2차 증액)
행정소송(3차 증액)

 하나 더!!

공익사업을 위한 토지 등의 취득 및 보상에 관한 법률 [별표]
그 밖에 별표에 규정된 법률에 따라 토지 등을 수용하거나 사용할 수 있는 사업(제4조 8호 관련)

1. 법 제20조에 따라 사업인정을 받아야 하는 공익사업
 (1) 「공간정보의 구축 및 관리 등에 관한 법률」에 따른 기본 측량의 실시
 (2) 「공공토지의 비축에 관한 법률」에 따라 한국토지주택공사가 공공개발용 토지의 비축사업계획을 승인받은 공공개발용 토지의 취득
 (3) 「국립대학법인 서울대학교 설립·운영에 관한 법률」에 따른 국립대학법인 서울대학교의 학교용지 확보

(4) 「국립대학법인 인천대학교 설립ㆍ운영에 관한 법률」에 따른 국립대학법인 인천대학교의 학교용지 확보

(5) 「규제자유특구 및 지역특화발전특구에 관한 규제특례법」에 따른 특화사업

(6) 「농어업재해대책법」에 따른 응급조치

(7) 「대기환경보전법」 제4조에 따라 고시된 측정망설치계획에 따른 환경부장관 또는 시ㆍ도지사의 측정망 설치

(8) 「문화재보호법」에 따른 문화재의 보존ㆍ관리

(9) 「석면안전관리법」 제7조에 따른 실태조사, 제8조 2항에 따른 조사, 제13조에 따른 자연발생석면영향조사, 제25조에 따른 슬레이트 시설물 등에 대한 석면조사(환경부장관, 관계 중앙행정기관의 장, 시ㆍ도지사 또는 시장ㆍ군수ㆍ구청장이 실시하는 경우에 한정한다)

(10) 「석탄산업법」 제23조 1항에 따른 연료단지 조성(특별시장ㆍ광역시장ㆍ도지사 또는 특별자치도지사가 실시하는 경우에 한정한다)

(11) 「수목원ㆍ정원의 조성 및 진흥에 관한 법률」에 따른 국가 또는 지방자치단체의 수목원 조성

(12) 「자동차관리법」에 따른 자동차서비스복합단지 개발사업

(13) 「전기사업법」에 따른 전기사업용전기설비의 설치나 이를 위한 실지조사ㆍ측량 및 시공 또는 전기사업용전기설비의 유지ㆍ보수

(14) 「전기통신사업법」에 따른 전기통신업무에 제공되는 선로 등의 설치

(15) 「지능형 로봇 개발 및 보급 촉진법」 제34조에 따른 공익시설의 조성사업

(16) 「지하수법」 제17조 및 제18조에 따른 지하수관측시설 및 수질측정망(국토교통부장관, 환경부장관 또는 시장ㆍ군수ㆍ구청장이 설치하는 경우에 한정한다) 설치

(17) 「집단에너지사업법」에 따른 공급시설의 설치나 이를 위한 실지조사ㆍ측량 및 시공 또는 공급시설의 유지ㆍ보수

(18) 「청소년활동 진흥법」 제11조 1항에 따른 수련시설의 설치

(19) 「한국석유공사법」에 따라 한국석유공사가 시행하는 석유의 탐사ㆍ개발ㆍ비축 및 수송사업

2. 법 제20조에 따른 사업인정이 의제되는 사업

(1) 「2018 평창 동계올림픽대회 및 동계패럴림픽대회 지원 등에 관한 특별법」에 따

른 특구개발사업

(2) 「간선급행버스체계의 건설 및 운영에 관한 특별법」에 따른 체계건설사업

(3) 「간척지의 농어업적 이용 및 관리에 관한 법률」에 따른 간척지활용사업

(4) 「건설기계관리법」에 따른 공영주기장의 설치

(5) 「경제자유구역의 지정 및 운영에 관한 특별법」에 따른 경제자유구역에서 실시되는 개발사업

(6) 「고도 보존 및 육성에 관한 특별법」에 따른 고도보존육성사업 및 주민지원사업

(7) 「공공주택 특별법」 제2조 3호 가목에 따른 공공주택지구조성사업, 같은 호 나목에 따른 공공주택건설사업 및 같은 호 마목에 따른 도심 공공주택 복합사업

(8) 「공사중단 장기방치 건축물의 정비 등에 관한 특별조치법」에 따른 정비사업

(9) 「공항시설법」에 따른 공항개발사업

(10) 「관광진흥법」 제55조에 따른 조성계획을 시행하기 위한 사업

(11) 「광산피해의 방지 및 복구에 관한 법률」에 따른 광해방지사업

(12) 「광업법」 제70조 각호와 제71조 각호의 목적을 위하여 광업권자나 조광권자가 산업통상자원부장관의 인정을 받은 행위

(13) 「국가통합교통체계효율화법」에 따른 복합환승센터 개발사업

(14) 「국방·군사시설 사업에 관한 법률」에 따른 국방·군사시설

(15) 「국제경기대회 지원법」에 따른 대회 관련 시설의 설치·이용 등에 관한 사업

(16) 「국토의 계획 및 이용에 관한 법률」에 따른 도시·군 계획시설사업

(17) 「군 공항 이전 및 지원에 관한 특별법」에 따른 이전주변지역 지원사업

(18) 「금강수계 물관리 및 주민지원 등에 관한 법률」 제4조의3에 따른 수변생태 벨트 조성사업 또는 제24조에 따른 수질개선사업

(19) 「급경사지 재해예방에 관한 법률」에 따른 붕괴위험 지역의 정비사업

(20) 「기업도시개발 특별법」에 따른 기업도시개발사업

(21) 「낙동강수계 물관리 및 주민지원 등에 관한 법률」 제4조의3에 따른 수변생태 벨트 조성사업 또는 제26조에 따른 수질개선사업

(22) 「농어촌도로 정비법」에 따른 농어촌도로 정비공사

(23) 「농어촌마을 주거환경 개선 및 리모델링 촉진을 위한 특별법」에 따른 정비사업

(24) 「농어촌정비법」에 따른 농어촌정비사업

(25)「농업생산기반시설 및 주변지역 활용에 관한 특별법」에 따른 농업생산기반시설 등 활용사업

(26)「댐건설·관리 및 주변 지역지원 등에 관한 법률」에 따른 댐건설사업

(27)「도로법」에 따른 도로공사

(28)「도시개발법」에 따른 도시개발사업

(29)「도시교통정비 촉진법」에 따른 중기계획의 단계적 시행에 필요한 연차별 시행계획

(30)「도시 및 주거환경정비법」 제63조에 따라 토지 등을 수용하거나 사용할 수 있는 사업

(31)「도시철도법」에 따른 도시철도건설사업

(32)「도청이전을 위한 도시건설 및 지원에 관한 특별법」에 따른 도청이전신도시 개발사업

(33)「동·서·남해안 및 내륙권 발전 특별법」에 따른 해안권 또는 내륙권 개발사업

(34)「마리나항만의 조성 및 관리 등에 관한 법률」에 따른 마리나항만의 개발사업

(35)「물류시설의 개발 및 운영에 관한 법률」에 따른 물류터미널사업 및 물류단지개발사업

(36)「물환경보전법」에 따른 공공폐수처리시설 설치

(37)「민간임대주택에 관한 특별법」 제20조에 따라 토지 등을 수용하거나 사용할 수 있는 사업

(38)「빈집 및 소규모주택 정비에 관한 특례법」에 따른 빈집정비사업 및 같은 법 제35조의2에 따라 토지 등을 수용하거나 사용할 수 있는 사업

(39)「사방사업법」에 따른 사방사업

(40)「사회기반시설에 대한 민간투자법」에 따른 민간투자사업

(41)「산림복지 진흥에 관한 법률」에 따른 산림복지단지의 조성

(42)「산업입지 및 개발에 관한 법률」에 따른 산업단지개발사업 및 제39조에 따른 특수지역개발사업

(43)「새만금사업 추진 및 지원에 관한 특별법」에 따른 새만금사업

(44)「소규모 공공시설 안전관리 등에 관한 법률」에 따른 소규모 위험시설 정비사업

(45)「소하천정비법」에 따른 소하천의 정비

(46) 「수도법」에 따른 수도사업

(47) 「수자원의 조사 · 계획 및 관리에 관한 법률」에 따른 수문조사시설 설치사업

(48) 「신항만건설 촉진법」에 따른 신항만건설사업

(49) 「신행정수도 후속대책을 위한 연기 · 공주지역 행정중심복합도시 건설을 위한 특별법」에 따른 행정중심복합도시건설사업

(50) 「어촌 · 어항법」에 따른 어항의 육역에 관한 개발사업

(51) 「어촌특화발전 지원 특별법」에 따른 어촌특화사업

(52) 「역세권의 개발 및 이용에 관한 법률」에 따른 역세권개발사업

(53) 「연구개발특구의 육성에 관한 특별법」에 따른 특구개발사업

(54) 「연안관리법」에 따른 연안정비사업

(55) 「영산강 · 섬진강수계 물관리 및 주민지원 등에 관한 법률」 제4조의3에 따른 수변생태벨트 조성사업 또는 제24조에 따른 수질개선사업

(56) 「온천법」에 따라 개발계획을 수립하거나 그 승인을 받은 시장 · 군수가 시행하는 개발계획에 따른 사업

(57) 「용산공원 조성 특별법」에 따른 공원조성사업

(58) 「자연공원법」에 따른 공원사업

(59) 「자연재해대책법」에 따른 자연재해위험개선지구 정비사업

(60) 「자연환경보전법」 제38조에 따른 자연환경보전 · 이용시설(국가 또는 지방자치단체가 설치하는 경우에 한정한다)

(61) 「재해위험 개선사업 및 이주대책에 관한 특별법」에 따른 재해위험 개선사업

(62) 「저수지 · 댐의 안전관리 및 재해예방에 관한 법률」에 따른 저수지 · 댐의 안전점검, 정밀안전진단, 정비계획의 수립, 정비사업

(63) 「전원개발촉진법」에 따른 전원개발사업

(64) 「접경지역 지원 특별법」 제13조 6항 및 9항에 따라 고시된 사업시행계획에 포함되어 있는 사업

(65) 「제주특별자치도 설치 및 국제자유도시 조성을 위한 특별법」에 따른 개발사업

(66) 「주택법」에 따른 국가 · 지방자치단체 · 한국토지주택공사 및 지방공사인 사업주체가 국민주택을 건설하거나 국민주택을 건설하기 위한 대지 조성

(67) 「주한미군 공여구역주변지역 등 지원 특별법」 제9조에 따른 사업계획에 따른 사업

(68) 「주한미군기지 이전에 따른 평택시 등의 지원 등에 관한 특별법」에 따른 평택시 개발사업과 국제화계획지구 개발사업

(69) 「중소기업진흥에 관한 법률」 제31조에 따라 중소벤처기업진흥공단이 시행하는 단지조성사업

(70) 「지방소도읍 육성 지원법」 제4조에 따라 수립하는 종합육성계획에 따른 사업

(71) 「지역 개발 및 지원에 관한 법률」에 따른 지역개발사업

(72) 「철도의 건설 및 철도시설 유지관리에 관한 법률」에 따른 철도건설사업

(73) 「친수구역 활용에 관한 특별법」에 따른 친수구역조성사업

(74) 「태권도 진흥 및 태권도공원 조성 등에 관한 법률」에 따른 공원조성사업

(75) 「택지개발촉진법」에 따른 택지개발사업

(76) 「토양환경보전법」 제7조 1항 각호의 어느 하나에 해당하는 측정, 조사, 설치 및 토양정화(환경부장관, 시·도지사 또는 시장·군수·구청장이 실시하는 경우에 한정한다)

(77) 「폐기물처리시설 설치촉진 및 주변지역지원 등에 관한 법률」에 따른 폐기물처리 시설의 설치 및 이주대책의 시행

(78) 「하수도법」에 따른 공공하수도 설치

(79) 「하천법」에 따른 하천공사

(80) 「학교시설사업 촉진법」에 따른 학교시설사업

(81) 「한강수계 상수원수질개선 및 주민지원 등에 관한 법률」 제4조의3에 따른 수변 생태벨트 조성사업 또는 제13조에 따른 수질개선사업

(82) 「한국가스공사법」 제11조에 따른 사업 중 한국가스공사가 천연가스의 인수·저 장·생산·공급 설비 및 그 부대시설을 설치하는 공사

(83) 「한국수자원공사법」 제9조 1항 1호, 2호, 5호, 5호의2, 7호부터 11호까지의 사 업

(84) 「한국환경공단법」 제17조 1항 1호부터 19호까지 및 22호의 사업

(85) 「항만공사법」 제8조 1항 1호, 2호, 2호의2, 2호의3, 3호부터 8호까지에 따른 사 업

(86) 「항만법」에 따른 항만개발사업 또는 항만배후단지개발사업

(87) 「항만 재개발 및 주변지역 발전에 관한 법률」에 따른 항만재개발사업

(88) 「해수욕장의 이용 및 관리에 관한 법률」에 따른 해수욕장시설사업

(89) 「해양산업클러스터의 지정 및 육성 등에 관한 특별법」에 따른 해양산업클러스터 개발사업

(90) 「해저광물자원 개발법」에 따라 해저조광권자가 실시하는 해저광물 탐사 또는 채취

(91) 「혁신도시 조성 및 발전에 관한 특별법」에 따른 혁신도시개발사업

(92) 「화물자동차 운수사업법」에 따른 공영차고지의 설치 및 화물자동차 휴게소의 건설

(93) 「도시재생 활성화 및 지원에 관한 특별법」 제55조의2에 따라 주거재생혁신지구 (같은 조를 준용하는 국가시범지구를 포함한다)에서 시행하는 혁신지구재생사업

⛭ 절세 포인트

[1주택자가 조합원입주권을 별도세대원과 공동 취득한 경우]

1주택자가 조합원입주권을 별도세대원과 공동 취득한 경우에도 소득세법 시행령 제156조의 2 3항 또는 4항의 요건을 충족하여 종전주택 양도하는 경우에는 비과세 적용이 가능하다. 즉, 종전주택을 취득한 날부터 1년 이상이 지난 후에 조합원입주권을 취득하고 그 조합원입주권을 취득한 날부터 3년 이내에 종전의 주택을 양도하는 경우에는 비과세 적용이 가능하다는 의미이다.

만약 3년이 지나 종전주택을 양도하더라도 신축주택 완공 후 3년* 내에 세대 전원이 이사하여 1년 이상 계속 거주하고 신축주택 완공 후 3년* 내에 종전주택을 양도한다면 비과세 적용이 가능하다.

* 23.1.12. 이후 종전주택 양도분부터 종전 2년에서 3년으로 개정됨

[1주택자가 1+1형태 조합원입주권을 별도세대원과 공동 취득한 경우]

국내에 1주택을 소유한 1세대가 도정법에 따라 1개의 주택이 2개의 조합원입주권으로 전환된 조합원입주권을 별도세대와 공동으로 승계 취득하여 준공된 2개의 신규주택에 대한 1/2 지분을 취득한 후 종전주택을 양도하는 경우에는 비과세 특례를 적용할 수 없다.

1주택을 여러 사람이 공동으로 소유한 경우 특별한 규정이 있는 것 외에는 주택 수를 계산할 때 공동 소유자 각자가 그 주택을 소유한 것으로 보므로 종전주택 양도 시 3주택자에 해당되어 비과세 특례를 받을 수 없는 것이다.

[1주택 보유세대가 1+1형태 조합원입주권 승계 취득한 경우]

국내에 1주택을 소유한 1세대가 1+1 형태 조합원입주권을 승계 취득하여 준공된 2개의 신규주택을 취득한 후 종전주택을 양도하는 경우에는 비과세 특례가 적용되지 않는다. 1+1 형태의 조합원입주권은 각각 하나의 입주권으로 보는 것이므로 1주택과 1입주권을 소유한 경우의 비과세 특례 규정인 소득세법 시행령 제156조의2 규정은 적용되지 않으며 종전주택 양도 시 3주택자로 과세된다.

[종전주택이 입주권으로 변경된 상태에서 신규주택을 취득한 경우]

종전주택이 관리처분계획인가로 조합원입주권으로 변경된 상태에서 신규주택을 취득하고, 신축된 종전주택을 양도하는 경우 1세대 1주택의 비과세 특례가 적용된다. 1주택을 가진 1세대가 해당 주택이 재건축으로 멸실되어 있는 상태에서 다른 주택을 취득한 경우로서 해당 재건축 주택을 준공 후 양도하는 경우 재건축한 주택은 기존주택의 연장으로 보아 일시적 2주택 특례 규정을 적용하기 때문이다.

[관리처분계획에 따라 상가를 재건축정비조합에 제공하고 주택입주권을 받은 경우]

소득세법은 1주택과 1조합원입주권을 보유하다가 1주택을 양도한 경우에는 원칙적으로 1세대 1주택 비과세가 적용되지 않도록 하면서, 일시적 2주택자와의 형평을 고려하여 그 시행령 제156조의2 3항 및 4항의 요건을 충족하는 경우에 한해 비과세를 적용받을 수 있도록 하고 있다.

이 규정은 조합원입주권을 조합원으로서 원시취득하는 것과 조합원으로부터 승계 취득하는 것으로 한정하고 있을 뿐이다.

따라서 부동산의 종류와는 상관없이 근린생활시설(상가)이나 건물 없이 토지만 재건축정비조합에 제공하고 조합원입주권을 취득한 경우에도 주택수에 포함하는 조합원입주권에 해당한다. 그러므로 근린생활시설 등을 제공하고 취득한 조합원입주권으로 준공 후 받은 신축주택 양도 시 요건을 충족한다면 비과세 혜택을 받을 수 있다.

[2주택 중 1주택이 가로주택정비사업에 따라 부동산을 취득할 수 있는 권리로 전환된 경우]

21.12.31. 이전에 가로주택정비사업의 사업시행계획인가로 인하여 취득한 입주자로 선정된 지위는 소득세법상 주택수에 포함되는 분양권이 아닌 부동산을 취득할 수 있는 권리에 해당하며, 2주택을 보유한 1세대의 1주택이 부동산을 취득할 수 있는 권리로 전환된 후 남은 1주택을 양도하는 경우, 해당 주택은 1세대 1주택으로 보아 비과세 규정을 적용받을 수 있다.

22.1.1. 이후에 가로주택정비사업의 사업시행계획인가로 인하여 취득한 입주자로 선정된 지위는 소득세법상 주택수에 포함되는 입주권에 해당하며, 2주택을 보유한 1세대의 1주택이 입주권으로 전환된 후 남은 1주택을 양도하는 경우, 해당 주택은 당초부터 2주택 상태이므로 2주택자로 과세된다.

[가로주택정비사업의 조합원으로서 입주자로 선정된 지위의 세법상 분류]

22.01.01. 이후 사업시행계획인가된 입주권: 주택수에 포함되는 조합원입주권에 해당

21.12.31. 이전 사업시행계획인가된 입주권: 주택수에 포함되는 분양권이 아닌 그 밖의 부동산을 취득할 수 있는 권리에 해당되어 주택수에 포함되지 않음.

[2주택 상태에서 대체주택 취득한 경우]

과세당국은 사업시행인가일 현재 해당 재개발·재건축 대상 1주택(일시적 2주택 포함)만 소유할 것을 비과세 요건으로 해석해왔다.

즉, 국내에 1주택을 소유한 1세대가 그 주택에 대한 주택재개발사업 등의 시행기간 동안 거주하기 위하여 다른 주택(이하 '대체주택'이라 함)을 취득한 경우로서 세법상 요건을 모두 갖추어 대체주택을 양도하는 때에는 이를 1세대 1주택으로 보아 보유기간 및 거주기간의 제한 없이 양도소득세가 비과세되는 것이나, 주택재개발사업 등의 시행인가 당시 2주택을 보유하고 있는 경우에는 대체주택 특례가 적용되지 않아 해당 주택 양도 시 비과세되지 않는다.

그러나 종전주택(A)을 소유한 1세대가 재건축사업시행인가된 재건축 대상주택(B)을 취득한 후, 대체주택(C) 취득 전에 종전주택(A)를 일시적 2주택 비과세로 양도하고 재건축 대상 주택(B)의 재건축사업시행기간 동안 거주하기 위하여 취득한 대체주택(C)은 특례 규정에서 정하는 다른 요건을 충족할 경우 대체주택 특례 규정을 적용받아 비과세 여부를 판단한다.

한편 최근 조세심판원에서는 1주택 소유 여부를 사업시행인가일이 아닌 대체주택의 취득일을 기준으로 판단한 사례가 있다. 즉, 사업시행인가일 현재 재개발·재건축 대상 주택 외에 다른 주택을 소유하고 있었어도 대체주택 취득하기 전에 재개발·재건축 대상 주택 외에 다른 주택을 모두 처분하였다면 대체주택에 대한 비과세 특례가 가능하다고 본 것이다.

[종전주택이 없는 상태에서 21.1.1. 이후 분양권과 조합원입주권을 순차적으로 취득한 후 준공된 1주택을 양도하는 경우]

21.1.1. 이후 1세대가 A분양권을 취득하고 B조합원입주권을 추가로 취득하여 일시적으로 1분양권과 1조합원입주권을 소유하게 된 경우로서 이후 완공된 주택을 양도하는 경우 1세대 1주택의 특례를 적용받을 수 없으며, 이 경우 일시적으로 1주택과 1분양권(또는 입주권)을 소유하게 된 경우에도 해당하지 않으므로 1주택 1분양권(또는 입주권) 특례도 적용받을 수 없다.

[승계입주권이 주택으로 완공된 후 원조합원입주권 양도하는 경우]

원조합원입주권(A') 양도일 현재 승계받은 조합원입주권(B')이 주택(B)으로 완성된 경우로서 해당 주택(B)의 취득일부터 3년 이내에 원조합원입주권(A')을 양도하는 경우 비과세 특례를 적용한다.

그러나 국내에 1세대가 종전주택(A)이 관리처분계획인가에 따라 전환된 조합원입주권(A')의 양도일 현재 승계받은 조합원입주권(B')을 포함하여 2개의 조합원입주권(A', B')을 보유한 경우로서, 승계받은 조합원입주권(B')이 주택(B)으로 완성되기 전에 해당 조합원입주권(A')을 양도하는 경우, 소득세법 시행령 제156조의2 3항·4항 및 소득세법 제89조 1항 4호에 따른 비과세 특례를 적용받을 수 없다.

[조합원입주권을 승계 취득한 경우 대체주택 비과세 특례 적용 여부]

소득세법 시행령 제156조의2 5항은 "국내에 1주택을 소유한 1세대가 그 주택에 대한 재개발사업 등의 시행기간 동안 거주하기 위하여 대체주택을 취득한 경우로서 다음 각호의 요건을 모두 갖추어 대체주택을 양도하는 때에는 이를 1세대 1주택으로 보아 제154조 1항을 적용한다"고 규정하고 있으므로, 국내에 1주택을 소유하던 중 그 주택에 대한 재개발사업 등으로 대체주택을 취득한 것이 아니라 조합원입주권을 승계 취득한 경우는 동 규정의 적용 대상에 해당하지 않아 비과세 특례를 적용받을 수 없다.

[사업시행인가일 현재 일시적 2주택자인 경우로서 대체주택을 여러 차례 취득한 경우]

종전주택(A)을 소유한 1세대가 신규주택(B)을 취득한 후, 신규주택(B)이 재건축사업시행인가되고, 사업시행인가일 현재 일시적 2주택인 경우로서 대체주택(C) 취득 전에 종전주택(A)를 양도하고 소득세법 시행령 제155조 1항에 따른 일시적 2주택에 해당하여 같은 영 제154조 1항에 따라 비과세를 적용받는 경우

재건축 대상주택(B)의 재건축사업시행기간 동안 거주하기 위하여 취득한 대체주택(C)은 특례 규정에서 정하는 다른 요건을 충족할 경우 비과세 특례 규정을 적용받을 수 있다.

국내에 1주택(A)을 소유한 1세대가 그 주택에 대한 도정법에 따른 재건축사업의 시행기간 동안 다른 주택(B·C·D)을 취득하여 C주택을 양도하고 D주택을 소유한 구성원이 별도세대로 분리된 경우로서 대체주택의 요건을 갖춘 B주택을 양도하는 때에는 이를 1세대 1주택으로 보아 비과세 규정을 적용한다.

조합원입주권 VS 분양권

구분	조합원입주권			분양권
	원조합원입주권	승계조합원입주권	승계조합원입주권	
주택수 포함	도정법상 재개발·재건축: 06.1.1. 이후 취득분 빈집법상 재건축: 18.2.9. 이후 취득분 빈집법상 재개발·자율·가로: 22.1.1. 이후 취득분			21.1.1. 이후 취득분
취득 시기	도정법상 사업 : 관리처분계획인가일 빈집법상 사업 : 사업시행계획인가일	승계 취득: 잔금 청산일 증여 취득: 권리의무승계일 상속 취득: 상속개시일		청약 취득: 청약 당첨일 승계 취득: 잔금 청산일 증여 취득: 권리의무승계일 상속 취득: 상속개시일
완성주택 취득 시기	기존주택 취득일	사용승인일(준공일), 임시 사용승인일, 사실상 사용일 중 빠른 날		잔금 청산일, 등기 접수일 중 빠른 날. 다만, 잔금 청산일 후에 완공되는 경우에는 그 완성일
대체주택 양도	아래 요건 충족 시 비과세 가능 -사업시행인가일 이후 취득 & 1년 이상 거주 -신축주택 완공 후 3년 내 이사 & 1년 이상 계속 거주 & 완공 전·후 3년 내 양도	과세		과세
입주권 (분양권) 양도 / 비과세	아래 요건 충족 시 가능 -권리변환일 현재 비과세 기간 요건 충족 -입주권 외 1주택 보유 시 주택 취득일로부터 3년 내 양도	과세		과세
입주권 (분양권) 양도 / 장기보유 특별공제	기존주택 취득일 ~ 관리처분계획인가일 (사업시행계획인가일)	해당 없음		해당 없음
종전주택 3년 내 양도 / 취득 시기 제한	해당 없음	종전주택 취득하고 1년 경과 후 입주권 취득 (12.6.29. 이후 종전주택 양도분부터 적용)		종전주택 취득하고 1년 경과 후 분양권 취득
종전주택 3년 내 양도 / 사후관리	해당 없음	없음		없음
종전주택 3년 후 양도 / 취득 시기 제한	해당 없음	종전주택 취득하고 1년 경과 후 입주권 취득 (22.2.15. 이후 취득하는 입주권부터 적용)		종전주택 취득하고 1년 경과 후 분양권 취득 (22.2.15. 이후 취득하는 분양권부터 적용)
종전주택 3년 후 양도 / 사후관리	해당 없음	신축주택 완공 후 3년 내 이사 & 1년 이상 계속 거주 & 완공 전후 3년 내 양도		신축주택 완공 후 3년 내 이사 & 1년 이상 계속 거주 & 완공 전후 3년 내 양도

Part 7
장기임대주택 거주주택 특례

서민의 주거안정을 위해 임대주택 공급은 필수다.
주택임대사업자에 대한 세제지원을 함으로써 임대주택의 공급을 원활히 하고자 하는 데
거주주택 특례의 의의가 있다.

이해하기

장기임대주택(장기어린이집)과 그 밖의 1주택을 국내에 소유하고 있는 1세대가 보유기간 중 거주기간이 2년 이상 요건을 충족하고 해당 1주택(거주주택)을 양도하는 경우에는 국내에 1개의 주택을 소유하고 있는 것으로 보아 비과세 규정을 적용한다.

충족 요건

거주주택 비과세 특례 요건
장기임대주택 요건 및 거주주택 요건을 모두 충족하여야 한다.

1. 장기임대주택
1) 지자체 임대사업자 등록 및 세무서 사업자 등록
2) 임대사업자 등록 이후 임대개시일 당시 기준시가 6억원(수도권 밖 3억원) 이하
3) 임대보증금 또는 임대료 증가율 5% 이하(19.2.12. 이후 계약분부터)
4) 의무임대기간
 (1) 20.7.10까지 등록 신청한 경우에는 5년 이상
 (2) 20.7.11~20.8.17까지 등록 신청한 경우 8년 이상
 (3) 20.8.18. 이후 등록 신청한 경우에는 10년 이상

2. 거주주택 요건
거주주택의 보유기간 중 2년 이상 거주

혜택

장기임대주택 등과 그 밖의 1주택을 국내에 소유하고 있는 1세대가 거주주택을 양도하는 경우에는 국내에 1개의 주택을 소유하고 있는 것으로 보아 비과세 규정을 적용한다. 다만, 장기임대주택을 보유하고 있는 경우에는 생애 한 차례만 거주주택을 최초로 양도하는 경우로 한

정한다. 이 경우 거주주택이 직전거주주택보유주택인 경우에는 직전거주주택의 양도일 이후의 기간분에 대해서만 국내에 1개의 주택을 소유하고 있는 것으로 보아 비과세 규정을 적용한다.

장기임대주택과 거주주택 보유 상태에서 거주주택 양도 시 비과세

2009년 12월	2017년 08월	2023년 3월
A주택 취득	B주택 취득 임대등록	A주택 양도

상황

- 09년 12월: A주택 취득 후 거주 중
- 17년 08월: B주택 취득하고 임대등록
- 23년 03월: A주택 양도

질문

- A주택 양도 시 비과세 가능한가요?

⧗ 해설

비과세 가능하다.

장기임대주택과 거주주택을 보유하고 있는 경우 2년 이상 거주한 주택을 양도하면 거주주택 특례로 비과세받을 수 있다.

거주주택 비과세 특례는 취득 당시 조정, 비조정대상지역에 관계없이 거주요건을 충족하여야 한다.

거주주택 특례 대상 장기임대주택 요건

구분	18.3.31. 이전	18.4.1~20.7.10.	20.7.11~20.8.17	20.8.18. 이후
소득령 제167의3 1항 2호	가목	가목	마목	마목
임대의무기간	5년	5년	8년	10년
임대등록	단/장기일반	단/장기일반	장기일반	장기일반
기준시가	임대개시일시 당시 6억원(비수도권 3억원) 이하			
임대료 상한	19.2.12. 부터 임대료증액 5% 이하로 제한			
주택의 유형	모든 주택	모든 주택	아파트 제외	아파트 제외

▶ 핵심 포인트 정리!

거주주택 특례는 장기임대주택 요건(임대료 5% 증액 제한 등)과 거주주택의 요건을 모두 충족하여야 한다.

거주주택은 양도일 현재 그 보유기간 중 2년 이상 거주하여야 비과세가 가능하다.

거주주택 비과세 특례 요건

장기임대주택 요건 및 거주주택 요건을 모두 충족하여야 한다.

1. 장기임대주택 요건

1) 지자체 임대사업자 등록 및 세무서 사업자 등록

2) 임대사업자 등록 이후 임대개시일 당시 기준시가 6억원(수도권 밖 3억원)이하

3) 임대보증금 및 임대료 증가율 5% 이하(19.2.12. 이후 계약분부터)

4) 의무임대기간

 (1) 20.7.10까지 등록 신청한 경우에는 5년 이상

 (2) 20.7.11~20.8.17까지 등록 신청한 경우 8년 이상

 (3) 20.8.18. 이후 등록 신청한 경우에는 10년 이상

2. 거주주택 요건

거주주택의 보유기간 중 2년 이상 거주

🖐 하나 더!!

임대주택의 임대의무기간을 충족하기 전에 거주주택을 양도하는 경우에도 거주주택 특례가 가능하다. 다만, 거주주택을 비과세 양도 후 임대의무기간을 충족하지 못하는 경우 추징된다.

임대기간 요건 또는 운영기간 요건을 충족하지 못하게 된(장기임대주택의 임대의무 호수를 임대하지 않은 기간이 6개월을 지난 경우를 포함한다) 때에는 그 사유가 발생한 날이 속하는 달의 말일부터 2개월 이내에 가산세를 포함하여 양도소득세로 신고 · 납부 해야 한다.

신고 · 납부할 금액

거주주택 양도 당시 장기임대주택(장기어린이집)으로 보지 않을 경우에 납부했을 세액
 - 거주주택 양도 당시 비과세를 적용받아 납부한 세액

사례2

임대사업자의 거주주택 특례는 생애 단 한 번만 가능한가

2009년 12월	2017년 8월	2019년 3월	2021년 4월	2023년 6월
A주택 취득	B주택 취득 임대등록	A주택 양도	C주택 취득 비조정지역	C주택 양도

상황

- 09년 12월: A주택 취득 후 거주 중
- 17년 08월: B주택 취득하고 임대등록
- 19년 03월: A주택 양도(거주주택 비과세 특례 적용받음)
- 21년 04월: C주택 취득(비조정지역) 후 거주 중
- 23년 06월: C주택 양도

질문

- 임대주택과 거주주택(C)만 보유하고 있는데 C주택 양도 시 비과세 가능한가요?

해설

비과세되지 않는다.

거주주택 특례는 생애 한 차례만 적용된다. 따라서 당초 A주택 양도 시 거주주택 특례로 비과세받았으므로 이후 취득하여 거주한 C주택은 거주주택 특례 대상이 아니다.

만약, C주택을 19.2.11. 이전인 17.2.1. 취득 후 민특법에 따라 단기임대등록 중인 임대주택이라면 달라질까?

A거주주택 양도일 현재 B, C 주택이 장기임대주택이므로 A주택은 거주주택 비과세 특례를 적용받을 수 있다.

반면 C주택은 17.2.1.에 취득 후 단기임대등록하였으므로 4년 의무임대기간 경과 후인 21.2.1. 이후에나 거주전환이 가능하다. 그러므로 C주택에서 19.2.11. 현재 거주 중인 상태에 있을 수 없다. 따라서 C주택은 거주주택 특례를 다시 적용받을 수 없는 것이다. 한편 자진말소 제도는 20.8.18. 이후부터 단기임대와 8년 이상 임대 중 아파트에 한해 자진말소할 수 있다. 즉, C주택의 자진말소는 20.8.18. 이후에나 가능하므로 19.2.11. 현재 C주택에서 거주할 수 없는 상황이다.

19.2.12. 소득세법 시행령 개정으로 거주주택 비과세 특례는 생애 한 차례만 적용된다.

다만, 시행령 개정 당시 거주 중인 주택으로서 19.2.11. 이전에 취득한 주택이라면 거주주택 비과세 특례를 한차례 적용받았음에도 종전 규정에 따라 다시 거주주택 비과세 특례를 적용받을 수 있는 것이다.

▶ 핵심 포인트 정리!

19.2.11. 이전에는 기존 거주주택 양도 후 발생하는 양도차익에 대해서 횟수에 제한 없이 반복적으로 거주주택 특례가 적용되었다.

19.2.12. 이후 소득세법 시행령을 개정하여 거주주택 특례는 생애 한 차례만 적용하는 것으로 변경되었다. 다만, 거주주택이 직전거주주택이 있는 직전거주주택보유주택인 경우 직전거주주택의 양도일 이후의 기간분에 대해서만 비과세를 적용한다.

하나 더!!

거주주택
2년 이상 보유하고 2년 이상 거주한 주택

직전거주주택
임대주택으로 등록하였거나 장기어린이집으로 사용한 사실이 있고 직전거주주택보유주택의 보유기간 중 양도한 다른 거주주택(양도한 다른 거주주택이 둘 이상인 경우에는 가장 나중에 양도한 거주주택)

직전거주주택보유주택
직전거주주택이 있는 거주주택(민간임대주택으로 등록한 사실이 있는 주택인 경우에는 1주택 외의 주택을 모두 양도한 후 1주택을 보유하게 된 경우로 한정)

마지막 남은 임대주택에서 거주 후 양도 시 1세대 1주택으로 비과세 가능 여부

2009년 12월 A주택 취득 | 2017년 8월 B주택 취득 임대등록 | 2019년 3월 A주택 양도 | 2019년 3월 C주택 취득 후 임대등록 비조정지역 | 2021년 8월 B주택 자동말소 후 계속 임대 | 2022년 4월 C주택 양도 자진말소 후 거주 | 2022년 4월 B주택 거주주택전환 | 2024년 4월 B주택 양도예정

상황

- 09년 12월: A주택 취득 후 거주 중
- 17년 08월: B주택 취득하고 임대등록(4년)
- 19년 03월: A주택 양도
- 19년 03월: C주택 취득(비조정지역)후 임대등록(4년)
- 21년 08월: B주택 자동말소 후 계속 임대 중
- 22년 04월: C주택 자진말소 후 거주 중 양도
- 22년 04월: B주택 거주주택으로 전환
- 24년 04월: B주택 양도 예정

질문

- A, C 주택을 모두 처분하고 남은 B주택 임대의무기간 종료 후 거주하다 양도 시 1세대 1주택자로 비과세 가능한가요?

⌛ 해설

비과세 가능하다.

다만, 거주주택 특례는 생애 한 차례만 적용되고 직전거주주택이 있는 거주주택인 경우 직전거주주택 양도일 이후의 기간분에 대해서만 비과세된다. 이 경우 양도한 거주주택이 2 이상인 경우에는 가장 나중에 양도한 거주주택의 양도일 이후의 기간분을 말한다.

따라서, B주택은 직전거주주택보유주택으로서 전체 양도차익(취득일~양도일) 중 직전거주주택 양도일인 22년 04월 이후부터 양도일까지의 차익으로 안분하여 22년 04월 이후 분만 비과세를 적용한다.

▶ 핵심 포인트 정리!

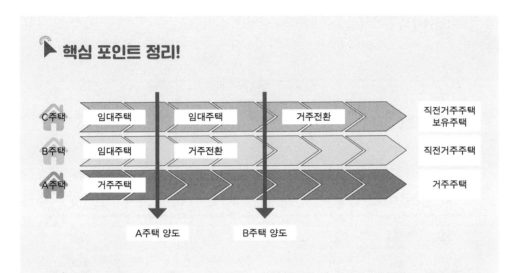

직전거주주택이란

최종적으로 임대주택에서 거주전환되어 2년 이상 거주한 주택(C)을 처분하는 입장에서 즉, C주택의 입장에서 보면 직전(C주택 처분 전)에 다른 임대주택(B)이 거주주택으로 전환된 후 양도한 주택으로서 직전 전(B주택 처분 전)에 비과세받은 사실이 있는 거주주택(A)과 다른 거주주택(B) 중 가장 나중에 양도한 B주택을 의미한다.

👆 하나 더!!

거주주택(A)과 장기임대주택이 있는 상태에서 A주택을 거주주택 특례로 비과세받은 이후 19.2.11. 이전에 매매계약을 체결하고 계약금을 지급한 분양권에 의해 19.2.12. 이후에 취득한 주택을 거주주택으로 사용하는 경우 다시 거주주택 특례를 적용받을 수 있다.

종전 규정에는 횟수 관계없이 거주주택 특례가 가능했기 때문이다. 19.2.12. 소득세법 시행령 개정으로 19.2.12. 이후 취득분부터 생애 한 차례만 거주주택 특례가 가능하도록 개정하였고 예외적으로 장기임대주택이 있는 상태에서 19.2.11. 이진에 계약을 체결하고 계약금을 지급한 사실이 확인되는 경우에는 주택의 취득일이 19.2.12. 이후에 취득하였더라도 종전 규정을 적용하도록 하였다.

👆 하나 더!!

주택임대사업자의 최종 1주택 비과세 범위

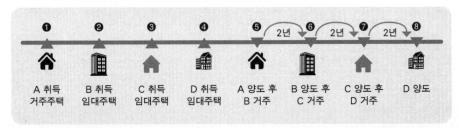

19.2.12. 소득세법 시행령 개정으로 거주주택 비과세 특례는 생애 한 차례만 적용된다.

직전거주주택은 거주주택 비과세 특례를 횟수 제한 없이 적용받을 수 있었던 개정 전에 사용된 개념이다. 개정 전에는 직전거주주택의 경우에도 비과세로 양도한 거주주택과 중복되지 않는 보유기간의 양도차익에 대해 비과세가 가능했기 때문이다.

그림을 보면 ⑤ 시점에서 거주주택인 A주택을 양도하면서 ①~⑤ 기간 동안 발생한 양도차익 전체를 거주주택 특례에 의해 비과세를 받았다(고가주택은 과세).

이후 B임대주택으로 전입하여 2년 거주한 후 ⑥ 시점에서 B주택을 양도하고 있다. 이때 개정 전 규정으로는 비과세받은 거주주택과 중복 보유 중인 ②~⑤ 기간은 과세되고 ⑤~⑥은 다시 거주주택 특례에 의해 비과세를 받을 수 있었다.

그러나 개정된 현재 규정에서는 거주주택 비과세 특례를 이미 A주택 양도 시 한 차례 적용받았으므로 B주택 양도 시 거주주택 비과세 특례를 적용받을 수 없어 보유기간 전체의 양도차익에 대해 양도소득세가 과세된다.

C주택 양도 시에도 B주택과 동일하게 처리된다.

즉, 개정 전에는 비과세받은 거주주택(A, B)과 보유기간이 중복되는 ③~⑥ 기간은 과세되고 ⑥~⑦ 기간 동안 발생한 양도차익에 대해 거주주택 특례가 적용되어 비과세가 가능하였으나 개정 후에는 ③~⑦의 보유기간 전체 양도차익에 대해 양도소득세가 과세된다.

마지막으로 D주택 양도 시를 살펴보자. D주택은 직전거주주택이 있는 거주주택으로서 1주택 외의 주택을 모두 양도한 후 마지막으로 보유하고 있는 1주택, 즉 직전거주주택보유주택에 해당된다. 일반적으로 1세대 1주택인 경우 보유기간 전체의 양도차익에 대해 비과세가 되는 것이나 직전거주주택보유주택인 경우에는 직전거주주택 양도일 이후 기간의 양도차익에 대해서만 비과세가 된다.

개정 전이라면 거주주택 특례로 비과세를 받은 주택(A, B, C)과 보유기간이 중복되는 ④~⑦ 기간은 과세되고 ⑦~⑧ 기간 동안 발생한 양도차익에 대해 1세대 1주택 비과세가 적용된다. 한편 개정 후에는 거주주택 비과세 특례가 A주택 양도 시에만 적용되므로 논리적으로 보면 비과세받은 거주주택(A주택)과 보유기간이 중복되는 ④~⑤ 기간은 과세되고 ⑤~⑧ 기간 동안 발생한 양도차익에 대해서는 1세대 1주택 비과세가 적용되어야 한다. 그럼에도 현재 과세당국에서는 ④~⑦ 기간에 대해 과세하고 ⑦~⑧ 기간에 대해서만 1세대 1주택 비과세를 적용하고 있다.

이는 다주택자의 최종 1주택에 대한 보유기간 재기산 규정이 없어짐에 따라 주택 여러 채를 보유한 일반 다주택자가 모두 양도하고 남은 최종 1주택에 대해서는 전체 양도차익에 대해 비과세를 적용받는 것과 비교된다. 일반적인 다주택자에 비해 임대사업자인 다주택자가 최종 1주택에 대해 더 불리한 처분을 받는 불합리한 상황인 것이다. 법 개정이나 유권해석 등을 통해 보완이 필요한 부분이라 판단된다.

거주주택 특례와
일시적 2주택 특례 선택 적용 가능 여부

2009년 12월 — A주택 취득
2021년 8월 — B주택 취득 임대등록
2023년 3월 — A주택 양도

상황

- 09년 12월: A주택 취득 후 계속 거주
- 21년 08월: B주택 취득하고 임대등록
- 23년 03월: A주택 양도

질문

- A주택 양도 시 거주주택 특례가 아닌 일시적 2주택 특례가 가능한가요?

⏳ 해설

비과세가 가능하다.

사례의 경우 [거주주택+장기임대주택]을 보유한 상황으로 장기임대주택을 신규 취득하여 임대등록한 경우 거주주택 특례와 일시적 2주택 특례가 모두 가능한 상황이다.

일시적 2주택 특례를 우선하여 적용한다면 A주택은 일시적 2주택 특례로 비과세를 받을 수 있다. 그리고 A주택 양도 후 B주택 양도 시 1세대 1주택 비과세로 전체 차익에 대해 비과세가 가능한 것이다. 다만, 민특법상 의무임대기간 미충족 시 과태료가 부과될 수 있다

거주주택 특례를 우선 적용한다면 남은 B주택은 거주주택(A)의 양도일 이후의 차익에 대해서만 비과세 가능하다.

이처럼 어느 특례를 선택하느냐에 따라 결과가 달라질 수 있다.

결과적으로 A주택 양도 시 일시적 2주택으로 비과세를 받고 B주택 양도 시 1세대 1주택으로 전체 차익에 대해 비과세가 가능하게 되었다.

 핵심 포인트 정리!

국내에 1주택을 소유한 1세대가 종전의 주택을 양도하기 전에 신규주택을 취득(자가 건설 취득 포함)함으로써 일시적으로 2주택이 된 경우 종전의 주택을 취득한 날부터 1년 이상이 지난 후 신규주택을 취득하고 종전주택의 처분 기한 내에 일반주택 양도 시 비과세 규정을 적용한다.

마찬가지로 거주주택(A)과 장기임대주택(B)을 소유하고 있는 경우에도 거주주택과 장기임대주택이 일시적 2주택에 따른 요건 등을 충족한 경우 일시적 2주택 특례를 적용받을 수 있는 것이다.

 하나 더!!

거주주택(A)+장기임대주택(B)+신규주택(C)을 보유하고 있는 상황을 검토해보자.

이 경우에도 일시적 2주택을 우선적으로 선택할 수 있는가?

A와 C는 일시적 2주택, A와 B는 거주주택 특례가 적용될 수 있는 것처럼 보인다.

A와 C의 관계는 일시적 2주택 특례로 볼 수 있지만 이 경우에도 A주택이 거주주택일 때 장기임대주택(C)을 없는 것으로 보아야 비로소 일시적 2주택 관계가 성립되는 것이다. 따라서 A와 C의 일시적 2주택 관계도 거주주택 특례 대상일 것을 전제로 한다는 것이다.

따라서 예시처럼 거주주택 특례와 일시적 2주택 특례가 중첩되어야만 비과세되는 경우 거주주택 비과세 특례를 적용한 것으로 본다. 그러므로 A주택을 특례 중첩으로 비과세 양도 후 C주택 양도 시에는 거주주택 비과세 특례를 적용받을 수 없다.

1세대 1주택 특례는 거주이전의 자유, 불가피한 상속, 동거봉양 및 혼인 합가로 인한 불합리한 과세 해소 등 목적이 있다. 반면 거주주택 특례는 당초 2주택 이상임에도 거주주택 외 주택을 장기임대주택으로 등록하면 비과세 특례를 적용하는 것이다.

일시적 2주택 처분 기한 내 처분하지 못한 경우 절세 방법

2009년 12월   2019년 8월   2021년 8월

A주택 취득   B주택 취득   A주택
조정대상지역   조정대상지역   보유 중

상황

- 09년 12월: A주택 취득(조정대상지역)후 거주 중
- 19년 08월: B주택 취득(조정대상지역)
- 21년 08월: A주택 보유 중

질문

- 종전주택(A)을 B주택 취득일로부터 종전주택 처분 기한 내 양도하지 못한 경우 절세 방법이 있나요?

⧗ 해설

사례는 일시적 2주택의 특례로 종전주택 처분 기한 내 종전주택(A)을 양도하지 못함으로써 비과세를 받지 못하는 상황이다.

그러나, 세법을 제대로 알면 절세 방법이 보인다.

사례의 경우 거주주택 특례를 활용하면 A주택 비과세 가능한 방법이 있다.
먼저 보유 중인 주택이 장기임대주택의 요건을 충족하는지를 파악하자. 20.7.11. 이후 민간임대주택으로 등록하는(아파트는 등록 불가) 경우로 주택으로서 기준시가가 수도권은 6억원(지방은 3억원) 이하에 해당하면 장기임대주택으로 등록할 수 있는 기본적인 요건은 갖추게 된다. 다음으로 A, B 주택 둘 중 양도차익이 많거나 많을 것으로 예상되는 주택을 비과세받는 것이 유리할 것이다. 따라서 A주택을 비과세받는 것이 유리하다면 B주택을 장기임대주택으로 등록하면 된다.

종전주택 처분 기한: 23.1.12. 이후 양도분부터 신규주택 취득일로부터 3년 이내로 개정

▶ 핵심 포인트 정리!

20.7.11. 이후 등록하는 장기임대주택

등록일	20.7.11 ~ 20.8.17 등록	20.8.18. 이후 등록
지자체 등록	장기 일반	장기 일반
임대의무기간	8년 이상	10년 이상
주택 유형	아파트 제외	아파트 제외

장기임대주택은 임대개시 당시 기준시가 6억원(수도권 외 3억원) 이하이고 19.2.12. 이후부터 임대료 등 5% 초과 증액 제한을 적용받는다.

또한, 18.9.14. 이후 조정대상지역에서 취득 후 장기일반임대주택으로 등록한 경우 중과배제와 종합부동산세 합산배제는 적용되지 않으나 거주주택 특례 대상 장기임대주택에는 해당된다.

장기일반민간임대주택이란 공공지원임대주택이 아닌 민간임대주택으로 임대기간이 10년 이상인 임대주택을 말한다. 종전의 준공공임대주택은 국민주택($85㎡$) 이하로 임대기간이 8년 이상인 임대주택이다. 20.8.18. 이후 등록부터는 임대의무기간이 10년 이상으로 개정되었기 때문에 준공공임대주택의 명칭도 장기일반민간임대주택으로 통합되었다.

하나 더!!

장기임대주택 혜택

① 거주주택 비과세 특례

② 중과배제(18.9.14. 이후 조정대상지역의 주택을 취득하여 임대등록한 주택 제외)

③ 종합부동산세 합산배제(18.9.14. 이후 조정대상지역의 주택을 취득하여 임대등록한 주택 제외)

자동·자진말소 된 경우 거주주택 비과세

2009년 12월	2014년 8월	2022년 8월
A주택 취득 조정대상지역	B주택 취득 임대등록(8년) 조정대상지역	B주택 자동말소

상황

- 09년 12월: A주택 취득 후 거주 중
- 14년 08월: B아파트 취득하고 임대등록(8년)
- 22년 08월: B주택 자동말소

질문

- 임대주택이 자동말소된 경우 A주택은 언제까지 양도해야 비과세 가능한가요?

....

해설

5년 이내인 27년 08월까지 처분해야 비과세 가능하다.
장기임대주택이 민특법에 따라 자동(자진)말소되는 경우에는 그 등록이 말소된 후 5년 이내에 거주주택을 양도해야 비과세받을 수 있다.

말소 전 거주주택을 양도해도 비과세될까?
의무임대기간 충족 전에 거주주택을 양도하더라도 거주주택 비과세 특례를 받을 수 있다. 다만, 장기임대주택의 임대기간 요건을 충족하지 못하게 된 때에는 그 사유 발생일이 속하는 달의 말일부터 2개월 내에 거주주택 비과세 특례가 적용되지 않을 경우 납부했을 세액에서 당초 비과세받아 납부한 세액을 차감하여 신고 납부하여야 한다. 단, 자동(자진)말소된 경우에는 말소일에 의무임대기간을 충족한 것으로 보아 거주주택 비과세된다.

장기임대주택 말소일로부터 5년이 경과하여 양도하면 어떻게 될까?
거주주택 비과세 특례는 자동(자진)말소일로부터 5년 내에 양도해야 비과세받을 수 있다. 따라서 5년 경과 후에 양도하면 거주주택 비과세 특례를 받을 수 없으므로 재등록 후 거주주택을 양도해야 비과세가 가능하다.

▶ 핵심 포인트 정리!

1. 임대주택의 등록이 말소된 경우에는 해당 등록이 말소된 이후(장기임대주택을 2호 이상 임대하는 경우에는 최초로 등록이 말소되는 장기임대주택의 등록말소 이후를 말한다) 5년 이내에 거주주택을 양도하는 경우에 한하여 거주주택 특례를 적용한다.
 ① 임대의무기간의 2분의 1 이상을 임대한 경우로 말소 신청으로 등록이 말소된 경우
 ② 임대의무기간이 종료한 날 등록이 말소된 경우

2. 임대주택의 등록이 말소된 경우 중과배제(다주택 중과는 24.5.9까지 유예됨)
 ① 자진말소: 말소일로부터 1년 이내 양도 시 중과배제
 ② 자동말소: 기한 제한 없이 중과배제

하나 더!!

장기임대주택의 거주주택 특례 요건

1. 장기임대주택 요건
① 임대개시일 현재 기준시가 6억원(수도권 외 3억원) 이하
② 세무서 및 지자체 사업자 등록(20.8.18. 이후부터는 10년 이상 장기일반임대 등록)
③ 5년(10년) 이상 계속 임대
④ 임대료 등 5% 증액 제한

2. 거주주택 요건
그 보유기간 중 2년 이상 거주하여야 한다(거주주택의 취득일부터 기산).

한편, 임대등록이 자동(자진)말소된 경우 그 등록이 말소된 날 임대기간 요건을 갖춘 것으로 보아 특례 요건을 준수하지 않아도 거주주택 비과세 특례가 가능하다.

사례7

조정대상지역에서 취득한 임대주택의 거주주택 양도 시 거주주택 특례로 비과세 가능 여부

2009년 12월	2018년 10월	2023년 2월
A주택 취득 후 거주 중	B주택 취득 임대등록(8년) 조정대상지역	A주택 양도

상황

- 09년 12월: A주택 취득 후 거주 중
- 18년 10월: B아파트 취득(조정대상지역) 임대등록(8년)
- 23년 02월: A주택 양도

질문

- A주택 양도 시 비과세 가능한가요?

⌛ 해설

비과세 가능하다.

소득세법 시행령 제167조의3 규정은 1세대 3주택 이상에 해당하는 주택의 범위를 규정한다. 같은 조 1항 2호에 중과배제 장기임대주택을 열거하고(가목~사목) 해당 주택은 중과세되지 않는다고 규정하고 있으며 열거된 장기임대주택 중 마목 1)은 조정대상지역에서 취득한 장기일반민간임대주택은 중과 대상이라고 규정하고 있다.

그러나 거주주택 특례가 적용되는 장기임대주택 중 마목 1)에 해당하는 주택도 거주주택 특례 대상으로 소득세법 시행령 제155조 20항에 규정하고 있다.

따라서, 마목 1)에 해당하는 18.9.14. 이후 조정대상지역에서 취득한 주택을 장기임대주택으로 등록한 경우에도 거주주택 비과세 특례를 적용받을 수 있다. 다만, 사례에서 B주택은 아파트이므로 20.7.11. 이후부터는 임대주택 등록이 폐지되었다.

▶ 핵심 포인트 정리!

거주주택 특례 대상 장기임대주택_마목 1)

거주주택 특례 대상 장기임대주택은 소득세법 시행령 제167조의3의 1항 2호의 장기임대주택이 그 대상이다. 소득세법 시행령 제167조의3 1항 2호의 가목 및 다목의 주택은 18.3.31까지 사업자등록 등을 해야 하는 단서를 적용하지 않으나 20.7.10. 이전에 민특법에 따른 임대사업자등록을 신청(임대주택을 추가하는 목적으로 등록사항을 변경신고하는 것으로)한 주택으로 한정하며, 마목 주택은 같은 목 1)에 따른 주택을 포함하되, 같은 목 2) 및 3)에 해당하는 주택은 거주주택 특례 대상 장기임대주택으로 보지 않는다.

마목

민간매입임대주택으로 임대개시일 현재 기준시가 6억원(수도권 밖 3억원) 이하로 10년 이상 임대하는 주택으로 임대료 등의 증가율이 5%를 초과하지 않는 주택. 다만. 다음의 어느 하나에 해당하는 주택은 제외한다.

1) 1세대가 국내에 1주택 이상을 보유한 상태에서 새로 취득한 조정대상지역에 있는 장기일반민간임대주택 [조정대상지역의 공고가 있은 날 이전에 주택(주택을 취득할 수 있는 권리를 포함한다)을 취득하거나 주택을 취득하기 위해 매매계약을 체결하고 계약금을 지급한 사실이 증빙서류에 의해 확인되는 경우는 제외한다.]

2) 20.7.11. 이후 임대사업자등록 신청을 한 종전의 민특법에 따른 장기일반민간임대주택 중 아파트를 임대하는 민간매입임대주택

3) 종전의 임대등록을 한 단기민간임대주택을 20.7.11. 이후 장기일반민간임대주택 등으로 변경 신고한 주택

참고

소득세법 시행령 제167조의3 1항 2호 규정은 1세대 3주택 이상에 해당되나 중과세를 배제하는 장기임대주택을 열거하고 있다. 따라서, 마목은 중과배제되는 장기임대주택에 해당한다.

마목 1)은 중과세가 적용되나 거주주택 비과세 특례 대상 장기임대주택에는 해당된다. 즉, 마목 1), 2), 3)은 임대주택의 세제 혜택인 양도소득세 중과세 배제, 종합부동산세 합산배제를 받을 수 없으나 마목 1)은 거주주택 비과세 특례 요건인 장기임대주택으로 본다.

재개발 등으로 장기임대주택이 멸실되는 경우 거주주택 특례 여부

2009년 12월	2018년 9월	2023년 10월
A주택 거주 중	B주택 취득 임대등록(8년)	B주택 멸실예정 재개발

상황

- 09년 12월: A거주주택
- 18년 09월: B장기임대주택(8년)
- 23년 10월: B주택 재개발로 멸실 예정

질문

① A주택을 B주택 멸실 이후 양도 시 비과세 가능한가요?
② B주택 완공 후 다시 임대등록하고 A주택 양도 시 비과세 가능한가요?

해설

① 비과세되지 않는다.

말소의 유형에는 자진말소, 자동말소, 직권말소가 있고 재개발로 멸실되는 경우는 직권말소 대상이다. 자진, 자동말소는 말소 후 5년 이내 양도 시 임대기간 요건을 갖춘 것으로 보아 거주주택 특례를 적용받을 수 있다.

그러나, 직권말소되는 경우에는 임대기간 요건에 대한 간주 규정이 없다.

즉, 거주주택 비과세 특례는 장기임대주택이 있는 상태에서 거주주택을 특례에 따라 비과세

해주는 규정이다. 따라서 멸실 이후 거주주택을 양도 시는 장기임대주택이 없는 상태이므로 거주주택 비과세 특례를 받을 수 없다.

반면 자동(자진)말소되는 경우에는 말소일에 임대기간 요건을 충족한 것으로 보아 말소일로부터 거주주택을 5년 이내에 양도 시 비과세 특례를 받을 수 있다.

② 비과세되지 않는다.

B주택이 아파트로 완공되므로 아파트는 현행법상 임대등록 자체가 불가하기 때문이다.

▶ 핵심 포인트 정리!

거주주택 비과세 특례의 임대기간 요건을 충족하지 못한 상태에서 재개발 등으로 직권말소되는 경우에는 어떻게 볼 것인가?

위 사례에선 멸실 이후 거주주택 특례가 적용되지 않는 것은 세법상 임대기간 요건 충족 여부와 관계없이 직권말소되었기 때문이다. 거주주택 비과세 특례는 장기임대주택이 있는 상태에서 거주주택을 특례에 따라 비과세 해주는 규정이다. 따라서, 멸실 이후 거주주택 양도 시는 장기임대주택이 없는 상태이므로 거주주택 비과세 특례를 받을 수 없다. 따라서 재개발 등으로 멸실될 예정이라면 멸실 전에 일반주택을 양도해야 거주주택 비과세 특례를 받을 수 있다.

하나 더!!

임대주택 유형별 혜택

유 형	장기임대주택 (소령 제167조의3 1항 2호)	장기일반민간임대 (조특법 제97조의3, 4, 5)
거주주택 과세특례	적용	
다주택자 중과배제	적용*	
종합부동산세 합산배제	적용(임대기간 동안)**	
장기보유특별공제	6~10년 연 2%p 추가 공제	6~10년 연 2%p 추가공제 8년 이상(50%) 10년 이상(70%)
양도소득세 감면		10년 이상(100%)

*18.9.14. 이후 조정대상지역에서 취득하는 경우 중과 대상(현재 24.5.9까지 중과유예됨)
** 18.9.14. 이후 조정대상지역에서 취득한 경우 합산

절세 포인트

[임대주택을 20.7.11. 이후 동일세대원에게 증여 후 자동말소 또는 자진말소의 경우]

거주주택 특례는 세대를 기준으로 판단한다. 동일세대원에게 포괄 증여하고 자동말소된 경우 5년 이내 양도 시 거주주택 비과세 특례가 가능하다.

[장기임대주택과 거주주택을 소유한 상태에서 신규주택을 취득한 경우로서 거주주택 양도(과세) 후 신규주택 양도 시 거주주택 비과세 적용 여부]

A거주주택, B주택, C신규주택을 순차로 취득한 후 B주택을 장기임대주택으로 등록하고 A주택은 C주택과 일시적 2주택 양도 기한을 경과하여 양도 시 A주택은 과세되고 이후 C주택 양도 시 거주주택 특례 적용이 가능하다.

만약, A거주주택을 일시적 2주택 양도 기한이 경과하기 전에 양도하면 어떻게 될까?

종전주택 처분 기한 이내라면 A와 C는 일시적 2주택, A와 B는 거주주택 특례가 중첩되어 일시적 2주택 특례를 우선 적용할 수 있는 것처럼 보인다.

A와 C의 관계는 일시적 2주택 특례에 해당될 수 있지만 이 경우에도 A주택이 거주주택일 때 장기임대주택(C)을 없는 것으로 보아야 비로소 일시적 2주택 관계가 성립되는 것이다. 따라서 A와 C의 일시적 2주택 관계도 거주주택 특례 대상일 것을 전제로 한다는 것이다.

따라서 예시처럼 거주주택 특례와 일시적 2주택 특례가 중첩되어야만 비과세되는 경우 거주주택 비과세 특례를 우선적으로 적용한 것으로 본다.

1세대 1주택 특례는 거주이전의 자유, 불가피한 상속, 동거봉양 및 혼인 합가로 인한 불합리한 과세 해소 등 목적이 있다. 반면 거주주택 특례는 당초 2주택 이상임에도 거주주택 외 주택을 장기임대주택으로 등록하면 비과세 특례를 적용하는 것이다.

[자동말소된 임대주택 재등록 시 거주주택 특례 적용을 위한 거주주택 양도 기한]

임대의무기간이 종료한 날 등록이 말소된 주택을 재등록한 경우로서 임대등록이 말소된 이후 5년이 경과한 경우에도 거주주택 및 장기임대주택 요건을 갖추어 거주주택을 양도하는 경우에는 거주주택 비과세 특례를 적용할 수 있다.

[도시형생활주택]

민특법 의해 장기일반민간임대주택으로 등록한 도시형생활주택은 거주주택 특례 대상 장기임대주택에 해당한다.

[최초 자동말소된 임대주택 처분 후 거주주택 양도 기한]
2채 이상의 장기임대주택을 보유한 1세대가 장기임대주택 중 2채가 순차적으로 자동말소된 후 거주주택을 양도하는 경우에는 최초로 자동말소된 이후 5년 이내에 양도해야 거주주택 비과세 특례를 적용받을 수 있다.

[일반과세자로 사업자등록을 하고 주택을 임대한 경우_ 겸용주택]
민특법 제5조에 따른 임대사업자 등록을 한 거주자가 부가가치세의 과세사업과 면세사업을 겸업하는 사업자인 경우 주택임대사업에 관하여 소득세법상 사업자등록을 한 것으로 본다.

[등록임대사업자의 임차인 요건 _ 특수관계인의 임차인 자격 여부]
민특법 제5조에 따른 임대사업자는 임대기간 중 민간임대주택의 임차인 자격 및 선정 방법 등에 대하여 다음 각호에서 정하는 바에 따라 공급하여야 한다.

1. 공공지원민간임대주택의 경우: 주거지원 대상자 등의 주거안정을 위하여 국토교통부령으로 정하는 기준에 따라 공급
2. 장기일반민간임대주택의 경우: 임대사업자가 정한 기준에 따라 공급

따라서, 장기일반민간임대주택의 경우 '임대사업자가 정한 기준'으로 규정하고 있어 표준임대차계약서 및 의무임대기간 그리고 임대료 5% 상한 제한 등 민특법에서 정한 사항을 준수하면 특수관계인도 임차인의 요건을 충족한 것으로 볼 수 있다.

[임대등록이 자동 말소된 후 취득한 주택]
장기임대주택이 자동말소 된 후 신규로 거주주택을 취득하여 장기임대주택의 자동말소 후 5년 이내 양도하더라도 거주주택 특례는 적용할 수 없다. 거주주택 비과세 특례는 장기임대주택이 있는 상태에서 적용되는 것이다.

[임대료 증액 제한 도입 후 임대 계약 시 임대료 상한 규정을 미충족한 경우]
19.2.12. 이후 임대료 5% 증액 제한은 주택 임대차계약을 갱신하거나 새로 체결하는 분부터

적용하고, 임대보증금과 월 임대료 상호 간 전환도 19.2.12. 이후 전환부터 적용한다.
따라서 19.2.12. 이후 임대료 증액 제한 요건을 준수하지 못한 경우 거주주택 비과세 특례는 적용되지 않는다.

[임대주택을 자진말소하고 세대분리 후 거주주택 양도]

3주택(A, B, C) 소유한 1세대가 C주택을 소유한 자녀와 별도세대로 분리하여 양도일 현재 민특법에 따라 자진말소(임대의무기간의 2분의 1이상 임대)된 임대주택(B)과 거주주택(A)을 소유한 상태에서 등록말소 이후 5년 이내 거주주택을 양도하는 경우 거주주택 비과세 특례가 가능하다.

절세 TIP

거주자가 예시처럼 장기임대주택을 포함한 3주택을 소유하고 있는 경우 30세 이상 또는 직장 유무, 혼인 등으로 별도세대를 구성할 수 있는 조건을 갖춘 자녀에게 C주택을 증여하고 A주택 양도 시 거주주택 비과세 특례를 받을 수 있다.
이렇게 함으로써 다주택에 대한 중과도 피할 수 있고 거주주택이 고가주택인 경우 장기보유특별공제도 표2의 우대율을 적용받을 수 있다.
또한 생전에 자녀에게 미리 재산을 이전함으로써 자녀의 자립을 돕고 상속세 절세를 위한 장기적 플랜으로도 가능한 방법이라 판단된다.

[거주주택을 과세로 양도 후 자진말소한 주택에서 거주 후 양도]

장기임대주택(A, B), 거주주택(C)을 보유한 상황에서 B주택을 자진말소 후 B주택에서 거주하고 C주택은 과세로 B주택은 비과세로 선택할 수 있을까?
그렇게 선택할 수는 없다. 즉, C주택 양도 시 거주주택 비과세 특례를 우선 적용하여야 한다.
예시의 경우 B주택의 차익이 C주택의 차익보다 많을 것으로 예상된다면 C주택은 과세로 B주택은 비과세를 받고 싶은 것이 인지상정이다.
그런데 C거주주택이 2년 이상 거주요건을 충족하지 못해 거주주택 비과세 특례를 받을 수 없다면 어떻게 될까?
거주주택 특례는 장기임대주택 및 거주주택 모두 특례 요건을 충족해야 적용받을 수 있다. 따라서 C거주주택이 비과세 특례 요건을 미충족했다면 비과세를 받을 수 없다. 결과적으로 C주택은 과세되고 이후 B주택에서 2년 이상 거주요건을 충족하면 A장기임대주택과 B거주주택만을 보유하고 있어 B주택 양도 시 거주주택 비과세 특례를 받아 납세자가 원하는 결과를 얻을 수도 있다.

[거주주택 양도일 현재 임대주택이 일부 공실인 경우 거주주택 특례 요건 충족 여부]

거주주택 양도일 현재 장기임대주택 중 일부 공실이 발생한 경우에도 그 공실이 자가거주 등 임대 이외의 목적으로 사용되지 않으면 임대사업을 계속하고 있는 것으로 보아 거주주택 비과세 특례가 적용된다.

소득세법 시행령 제155조 22항에서는 1세대가 임대주택의 의무임대기간을 충족하기 전에 거주주택을 양도하여 비과세를 적용받은 후에 임대기간 요건을 충족하지 못하게 된(장기임대주택의 임대의무 호수를 임대하지 않은 기간이 6개월을 지난 경우를 포함한다) 때에는 비과세받은 부분을 추징하도록 하고 있다.

> **기획재정부재산-213(2021.03.15.)**
>
> 거주주택 양도일 현재 장기임대주택 중 일부 공실이 발생한 경우에도 그 공실이 자가거주 등 임대 이외의 목적으로 사용되는 것이 아닌 한 임대사업을 계속하고 있는 것으로 보아 소득세법 시행령 제155조 20항에 따른 거주주택 비과세 특례가 적용되는 것이다. 다만, 장기임대주택이 임대사업 목적으로 사용하는지 여부는 사실판단 할 사항이다.

위 기획재정부 유권해석은 소득세법 시행령 규정과 배치된다. 공실이 6개월이 지난 경우에도 자가거주 등 임대 이외의 목적으로 사용되는 것이 아닌 한 임대사업을 계속하고 있는 것으로 본다고 해석하고 있다.

위 유권해석이 임대의무 호수가 1호 이상인 장기임대주택을 2호 이상 임대하고 있는 경우로서 장기임대주택(A, B) 2호 중 일부 즉 1호(B)가 공실이 6개월이 지난 경우만을 의미하는 것인지 아니면 임대의무 호수가 1호인 장기임대주택 1호를 임대하고 있는 경우도 공실이 6개월이 지난 경우도 포함해서 해석한 것인지 불분명하다.

예컨대 민간임대의무 호수는 1호이지만 임대사업자가 자의로 2채 이상을 장기임대 등록한 경우 2채의 임대주택 중 하나의 주택에서 공실이 6개월이 지난 경우만을 의미하는 것인지 1개의 주택을 장기임대로 등록하고 그 공실이 6개월이 지난 경우도 포함하는 것인지에 대해선 불분명하다.

저자의 견해로는 임대의무 호수 1호인 장기임대주택의 공실이 6개월이 지난 경우도 자가거주 등 임대 이외의 목적이 아닌 것이 분명하다면 임대사업을 계속하고 있는 것으로 보아야 할 것으로 판단된다. 납세자가 이런 상황에 놓여있다면 반드시 사전에 세무전문가와 상담을 받아보기 바란다.

[전 소유자 임대등록을 포괄승계로 취득한 임대주택이 자동말소된 경우 거주주택 특례]

민특법에 따라 임대사업자로서의 지위를 포괄적으로 승계하여 취득하고 6개월 후 임대의무기간이 종료되어 민특법 제6조 5항에 따라* 등록이 말소된 경우에는 해당 등록이 말소된 이후(장기임대주택을 2호 이상 임대하는 경우 최초 등록이 말소되는 장기임대주택의 등록말소 이후를 말함) 5년 이내에 거주주택을 양도하는 경우 임대기간 요건을 갖춘 것으로 보아 거주주택 비과세 특례를 받을 수 있다.

전 소유자 임대등록을 포괄승계하여 거주주택 특례를 적용하는 것은 단기임대주택 또는 장기일반민간임대주택 중 아파트만을 대상으로 임대사업자의 지위를 포괄승계한 경우만을 의미하는 것인지 분명하지 않다.

저자의 견해로 민특법에서는 의무임대기간이 지나지 않으면 양수도 할 수 없다고 규정하면서 예외적으로 시, 군, 구청장에게 신고 후 다른 임대사업자에게 포괄적으로 양도할 수 있다고 규정하고 계약서상에 이를 명시하도록 강제하고 있다. 전 임대사업자의 지위를 포괄적으로 승계하였다면 승계 후 자동(자진)말소 시 말소일로부터 5년 이내에 양도한 경우 거주주택 비과세 특례를 적용해주어야 할 것으로 사료된다.

*민특법 제6조 5항

종전의 민간임대주택에 관한 특별법 제2조 5호에 따른 장기일반민간임대주택 중 아파트를 임대하는 민간매입임대주택 및 제2조 6호에 따른 단기민간임대주택은 임대의무기간이 종료한 날 등록이 말소된다.

임대주택 날짜별 변동 내역

날짜	내 용
2018.04.01	이후 등록하는 임대주택은 거주주택 특례 요건 중 임대기간 8년 이상 적용
	이후 등록하는 임대주택은 장기일반민간임대(준공공임대주택)으로 등록한 주택만 세법상(소득세법, 조특법) 장기임대주택으로 인정
2018.09.14	이후 조정대상지역에서 취득한 주택을 장기임대주택으로 등록한 경우
	▶ 해당 장기임대주택 양도 시 중과(중과배제되는 장기임대주택에서 제외됨), 종부세 합산
	▶ 거주주택 비과세 특례는 가능
	이후 취득한 주택을 장기임대주택으로 등록한 경우 조특법상 감면 적용 시 주택가액 기준 신설
	▶ 임대개시일 당시 기준시가 6억원(비수도권 3억원)이하
	▶ 장기보유특별공제(8년 50%, 10년 70%)*1)및 양도세 감면(10년 이상 100%)*2)
2019.02.12	이후 임대차계약 갱신, 신규체결 시 5% 증액 제한 준수 안 하면 거주주택 특례 불가
	이미 거주주택 과세특례 적용받은 후 19.2.12. 이후 새로 취득하는 주택은 거주주택 특례 불가
2019.12.17	이후 등록한 임대주택은 임대주택에 대한 비과세 판단 시 2년 거주요건 적용(취득 시 조정대상지역만 해당)
2020.07.11	단기임대 등록 불가, 아파트 임대주택 등록 불가, 단기 → 장기 전환 불가
	이후 등록하는 임대주택은 장기일반민간임대로 등록해야 거주주택 특례 가능
2020.08.18	이후 등록하는 임대주택은 거주주택 특례 요건 중 임대기간 10년 이상 적용
	이후 자진(1/2 이상 임대&임차인 동의), 자동말소된 임대주택은 의무임대기간 미충족해도 거주주택특례 및 임대주택 중과배제
	▶ 거주주택 특례: 최초 등록말소 이후 5년 내 거주주택 양도 시 특례 적용
	▶ 중과배제: 자진말소 이후 1년 이내, 자동말소는 기간 제한 없이 임대주택 양도 시 중과배제
2021.02.17	18.09.14. 이후 취득한 조정대상지역 주택을 장기임대주택 등록한 경우 중과배제가 안 되나 소득령 개정으로 21.2.17 이후 고가거주주택 양도 시 고가초과분 양도차익에 대해 기본세율 & 장특공 적용 *장기임대주택은 거주주택 비과세 특례 적용 시에는 주택수에서 제외되나 다른 주택 중과 여부 판단 시에는 주택수에 포함됨. 따라서 개정 전에는 거주주택 양도 시 가초과분에 대한 양도차익에 중과세율이 적용되었음

참고1. 조특법 제97조의3: 20년 말까지 등록한 장기일반민간임대주택을 8년 이상 임대 후 양도하는 경우 장기보유특별공제 50% 적용(10년 이상 임대 70%)
참고2. 조특법 제97조의5: 2018년 말까지 취득 & 3개월 내 등록 & 10년 이상 임대 후 양도하는 경우 양도세 100% 감면

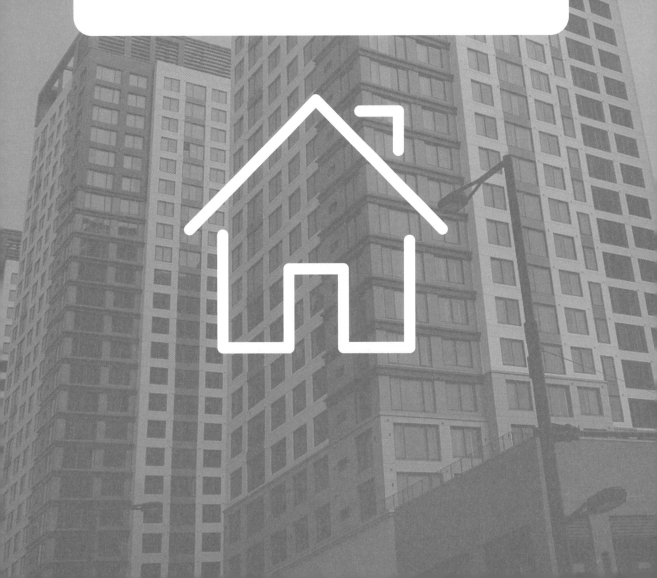

Part 8

상생임대주택 특례

상생임대주택에 대한 특례는 전월세 시장 안정화를 지원하기 위한 목적으로 22.02.15. 신설되었으며 22.08.02. 개정을 통해 지원 대상이 확대되고 요건도 완화되었다. 또한 23.02.28과 23.03.20. 추가 개정을 통해 요건을 보다 명확히 규정하고 있다.

착한 임대인에게 혜택을 주는 제도인 상생임대주택 특례는 임대인이 직전 임대차계약 대비 임대보증금 또는 임대료 증가율이 5%를 넘지 않는 임대차계약을 2024년 말까지 체결 및 개시하고 2년 이상 임대한 주택에 대해서는 1세대 1주택 비과세 판단 시 실거주 요건을 면제해주는 제도이다.

충족 요건

1. 직전임대차계약 체결
   취득 시 승계한 임대차계약 제외
   임대 기간 1년 6개월 이상일 것

2. 상생임대차계약을 21.12.20~24.12.31까지 체결(계약금 수령한 사실이 증빙으로 확인되는 경우에 한정) 및 임대를 개시할 것

3. 상생임대차계약 기간은 2년 이상일 것

4. 양도소득세 신고기한까지 상생임대주택에 대한 특례 적용신고서 제출(직전임대차계약서 및 상생임대차계약서 첨부)

혜택

국내에 1주택*을 소유한 1세대가 상생임대주택 요건을 모두 갖춘 주택 양도 시

1세대 1주택 비과세 판단 시 거주 여부 불문
임대사업자에 대한 거주주택 비과세 특례 판단 시 거주 여부 불문
1세대 1주택인 고가주택에 대한 장기보유특별공제 적용 시 거주 여부 불문

* 법령에 따라 1세대 1주택으로 보는 경우 포함

상생임대주택 양도 시 주택수 조건

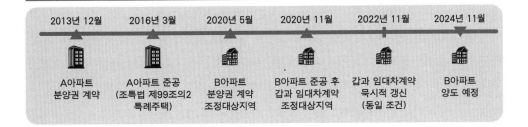

상황

- 13년 12월: A아파트 분양권 취득
- 16년 03월: A아파트 준공(조특법 제99조의2 특례주택에 해당)
- 20년 05월: B아파트 분양권 계약(조정대상지역)
- 20년 11월: B아파트 준공 후 갑과 임대차계약(조정대상지역)
- 22년 11월: 갑과 임대차계약 묵시적 갱신(동일 조건)
- 24년 11월: B아파트 양도 예정

질문

- B아파트 양도 시 상생임대주택으로 보아 비과세가 가능한가요?

⧗ 해설

비과세 가능하다.

특례 대상주택(A)과 상생임대주택(B)을 보유하다 B주택을 양도하는 경우에는 1주택을 소유한 것으로 보아 상생임대주택에 대한 1세대 1주택의 특례를 적용받을 수 있다.

상생임대주택 특례는 임대 개시일 기준 다주택자여도 가능하나 상생임대주택 양도 시에는 1주택자여야 특례를 적용받을 수 있다. 이때 1주택자 여부는 세법에 따라 1세대 1주택으로 보는 경우를 포함한다.

즉, 일시적 2주택 상태이거나 상생임대주택과 상속주택을 보유한 경우 또는 혼인이나 동거봉양에 의해 2주택이 된 경우 및 조특법상 주택수에 포함되지 않는 감면주택을 보유한 경우에도 상생임대주택 양도 시 1주택을 소유한 것으로 보아 1세대 1주택 비과세 여부를 판단한다. 이때 비과세 요건 중 조정대상지역에서 취득한 주택이어도 거주요건은 적용하지 않으며 고가주택인 경우 더 높은 장기보유특별공제율인 표2를 적용받을 수 있다. 또한 19.12.17. 이후 등록한 조정대상지역 내 임대주택의 경우 비과세 판단 시 2년 거주요건이 추가되었으나 상생임대주택에 해당하는 경우 거주하지 않아도 비과세 가능하다.

사례의 경우 B주택은 취득 후 갑과 직전임대차계약을 체결하였으며 2년이 경과한 22년 11월에 동일 조건으로 묵시적 갱신되었음을 알 수 있다. 직전임대차계약 기간이 1년 6개월 이상이고 임대료 인상률 5% 이내인 상생임대차계약을 21.12.20~24.12.31. 기간에 체결 및 임대 개시하였으므로 B주택은 상생임대주택 요건을 모두 충족하였다.

또한 B주택 양도 시 상생임대주택외에 주택수에 포함되지 않는 감면주택만을 보유한 상태이므로 1세대 1주택으로 보아 비과세 요건 충족 여부를 판단하여야 한다.

B주택은 취득 시 조정대상지역에 소재하지만 상생임대주택 특례에 의해 2년 이상 거주요건은 적용되지 않으며 2년 이상 보유기간 요건만 충족하면 비과세 가능하다. 사례의 경우 B주택은 4년 이상 보유한 상태이므로 1세대 1주택 비과세가 가능하다.

▶ 핵심 포인트 정리!

1. 임대 개시일 기준 다주택자는 상생임대주택 양도일 현재 1주택자 상태여야 상생임대주택 특례를 적용받을 수 있다. 이때 1주택자 여부는 법령에 따라 1세대 1주택으로 보는 경우를 포함한다(예: 일시적 2주택, 상속주택, 동거봉양, 혼인합가 등)

2. 묵시적 갱신인 경우에도 임대차계약서를 작성하는 것이 좋다. 추후 해당 주택 양도 시 상생임대주택에 대한 특례 적용신고서에 직전 임대차계약서와 상생임대차계약서를 첨부하여 제출해야 하며, 이때 계약서가 없는 경우 번거로운 입증절차가 필요할 수 있다.

주택 취득과 동시에 전 소유자와 임대차계약 체결한 경우 직전 임대차계약 해당 여부

| 2021년 1월 | 2021년 2월 | 2023년 2월 |
| A주택 취득
매도자 갑 임차 조건 | A주택 잔금 청산
갑과 임대차계약 | 갑 퇴거
을 임대차계약
(인상률 5% 이내) |

상황

- 21년 1월: A주택 취득 계약(매도자 갑이 임차인으로 A주택에 거주하는 조건임)
- 21년 2월: A주택 잔금 청산 및 갑과 임대차계약 체결
- 23년 2월: 갑 퇴거 후 을과 새로운 임대차계약 체결(임대료 인상률 5% 이내)

질문

- 주택을 매수하면서 매도자를 임차인으로 하는 임대차계약도 직전 임대차계약으로 볼 수 있나요?

⧖ 해설

직전 임대차계약에 해당된다.

1세대가 주택을 취득한 후 해당 주택의 전 소유자와 임대차계약을 체결하여 실제 1년 6개월 이상 임대한 경우, 해당 임대차계약은 소득세법 시행령 제155조의3 상생임대주택 특례에 따른 직전 임대차계약으로 볼 수 있다.

그러나 전 소유자와 임차인이 될 자 사이에 임대차계약이 체결된 후, 임대차보증금의 잔금 지급 및 임대차 목적물 인도 전에 당해 임대차계약의 임대인의 명의를 신 소유자로 변경한 경우 임대차계약은 직전 임대차계약에 해당하지 않는다. 임차인이 있는 상태에서 주택을 취득하는 경우 승계받은 임대차계약은 직전 임대차계약에 해당하지 않으며 추후 임차인과 새로이 임대차계약을 체결하게 되는 경우부터 직전 임대차계약이 되는 것이다.

즉, 전 소유자로부터 임대차계약을 승계받은 후 임차인이 계약갱신요구권을 행사하여 승계받은 계약을 갱신하고 이후 그 갱신계약을 다시 재갱신한 경우 갱신계약과 재갱신계약은 각각 임대 기간, 임대보증금 또는 임대료 증가율 및 계약체결일 등 요건을 갖춘 경우 상생임대주택 특례 규정에 따른 '직전 임대차계약' 및 '상생임대차계약'으로 볼 수 있다.

새로이 체결되는 임대차계약의 임차인이 전 임차인과 반드시 동일할 필요는 없다. 따라서 전 임차인과 임대차계약을 갱신하거나 새로운 임차인과 임대차계약을 체결하여도 다른 요건을 모두 갖춘 경우 상생임대주택 특례 규정을 적용받을 수 있다.

한편 주택 매매계약을 체결하고 잔금을 청산하기 전에 임대차계약을 미리 체결한 경우에도 직전 임대차계약으로 보지 않으므로 주의하여야 한다. 이는 상생임대주택 특례에서 직전 임대차계약에 대해 주택 취득 후 체결된 임대차계약이어야 함을 요건으로 하고 있기 때문이다. 주택 취득 전에 임대차계약을 미리 체결하였으나 임대 기간이 주택 취득일 이후 개시된다 해도 주택 취득 전에 체결한 임대차계약은 직전 임대차계약에 해당하지 않는다. 이는 상생임대주택 특례에서 직전 임대차계약은 주택 취득일 이후 체결할 것을 요건으로 하고 있으며 임대 시작일을 기준으로 판단하지 않기 때문이다.

▶ 핵심 포인트 정리!

1. 임대차계약서는 반드시 주택을 취득한 이후에 작성하고 실제로 임대가 이루어져야 한다. 세법상 주택의 취득 시기는 잔금 청산일과 소유권이전등기일 중 빠른 날을 취득 시기로 본다.

2. 전 소유자로부터 승계받은 임대차계약은 직전 임대차계약에 해당하지 않는다.

3. 주택 취득 전에 미리 체결한 임대차계약은 직전 임대차계약에 해당하지 않으며 이때 임대 기간이 주택 취득일 이후 개시되더라도 직전 임대차계약으로 보지 않는다.

4. 직전 임대차계약과 상생임대차계약은 임차인의 동일성을 요건으로 하지 않는다. 따라서 동일한 임대인이 전 임차인과 임대차계약을 갱신한 경우이거나 새로운 임차인과 임대차계약을 체결한 경우 다른 요건을 모두 충족하였다면 직전 임대차계약과 상생임대차계약으로 인정된다.

사례3

한국토지주택공사(LH)에 임대 시 상생임대주택 특례 적용 여부

2022년 1월 — A주택 (임차인 승계 조건)

2022년 4월 — 임대차계약 갱신 (LH 청년전세임대)

2024년 4월 — 임대차계약 재갱신 예정

상황

- 22년 1월: A주택 취득(전 소유자의 임대차계약 승계, 임대만기일: 22.3.31.)
- 22년 4월: 임대차계약 갱신(임차인: LH, 입주자: 청년전세임대 해당자)
- 24년 4월: LH와 임대차계약 재갱신 예정

질문

- 22년 4월 체결한 임대인, 임차인(LH), 입주자 삼자 간 임대차계약을 직전 임대차계약으로 볼 수 있나요?

⏳ 해설

직전 임대차계약에 해당된다.

1세대가 한국주택토지공사에 임대하고 한국주택토지공사가 해당 주택을 상시 주거용으로 사용하는 임차인에게 재임대하는 경우 상생임대주택에 대한 1세대 1주택 특례 규정을 적용할 수 있다.

또한 거주자가 상생임대주택 요건을 모두 갖춘 해당 주택을 법인에게 임대하고 그 법인이 당해 임대주택을 상시 주거용도의 사택으로 사용하는 경우 당해 임대주택에 대하여 상생임대주택 특례 규정을 적용할 수 있다.

이는 상생임대주택 특례에서 임차인이 반드시 개인이어야 할 것을 요건으로 하고 있지 않으며 상시 주거용으로 사용 가능한 주택으로 임대할 것을 전제하고 있기 때문이다. 따라서 임차인이 국가기관이거나 법인이어도 임직원을 위한 사택으로 사용하거나 정책적 목적으로 주거 취약 계층에 재임대하는 경우에는 모두 상시 주거용으로 사용한 것으로 보아 상생임대주택 특례 적용이 가능하다.

한편 임차인이 법인이라면 임대차계약 시 법인의 사택임을 입증할 만한 자료 즉, 법인사업자등록증 사본, 거주 직원의 주민등록등본, 거주 직원의 재직증명서 등을 임차 법인에게 요청하여 함께 보관하는 것이 좋다.

이는 추후 상생임대주택 양도 시 특례 적용의 원활한 진행을 위해서 상시 주거용으로 사용하였음을 입증하는 자료로 제출하기 위함이다. 사전에 준비가 없는 상태에서 상생임대주택을 양도하면서 뒤늦게 수년 전 임차인이었던 법인에 연락하여 자료를 요청하는 것보다는 임대차계약 체결 시 관련 자료를 받는 것이 수월하기 때문이다.

▶ 핵심 포인트 정리!

1. 임차인이 법인인 경우에도 그 임차 법인이 해당 임차 주택을 상시 주거용의 사택으로 사용하는 경우 상생임대주택 특례 규정을 적용할 수 있다.

2. 임차인이 실제로 주거용으로 사용해야 한다.

3. 상생임대주택에 대한 특례 적용신고서 제출 시 법인의 사택임을 입증할 만한 자료를 함께 첨부하는 것이 좋다. (예: 법인사업자등록증 사본, 거주 직원의 주민등록등본, 거주 직원의 재직증명서 등)

임대 기간 계산법

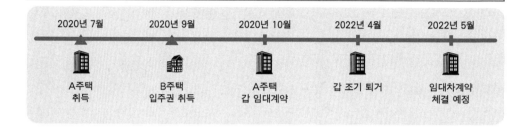

| 2020년 7월 | 2020년 9월 | 2020년 10월 | 2022년 4월 | 2022년 5월 |

A주택 취득 / B주택 입주권 취득 / A주택 갑 임대계약 / 갑 조기 퇴거 / 임대차계약 체결 예정

상황

- 20년 07월: A주택 취득
- 20년 09월: B주택 입주권 취득
- 20년 10월: A주택 갑과 임대계약(임대 기간: 2년)
- 22년 04월: 갑의 사정으로 조기 퇴거(실제 임대 기간: 1년 5개월 1일)
- 22년 05월: 새로운 임대차계약 체결할 예정

질문

- 직전 임대차계약 요건인 임대 기간 1년 6개월 이상 판단 시 1년 5개월 1일은 1년 6개월 이상으로 보나요?

⏳ 해설

1년 6개월 이상으로 본다.

상생임대주택에 대한 1세대 1주택의 특례를 적용할 때 임대 기간은 월력에 따라 계산하며, 1개월 미만인 경우 1개월로 본다.

1세대가 해당 주택을 취득한 후 상생임대주택 특례에 따른 직전 임대차계약 및 상생임대차계약을 체결한 경우로서, 임차인의 조기 퇴거로 상생임대차계약에 따라 실제 임대한 기간이 2

년 미만인 경우에는 상생임대주택에 대한 1세대 1주택의 특례를 적용받을 수 없다.

그러나, 새롭게 체결한 임대차계약이 종전 임대차계약의 임대보증금 또는 임대료보다 낮거나 같은 경우에는 종전 임대 기간과 새롭게 체결한 임대차계약에 따른 임대 기간을 합산하여 상생임대주택의 임대 기간 요건 충족 여부를 판단한다.

주의할 점은 반드시 종전 임대차계약의 임대보증금 또는 임대료보다 낮거나 같은 경우에만 합산 가능하며 종전 임대차계약보다 임대보증금이나 임대료를 올린 경우에는 인상률이 5% 이내에도 종전 임대 기간과 합산되지 않는다는 것이다.

한편 1세대가 주택을 취득한 후 임차인과 체결한 임대차계약 만료 전에 갱신계약을 체결한 경우로서 21.12.20~24.12.31까지의 기간 중 해당 갱신계약을 체결 및 임대를 개시하고 임대 기간, 임대보증금 또는 임대료 증가율 요건을 갖춘 경우에는 상생임대주택 특례 규정에 따른 상생임대차계약에 해당한다.

예를 들어 임차인과 체결한 직전 임대차계약의 임대 기간이 23.4.1~25.3.31인 경우 임대 기간 만료일이 상생임대차계약 체결기간인 21.12.20~24.12.31. 이후에 해당되어 상생임대차계약을 체결할 수 없는 상황이 된다. 이런 경우 직전 임대차계약의 요건인 1년 6개월이 지난 시점인 24년 10월에 임대차계약을 갱신 체결 및 임대 개시하고 계약금을 수령한 것이 증빙으로 확인되면 상생임대주택 특례 적용이 가능하다는 것이다.

거주자가 직전 임대차계약을 체결하고 해당 임대 기간이 개시된 후 혼인한 경우로서 배우자에게 1주택의 지분(1/2)을 증여한 이후 임대 기간 요건(1년 6개월 이상)을 충족하고, 부부 공동으로 새로운 임대차계약을 체결하여 상생임대주택 요건을 모두 충족하는 경우 상생임대주택 특례 적용이 가능하다.

그러나 임대 기간이 개시된 후 주택을 증여받고 임대인의 명의를 수증자로 변경하여 체결한 임대차계약은 해당 주택의 취득으로 임대인의 지위가 승계된 경우의 임대차계약에 해당하여 직전 임대차계약으로 볼 수 없다.

즉, 주택을 증여받은 시점에서 승계한 임대차계약은 직전 임대차계약으로 볼 수 없으며 증여받은 이후 임차인과 새로이 체결한 임대차계약부터 직전 임대차계약으로 보는 것이다.

▶ 핵심 포인트 정리!

1. 상생임대주택에 대한 1세대 1주택의 특례를 적용할 때 임대 기간은 월력에 따라 계산하며, 1개월 미만인 경우 1개월로 본다.

2. 임차인이 중도 퇴거하여 종전 임대 기간 요건을 충족하지 못한 경우에도 새롭게 체결한 임대차계약에 따른 임대 기간을 합산할 수 있다. 단, 반드시 종전 임대차계약의 임대보증금 또는 임대료보다 낮거나 같아야만 한다.

3. 1세대가 주택을 취득한 후 임차인과 체결한 임대차계약 만료 전에 갱신계약을 체결한 경우로서 21.12.20~24.12.31까지의 기간 중 해당 갱신계약을 체결 및 계약금 수령 사실이 증빙으로 확인되고 임대 기간, 임대보증금 또는 임대료 증가율 요건을 갖춰 임대가 개시된 경우에는 상생임대주택 특례 규정에 따른 상생임대차계약에 해당한다.

4. 임대 기간이 개시된 후 별도세대로부터 주택을 증여받고 임대인의 명의를 수증자로 변경하여 체결한 임대차계약은 해당 주택의 취득으로 임대인의 지위가 승계된 경우의 임대차계약에 해당하여 직전 임대차계약으로 볼 수 없다.

사례5

임차인 사정으로 조기 퇴거한 경우
상생임대주택 특례 적용 방법

2018년 2월	2020년 8월	2022년 8월	2024년 2월	2024년 2월
A주택 취득	A주택 갑 임대계약	갑 임대계약 갱신	갑 조기퇴거	을 임대차 계약체결

상황

- 18년 2월: A주택 취득
- 20년 8월: 갑과 임대차계약 체결
- 22년 8월: 갑과 임대차계약 갱신(임대료 5% 이내 인상)
- 24년 2월: 갑의 개인 사정으로 조기 퇴거(실제 임대 기간 1년 6개월)
- 24년 2월: 을과 임대차계약 체결(갑의 임대차조건과 동일)

질문

- 상생임대주택의 임대 기간 요건인 2년을 충족하기 전에 임차인이 퇴거한 후 상생임대주택 특례를 받으려면 어떻게 해야 하나요?

⏳ 해설

23.2.28. 개정 전 상생임대주택 특례에서는 임차인의 사정에 따른 조기 퇴거에 대한 예외 규정을 두고 있지 않았다. 따라서 임차인의 사정으로 조기 퇴거 후 새로운 임대차계약 체결 없이 그대로 양도하는 경우 상생임대차계약의 2년 이상 임대 기간 요건을 충족하지 못하게 되

어 원칙적으로는 상생임대주택 특례가 적용되지 않는다.

그러나 과세당국은 이런 경우에 대한 서면질의의 회신을 통해 임차인의 중도 퇴거 시 새로운 임대차계약이 종전 임대차계약의 임대보증금 또는 임대료보다 낮거나 같은 경우에는 임대 기간을 합산할 수 있다고 답변을 주고 있었으며 23.02.28. 개정을 통해 관련 규정을 신설하였다. 신설된 조문을 살펴보면 '직전임대차계약 및 상생임대차계약에 따른 임대 기간을 계산할 때 임차인의 사정으로 임대를 계속할 수 없어 새로운 임대차계약을 체결하는 경우로서 기획재정부령으로 정하는 요건을 충족하는 경우에는 새로운 임대차계약의 임대 기간을 합산하여 계산한다'고 규정하고 있다.

즉, 임차인이 중도 퇴거하여 상생임대주택의 임대 기간 요건을 충족하지 못한 경우 새롭게 체결한 임대차계약의 임대 기간과 합산할 수 있다. 다만 종전 임대차계약의 임대보증금 또는 임대료보다 낮거나 같은 경우에만 합산 가능하다.

이때 주의할 점은 조기 퇴거한 임차인과의 임대차계약 대비 임대료 등을 인상하면 합산 대상이 아니라는 점이다. 직전 임대차계약 대비 임대료 등 인상률이 5% 이내일 것을 요건으로 하는 상생임대차계약과는 다르게, 반드시 종전 임대차계약의 임대보증금 또는 임대료보다 낮거나 같은 경우에만 합산 가능하다는 점을 유의해야 한다.

한편 상생임대차계약(A)을 체결하였으나 임차인이 개인적인 사정으로 조기 전출함에 따라 종전 임대차계약(A)의 임대료 등보다 낮거나 같은 금액으로 새로운 임대차계약(B)을 25년 1월 이후 체결한 경우에도 두 임대차계약(A, B)의 실제 임대한 기간을 합산하여 2년 이상인 경우에는 상생임대주택 특례를 적용받을 수 있다.

▶ 핵심 포인트 정리!

1. 임차인의 사정으로 조기 퇴거 후 새로운 임대차계약 체결 없이 그대로 양도하는 경우 상생임대차계약의 2년 이상 임대 기간 요건을 충족하지 못하게 되어 상생임대주택 특례가 적용되지 않는다.

2. 임차인이 중도 퇴거하여 상생임대주택의 임대 기간 요건을 충족하지 못한 경우 새

롭게 체결한 임대차계약의 임대 기간과 합산할 수 있다. 다만 종전 임대차계약의 임대보증금 또는 임대료보다 낮거나 같은 경우에만 합산 가능하다.

3. 상생임대차계약을 체결하였으나 임차인의 사정으로 조기 퇴거함에 따라 새로운 임대차계약을 25년 1월 이후에 체결한 경우에도 두 임대차계약의 임대기간을 합산하여 2년 이상인 경우에는 상생임대주택 특례를 적용받을 수 있다

사례6

분양권 상태에서 완공 후 입주하는 조건으로 임대차계약 시 특례 적용 여부

2020년 3월	2020년 8월	2020년 12월	2020년 12월	2022년 12월
A주택 분양권 전매 취득	A주택 임대차계약	A주택 사용승인	A주택 잔금 청산 임차인 입주	임대차계약 갱신

상황

- 20년 03월: A주택 분양권 전매 취득
- 20년 08월: A주택 임대차계약 체결
- 20년 12월: A주택 사용승인
- 20년 12월: A주택 잔금 청산 및 임차인 입주
- 22년 12월: 임대차계약 갱신(임대 기간: 2년)

질문

- A주택 잔금 청산하기 전에 임차인과 체결한 임대차계약이 직전 임대차계약에 해당되나요?

⌛ 해설

직전 임대차계약에 해당되지 않는다.

분양권으로 취득하는 주택에 대하여, 해당 주택을 취득하기 전에 임차인과 체결한 임대차계약은 소득세법 시행령 제155조의3 1항의 '직전 임대차계약'에 해당하지 않는다. 상생임대주택 특례에서 직전 임대차계약에 대해 주택 취득후 체결된 임대차계약이여야 함을 요건으로 하고 있기 때문이다.

세법상 분양권으로 취득하는 신축아파트의 취득시기는 잔금청산일, 등기접수일 중 빠른날로 본다. 다만 준공일, 입주일 전에 잔금청산한 경우에는 사용승인일, 사용검사필증교부일(임시사용승인일), 실제입주일 중 빠른 날을 취득일로 본다.

위 사례의 경우 사용승인일이나 잔금청산일 전에 임대차계약을 체결하였으므로 주택 취득 전 임대차계약에 해당되어 직전 임대차계약으로 볼 수 없는 것이다.

1세대가 주택을 취득한 후 해당 주택의 전 소유자와 임대차계약을 체결하여 실제 1년 6개월 이상 임대한 경우, 해당 임대차계약은 소득세법 시행령 제155조의3 상생임대주택 특례에 따른 직전 임대차계약으로 볼 수 있다.

주택 매매계약을 체결하고 잔금을 청산하기 전에 임대차계약을 미리 체결한 경우에도 직전 임대차계약으로 보지 않으므로 주의하여야 한다. 이는 상생임대주택 특례에서 직전 임대차계약에 대해 주택 취득후 체결된 임대차계약이여야 함을 요건으로 하고 있기 때문이다.

주택 취득 전에 임대차계약을 미리 체결하였으나 임대기간이 주택 취득일 이후 개시된다하더라도 주택 취득전에 체결한 임대차계약은 직전 임대차계약에 해당하지 않는다. 이는 상생임대주택 특례에서 직전 임대차계약은 주택 취득일 이후 체결할 것을 요건으로 하고 있으며 임대 시작일을 기준으로 판단하지 않기 때문이다.

▶ 핵심 포인트 정리!

1. 1세대가 주택을 취득한 후 해당 주택의 전 소유자와 임대차계약을 체결하여 실제 1년 6개월 이상 임대한 경우, 해당 임대차계약은 소득세법 시행령 제155조의3 상생임대주택 특례에 따른 직전 임대차계약으로 볼 수 있다.

2. 상생임대주택 특례에서는 직전 임대차계약에 대해 주택 취득 후 체결된 임대차계약이어야 함을 요건으로 하고 있다.

3. 주택 매매계약을 체결하고 잔금을 청산하기 전에 임대차계약을 미리 체결한 경우 직전 임대차계약으로 보지 않는다.

4. 주택 취득 전에 임대차계약을 미리 체결하였으나 임대 기간이 주택 취득일 이후 개시된다 해도 주택 취득 전에 체결한 임대차계약은 직전 임대차계약에 해당하지 않는다.

5. 세법상 분양권으로 취득한 신축아파트의 취득 시기는 잔금 청산일, 등기 접수일 중 빠른 날로 본다. 다만 준공일, 입주일 전에 잔금 청산한 경우에는 사용승인일, 사용검사필증 교부일(임시사용 승인일), 실제 입주일 중 빠른 날을 취득일로 본다. 즉, 분양권으로 취득한 신축아파트의 취득 시기는 잔금 청산일과 준공일 중 늦은 날을 취득일로 본다는 의미이다.

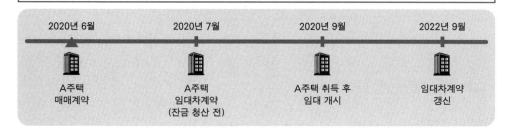

사례7

주택 매매계약 후 임대차계약 체결에 대한
직전 임대차계약 해당 여부

2020년 6월	2020년 7월	2020년 9월	2022년 9월
A주택 매매계약	A주택 임대차계약 (잔금 청산 전)	A주택 취득 후 임대 개시	임대차계약 갱신

상황

- 20년 06월: A주택(전 소유자 거주) 매매계약
- 20년 07월: 매수인이 잔금 청산 전에 새 임차인과 임대차계약서 작성(취득일 이후 임대 개시)
- 20년 09월: A주택 취득 후 임대 개시(임대 기간: 2년)
- 22년 09월: 임대차계약 갱신(동일조건, 임대 기간: 2년)

질문

- 주택 취득 전 임대차계약을 체결했으나 소유자와 새 임차인이 직접 계약했고 실제 임대차 실행도 주택 취득일 이후인 경우 상생임대주택의 직전 임대차계약으로 인정되나요?

⏳ 해설

직전 임대차계약에 해당되지 않는다.

해당 주택을 취득하기 전에 임차인과 체결한 임대차계약은 소득세법 시행령 제155조의3 1항의 '직전 임대차계약'에 해당하지 않는다.

주택의 취득 시기는 잔금 청산일과 소유권이전등기 접수일 중 빠른 날이다. 그러므로 상생임대주택 특례를 적용받으려면 매매계약 단계에서 새로운 임차인이 있다고 해도 반드시 주택을 취득한 이후에 임대차계약을 체결하고 임대보증금을 수령한 후 실제로 임대를 해야 한다.

전 소유자와 임차인이 될 자 사이에 임대차계약이 체결된 후, 해당 주택의 잔금 청산일에 임대차계약상 임대인 명의를 새로운 소유자 명의로 변경하여 같은 내용의 임대차계약서 작성 후 임대차보증금을 지급한 경우에도 승계된 임대차계약으로 보아 직전 임대차계약에 해당하지 않는다.

▶ 핵심 포인트 정리!

1. 주택의 취득 시기는 잔금 청산일과 소유권이전등기 접수일 중 빠른 날이다. 매매계약 단계에서 새로운 임차인이 있다고 해도 반드시 주택을 취득한 이후에 임대차계약을 체결하고 임대보증금을 수령한 후 실제로 임대를 해야 한다.

2. 전 소유자와 임차인이 될 자 사이에 임대차계약이 체결된 후, 해당 주택의 잔금 청산일에 임대차계약상 임대인 명의를 새로운 소유자 명의로 변경하여 같은 내용의 임대차계약서 작성 후 임대차보증금을 지급한 경우에도 승계된 임대차계약으로 보아 직전 임대차계약에 해당하지 않는다.

승계받은 임대차계약을 1차 갱신 후 재갱신한 경우 상생임대주택 해당 여부

2020년 5월	2021년 1월	2022년 10월
A주택 취득 (임차인 승계 조건)	임대차계약 갱신	임대차계약 재갱신

상황

- 20년 05월: A주택 취득(임대차계약 승계, 임대 기간 만료일: 21.1.31.)
- 21년 01월: 임대차계약 갱신(임대료 5% 인상, 임대 기간 만료일: 22.9.30.)
- 22년 10월: 임대차계약 재갱신(종전 조건과 동일, 임대 기간 만료일: 24.12.31.)

질문

- 주택 취득 시 승계받은 임대차계약을 1차 갱신하고 동일한 조건으로 재갱신함에 따라 별도의 계약금을 지급받은 사실이 없는 경우에도 상생임대차계약에 해당하나요?

⌛ 해설

상생임대차계약에 해당된다.

주택을 취득하면서 임대인의 지위를 전 소유자로부터 승계받은 경우로서 해당 주택을 취득한 후 임차인이 계약갱신요구권을 행사하여 승계받은 계약을 갱신하고 이후 그 갱신계약을 재갱신한 경우, 갱신계약과 재갱신계약이 각각 소득세법 시행령 제155조의3 1항 4호 및 1호의 임대 기간, 임대보증금 또는 임대료 증가율 및 계약체결일 등 요건을 갖춘 경우 해당 규정에 따른 '직전 임대차계약' 및 '상생임대차계약'으로 볼 수 있다.

상생임대주택 특례에서는 전 소유자로부터 승계받은 임대차계약은 직전 임대차계약으로 보지 않는다. 따라서 사례의 경우 20년 5월에 주택을 취득하면서 승계받은 임대차계약은 현 소유자의 직전 임대차계약에 해당되지 않는다.

그러나 승계받은 임대차계약 기간이 종료되고 임차인의 계약갱신 요구에 승계받은 임대차계약을 갱신한 경우에는 임대 기간이 1년 6개월 이상이라면 직전 임대차계약에 해당하게 된다. 이때 전 소유자로부터 승계받은 임대차계약 대비 새롭게 체결하는 임대차계약의 임대료 등 인상률이 반드시 5% 이내여야 할 필요는 없다. 임대료 인상률에 대한 요건은 직전 임대차계약에 대한 요건이 아닌 상생임대차계약에 대한 요건이기 때문이다(주택임대차보호법의 전월세 상한제는 논외로 함).

▶ 핵심 포인트 정리!

1. 상생임대주택 특례에서는 전 소유자로부터 승계받은 임대차계약은 직전 임대차계약으로 보지 않는다.

2. 임대료 인상률에 대한 요건은 직전 임대차계약에 대한 요건이 아닌 상생임대차계약에 대한 요건이다.

3. 임대료 증가율은 렌트홈(www.renthome.go.kr)을 이용하면 편리하게 계산할 수 있다.

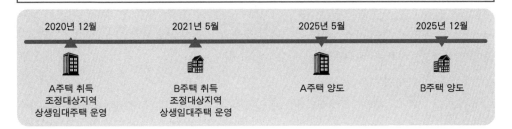

사례9

상생임대주택으로 운영된 모든 보유 주택에 대한 상생임대주택 특례 적용 여부

2020년 12월	2021년 5월	2025년 5월	2025년 12월
A주택 취득 조정대상지역 상생임대주택 운영	B주택 취득 조정대상지역 상생임대주택 운영	A주택 양도	B주택 양도

상황

- 20년 12월: A주택 취득(조정대상지역)
- 21년 05월: B주택 취득(조정대상지역)
  - ※ A주택과 B주택 모두 상생임대주택으로 운영
- 25년 05월: 상생임대주택 요건 충족한 A주택 양도
- 25년 12월: 상생임대주택 요건 충족한 B주택 양도

질문

- A주택과 B주택 모두 상생임대주택 특례가 적용되나요?

⏳ 해설

모두 적용되는 것은 아니다.

상생임대주택으로 운영된 주택으로서 최종적으로 양도되는 1세대 1주택만 상생임대주택 특례가 적용되어 거주요건이 면제된다.

위 사례의 경우 25년 5월에 양도하는 A주택은 상생임대주택 요건을 충족하였어도 최종적으로 양도되는 1주택에 해당하지 않으므로 상생임대주택 특례를 적용받을 수 없다. 따라서 A주택 양도 시 2주택자에 해당하여 양도소득세가 과세된다.

이후 25년 12월에 양도하는 B주택은 상생임대주택 요건을 모두 충족하고 1주택자 상태에서 양도하므로 상생임대주택 특례를 적용받을 수 있다.

B주택은 21년 5월 취득 당시 조정대상지역이므로 1세대 1주택 비과세를 받으려면 2년 이상 보유하고 2년 이상 거주하여야 한다. B주택의 경우 4년 이상 보유하였으나 실제로 거주하지 않았지만 상생임대주택 특례에 의해 거주기간의 제한을 받지 않으므로 1세대 1주택 비과세 요건을 모두 충족하여 비과세된다.

임대 개시일 기준 다주택자는 상생임대주택 양도일 현재 반드시 1주택자로 전환하여야 거주요건 2년 면제 혜택을 받을 수 있다.

이때 1주택이란 법령에 따라 1주택으로 보는 경우를 포함하므로 일시적 2주택, 상속주택, 혼인합가 등으로 2주택인 경우에도 상생임대주택 특례 적용이 가능하다.

▶ 핵심 포인트 정리!

1. 상생임대주택으로 운영된 주택으로서 최종적으로 양도되는 1세대 1주택만 상생임대주택 특례가 적용되어 거주요건이 면제된다.

2. 임대 개시일 기준 다주택자는 상생임대주택 양도일 현재 반드시 1주택자로 전환하여야 거주요건 2년 면제 혜택을 받을 수 있다.

3. 이때 1주택이란 법령에 따라 1주택으로 보는 경우를 포함하므로 일시적 2주택, 상속주택, 혼인합가 등으로 2주택인 경우에도 상생임대주택 특례 적용이 가능하다.

 **절세 포인트**

[조정대상지역 거주요건 미충족자 유리]
조정지역에서 취득한 주택에 거주할 여건이 되지 않는 경우 유용한 특례이다.

[비조정대상지역 고가주택 거주요건 미충족자 유리]
비조정지역에서 취득한 주택의 경우 거주요건은 없으나 고가주택이라면 상생임대주택 특례를 활용하여 더 높은 장기보유특별공제율(표2)을 적용받아 양도소득세 절세 가능하다. 이때 표2 적용 시 거주기간별 공제율은 실제 거주하지 않았으므로 적용되지 않는다.

[임대주택의 거주요건 미충족자 유리]
19.12.17. 이후 등록한 조정대상지역 내 임대주택의 경우 비과세 판단 시 2년 거주요건 추가되었으나 상생임대주택 특례를 활용하면 거주하지 않아도 비과세 가능하다(등록임대주택사업자의 임대주택도 상생임대주택 적용 가능).

[갱신임대차계약서 작성]
특례 적용신고서 제출 시 직전 임대차계약서와 상생임대차계약서를 첨부해야 하므로 *묵시적 갱신인 경우라도 임대차계약서를 작성하는 편이 좋다.
 *묵시적 갱신이란 계약 만료일 6개월 전부터 2개월 전 사이의 기간에 임대인과 임차인 중 누구도 계약해지 의사를 밝히지 않으면 전과 동일한 계약 조건으로 계약이 자동 갱신되는 것을 말한다.

[다가구주택인 경우]
추후 다가구주택 전체를 일괄 양도할 계획이면 모든 호와 상생임대차계약을 체결해야 상생임대주택 특례 적용이 가능하다.
만약 다가구주택을 독립 구획 후 각호별로 별도 양도할 계획이라면 각호별로 상생임대차계약 체결 여부에 따라 최종 1주택에 한해 상생임대주택으로 인정받을 수 있다.

[계약 기간과 실제 임대 기간이 상이한 경우]
임대차계약서상의 임대 기간과 실제 임대 기간이 상이한 경우 실제 임대 기간을 기준으로 의무임대 기간을 판정한다.

[전 소유자와 체결한 임대차계약의 직전 임대차계약 해당 여부]
1세대가 주택을 취득한 후 해당 주택의 전 소유자와 임대차계약을 체결하여 실제 1년 6개월 이상 임대한 경우, 해당 임대차계약은 소득세법 시행령 제155조의3에 따른 직전 임대차계약으로 볼 수 있다.

[한국주택토지공사에 임대한 경우 상생임대주택 특례 적용 여부]
거주자가 상생임대주택 요건을 모두 갖춘 주택을 한국주택토지공사에 임대하고 한국주택토지공사가 해당 주택을 상시 주거용으로 사용하는 임차인에게 재임대하는 경우 상생임대주택에 대한 1세대 1주택 특례 규정을 적용할 수 있다.

[임차인이 법인인 경우 상생임대주택 특례 적용 여부]
거주자가 상생임대주택 요건을 모두 갖춘 해당 주택을 법인에게 임대하고 그 법인이 당해 임대주택을 상시 주거용도의 사택으로 사용하는 경우 당해 임대주택에 대하여 상생임대주택 특례 규정을 적용할 수 있다.

[22.08.02. 개정 전 체결한 임대차계약에 대해 기준시가 요건 적용 여부]
22.08.02. 소득세법 시행령의 개정으로 기준시가 요건이 폐지되기 전에 체결한 임대차계약에 대해서도 종전 규정에 따른 기준시가 요건을 적용하지 않는다.
따라서 22.08.02. 전에 체결한 임대주택의 기준시가가 9억원을 초과하여도 상생임대주택의 다른 요건을 모두 충족하였다면 상생임대주택 특례 적용이 가능하다.

[임대주택을 증여받고 재작성한 임대차계약의 직전 임대차계약 해당 여부]
임대 기간이 개시된 후 별도세대로부터 주택을 증여받고 임대인의 명의를 수증자로 변경하여 체결한 임대차계약은 해당 주택의 취득으로 임대인의 지위가 승계된 경우의 임대차계약에 해당하여 직전 임대차계약으로 볼 수 없다.
즉, 주택을 증여받은 시점에서 승계한 임대차계약은 직전 임대차계약으로 볼 수 없으며 증여받은 이후 임차인과 새로이 체결한 임대차계약부터 직전 임대차계약으로 보는 것이다.

[전 소유자와 체결한 임대차계약을 승계하는 경우 직전 임대차계약 해당 여부]

전 소유자와 임차인이 될 자 사이에 임대차계약이 체결된 후, 임대차보증금의 잔금 지급 및 임대차 목적물 인도 전에 당해 임대차계약의 임대인의 명의를 신 소유자로 변경한 경우 임대차계약은 직전 임대차계약에 해당하지 않는다.

[지역주택조합 주택 사용승인서 교부 후 체결한 임대차계약의 직전 임대차계약 해당 여부]

국내에 1조합주택을 소유한 1세대가 해당 조합주택의 사용승인서 교부일 후에 해당 조합주택에 대하여 임차인과 임대차계약을 체결하고 1년 6개월 이상 임대 기간 요건을 충족하는 경우 직전 임대차계약에 해당한다.

지역주택조합의 조합원 자격으로 취득하는 조합주택의 취득 시기는 사용승인서 교부일(사용승인서 교부일 전에 사실상 사용하거나 임시사용승인을 받은 경우에는 그 사실상의 사용일 또는 임시사용승인을 받은 날 중 빠른 날)이므로 주택 취득 후 체결한 임대차계약에 해당되어 다른 요건 충족 시 직전 임대차계약으로 보는 것이다.

[임대차계약 만료 전 체결한 갱신계약의 상생임대차계약 해당 여부]

1세대가 주택을 취득한 후 임차인과 체결한 임대차계약 만료 전에 갱신계약을 체결한 경우로서 21.12.20~24.12.31까지의 기간 중 해당 갱신계약을 체결하고 임대 기간, 임대보증금 또는 임대료 증가율 요건을 갖춘 경우에는 상생임대주택 특례 규정에 따른 상생임대차계약에 해당한다.

[임대차계약 기간 중 주택 지분의 일부를 배우자에게 증여한 경우]

거주자가 직전 임대차계약을 체결하고 해당 임대 기간이 개시된 후 혼인한 경우로서 배우자에게 1주택의 지분(1/2)을 증여한 이후 임대 기간 요건(1년 6개월 이상)을 충족하고, 부부 공동으로 새로운 임대차계약을 체결하여 상생임대주택 요건을 모두 충족하는 경우 상생임대주택 특례 적용이 가능하다.

[임대 기간 계산]

상생임대주택에 대한 1세대 1주택의 특례를 적용할 때 임대 기간은 월력에 따라 계산하며, 1개월 미만인 경우 1개월로 본다.

세법에서의 기간 계산은 별도의 규정이 없다면 민법 규정을 준용한다. 민법에서는 '기간을 일, 주, 월 또는 연으로 정한 때에는 기간의 초일은 산입하지 아니한다.

그러나 그 기간이 오전 영시로부터 시작할 때에는 그러하지 아니하다'고 규정하고 있으며,

'주, 월 또는 연의 처음으로부터 기간을 기산하지 않는 경우 최후의 주, 월 또는 연에서 그 기산일에 해당하는 날의 전일로 기간이 만료한다'고 규정하고 있다.

[임대 기간 중 임차인의 사정으로 조기 퇴거한 경우]
1세대가 해당 주택을 취득한 후 상생임대주택 특례에 따른 직전 임대차계약 및 상생임대차계약을 체결한 경우로서, 임차인의 조기 퇴거로 상생임대차계약에 따라 실제 임대한 기간이 2년 미만인 경우에는 상생임대주택에 대한 1세대 1주택의 특례를 적용받을 수 없다.
그러나 새롭게 체결한 임대차계약이 종전 임대차계약의 임대보증금 또는 임대료보다 낮거나 같은 경우에는 종전 임대 기간과 새롭게 체결한 임대차계약에 따른 임대 기간을 합산하여 상생임대주택의 임대 기간 요건 충족 여부를 판단한다.

[주택 취득 전에 임대차계약한 경우 직전 임대차계약 해당 여부]
주택 매매계약 체결 후 임대차계약을 체결한 경우로서 주택 취득일 이후 임대 기간이 개시되는 경우 임대인이 주택 취득 전에 임차인과 작성한 임대차계약은 직전 임대차계약에 해당하지 않는다.
주택 취득 전 체결된 임대차계약은 주택 취득 후 새로이 체결된 임대차계약을 직전 임대차계약으로 보는 상생임대주택 요건을 충족하지 못하기 때문이며, 임대 기간이 주택 취득일 이후 개시된다 해도 주택 취득 전에 체결한 임대차계약은 직전 임대차계약에 해당하지 않는다.

[주택을 취득하면서 승계받은 임대차계약이 있는 경우]
전 소유자로부터 임대차계약을 승계받은 후 임차인이 계약갱신요구권을 행사하여 승계받은 계약을 갱신(갱신계약)하고 이후 그 갱신계약을 다시 갱신(재갱신계약)한 경우 갱신계약과 재갱신계약은 각각 임대 기간, 임대보증금 또는 임대료 증가율 및 계약체결일 등 요건을 갖춘 경우 상생임대주택 특례 규정에 따른 '직전 임대차계약' 및 '상생임대차계약'으로 볼 수 있다.

[임대료 5% 이하 인상률 계산]
민간임대주택특별법 제44조 4항에 따른 산정률*을 활용하여 계산하며, 렌트홈 사이트(www.renthome.go.kr)에서 쉽게 계산 가능하다.

*산정률=Min [연 10%, 기준금리+연 2%]

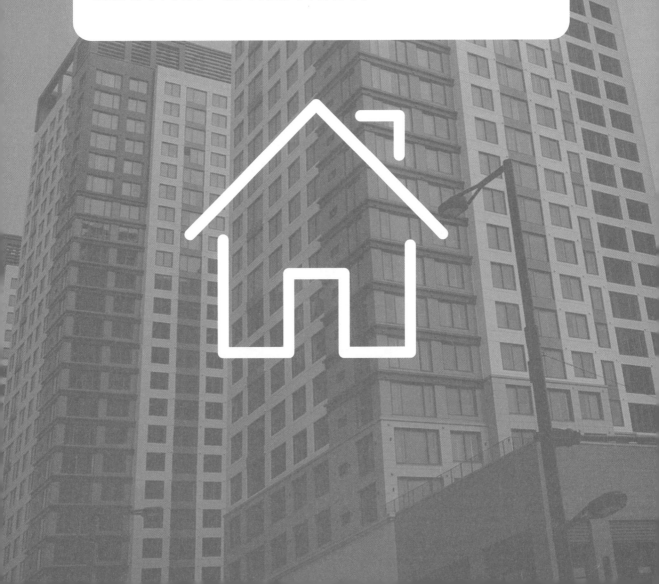

Part 9
동거봉양(혼인)합가 특례

우리 사회가 발전함에 따라 핵가족화의 속도가 빨라지고 전통적 가치였던 봉양의 의미는 희미해지고 있으며 저출산율 또한 OECD 국가 중 1위를 기록했다. 전통적 가치를 지키고 결혼을 장려하기 위해 조세정책이 앞장서야 할 것이다.

동거봉양합가 비과세 특례

1주택을 보유하고 1세대를 구성하는 자가 1주택을 보유하고 있는 60세 이상의 직계존속을 동거봉양하기 위하여 세대를 합침으로써 1세대가 2주택을 보유하게 되는 경우 합친 날부터 10년 이내에 먼저 양도하는 주택은 이를 1세대 1주택으로 보아 비과세 규정을 적용한다.

혼인합가 비과세 특례

1주택을 보유하는 자가 1주택을 보유하는 자와 혼인함으로써 1세대가 2주택을 보유하게 되는 경우 또는 1주택을 보유하고 있는 60세 이상의 직계존속을 동거봉양하는 무주택자가 1주택을 보유하는 자와 혼인함으로써 1세대가 2주택을 보유하게 되는 경우 각각 혼인한 날부터 5년 이내에 먼저 양도하는 주택은 이를 1세대 1주택으로 보아 비과세 규정을 적용한다.
동거봉양(혼인)합가 특례의 취지는 합가 전 비과세가 가능한 각각의 1주택자가 동거봉양(혼인)으로 오히려 불리해져 봉양(혼인)을 저해하는 걸 해소하는 데 있다.

혜택

동거봉양 및 혼인으로 세대를 합침으로써 1세대가 2주택을 보유하게 되는 경우 합친 날부터 10년 이내(혼인은 5년 이내)에 먼저 양도하는 주택은 이를 1세대 1주택으로 보아 비과세 규정을 적용한다.

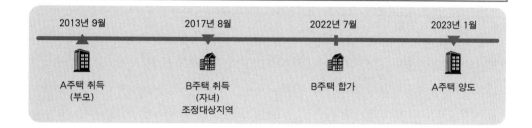

사례1

부모님을 모시기 위해 합가하여 2주택이 되었을 때 비과세

2013년 9월	2017년 8월	2022년 7월	2023년 1월
A주택 취득 (부모)	B주택 취득 (자녀) 조정대상지역	B주택 합가	A주택 양도

상황

▪ 13년 09월: 부친(65세), 모친(59세) 서울 A주택 취득
▪ 17년 08월: 자녀, 서울 소재 B주택 취득(조정대상지역) 후 거주 중
▪ 22년 07월: B주택에서 동거봉양합가
▪ 23년 01월: A주택 양도 예정

질문

▪ A주택 양도 시 비과세 가능한가요?

⌛ 해설

비과세 가능하다.

1세대 1주택자가 1주택을 보유하고 있는 60세 이상의 직계존속을 동거봉양하기 위하여 세대를 합침으로써 1세대가 2주택을 보유하게 되는 경우 합친 날부터 10년 이내에 먼저 양도하는 주택은 이를 1세대 1주택으로 보아 비과세 규정을 적용한다.

만일 1세대 1주택자(자녀)가 60세 이상(어느 한 사람이 60세 미만인 경우 포함)인 부모가 2채를 소유한 상태에서 동거봉양한 경우 동거봉양합가 특례가 적용되지 않는다.

▶ 핵심 포인트 정리!

동거봉양을 위한 세대 합가에 따른 1세대 1주택 비과세 특례를 적용할 때 직계존속의 연령은 세대 합가일을 기준으로 판정하며 세대를 합친 날 현재 직계존속 중 어느 한 사람이 60세 미만인 경우를 포함한다. 19.2.12. 이후 양도분부터 중증질환자, 희귀·난치성 질환자 또는 결핵 환자 산정 특례 대상자로 등록되거나 재등록된 60세 미만인 직계존속을 포함한다.

*중증질환자: 암 환자, 중증화상 환자, 뇌혈관 질환자, 심장질환자, 중증외상 환자

👆 하나 더!!

1세대 1주택자(A주택)가 2주택(B, C주택)을 보유한 60세 이상인 부모세대와 동거봉양으로 합가한 경우 세대 합가일로부터 10년 이내에 A주택을 양도 시 비과세가 가능할까?

① 이 경우 A주택을 먼저 양도하지 않고 B 또는 C주택 중 하나를 먼저 양도하여 과세된 후 A주택 또는 B, C 중 남은 주택은 합가일로부터 10년 이내 양도 시 비과세가 적용된다.

② 그런데 A주택을 먼저 양도 시 동거봉양합가로 비과세 특례를 적용하더라도 B, C 중 먼저 양도하는 주택은 비과세되지 않는다. 그러나 A주택 먼저 양도 시 비과세 특례 적용에 대한 논란이 있다.

위 ①, ②를 보면 B, C 중 하나만 과세되는 동일한 결과가 도출된다.

그럼에도 과세당국은 A주택 먼저 양도 시 다른 비과세 규정이나 사례에 대한 유권해석이 없다는 점을 들어 과세로 판단한다는 입장이다.

예시에서 합가 전 A주택 소유자는 1주택자로서 합가하지 않았다면 비과세받을 수 있었다. 동거봉양(혼인)합가의 취지는 합가 전 비과세를 받을 수 있었던 1세대가 동거봉양(혼인)합가로 1세대가 2주택 이상이 되어 과세되는 불합리한 점을 제거하여 봉양 또

는 혼인을 장려하는 측면이 있는 것이다.

취지에 비추어보면 저자의 견해로는 ①과 ②는 B, C 중 하나의 주택은 과세되는 동일한 결과가 도출되는 만큼 ②의 상황에서 A주택은 비과세를 적용해주어야 할 것이다. 부모가 2주택을 보유하고 있다는 이유로 동거봉양을 피하고 단지 주택의 처분 순서를 제약하는 결과만 야기하게 된다.

일시적 2주택자와 일시적 2주택자의
동거봉양(혼인)합가 시 비과세

2013년 9월	2017년 8월	2021년 9월	2022년 7월	2023년 1월
A주택 취득(부친)	B주택 취득(자녀) 서울	C주택 취득(부친)	D주택 취득(자녀) 후 동거봉양합가	A주택 양도

상황

- 13년 09월: 부친(65세), 서울 A주택 취득
- 17년 08월: 자녀, 서울 소재 B주택 취득
- 21년 09월: 부친, C주택 취득
- 22년 07월: 자녀, D주택 취득하고 동거봉양합가
- 23년 01월: A주택 양도

질문

- A주택 양도 시 비과세 가능한가요?

⏳ 해설

비과세되지 않는다.

동거봉양 및 혼인합가 특례는 1주택자가 1주택자와 동거봉양(혼인)합가로 2주택이 되는 경우 먼저 양도하는 주택에 대해 비과세 특례를 적용한다.

사례는 동거봉양합가일 현재 4주택자로서 동거봉양합가 특례를 적용받을 수 없다.

만약 [1주택자+일시적 2주택자] 또는 [일시적 2주택자+일시적 2주택자]가 합가 시 어떻게 될까?

동거봉양(혼인)합가 특례와 하나의 일시적 2주택 특례가 중첩되어 일시적 3주택인 경우에도 중첩 적용이 가능하기 때문에 일시적 2주택자의 종전주택은 3년 이내에 양도하면 비과세받을 수 있다.

반면에 [일시적 2주택자+일시적 2주택자]가 동거봉양(혼인)합가로 1세대가 4주택이 되어 먼저 양도하는 주택은 비과세되지 않는다.

▶ 핵심 포인트 정리!

다시 합가한 경우

부모와 세대 합가 후 분가하여 생활하다가 다시 세대 합가를 한 경우에 동거봉양을 위한 1세대 1주택 비과세 규정 적용 시 '세대 합가일부터 10년 이내에 먼저 양도하는 주택' 여부는 다시 세대를 합가한 날부터 기산하여 판단한다.

[일시적 2주택자+일시적 2주택자]가 합가 전이라면 각 세대 모두 2개의 주택(종전+신규) 모두 비과세를 받을 수 있다. 만약, 이미 합가한 상태라면 분가 후 자녀세대와 부모세대 중 어느 세대가 일시적 2주택으로 비과세받은 후 다시 합가하여 [1주택+일시적 2주택] 상태가 된다면 일시적 2주택 보유 세대가 종전주택을 양도하여 비과세받을 수 있고 남은 2개의 주택 중 10년 이내 먼저 양도하는 주택은 동거봉양합가 특례를 받을 수 있다.

다시 말해 4개의 주택을 모두 비과세받을 수 있는 것이다. 이는 당초 합가 전 각각의 세대에서 비과세를 받을 수 있는 상황과 달라지지 않는다.

하나 더!!

동거봉양(혼인)합가의 유형별 적용 사례

유형	1세대	1세대	합가 후	적용
①	1주택자	1주택자	1주택+1주택	O
②	1주택자	일시적 2주택	1주택+일시적 2주택	O
③	일시적 2주택	일시적 2주택	일시적 2주택+일시적 2주택	X

동거봉양(혼인)합가 특례는 각자 1주택인 상태에서 합가한 경우 먼저 양도하는 주택에 대하여 비과세 요건을 적용하는 것이 원칙이다.

그러나 합가 시 표의 유형 외에도 다양한 형태의 유형이 발생할 수 있다. 예를 들어 표 유형 ③에서 일시적 2주택자와 일시적 2주택자가 혼인으로 합가 시 합가 후 4주택을 보유하는 상황이 있을 수 있다.

유형 ③의 상황에서 최상의 절세 방법을 찾아보자.

혼인합가의 경우라면 양도차익이 가장 적은 1주택을 먼저 과세로 양도하고 배우자의 종전주택을 일시적 2주택 특례로 비과세받은 후 부부 각자 1주택 상황이 되면 비로소 혼인합가 특례로 혼인일로부터 5년 이내에 먼저 양도하는 주택을 비과세받고 마지막 남은 주택은 1세대 1주택으로 비과세받는 것이 최상의 절세 방법이다.

사례3

동거봉양(혼인)합가 후 주택으로 완공되어
즉시 양도하는 경우 비과세

2013년 9월	2017년 8월	2017년 9월	2021년 7월	2023년 1월
A주택 취득(부모)	B조합원입주권 취득(자녀)	A주택 동거봉양합가	B주택 완공	B주택 양도

상황

- 13년 09월: 부친(65세), 모친(59세) 서울 A주택 취득
- 17년 08월: 자녀, 서울 소재 B승계조합원입주권 취득
- 17년 09월: A주택으로 동거봉양합가
- 21년 07월: B주택 완공
- 23년 01월: B주택 양도

질문

- B주택 양도 시 비과세 가능한가요?

....

⧖ 해설

비과세되지 않는다.

B주택은 양도일 현재 비과세 요건을 갖추지 못했기 때문이다.

동거봉양 및 혼인합가 1세대 1주택 비과세 특례 대상 주택에는 동거봉양 또는 혼인 전 보유한 조합원입주권에 의해 합가 후 취득한 주택을 포함한다. 그러나 B주택은 합가 후 입주권에 의해 완공(취득) 후 비과세 요건인 2년 이상 보유(조정대상지역 취득 시 2년 이상 거주요건 추가) 요건을 충족하지 못했으므로 비과세되지 않는 것이다. B주택 완공 후 비과세 요건을 갖춘 경우라면 동거봉양 및 혼인한 날부터 10년 이내(혼인은 5년)에 양도하는 경우 당연히 비과세된다.

17년 08월 입주권이 아닌 분양권을 취득하였고 A주택을 먼저 양도하는 경우로 A주택 양도일 현재 분양권 상태라면 어떻게 적용되나?

20.12.31. 이전 취득한 분양권은 주택으로 취급하지 않는다. 따라서 동거봉양으로 합가를 하였지만 1세대가 1주택을 보유한 상황이므로 A주택 양도 시 비과세된다.

그렇다면 합가 전 분양권(20.12.31. 이전 취득)이 합가 후 완공되어 2주택이 된 경우 동거봉양 합가 특례를 받을 수 있는가? 특례를 받을 수 없다. 동거봉양합가 특례는 자녀와 부모세대가 각각 1주택을 보유하고 합가일에 2주택을 보유하게 되는 경우 적용하기 때문이다.

합가 전 분양권(20.12.31. 이전 취득) 의해 합가 후 완공된 주택은 동거봉양합가 특례 대상이 아닌 새로운 주택의 취득에 해당한다.

따라서 종전주택(A)을 3년 이내에 양도 시 일시적 2주택 특례로 비과세받을 수 있는 것이다.

▶ 핵심 포인트 정리!

1세대 1주택자가 1승계조합원입주권 또는 1분양권을 보유한 자와 동거봉양 및 혼인 합가로 [1주택+1승계조합원입주권 또는 1분양권(21.1.1. 이후 취득 분)]을 보유하게 되어 조합원입주권 또는 분양권에 의해 합가일 이후 완공된 주택을 취득하는 경우 비과세 요건을 갖추어 합가일로부터 10년(5년) 이내에 양도하는 경우 비과세 특례를 받을 수 있다.

하나 더!!

소득세법 시행령 제155조의특례는 특례 대상 주택과 일반주택을 보유한 상태에서 일반주택을 양도하는 경우 제154조 1항을 적용한다.

제154조 1항을 적용한다는 의미는 1세대 1주택 특례 대상인 일반주택을 양도하더라도 양도일 현재 비과세 요건인 2년 이상 보유 및 거주(조정대상지역에서 취득한 경우)요건 충족하였는지를 따져 1세대 1주택 특례 적용을 판단한다는 의미이다.

[1원조합원입주권+1대체주택]자가 1세대 1주택자와 동거봉양(혼인)합가 후 대체주택을 양도하는 경우 비과세

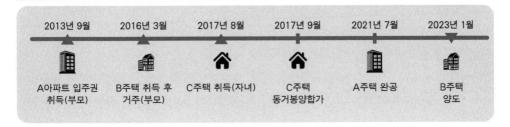

2013년 9월 — A아파트 입주권 취득(부모)
2016년 3월 — B주택 취득 후 거주(부모)
2017년 8월 — C주택 취득(자녀)
2017년 9월 — C주택 동거봉양합가
2021년 7월 — A주택 완공
2023년 1월 — B주택 양도

상황

- 13년 09월: 부친(65세), 모친(59세) A최초 조합원입주권 취득
- 16년 03월: 부친, 모친 B주택 취득 후 거주 중
- 17년 08월: 자녀, 서울 소재 C주택 취득
- 17년 09월: C주택으로 동거봉양합가
- 21년 07월: A주택 완공
- 23년 01월: B주택 양도

질문

- B주택 양도 시 비과세 가능한가요?

해설

비과세 가능하다.

B주택은 합가한 날 이전에 소유하던 주택으로서 합가일 이전에 1주택과 1조합원입주권을 보유하던 자가 소유하던 주택에 해당하고 합가 전 조합원입주권이 최초 조합원입주권(원조합원입주권)에 해당하는 경우 먼저 양도하는 주택(B)이 그 재개발사업 등 시행기간 중 거주하기 위하여 사업시행인가일 이후 취득된 것으로서 취득 후 1년 이상 거주하였고 A주택 완공 후 2

년 내에 양도하였으므로 원조합원입주권의 대체주택으로 보아 비과세 특례가 적용된다. 완공 2년 이내에 양도 기간 제한은 23.1.12. 이후 양도분부터는 3년 이내로 개정되었다.

사례에서 B주택보다 완공된 A주택을 먼저 양도한다면 어떻게 될까?
이 경우 A주택은 거주 목적의 대체주택에 해당되지 않기 때문에 1세대 3주택자로 과세된다. 위와는 반대로 B주택을 먼저 양도하고 A주택을 양도하는 경우에는 B주택을 A주택 완공 후 3년 이내*에 양도하여 대체주택으로 비과세받고 A주택은 합가일로부터 10년 이내 양도하면 동거봉양합가 특례로 비과세받을 수 있다. 다만, 대체주택을 비과세 적용하는 경우 사후관리가 따른다. 즉, A주택의 완공 후 3년 이내에 모든 세대원이 전입하고 1년 이상 거주하여야 한다. 사례의 경우 조정대상지역에서 취득한 C주택은 이미 2년 이상 거주하여 비과세 요건을 충족한 상태이므로 A주택으로 전입 후 바로 양도해도 동거봉양합가 특례를 적용받을 수 있다. 즉, 사후관리 목적상 A주택으로 전 세대원이 전입 후 1년 이상 거주하면 되는 것이다.
*23.1.12. 이후 양도분부터는 3년 이내로 개정

▶ 핵심 포인트 정리!

동거봉양(혼인)합가 이전에 소유하던 최초 조합원입주권의 경우에는 합친 날부터 10년(5년) 이내에 먼저 양도하는 주택(최초 양도주택)이 그 재개발사업 시행기간 중 거주 목적으로 사업시행인가일 이후 취득된 것으로서 취득 후 1년 이상 거주한 경우 소득세법 시행령 제156의2 8항에 따라 1세대 1주택 비과세 특례를 받을 수 있다.

👆 하나 더!!

최초 조합원입주권: 도정법상 재개발사업 및 관리처분계획 등의 인가로 인해 최초로 권리변환된 입주권, 일반적으로 원조합원입주권이라 한다.
최초 양도주택: 동거봉양(혼인)합가로 주택과 조합원입주권을 보유하게 되는 경우 먼저 양도하는 주택을 말한다. 최초 양도주택이란 다음의 하나의 주택을 말한다. 결과적

으로 다음의 하나의 주택을 먼저(최초) 양도하는 경우 동거봉양(혼인)합가 특례를 받을 수 있다.

① [1주택+1주택]은 둘 중 하나의 주택
② [1주택, 1주택+1조합원입주권(승계입주권 또는 분양권)]은 1주택 또는 재개발사업 등의 시행기간 중 거주 목적으로 취득한 1년 이상 거주한 1주택 또는 승계입주권 (분양권)으로서 합친 날 이전 승계입주권(분양권)을 취득하기 전부터 소유하던 1주택
③ [1조합원입주권(분양권)+1조합원입주권(분양권)]은 합친 날 이후 사업 시행 완료로 인해 취득하는 신축주택

합가 전 보유			합가 후 선 양도 주택
	1주택	➡	1주택
	원조합원입주권+대체주택	➡	대체주택
	종전주택+승계입주권(또는 분양권)	➡	종전주택
	입주권(또는 분양권)	➡	합가 후 사업 완료로 취득한 신축주택

부친과 모친 중 한 분과 동거봉양하는 경우 비과세

| 2002년 9월 | 2013년 8월 | 2018년 7월 | 2022년 7월 | 2023년 1월 |

A주택 취득(부친)　B주택 취득(모친)　C주택(자녀) 조정대상지역　C주택 합가 (모친+자녀)　B주택 양도

상황

- 02년 09월: 부친(65세), 서울 A주택 취득 현재 경비업체 근무 중
- 13년 08월: 모친, 가정불화에 따른 별거 목적으로 경기도 소재 B주택 취득 후 거주
- 18년 07월: 자녀(30세), 서울 소재 C주택 취득(조정대상지역) 후 거주 중
- 22년 07월: C주택에서 모친(59세)과 동거봉양합가
- 23년 01월: B주택 양도

질문

① 부친과 자녀는 별도세대로 판단하나요?
② B주택 양도 시 비과세 가능한가요?

해설

① 별도세대로 판단한다.

1세대란 거주자 및 그 배우자(법률상 이혼을 하였으나 생계를 같이하는 등 사실상 이혼한 것으로 보기 어려운 관계에 있는 사람을 포함)가 그들과 같은 주소 또는 거소에서 생계를 같이하는 자와 함께 구성하는 가족 단위를 말한다. 모친은 부친과 동일세대이고 자녀는 모친과는 동일세대이나 부친과 자녀는 주소 또는 거소를 달리할 뿐만 아니라 생계를 같이하지 않아 별도세대이다.

② 비과세되지 않는다.

B주택은 모친의 주택으로서 모친이 1세대 1주택자인지 여부를 판단할 때는 주소를 달리하는 법률상 배우자도 포함된다. 따라서 모친은 1세대 3주택자(A, B, C)이므로 B주택 양도 시 비과세되지 않는다.

동거봉양합가 특례에서 먼저 양도하는 주택은 1세대 1주택으로 보아 비과세 요건을 적용한다고 명시하고 있다.

사례에서 모친의 주택을 먼저 양도하는 경우 모친의 배우자가 모친과 동일세대로 A주택을 소유하고 있으므로 동거봉양합가 특례가 적용되지 않는 것이다. 한편 C주택을 먼저 양도 시 자녀는 부친과 별도세대이나 직계존속세대가 2주택을 보유하고 있어 동거봉양합가 특례 요건이 충족되지 않아 비과세되지 않는다.

앞서 설명한 대로(사례 1의 하나 더!! 참조) 동거봉양(혼인)합가의 취지는 합가 전 1주택자로서 합가하지 않았다면 비과세받을 수 있었다. 즉, 동거봉양(혼인)합가로 합가 세대가 2주택 이상이 되어 과세되는 불합리한 점을 제거하여 봉양 또는 혼인을 장려하는 측면이 있는 것이다. 법률제정 취지와 결과를 보건대 저자의 견해로는 유권해석 등을 통해 자녀의 C주택은 비과세되는 것이 바람직하다.

▶ 핵심 포인트 정리!

1주택을 보유하고 1세대를 구성하는 자가 1주택을 보유하고 있는 60세 이상의 직계존속을 동거봉양하기 위하여 세대를 합침으로써 1세대가 2주택을 보유하게 되는 경우 합친 날부터 10년 이내에 먼저 양도하는 주택은 이를 1세대 1주택으로 보아 비과세 규정을 적용한다.

🖐️ 하나 더!!

사실혼: 법률상 혼인 관계는 아니나 사실상 혼인 관계로 볼 만한 실질이 존재하는 공동생활체를 흔히 사실혼이라 한다.

배우자의 범위: 소득세법에서 "1세대란 거주자 및 그 배우자가 그들과 같은 주소 또는 거소에서 생계를 같이하는 자와 함께 구성하는 가족 단위"를 말한다. 여기서 '배우자'는 법률상 배우자뿐만 아니라 "법률상 이혼을 하였으나 사실상 이혼으로 보기 어려운 관계에 있는 사람"을 포함한다고 명시한다. 따라서, 처음부터 혼인 관계가 없었던 사실혼은 배우자에 포함되지 않는다.

사례처럼 가정불화 등의 이유로 별거 중인 경우라도 법률상 배우자는 같은 세대로 본다.

혼인(동거봉양)합가 후 즉시 양도할 시 비과세

2014년 9월	2021년 8월	2022년 7월	2023년 1월
A주택 취득(남)	B주택 취득(여) 비조정대상지역	A주택 혼인합가	B주택 양도

상황

- 14년 09월: 남성, 서울 소재 A주택 취득
- 21년 08월: 여성, 경기도 소재 B주택 취득(비조정대상지역)
- 22년 07월: A주택으로 혼인합가(혼인신고일)
- 23년 01월: B주택 양도

질문

① B주택 양도 시 비과세 가능한가요?
② 비과세를 받기 위한 B주택 양도 기한은 언제인가요?

해설

① 비과세되지 않는다.

남녀 모두 1주택자가 혼인합가로 2주택자가 된 경우로서 먼저 양도하는 주택은 혼인합가 특례로 비과세받을 수 있다. 다만, 먼저 양도하는 주택은 양도일 현재 비과세 요건인 2년 이상 보유(취득 시 조정대상지역은 2년 거주요건 추가)요건을 충족하여야 비과세된다. 사례에서 B주택은 23년 1월 양도 시 보유 기간이 2년에 미달하기 때문에 비과세되지 않는 것이다.

② B주택은 합가일인 22년 7월부터 27년 7월 중 5년이 되는 날까지 양도하면 B주택의 보유기간 2년 이상(취득 시 비조정대상지역은 2년 거주요건 없음)이 되어 비과세 요건을 충족하여 비과세받을 수 있다.

▶ 핵심 포인트 정리!

혼인(동거봉양)합가로 1세대 2주택자가 된 경우 먼저 양도하는 주택으로서 비과세 요건을 갖춘 주택은 비과세받을 수 있다. 비과세 요건의 충족 여부는 혼인(동거봉양)합가일 현재가 아니라 혼인일(합가일)로부터 5년(10년) 이내에 양도 시 즉, 양도일 현재 비과세 요건을 충족하면 된다.
여기서 혼인일은 관할 지방 관서에 혼인신고한 날을 말한다. 우스갯소리지만 합가일에 비과세 요건을 충족해야 한다는 잘못된 정보로 결혼을 미루는 어처구니없는 사건도 있다니 반드시 세무전문가의 도움을 받자.

하나 더!!

동거봉양 및 혼인합가 시 어느 주택에서 합가할까?
사례처럼 A(신랑)주택에서 합가 후 B주택을 양도하는 경우 2년 이상 보유요건을 갖추어야 비로소 비과세받을 수 있다. B주택 취득 시 조정대상지역이었다면 추가로 2년 이상 거주요건도 갖추어야만 한다. 이와는 반대로 B(신부)주택에서 합가 후 A주택 양도 시는 취득 당시 조정대상지역이 아니고 2년 이상 보유요건을 갖추었으므로 바로 양도해도 비과세된다. 그러므로 누구 집에서 합가할 것인가도 세무상 중요한 절세 포인트라 하겠다.

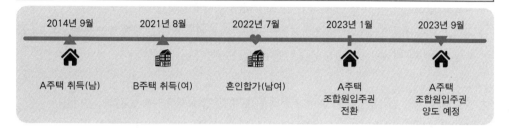

사례7

각각 1주택자가 혼인(동거봉양)합가 후
그중 1주택이 조합원입주권으로 전환된 경우 비과세

2014년 9월	2021년 8월	2022년 7월	2023년 1월	2023년 9월
A주택 취득(남)	B주택 취득(여)	혼인합가(남여)	A주택 조합원입주권 전환	A주택 조합원입주권 양도 예정

상황

- 14년 09월: 남성, 서울 소재 A주택 취득
- 21년 08월: 여성, 경기도 소재 B주택 취득
- 22년 07월: 혼인합가(혼인신고일)
- 23년 01월: A주택 조합원입주권으로 전환
- 23년 09월: A조합원입주권 동호수 추첨 후 양도

질문

- A조합원입주권 양도 시 비과세 가능한가요?

⌛ 해설

비과세 가능하다.

A조합원입주권을 혼인합가일부터 5년 이내에 양도하였고 관리처분인가일인 23년 1월 현재 8년 이상 보유(취득일이 17.8.2. 이전으로 거주요건 없음)하여 비과세 요건을 충족한 상태다.

조합원입주권은 입주자로 선정된 지위로서 주택이 아닌 권리이다. 따라서 조합원입주권 양도

시 원칙적으로 비과세되지 않는다. 다만, 주택이 원조합원입주권으로 전환된 경우로서 전환일(도정법상 관리처분인가일 또는 빈집 및 소규모주택정비에 관한 법률상 사업시행인가일) 현재 비과세 요건을 갖춘 경우로서 다음 어느 하나의 요건을 충족하는 때에는 비과세한다.

가. 양도일 현재 다른 주택 또는 분양권*을 보유하지 아니할 것

  *22.1.1. 이후 취득한 원조합원입주권 양도에 따른 비과세 판단 시 다른 주택 또는 분양권을 보유하지 않아야 한다. 이 경우 분양권은 22.1.1. 이후 취득한 분양권을 의미한다.

나. 양도일 현재 1조합원입주권 외에 1주택을 보유한 경우(분양권을 보유하지 아니하는 경우로 한정)로서 1주택을 취득한 날부터 3년 이내에 해당 조합원입주권을 양도할 것

▶ 핵심 포인트 정리!

조합원입주권의 비과세 요건

조합원입주권을 1개 보유한 1세대 [도정법에 따른 관리처분계획의 인가일 및 빈집법에 따른 사업시행계획인가일(인가일 전에 기존주택이 철거되는 때에는 기존주택의 철거일) 현재 비과세 요건을 충족하는 기존주택을 소유하는 세대]가 ① 양도일 현재 다른 주택 또는 분양권*을 보유하지 아니하거나 ② 양도일 현재 1조합원입주권 외에 1주택을 보유한 경우(분양권을 보유하지 아니하는 경우로 한정)로서 해당 1주택을 취득한 날부터 3년 이내에 해당 조합원입주권을 양도할 것

*22.1.1. 이후 취득한 원조합원입주권 양도 시 비과세를 적용받기 위해선 분양권을 보유하지 않아야 한다. 이 경우 분양권은 22.1.1. 이후 취득한 분양권을 의미한다. 21.1.1. 이후 취득한 분양권은 다주택 중과 또는 다른 주택의 비과세 판단 시 주택으로 취급한다. 그러나 22.1.1. 이후 취득한 원조합원입주권의 비과세 적용 시에 분양권을 소유하지 않아야 하는 규정은 22.1.1부터 시행한다. 따라서 21.12.31. 이전에 취득한 분양권은 보유하여도 22.1.1. 이후 취득한 원조합원입주권 양도 시 비과세에 영향을 미치지 않는다.

하나 더!!

조합원입주권 중 승계조합원입주권도 비과세 가능할까?

조합원입주권은 원조합원입주권과 승계조합원입주권으로 구분한다.

원조합원입주권은 관리처분인가(또는 사업시행인가)일에 주택(부동산)이 권리로 전환된 것이다.

원조합원입주권이 비과세되기 위해서는 권리전환일 현재 주택(부동산)으로서 비과세 요건을 충족해야 비과세가 가능하다.

조합원입주권은 입주자로 선정된 지위로 도정법 및 빈집법이 근거법률이다. 그중 승계 조합원입주권은 분양권과 성격이 유사하다. 원조합원입주권이 부동산이 권리로 전환 된 경우라면 승계입주권과 분양권은 처음부터 권리를 취득한 점에서 다르다.

따라서 승계조합원입주권과 분양권은 어떠한 경우에도 비과세되지 않는다.

일시적 2주택자가 혼인(동거봉양)으로
3주택이 된 경우 비과세

| 2014년 9월 | 2020년 8월 | 2022년 2월 | 2022년 9월 | 2023년 1월 |

A주택 취득(남)
비조정대상지역

B주택 취득(남)
조정대상지역

C주택 취득(여)
조정대상지역

혼인합가(B주택)

A주택 양도

상황

- 14년 09월: 남성, A주택 취득(비조정대상지역)
- 20년 08월: 남성, B주택 취득(조정대상지역)
- 22년 02월: 여성, C주택 취득(조정대상지역)
- 22년 09월: 혼인합가(B주택)
- 23년 01월: A주택 양도

질문

① A주택 양도 시 비과세 가능한가요?
② C주택은 언제까지 처분하면 비과세 가능한가요?

⌛ 해설

① 비과세 가능하다.

A주택 비과세 판단 시 B주택은 A주택 취득 후 1년 이상 지나서 취득하였고 A주택은 양도일
현재 2년 이상 비과세 요건을 충족하였으며 B주택 취득일로부터 3년 이내이므로 일시적 2주
택으로 비과세된다.

② C주택은 혼인합가일로부터 5년 이내에 양도하면 혼인합가 특례로 비과세받을 수 있으나 양도일 현재 비과세 요건을 충족하였는지 여부를 판단하여야 한다. C주택은 조정대상지역에서 취득하였으므로 보유 기간 동안 2년 이상 거주하여야 비과세된다.

따라서 합가일로부터 5년이 되는 날까지 C주택에서 2년 이상 거주 후 양도하면 비과세가 가능하다.

각자 1주택자가 혼인합가로 1세대 2주택자(A+B)인 상태에서 다른 주택(C)을 공동소유로 취득 후 A, B 중 종전주택 양도 기한 내에 먼저 양도하는 주택은 일시적 2주택 특례로 비과세하고, 혼인일로부터 5년 이내에 A, B 중 남은 주택은 혼인합가 특례로 비과세받을 수 있는 것이다.

 핵심 포인트 정리!

동거봉양 및 혼인합가 특례 적용

1주택자가 1주택자와 혼인합가함으로써 특례 요건을 충족하기만 하면 비과세되는지에 대한 판단은 추가적인 검토가 필요하다.

비과세 요건은 취득일부터 양도일까지 2년 이상 보유하여야 하고 조정대상지역에서 취득한 경우라면 양도일 현재 조정대상지역에서 해제되었어도 그 보유 기간 중 2년 이상 거주요건을 충족하여야 한다.

결론적으로 동거봉양 및 혼인합가 특례는 합가일에 특례 요건을 충족하였는지를 판단하고 양도일에 비과세 요건을 갖추었는지를 추가로 판단하여야 한다.

 하나 더!!

혼인합가로 [1주택자(A)+일시적 2주택자(종전+신규)]가 된 경우 먼저 A주택 양도 시 비과세되는가?

당연히 비과세된다고 생각하는 사람이 많을 것이다. 저자의 견해도 그러하며, 과세당국 또한 상담 사례에서 비과세 가능하다는 답을 주고 있다.

그러나 대법원 판례(대법2007두26544, 2010.1.14.)에서는 혼인으로 인한 1세대 1주택 비과세 특례에서 '1주택을 보유한 자'에는 일시적 2주택 보유자는 포함하지 않는다고 하여 엄격한 문리해석으로 혼선이 있다.

수많은 상담 사례 중 상황별로 답변이 달리 나올 수 있고 상담 사례의 답변이 법적 효력이 있는 것은 아니라는 점을 주의하자.

실무에서는 종전주택을 종전주택 양도 기한 내에 처분해 일시적 2주택으로 비과세를 받은 후 비로소 혼인합가 특례로 A주택과 신규주택 중 혼인일로부터 5년 이내에 먼저 양도하는 주택은 특례를 적용하고 있다.

 **절세 포인트**

[동거봉양합가 후 분양권 취득]

1주택자가 동거봉양합가로 1세대 2주택이 된 상태에서 분양권을 취득하고 종전주택을 양도하는 경우 동거봉양 및 혼인합가 및 일시적 2주택 특례에 따라 1세대 1주택으로 보아 비과세를 적용받을 수 있다.

[직계존속과 합가한 후 혼인한 경우]

1주택(A주택)을 보유하고 1세대를 구성하는 자(갑)가 1주택(B주택)을 보유하고 있는 60세 이상의 직계존속을 동거봉양하기 위하여 세대를 합침으로써 1세대가 2주택을 보유한 상태에서 갑이 1주택(C주택)을 보유한 자와 혼인함으로써 1세대가 3주택을 보유하게 되는 경우 직계존속과 세대를 합친 날부터 10년 이내에 양도하는 A주택과 C주택은 동거봉양과 혼입합가의 1세대 1주택 비과세 특례가 중첩되고 있다. 따라서 C주택은 동거봉양합가일로부터 10년 이내이면서 혼인합가일로부터 5년 이내 양도 시 1세대 1주택으로 보아 비과세 여부를 판정한다.

[동거봉양합가 후 조합원입주권을 취득한 경우]

1주택(A)과 상가를 소유한 갑이 1주택을 보유한 장모를 동거봉양으로 세대 합가한 이후, 상가가 도정법 등에 의해 주택분 조합원입주권(B)으로 전환되어 갑이 세대를 분리하고 1주택과 B조합원입주권을 소유한 상태에서 양도하는 A주택은 조합원입주권을 취득한 날부터 3년 이내에 종전의 A주택을 양도하는 경우 비과세받을 수 있다.

1세대 1주택 비과세 판단은 양도일 현재를 기준으로 한다. 양도일 현재 갑은 장모와 별도세대로서 1주택(A)과 B조합원입주권만을 보유하고 있는 1세대로 비과세 여부를 판정한다.

[동거봉양 해당 여부]

1주택을 동일세대인 60세 이상의 직계존속과 자녀(을)가 1/2씩 소유하고 A주택 소유자인 자녀(갑)가 합가하고, 그 합가일로부터 10년 이내에 갑이 A주택 양도 시 비과세 요건을 갖추어도 동거봉양에 해당되지 않아 비과세되지 않는다.

만약 자녀(을)가 별도세대라면 갑은 1주택 보유자인 60세 이상의 직계존속과 동거봉양합가로 비과세 특례가 가능하다. 직계존속과 자녀의 공동소유 주택을 양도 시 직계존속은 동거봉양합가 특례로 비과세받을 수 있고 자녀 을의 경우 다른 주택이 없으면 1세대 1주택자로 비과세 요건 충족 시 비과세가 적용된다.

[동거봉양합가 후 10년 이내에 직계존속 사망 시 특례 적용 여부]
A주택을 소유한 모친을 동거봉양합가하여 1세대 2주택이 되어 그 합가일로부터 10년 이내에 모친이 사망한 경우, 본인 주택(B)과 모친이 합가 전 배우자(부친)로부터 상속받은 A주택은 동거봉양에 따른 1세대 1주택의 비과세 특례가 적용된다.
만약 합가 전 본인 세대(자녀)가 직계존속(부친)의 A주택을 상속받았다면 상속 당시 보유한 본인 주택(B) 양도 시 동거봉양 특례가 아닌 상속주택 특례가 적용되어 비과세받을 수 있다.

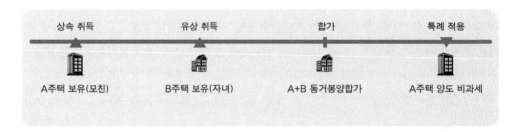

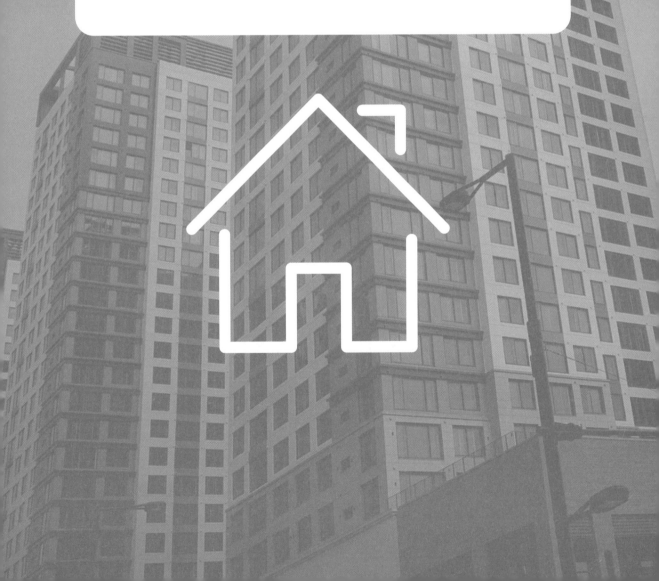

Part 10

상속주택 특례

1세대 1주택자가 부모로부터 주택을 상속받은 경우 어떻게 취급할 것인가? 상속은 내 의사와는 무관하게 발생되는 측면이 있어 소득세법 시행령 제155조 ②, ③에 상속주택과 그 외 일반주택 보유 시 1세대 1주택 비과세 특례를 두고 있다.

상속받은 주택과 그 밖의 주택(이하 일반주택)을 국내에 1개씩 소유하고 있는 경우에 일반주택 양도 시 국내에 1개의 주택을 소유한 것으로 보아 비과세 규정을 적용한다.

상속받은 주택과 상속 당시 일반주택을 보유하여 2주택자에 해당되어도 상속주택 특례에 의해 일반주택이 비과세 요건을 충족하고 있다면 2주택자임에도 비과세받을 수 있는 것이다.

또한 선순위 상속주택에 해당하면 다주택자여도 5년 이내 처분 시 해당 주택은 양도소득세 중과를 배제한다.

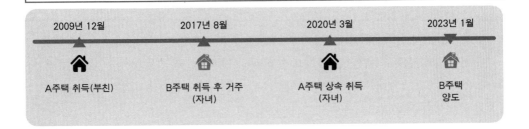

상속으로 2주택자인 경우 양도소득세 중과 여부

| 2009년 12월 | 2017년 8월 | 2020년 3월 | 2023년 1월 |

A주택 취득(부친) / B주택 취득 후 거주 (자녀) / A주택 상속 취득 (자녀) / B주택 양도

상황

- 09년 12월: 부친, 서울 소재 A주택 취득
- 17년 08월: 자녀, 서울 소재 B주택 취득 후 거주 중
- 20년 03월: 별도세대인 부친으로부터 A주택을 상속 취득
- 23년 01월: B주택 양도

질문

- B주택 양도 시 2주택자로 중과세가 적용되나요?

⧖ 해설

다주택자 중과세는 24.5.9까지 유예됨으로 중과세는 적용되지 않고 사례의 경우 상속주택에 관한 1세대 1주택 비과세 특례를 받을 수 있다.

상속주택 특례에서는 1세대가 상속개시 당시 보유한 일반주택을 양도하는 경우에는 국내에 1개의 주택을 소유하고 있는 것으로 보아 비과세 요건을 적용한다.

따라서 사례의 경우 상속개시일에 조정대상지역에서 취득한 B주택을 2년 이상 보유하고 거주하였으므로 비과세 대상이다. 다만, B주택 양도가액이 12억원을 초과하는 고가주택에 해당하면 12억원 초과분에 대해서 과세되고 장기보유특별공제는 표2를 적용받을 수 있다.

▶ 핵심 포인트 정리!

상속받은 주택과 일반주택(상속개시 당시 보유한 주택 또는 상속개시 당시 보유한 조합원입주권이나 분양권에 의하여 사업시행 완료 후 취득한 신축주택만 해당)을 국내에 각각 1개씩 소유하고 있는 1세대가 일반주택을 양도하는 경우에는 국내에 1개의 주택을 소유하고 있는 것으로 보아 비과세 규정을 적용한다.

조정대상지역에서 취득한 주택은 1세대 1주택 비과세 판단 시 2년 이상 보유 및 그 보유 기간 중 2년 이상 거주요건을 충족하여야 한다.

장기보유특별공제에서 표2는 과세되는 1세대 1주택자* 중 2년 이상 거주한 경우가 그 대상이다. 1세대 1주택인 고가주택의 경우 전체 양도차익 중 (양도가액-12억원) / 양도가액에 해당하는 양도차익에 보유 기간에 따른 연 4%, 거주기간에 따른 연 4%를 80% 한도로 공제한다.

*과세되는 1세대 1주택자: 1세대 1주택자로서 보유 및 거주요건을 충족하지 못해 과세되는 경우 및 양도가액이 12억원을 초과하여 과세되는 경우

👆 하나 더!!

장기보유 특별공제율	공제율	요건
표1	연 2% (최대 30%)	3년 이상 보유 토지 · 건물 및 원조합원입주권
표2	연 4% (최대 40%)	1세대 1주택자로서 최대 80% 공제 (2년 이상 거주해야 함)
	연 4% (최대 40%)	

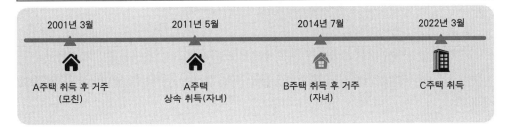

사례2
먼저 상속받은 후 주택 취득 시 비과세
(2013.2.15. 이후 취득)

2001년 3월	2011년 5월	2014년 7월	2022년 3월
A주택 취득 후 거주 (모친)	A주택 상속 취득(자녀)	B주택 취득 후 거주 (자녀)	C주택 취득

상황

- 01년 03월: 모친, 경기도 하남시 A주택 취득 후 거주 중
- 11년 05월: 갑은 모친으로부터 A주택 상속
- 14년 07월: 갑, 경기도 성남시 B주택 취득 후 거주 중
- 22년 03월: 갑, 서울 송파구 C주택 취득

질문

① 별도세대인 부모로부터 주택을 상속받는 경우 상속인의 소유로 보지 않는다고 하던데 C주택 취득 후 언제까지 B주택을 처분해야 비과세 가능한가요?
② B주택 처분 후 2년이 지나 C주택을 양도해도 비과세 가능한가요?

해설

① 비과세되지 않는다.

1세대1주택 비과세를 판단함에 있어 상속받은 주택은 갑의 소유 주택으로 보지 않는다.

이 경우 비과세되는 일반주택은 상속개시 당시에 보유한 주택이어야 한다.

사례의 경우 B주택은 상속개시 후 취득하였으므로 상속주택 특례 대상이 아니다.

따라서, 일시적 2주택 특례와 상속주택 특례가 중첩되어 비과세받으려면 일반주택(B)은 반드시 상속개시 당시 보유한 주택이어야 한다.

만약 갑이 B주택을 상속개시 후라도 13년 2월 15일 전에 취득했다면 어떻게 될까?

13.2.14. 이전에 일반주택을 취득했다면 비과세된다.

소득령 제155조 2항의 개정(13.2.15)으로 상속주택 특례 대상 일반주택은 상속 당시 보유한 주택으로 한정하고 13.2.15. 이후 취득분부터 적용되기 때문이다.

② C주택도 상속개시 당시 보유하지 않은 주택으로 비과세되지 않는다. 다만, C주택의 취득일부터 3년 이내에 상속받은 A주택을 양도하는 경우 일시적 2주택 특례에 따라 비과세받을 수 있다.

한편, 상속주택 특례 규정이 개정(13.2.15.)되기 전에는 상속받은 주택이 있는 상태에서 일반주택을 취득하여 양도하고 다시 취득하여 양도해도 반복적으로 1주택으로 보아 비과세 규정을 적용하였다. 개정 이후로는 상속개시 당시 보유한 주택으로 한정하기 때문에 반복적 특례 적용은 불가하다.

 ▶ **핵심 포인트 정리!**

소득세법 시행령 제155조 2항의 13.2.15. 개정으로 상속주택 특례 대상 일반주택은 13.2.15. 이후에 취득하여 양도하는 분부터 적용한다. 따라서 13.2.15. 이후 취득하는 일반주택은 상속개시 당시 보유하고 있는 주택이어야 특례가 가능하다.

 하나 더!!

상속주택 특례에서 일반주택은 상속개시 당시 보유한 주택 또는 상속개시 당시 보유한 조합원입주권이나 분양권(21.1.1. 이후 취득분)에 의하여 취득한 신축주택만 해당한다.

따라서 사례의 경우 B주택은 상속개시 당시에 보유한 주택이 아니므로 비과세를 적용받을 수 없다.

B주택을 과세로 처분 후 C주택을 비과세받기 위해서는 상속받은 A주택을 먼저 처분하고 C주택 취득일인 22년 3월에 송파구(조정대상지역)에 소재하고 있으므로 2년 이상 거주요건을 충족하여야 비과세를 받을 수 있다.

사례3
먼저 상속받은 후 주택 취득 시 비과세 (2013.2.14. 이전 취득)

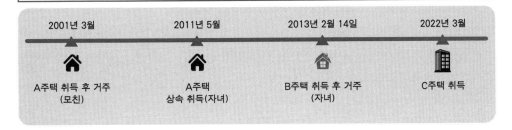

2001년 3월
A주택 취득 후 거주
(모친)

2011년 5월
A주택
상속 취득(자녀)

2013년 2월 14일
B주택 취득 후 거주
(자녀)

2022년 3월
C주택 취득

상황

- 01년 03월: 모친 경기도 하남시 A주택 취득 후 거주 중
- 11년 05월: 갑은 모친으로부터 A주택 상속
- 13년 02월 14일: 갑, 경기도 성남시 B주택 취득 후 거주 중
- 22년 03월: 갑, 서울 송파구 C주택 취득

질문

① 별도세대인 부모로부터 주택을 상속받은 경우 C주택 취득 후 언제까지 B주택을 처분해야 비과세 가능한가요?
② B주택 처분 후 2년이 지나 C주택을 양도해도 비과세 가능한가요?

⧖ 해설

① B주택과 C주택은 일시적 2주택 특례와 상속주택 특례가 중첩 적용되어 종전주택 처분 기한 내에 양도하면 비과세 가능하다.

B주택은 상속개시 당시 보유하지 않았지만, 그 취득일이 13.2.14로 상속주택 특례 규정이 개정되기 전인 13.2.14. 이전에 취득했으므로 상속주택 특례가 적용된다.

종전주택 처분 기한은 신규주택 취득일부터 3년 이내이다. 그러나 종전주택을 23.1.12. 전에 양도한 경우에는 신규주택 취득 시 종전주택과 신규주택 모두 조정대상지역에 소재한 경우에만 일시적 2주택의 종전주택 처분 기한은 2년이 적용된다.

② 비과세되지 않는다.
B주택 양도 시 상속주택 특례를 적용받았고 상속주택 특례는 13.2.15. 이후 반복적으로 적용되지 않기 때문이다. 또한, C주택은 13.2.15. 이후 취득하였고 상속개시 당시 보유한 주택도 아니므로 비과세되지 않는다.

▶ 핵심 포인트 정리!

소득세법 제155조 2항은 13.2.15. 개정 시 종전의 '상속주택과 그 밖의 주택'을 '상속주택과 그 밖의 주택(상속개시 당시 보유한 주택)'으로 개정하고 부칙에서 2013.2.15. 이후 취득하여 양도하는 일반주택부터 적용한다는 적용례를 두었다.

👆 하나 더!!

상속주택 특례는 상속 당시 보유한 일반주택*에 대해서만 비과세 특례를 적용한다.
* ① 13.2.15. 이후 일반주택을 취득하여 양도하는 분부터 적용
　② 14.2.21. 이후 양도하는 분부터 상속개시 당시 보유한 조합원입주권이 주택으로 전환된 경우도 포함
　③ 21.1.1 이후 양도하는 분부터 상속개시 당시 보유한 분양권(21년 이후 취득)이 주택으로 전환된 경우도 포함

공동상속주택 특례
제154조 1항 비과세 규정을 적용할 때 공동상속주택(상속으로 여러 사람이 공동으로 소유하는 1주택) 외의 다른 주택을 양도하는 때에는 해당 공동상속주택은 해당 거주자의

주택으로 보지 아니한다. 다만, 상속 지분이 가장 큰 상속인의 경우에는 그자의 소유 주택으로 본다.

위 사례에서 A주택이 공동상속주택이고 갑이 소수 지분자로 가정할 경우에는 B주택은 일시적2주택 특례와 공동상속주택 특례를 적용받아 비과세받고 C주택을 양도 시에도 공동상속주택 특례로 다시 비과세받을 수 있다. 즉, 선순위 공동상속주택 특례는 일반주택 양도 시 반복적으로 비과세 특례를 받을 수 있는 것이다.

상속개시 전 증여받은 주택의 비과세

2001년 3월	2018년 5월	2020년 2월	2022년 3월
A주택, B주택 보유 중 (부친)	A주택 증여 취득(자녀) 조정대상지역	B주택 상속 취득 (자녀)	A주택 양도

상황

- 01년 03월: 부친, 서울 종로 A주택과 경기도 파주시 적성면 B주택 보유
- 18년 05월: 갑은 부친으로부터 A주택 증여받아 임대 중(조정대상지역)
- 20년 02월: 갑은 부친의 사망으로 B주택을 상속받음
- 22년 03월: 갑, A주택 양도

질문

① A주택에서 거주하지 않았어도 비과세 가능한가요?
② B주택에서 모친이 거주하면서 농사를 짓고 계시는데 농어촌주택에 해당하나요?

해설

① 비과세 되지 않는다.

상속주택 특례에서 상속개시 당시 보유한 일반주택의 범위에 상속개시일부터 소급하여 2년 이내에 피상속인으로부터 증여받은 주택 또는 증여받은 조합원입주권이나 분양권에 의하여 취득한 신축주택은 상속개시 당시 보유한 주택에서 제외되기 때문이다.

② 농어촌주택에 해당하지 않는다.

농어촌주택은 원칙적으로 수도권 밖에 소재해야 한다. 다만, 조세특례제한법 제99조의4 농어촌주택의 지역 요건에서는 예외적으로 수도권 중 연천군과 인천광역시의 강화군 및 옹진군은 수도권임에도 농어촌주택에 포함하고 있다.

▶ 핵심 포인트 정리!

상속주택과 '그 밖의 주택'에서 '그 밖의 주택'이란 상속개시 당시 보유한 주택 또는 상속개시 당시 보유한 조합원입주권이나 분양권에 의하여 사업시행 완료 후 취득한 신축주택만 해당하며, 상속개시일부터 소급하여 2년 이내에 피상속인으로부터 증여받은 주택 또는 증여받은 조합원입주권이나 분양권에 의하여 사업시행 완료 후 취득한 신축주택은 제외한다.

비과세 요건 중 조정대상지역에서 취득한 주택은 2년 이상 거주요건을 충족하여야 비과세된다.

사례에서 비록 갑이 2년 이상 거주요건을 충족하였다 해도 상속개시 전 2년 이내 증여받은 주택은 상속주택 특례가 적용되는 일반주택에 해당되지 않는다.

👆 하나 더!!

위 사례에서 A주택은 일시적 2주택으로 비과세받을 수 있을까?
일시적 2주택 특례 적용 시 신규주택의 취득에서 '취득'에는 상속이든 증여든 모두 취득의 범주에 포함되고 갑이 별도세대로부터 주택을 상속받았다면 신규주택에 해당한다.
따라서 B주택은 신규주택이고 종전주택(A) 취득일로부터 1년 이상이 지나서 취득하였고 종전주택의 처분 기한 이내이기 때문에 일시적 2주택 특례로 비과세 규정을 적용받을 수 있다. 다만, 비과세 규정 적용 시 조정대상지역에서 취득한 주택(A)은 2년 이상 거주요건을 충족하여야 비과세다.

사례에서 A주택은 양도일 현재 거주요건 미충족으로 일시적 2주택 특례로 비과세를 받을 수 없다.

이와 같이 하나의 거래가 1세대 1주택 특례 규정 중 어느 하나에 해당할 가능성이 있으므로 종합적인 법령 검토가 필요하다.

사례5

동거봉양합가 후 일반주택 취득 및 주택 상속 시 비과세

2003년 A아파트 취득 후 거주 (부친)

2014년 B주택 취득 (자녀)

2016년 부친, 자녀 동거봉양합가

2020년 B주택 양도 (자녀)

2020년 C주택 취득 (자녀)

2021년 A주탁 상속 취득 (자녀)

2023년 C주택 양도

상황

- 03년: 부친(78세), 전남 장흥군 소재 A주택 취득 및 거주
- 14년: 자녀, 서울 소재 B주택 취득
- 16년: 부친 · 자녀 동거봉양합가
- 20년: 자녀, B주택 양도 후 C주택 취득
- 21년: 자녀, 부친 사망으로 A주택 상속
- 23년: 자녀, C주택 양도

질문

- 동거봉양을 위해서 합가한 후 일반주택 취득 및 주택을 상속받은 경우 상속주택 특례에 따른 비과세를 받을 수 있나요?

⧖ 해설

비과세 가능하다.

동거봉양합가 이후 합가 당시 보유한 일반주택 B를 합가일로부터 10년 이내에 매도하는 경우 2년 이상 보유하였으므로 동거봉양합가 특례로 비과세된다. 이후 다른 일반주택(C)을 취득 후 동일세대로부터 A주택을 상속받아도 상속주택 특례를 적용받을 수 있다.

사례의 경우 A주택은 동거봉양으로 세대를 합치기 전부터 피상속인이 보유하던 주택으로 상속주택 특례 대상 상속받은 주택에 해당하기 때문이다.

▶ 핵심 포인트 정리!

소득세법 시행령 제155조 ② 단서 내용을 보면, 상속인과 피상속인이 상속개시 당시 1세대인 경우에는 1주택을 보유하고 1세대를 구성하는 자가 직계존속(배우자의 직계존속을 포함하며, 세대를 합친 날 현재 직계존속 중 어느 한 사람 또는 모두가 60세 이상으로서 1주택을 보유하고 있는 경우만 해당한다)을 동거봉양하기 위하여 세대를 합침에 따라 2주택을 보유하게 되는 경우로서 합치기 이전부터 보유하고 있었던 주택만 상속받은 주택으로 본다고 규정하고 있다.

👆 하나 더!!

상속받은 주택은 종합적 검토가 필요하다

① 상속받은 주택이 동일세대로부터 상속받은 주택에 해당하나 그 주택이 동거봉양으로 합치기 이전부터 보유하고 있었던 주택인지 여부

② 별도세대로부터 상속받은 후 취득한 일반주택의 취득일이 13.2.14. 이전인지

③ 별도세대로부터 상속받은 주택을 신규주택으로 보아 일시적 2주택 특례는 가능한지

④ 별도세대로부터 상속받은 주택이 농어촌주택 특례 대상 주택에 해당하는지 등을 추가로 검토할 필요가 있다.

누가 상속주택을 받는지에 따른 세금 차이

2009년 3월 — A주택, B주택 동시취득(부친)
2017년 9월 — C주택 취득 (갑 장남)
2021년 12월 — A주택 상속 취득(모친) B주택 공동상속 취득 (자녀 3)
2023년 — C주택 양도 예정

상황

- 09년 03월: 부친은 서울 2채(A, B)를 동시 취득 후 A주택에서 거주하다 14년 이후로 B주택에 서 거주 중
- 17년 09월: 갑, 고양시 소재 C주택 취득
- 21년 12월: A, B주택 상속(상속인: 배우자, 갑(장남), 을(장녀), 병(차녀)) 모두 별도세대
  (A는 모친, B는 자녀 3인이 법정 지분대로 상속, 모친이 B주택에서 현재 거주 중)
- 23년 00월: C주택 양도 예정

질문

- C주택 양도 시 비과세 가능한가요?
- 을도 1주택을 보유하고 있는데 처분 시 갑과 동일하게 비과세되나요?

⌛ 해설

갑의 C주택은 상속주택 특례에 해당되어 비과세가 가능하다. 을 또한 동일하게 일반주택이 비과세 요건을 갖추고 있다면 공동상속주택 특례에 해당되어 비과세 가능하다.

상속주택 특례는 상속주택이 2채 이상인 경우 선순위 상속주택에 한해 적용한다.
선순위 상속주택은 피상속인이 상속개시 당시 2 이상의 주택(상속받은 1주택이 재건축사업 등으로 2 이상의 주택이 된 경우를 포함)을 소유한 경우에는 피상속인의 소유 기간 → 피상속인의 거주기간→ 피상속인이 상속개시 당시 거주한 주택 → 거주 사실이 없는 경우 기준시가가 높은 1주택으로 하고 기준시가도 동일한 경우 상속인이 선택한 1주택으로 한다.

공동상속주택 외의 다른 주택을 양도하는 때에는 해당 공동상속주택은 해당 거주자의 주택으로 보지 아니한다. 다만, 상속 지분이 가장 큰 상속인의 경우에는 그러하지 아니하며, 상속 지분이 가장 큰 상속인이 2명 이상인 경우 그 2명 이상의 사람 중 당해 주택에 거주자 → 최연장자 순으로 그 공동상속주택을 소유한 것으로 본다.

사례에서 피상속인의 소유 기간이 동일하므로 거주기간이 가장 긴 B주택이 선순위 상속주택이면서 공동상속주택에 해당하므로 최연장자인 갑(장남)의 상속주택으로 보아 상속개시 당시 보유한 주택 C는 상속주택 특례로 비과세받을 수 있다.

갑을 제외한 을과 병은 소수 지분자로서 공동상속주택과 일반주택 1개씩 보유하고 있는 경우 공동상속주택은 거주자의 주택으로 보지 않으므로 일반주택 양도 시 비과세가 가능하다.

▶ 핵심 포인트 정리!

상속받은 주택 [조합원입주권 또는 분양권을 상속받아 사업시행 완료 후 취득한 신축주택을 포함하며, 피상속인이 상속개시 당시 2 이상의 주택(상속받은 1주택이 도정법에 따른 재개발사업 등의 시행으로 2 이상의 주택이 된 경우를 포함한다)을 소유한 경우에는 다음 각호의 순위에 따른 1주택을 말한다]

1. 피상속인이 소유한 기간이 가장 긴 1주택

2. 피상속인이 소유한 기간이 같은 주택이 2 이상일 경우에는 피상속인이 거주한 기간이 가장 긴 1주택

3. 피상속인이 소유한 기간 및 거주한 기간이 모두 같은 주택이 2 이상일 경우에는 피상속인이 상속개시 당시 거주한 1주택

4. 피상속인이 거주한 사실이 없는 주택으로서 소유한 기간이 같은 주택이 2 이상일 경우에는 기준시가가 가장 높은 1주택(기준시가가 같은 경우에는 상속인이 선택하는 1주택)

👆 하나 더!!

피상속인의 사망으로 주택을 상속받는 경우 상속인의 상황에 따라 누구의 소유로 할 것인지 또는 공동상속되는 경우에는 세법상 누구의 소유로 간주하는지를 살펴 상속재산협의분할 과정에 고려하는 것이 필요하다.

예컨대 사례에서 B주택은 모친이 상속받고 A주택은 자녀들이 공동상속받았다면 전자와 마찬가지로 거주기간이 긴 B주택이 선순위 상속주택이 된다. 반면 A주택은 후순위 상속주택으로 상속주택 특례뿐만 아니라 공동상속주택 특례에도 해당되지 않는다.

결과적으로 갑이 C주택 양도 시 비과세받지 못하는 정반대의 상황에 처하게 된다.

이처럼 상속주택을 누구의 소유로 할 것인가는 중요한 상속 플랜 중 하나라 하겠다.

공동상속주택 지분 추가 취득으로 최대 지분자 변경 시 소유자 판단 여부

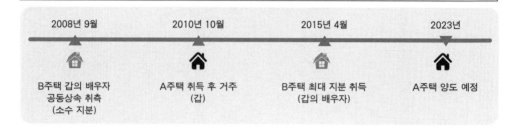

2008년 9월	2010년 10월	2015년 4월	2023년
B주택 갑의 배우자 공동상속 취측 (소수 지분)	A주택 취득 후 거주 (갑)	B주택 최대 지분 취득 (갑의 배우자)	A주택 양도 예정

상황

- 08년 09월: 장인의 사망으로 B주택 공동상속
  (상속인: 배우자(장모), 자녀 4명 모두 별도세대, 법정 지분대로 상속)
- 10년 10월: 갑은 A주택 취득 후 거주 중
- 15년 04월: 상속인 중 장남의 지분이 강제경매 집행되어 갑의 배우자가 해당 지분 취득
- 23년 00월: A주택 양도 예정

질문

- 공동상속주택 지분 추가 취득 후 A주택 양도 시 1세대 1주택으로 비과세 가능한가요?

해설

상속받은 B주택은 상속개시일 현재 상속인 중 지분이 가장 큰 장모의 상속주택으로 본다. 따라서 갑은 소수지분인 공동상속주택외 A주택 양도 시 비과세된다.

1세대 1주택 비과세 규정 적용 시에는 공동상속주택 외의 다른 주택을 양도하는 때에는 당해 공동상속주택은 당해 거주자의 주택으로 보지 않는다. 다만, 상속 지분이 가장 큰 상속인의 경우에는 그자의 소유 주택으로 본다.

공동상속주택의 소유자를 판정함에 있어 상속개시일 이후 다른 상속인의 지분을 일부 증여나 매매 등으로 취득하여 당초 공동상속 지분이 변경되는 경우에는 누구의 소유로 볼까?

증여나 매매 등으로 추가 취득하는 지분은 새로운 주택의 취득으로 보지 않는 것이므로 공동상속주택의 소유자 판정은 상속개시일을 기준으로 판정한다.

▶ 핵심 포인트 정리!

집행기준: 89-155-13 [공동상속주택의 지분이 변동되는 경우]
상속개시일 이후 공동상속주택의 상속 지분이 변경된다 하더라도 공동상속주택에 대한 소유자의 판정은 상속개시일을 기준으로 한다.

집행기준: 89-155-14 [공동으로 상속받은 주택을 1인이 소유한 경우]
공동으로 주택을 상속받은 이후 소유지분이 가장 큰 상속인이 아닌 상속인이 다른 상속인의 소유 지분을 추가로 취득하여 공동으로 상속받은 주택을 단독으로 소유한 경우 해당 주택은 비과세 특례 규정이 적용되는 공동상속주택으로 보지 아니한다.

즉, 공동상속주택의 소수지분을 소유하고 있는 자가 나머지 지분을 모두 취득하여 공동상속주택 100% 소유권을 확보한 경우에 당해 주택은 공동상속주택으로 보지 아니하고 상속받은 주택으로 보아 상속주택 특례를 적용한다.

👆 하나 더!!

소유자를 판정함에 있어 상속개시일 이후 다른 상속인의 지분을 일부 증여나 매매 등으로 취득하여 당초 공동상속 지분이 변경된다 하더라도 증여나 매매 등으로 추가 취득하는 지분을 새로운 주택의 취득으로 보지 않으므로 상속개시 당시를 기준으로 소유자를 판정한다.

하지만 양도소득세를 계산함에 있어 다른 상속인의 지분을 일부 증여나 매매 등으로 취득하는 경우 취득일 및 취득가액은 새로운 취득으로 보는 것이다.

농어촌주택을 상속받은 후 일반주택 취득 시 비과세

2000년 9월	2018년 7월	2021년 3월	2023년
A주택 취득 후 거주 (부친) 농어촌주택	B주택 취득 (자녀)	A주택 상속 취득 (자녀)	B주택 양도 후 C주택 취득 예정

상황

- 00년 09월: 부친, A주택 취득 후 계속 거주 중(농어촌주택 해당)
- 18년 07월: 갑, 남양주시 B주택 취득
- 21년 03월: A주택 상속
- 23년 00월: B주택 양도 후 서울 강동구에 C주택 취득 예정

질문

① B주택 양도 시 비과세 가능한가요?
② C주택을 2년 이상 보유하면 비과세 가능한가요?

⌛ 해설

① 비과세 가능하다.

갑의 B주택은 상속개시 당시 보유한 주택으로서 소득령 제155조 2항의 상속주택 특례에 해당되어 양도일 현재 비과세 요건(2년 이상 보유 및 조정대상지역에서 취득한 경우에는 그 보유 기간 중 2년 이상 거주요건)을 충족하면 비과세 가능하다.

② 취득 예정인 C주택을 양도할 경우 비과세 요건을 갖추었다 해도 상속주택 특례는 적용받을 수 없다. 그 이유는 상속주택 특례는 상속개시 당시 보유한 일반주택에 한하여 적용되고 일반주택(C)의 취득일이 상속개시일 이후 취득할 예정이기 때문이다.

▶ 핵심 포인트 정리!

상속받은 주택이 소득령 제155조 2항에 해당되는 상속주택인지 여부도 중요하지만 소득령 제155조 7항의 상속받은 농어촌주택에 해당되는지 또한 살펴보아야 한다.

소득세법상 상속받은 농어촌주택(피상속인 5년 이상 거주한 주택)은 가액 또는 면적 요건이 없으므로 지역 요건만 충족하면 되고 소득령 제155조 7항의 상속받은 농어촌주택 특례는 소득령 제155조 2항의 상속주택 특례와 달리 상속개시 당시 보유한 일반주택으로 한정하지 않는다.

위 사례의 경우 A주택은 수도권 밖의 지역으로 읍(도시지역 제외), 면 지역에 소재하는 주택으로서 피상속인이 5년 이상 거주한 사실이 있으므로 상속받은 농어촌주택에 해당한다. 따라서 C주택 양도 시 상속받은 농어촌주택 특례로 비과세 가능하다. 소득령 제155조 7항의 상속받은 농어촌주택 특례는 일반주택 취득 후 비과세 요건을 충족하여 양도하면 비과세의 반복적 적용이 가능하다는 점에서 소득령 제155조 2항 상속주택 특례와는 다른 큰 차이점이라 하겠다.

👆 하나 더!!

상속받은 주택이 농어촌지역에 소재하고 있다면 소득세법 시행령 제155조 7항의 농어촌주택에 해당하는지 추가로 살펴보자.

왜냐하면 상속주택 특례는 일반주택의 취득이 상속개시 당시 전후에 따라 적용 여부가 달라지고 반복 적용이 되지 않는 반면 소득세법 시행령 제155조 7항의 농어촌주택은 그 주택 외에 일반주택 양도 시 취득 시기에 제한이 없을 뿐만 아니라 반복 적용이 가능하기 때문이다(농어촌주택 특례편 참조).

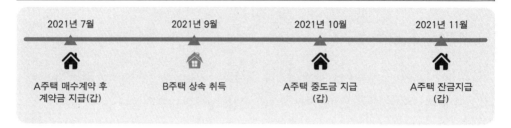

사례9

공동상속주택 소수지분을 상속받은 이후
취득한 일반주택 양도 시 비과세

| 2021년 7월 | 2021년 9월 | 2021년 10월 | 2021년 11월 |

A주택 매수계약 후
계약금 지급(갑)

B주택 상속 취득

A주택 중도금 지급
(갑)

A주택 잔금지급
(갑)

상황

- 21년 07월: 갑, A주택 매수계약 및 계약금 지급
- 21년 09월: 갑, B주택 공동상속주택 취득(소수지분)
- 21년 10월: 갑, A주택 중도금 지급
- 21년 11월: 갑, A주택 잔금 지급

질문

- 공동상속주택 소수지분을 소유한 1세대가 상속개시일 이후 일반주택(취득 당시 조정대상지역 소재)을 취득하여 양도하는 경우 1세대 1주택 비과세 가능한가요?

⧖ 해설

국내에 1개의 주택을 소유하고 있는 것으로 보아 비과세 가능하다.

소득세법 시행령 제155조 3항에 따른 공동상속주택(B)과 다른 일반주택(A)을 순차로 취득하여 2주택을 보유한 상태에서 일반주택(A)을 양도하는 경우, 1세대 1주택 비과세를 판정함에 있어 해당 공동상속주택(B)은 갑의 소유 주택으로 보지 아니한다. 다만, 상속지분이 가장 큰 상속인(상속지분이 가장 큰 상속인이 2명 이상인 때에는 그 2명 이상의 사람 중 해당 주택에 거주하는 자, 최연장자 순서에 따른 사람)에 해당할 경우에는 최대 지분자가 공동상속주택을 소유한 것으로 본다.

▶ 핵심 포인트 정리!

취득일은 원칙적으로 대금 청산일이다.

그렇다면 분양권도 주택에 포함된다고 하는데 분양권 계약만 했지 대금 청산이 안 된 경우는 어떻게 취급할까?

20.12.31. 이전 계약한 분양권을 보유하고 있는 상태에서 주택을 상속받은 경우 그 분양권으로 취득하는 주택은 상속주택 특례가 적용되지 아니한다. 20.12.31. 이전 분양권은 상속개시 당시 보유한 주택에 해당되지 않기 때문이다.

그러나 소득세법 시행령 제155조 2항에서 상속개시 당시 보유한 조합원입주권 또는 분양권(21.1.1. 이후 취득한 분양권에 한함)에 의하여 취득한 신축주택은 상속개시 이후 대금을 청산하고 취득했어도 상속주택 특례 대상 일반주택의 범위에 포함한다고 규정하고 있다.

👆 하나 더!!

공동상속주택 소수지분(C주택) → 종전주택(A주택) → 신규주택(B주택)을 순차 취득한 경우 A주택 양도 시 어떻게 적용될까?

종전주택(A)은 상속개시 이후 취득하였으나 공동상속주택 외의 일반주택을 양도하는 때에는 일반주택(A)을 상속개시 당시 전후로 취득하였어도 공동상속주택은 해당 거주자의 주택으로 보지 않는 것이다.

즉, 일반주택(A)은 공동상속주택 특례와 일시적 2주택 특례가 중첩 적용되고 있다. 따라서 A주택 취득 후 1년 이상 지나서 B주택을 취득하고 종전주택(A) 처분 기한 내에 양도한다면 비과세받을 수 있다.

4주택자의 비과세

2003년 12월	2018년 5월	2020년 9월	2021년 4월
C주택 갑의 배우자 공동상속 취득 (소수지분)	A주택 취득 (갑)	B주택 취득(갑의 장모) 후 갑 세대와 합가	D주택 취득 (갑의 배우자) 농어촌주택

상황

- 03년 12월: 갑의 배우자 공동상속주택(C)취득(소수지분)
- 18년 05월: 갑, 일반주택(A) 취득
- 20년 09월: 갑의 장모 주택(B) 취득하고 갑의 세대와 합가
- 21년 04월: 갑의 배우자 조특법상 농어촌주택(D) 취득

질문

- A주택 양도 시 비과세 가능한가요?

⧗ 해설

비과세 가능하다.

양도일 현재 일반주택(A), 동거봉양주택(B), 공동상속주택(C)을 보유한 1세대가 조특법상 농어촌주택(D)을 추가로 취득하여 4주택 상태에서 일반주택(A)을 양도하는 경우에는 공동상속주택(소수지분)과 조특법상 농어촌주택은 해당 거주자의 소유 주택으로 보지 아니하므로 일반주택(A)은 세대 합가한 날로부터 10년 이내 양도 시 1세대 1주택으로 보아 비과세를 적용한다.

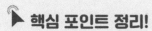

▶ 핵심 포인트 정리!

조세특례제한법 제99조의4에 해당하는 농어촌주택은 비과세를 판단함에 있어 거주자의 소유 주택이 아닌 것으로 본다.

사례에서는 1세대 4주택자이지만 소득세법 시행령 제155조 3항의 공동상속주택 특례와 소득세법 시행령 제155조의4 동거봉양합가 주택 특례가 2개 중첩이 되고 조세특례제한법 제99조의4에 해당하는 농어촌주택 특례가 1개 중첩되고 있다.

비과세를 판단함에 있어 조세특례제한법상 농어촌주택은 소유 주택으로 보지 않으므로 위 사례는 소득세법 시행령 제155조의 1세대 1주택 특례가 2개 이하 중첩되는 경우에 해당되어 비과세 규정을 적용하는 것이다.

다만, 소득세법 시행령 제155조의 특례가 3개 이상 중첩되는 경우에는 비과세되지 않는다.

👆 하나 더!!

위 사례에서 갑의 배우자가 공동상속주택(C)의 최대 지분자이거나 단독 상속받았다면 어떻게 될까?

A주택은 상속개시 당시 보유한 주택에 해당되지 않아 상속주택 특례 대상이 아니다. 따라서 비과세받을 수 없다.

피상속인의 보유 기간 및 거주기간의 통산 여부

2003년 3월	2017년 5월	2022년 10월	2023년 7월
A주택 취득(부친)	A주택 전입(갑)	A주택 상속 취득(갑)	A주택 양도 예정

상황

- 03년 03월: 부친, 서울 A주택 6억원에 취득하여 거주 중
- 17년 05월: 자녀, 갑(무주택자), 봉양 목적으로 A주택으로 전입
- 22년 10월: A주택 상속
- 23년 07월: A주택 양도 예정(예상 매도가 23억원)

질문

① A주택 양도 시 비과세 가능한가요?
② A주택 양도 시 장기보유특별공제는 언제부터 기산되나요?

해설

① 비과세 가능하다.

상속주택은 상속개시일이 취득일이고 그날부터 보유 기간을 계산한다. A주택을 23년 7월에 양도한다면 보유 기간이 2년 미만으로 비과세 요건을 충족하지 못한다. 다만, 비과세 요건 중 2년 이상 보유 및 거주기간을 계산하는 경우 상속받은 주택으로서 상속인과 피상속인이 상속개시 당시 동일세대로서 1세대 1주택자인 경우에는 상속개시 전에 상속인과 피상속인이 동

일세대로서 거주하고 보유한 기간을 통산한다.

사례의 경우 동거봉양합가일인 17년 5월부터 기산하여 2년 이상 보유 및 거주하였으므로 비과세 요건을 충족하여 비과세받을 수 있다. 다만, A주택은 고가주택으로서 12억원 초과분은 과세된다.

② 장기보유특별공제는 자산의 취득일부터 기산하고 보유 기간이 3년 이상인 토지, 건물, 조합원입주권(승계조합원입주권 제외)이 대상이다. 상속자산의 취득일은 상속개시일이다.

동일세대의 경우 비과세 판단 시 보유 기간 및 거주기간은 동일세대 때부터 통산한다. 반면 장기보유특별공제를 적용할 때에는 동일세대로부터 상속받았다 하더라도 상속인의 취득일부터 기산한다. 사례의 경우 상속주택 취득일은 22년 10월이며 23년 7월 A주택 양도 시 보유 기간이 3년 미만이므로 장기보유특별공제는 적용되지 않는 것이다.

▶ 핵심 포인트 정리!

동일세대로부터 상속받은 경우 보유 기간 등 통산

1세대 1주택 비과세를 판단함에 있어 동일세대로부터 상속받은 주택은 상속개시 전에 상속인과 피상속인이 동일세대로서 거주하고 보유한 기간을 통산하여 판단한다.

동일세대로부터 상속받은 경우 장기보유특별공제 보유 기간 등 통산

장기보유특별공제는 토지, 건물, 조합원입주권(승계입주권 제외)으로서 보유 기간이 3년 이상인 자산이 대상이다. 이때 보유 기간은 취득일인 상속개시일부터 기산하므로 통산되지 않는다.

🔆 절세 포인트

[선순위 상속주택이 2채인 경우]

일반주택 1채를 보유한 1세대가 본인의 직계존속과 배우자의 직계존속으로부터 선순위 상속주택을 각각 1채씩 상속받아 선순위 상속주택 2채를 보유한 상태에서 상속주택 중 1채를 별도세대에 증여한 후 일반주택을 양도하는 경우 상속주택 특례를 적용할 수 있다.

[공동상속주택의 장기보유특별공제(표2)]

공동상속주택 양도 시 그 주택을 소유한 것으로 보는 상속인이 1세대 1주택자에 해당되는 경우 장기보유특별공제 [표2] 적용 여부는 공동상속주택을 소유한 것으로 보는 사람이 거주한 기간을 적용한다.

[공동상속주택과 일반주택의 순차 취득]

선순위 공동상속주택과 일반주택을 순차로 취득하여 2주택을 보유한 상태에서 일반주택을 양도하는 경우, 1세대 1주택 비과세를 판정함에 있어 해당 공동상속주택은 보유 주택으로 보지 아니한다. 다만, 상속인 중 최대 지분자인 경우 그자의 소유 주택으로 본다.

[지분 추가 취득으로 100% 소유권을 확보한 경우]

공동상속주택의 소수지분을 소유하고 있는 자가 나머지 지분을 모두 취득하여 공동상속주택 100% 소유권을 확보한 경우에 당해 주택은 공동상속주택으로 보지 아니하고 상속받은 주택으로 보아 상속주택 특례를 적용한다.

[21.1.1. 전후 분양권 취득]

20.12.31. 이전에 분양권을 취득한 1세대가 주택을 상속받은 후 해당 분양권에 의하여 취득한 신축주택을 양도하는 경우에는 상속주택 특례를 적용받을 수 없다.

이는 20.12.31. 이전에 취득한 분양권은 상속 당시 주택에 해당하지 않기 때문이다. 반면에 21.1.1. 이후 취득한 분양권에 의한 신축주택은 상속주택 특례를 적용받을 수 있다.

[상속주택 멸실 후 신축]

상속개시 당시 별도세대인 피상속인으로부터 상속받은 주택과 그 밖의 주택을 국내에 각각 1개씩 소유하고 있는 1세대가 일반주택을 양도하는 경우에는 국내에 1개의 주택을 소유하고 있는 것으로 보아 비과세 규정을 적용하는 것이며, 이때 상속받은 주택을 멸실하고 새로운 주택을 신축한 경우 그 새로운 주택은 상속받은 주택으로 본다.

[공동상속주택이 2개인 경우]

1세대 1주택 비과세 여부 판단 시 상속인의 소유 주택으로 보지 않는 소수지분 공동상속주택은 공동상속주택이 1개인 경우에만 적용된다. 따라서 일반주택과 공동상속주택 2개를 보유한 경우 먼저 양도하는 주택은 2주택자에 해당되어 비과세되지 않는다.

[공동상속주택+일반주택+대체주택]

공동상속주택 소수지분과 일반주택 1채를 소유하고 있는 1세대가 일반주택의 재건축사업 시행기간 동안 거주하기 위하여 다른 주택(대체주택)을 취득한 경우로서 소득세법 시행령 제156조의2 5항 각호의 요건을 모두 갖추어 대체주택을 양도하는 경우에는 이를 1세대 1주택으로 보아 비과세 규정을 적용하며, 이 경우 대체주택은 보유 기간 및 거주기간 제한을 적용하지 않는다.

[4주택 보유 시 비과세]

1세대 4주택자(일반주택, 동거봉양주택, 상속주택, 농어촌주택)가 일반주택을 양도하는 경우 소득세법의 특례가 2개 중첩되고 조세특례제한법 제99의 4에 따른 농어촌주택은 1세대 1주택 비과세를 판단함에 있어 해당 거주자의 소유 주택으로 보지 아니하므로 상속주택 특례와 동거봉양 특례를 중첩 적용하여 1세대 1주택으로 보아 비과세를 적용할 수 있다.

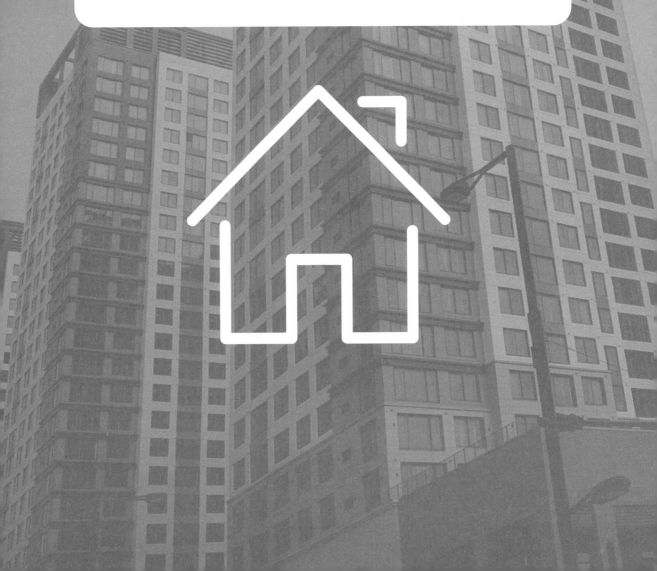

Part 11

농어촌주택 특례

최근 들어 농어촌지역에 귀농을 이유로 또는 부모로부터 상속을 받거나 세컨하우스 목적으로 농어촌지역에 주택을 보유한 사람들이 늘어나는 경향을 보인다.

자발적으로 또는 부득이 농어촌주택과 그 밖의 다른 주택을 보유하는 데 세법상 일정 요건을 갖추면 2주택 이상자여도 그 밖의 주택을 양도할 때 비과세를 받을 수 있다.

소득세법상 농어촌주택(소득세법 시행령 제155조 7항)

다음 각호의 어느 하나에 해당하는 주택으로서 수도권 밖의 지역 중 읍 지역(도시지역 안의 지역을 제외) 또는 면 지역에 소재하는 주택(이하 '농어촌주택')과 그 밖의 주택(이하 '일반주택')을 국내에 각각 1개씩 소유하고 있는 1세대가 일반주택을 양도하는 경우에는 국내에 1개의 주택을 소유하고 있는 것으로 보아 비과세 규정을 적용한다. 다만, 귀농주택에 대해서는 그 주택을 취득한 날부터 5년 이내에 일반주택을 양도하는 경우에 한정하여 적용한다.

1. 상속받은 주택(피상속인이 취득 후 5년 이상 거주)
2. 이농인(이업인 포함)이 취득일 후 5년 이상 거주한 사실이 있는 이농주택
3. 영농 또는 영어의 목적으로 취득한 귀농주택

조세특례제한법상 농어촌주택(제99조의4)

거주자 및 그 배우자가 구성하는 1세대가 03.8.1(고향주택은 09.1.1.)부터 25.12.31까지의 기간(농어촌주택 등 취득 기간) 중 세법에서 정하는 1개의 농어촌주택 등을 취득(자기가 건설하여 취득한 경우를 포함)하여 3년 이상 보유하고 그 농어촌주택 등 취득 전에 보유하던 일반주택을 양도하는 경우에는 그 농어촌주택 등을 해당 1세대의 소유 주택이 아닌 것으로 보아 비과세 규정을 적용한다.

소득세법 시행령 제155조 7항과 조세특례제한법 제99조의4 농어촌주택

구분	소득세법 시행령 제155조 7항	조세특례제한법 제99조의4	
		농어촌주택	고향주택
지역요건	수도권 밖의 지역 중 읍 지역 (도시지역 안의 지역을 제외한다) 또는 면지 역에 소재하는 주택	수도권, 도시지역 등외 읍, 면, 동(20만 이하 시) 소재(연천, 강화군, 옹진군 포함), 영남, 해남, 태안 관광레저형 기업도시개발구역	수도권, 조정지역 등 외 지역에 가족관계등록부에 10년 이상 등재 및 거주 사실이 있는 인구 20만 이하 시 소재
타지역		일반주택이 소재한 지역 및 연접지역이 아닐 것	

유형	상속	피상속인 5년 이상 거주한 주택	
	이농	이농인이 5년 이상 거주한 주택	
	귀농	3년 이상 영농 및 거주 사후관리	
가액	귀농: 취득 당시 고가주택이 아닐 것		취득 당시 기준시가 2억원(23년 이후 3억원 이하, 한옥 4억원)
면적	귀농: 대지면적 660㎡ 이내, 1,000㎡ 이상 소유농지소재지에 주택 취득		대지: 660㎡(21년 이후 삭제) 주택: 단독 150㎡ 이내 공동주택: 116㎡(17년 이후 삭제)
기타	귀농: 세대 전원이 이사하여 거주할 것 일반주택: 귀농주택 취득 후 5년 내 최초 양도		농어촌주택 취득 전 일반주택에 한해 특례 적용
어업인	어업인은 농지 소유 요건은 없으며 다음의 어업인이 취득하는 농어촌주택이 대상이다. 1. 「수산업법」에 따른 신고·허가·면허 어업자 및 「양식산업발전법」에 따른 허가·면허 양식업자(같은 법 제10조 1항 7호의 내수면양식업 및 제43조 1항 2호의 육상 등 내수양식업을 경영하는 자는 제외한다) 2. 제1호의 자에게 고용된 어업종사자		

혜택

소득세법상 농어촌주택

농어촌주택과 일반주택 보유 시 일반주택을 양도하는 경우 1세대 1주택으로 보아 비과세 규정을 적용한다.

조세특례제한법상 농어촌주택

3년 이상 보유한 농어촌주택 취득 전에 보유하던 일반주택 양도 시 그 농어촌주택 등을 해당 1세대의 소유 주택이 아닌 것으로 보아 비과세 규정을 적용한다.

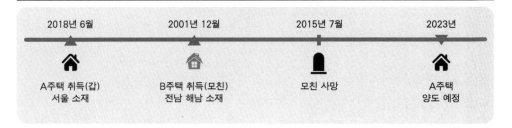

농어촌주택을 공동으로 상속받은 경우 일반주택 양도 시 비과세

2018년 6월 — A주택 취득(갑) 서울 소재
2001년 12월 — B주택 취득(모친) 전남 해남 소재
2015년 7월 — 모친 사망
2023년 — A주택 양도 예정

상황

- 18년 06월: 갑, 서울 소재 주택(A) 취득
- 01년 12월: 갑의 모친 전남 해남군 내사리 소재 주택(B) 취득 후 거주
- 15년 07월: 모친 사망, B주택은 상속 미등기 상태로 갑(상속인 4남매 중 장남)이 관리
- 23년 00월: A주택 양도 예정

질문

- 갑이 서울 소재 A주택 양도 시 1세대 1주택으로 비과세 가능한가요?

⧖ 해설

비과세 가능하다.

소득세법상 농어촌주택 특례로 비과세받을 수 있다.

소득세법 시행령 제155조 7항에 해당하는 농어촌주택과 일반주택을 각각 1주택씩 소유하는 1세대가 비과세 요건을 갖춘 일반주택을 먼저 양도하는 경우에는 양도소득세가 비과세되는 것으로 전남 해남군 내사리 소재 주택이 수도권 외 지역으로 면 지역에 위치하고 피상속인이 5년 이상 거주한 사실이 있으므로 상속받은 농어촌주택 특례 적용이 가능하다.

▶ 핵심 포인트 정리!

상속주택 특례는 상속개시 당시 보유한 일반주택 양도 시 2주택자임에도 1세대 1주택자로 보아 양도일 현재 비과세 요건을 충족하고 있다면 비과세된다.

위 사례에서 일반주택 A는 13.2.15. 이후 취득으로 15년 7월 상속개시 당시 보유한 일반주택에 해당하지 않아 상속주택 특례는 적용받을 수 없다.

그러나 B주택은 피상속인이 5년 이상 거주한 사실이 있는 주택으로서 농어촌지역에 소재하고 있으므로 소득령 제155조 7항에 해당하는 상속받은 농어촌주택에 해당된다. 따라서 일반주택 양도 시 농어촌주택 특례 적용으로 비과세가 가능하다.

살펴본 바와 같이 사례는 상속주택 특례는 적용되지 않지만 특정 주택이 1세대 1주택 특례(일시적 2주택, 상속주택, 동거봉양, 혼인합가, 농어촌주택 등)에 중복하여 해당될 수 있다는 점 이것만은 꼭! 확인하자.

상속주택을 민법 제1013조에 따라 협의분할하여 등기하지 아니한 경우에는 같은 법 제1009조 및 제1010조에 따른 상속분에 따라 해당 상속주택을 소유하는 것으로 본다. 만약 지분이 동일한 경우 소득세법은 상속주택에 거주하는 자가 없으면 연장자순으로 보기 때문에 사례에서 4남매 중 연장자인 장남의 상속받은 농어촌주택으로 본다.

👆 하나 더!!

소득세법 시행령 제154조 규정의 일반적인 1세대 1주택 비과세 요건은 2년 이상 보유하면 된다. 다만, 조정대상지역에서 취득하는 주택은 보유 기간 중 2년 이상 거주요건을 추가로 충족하여야 한다. 따라서 1세대 1주택 비과세 특례는 특례 요건을 충족하면 비로소 소득령 제154조의 비과세 요건 충족 여부에 따라 비과세되거나 과세되는 것이다.

사례2

세법상 귀농주택 및 농어촌주택의 특례 주택 해당 여부

2001년 3월	2014년 6월	2016년 4월	2018년 5월	2023년 6월
A주택 취득 경기도 소재	B주택 취득 충북 제천 소재	C주택 취득 경기도 소재	C주택 양도	A주택 양도 예정

상황

- 01년 03월: 갑, 경기도 소재 A아파트 취득
- 14년 06월: 갑, 도시지역에 편입된 제천시 ○○면 B주택 취득 후 거주 중
  * 대지 면적: 645㎡, 취득 당시 기준시가 2억원 이하
- 16년 04월: 갑, 경기도 소재 C주택 취득
- 18년 05월: 갑, C주택 양도
- 23년 06월: A주택 양도 예정

질문

① B주택을 조세특례제한법 제99조의4 1항 1호에서 말하는 농어촌주택으로 볼 수 있나요?
② B주택을 소득세법 시행령 제155조 7항 3호에 따른 귀농주택으로 보아 A주택을 양도할 때 비과세 가능한가요?

⏳ 해설

① 조세특례제한법 제99조의4에 해당하는 농어촌주택으로 볼 수 없다.

조세특례제한법상 농어촌주택은 일반주택을 보유하고 있는 상태에서 농어촌주택 취득 기간 (03.8.1~25.12.31.)에 수도권 밖(연천군, 인천광역시 강화군 및 옹진군 포함) 읍면과 동(인구 20만 이하 시) 지역으로서 도시지역, 조정대상지역, 허가구역, 관광단지 등 일정 지역에 해당하지 않아야 한다. 사례에선 도시지역으로 편입되었으므로 조세특례제한법상 농어촌주택에 해당하지 않는다.

농어촌주택 특례 규정은 소득세법과 조세특례제한법에 규정되어 있고 요건에 있어 약간의 차이가 있으니 이점에 유념하자.

② 귀농주택 특례로 비과세받을 수 없다.

질문 2는 귀농주택 특례로 비과세받을 수 없다. 왜냐하면 귀농주택 취득일로부터 5년이 경과하여 일반주택을 양도했기 때문이다.

사례와 달리 5년 이내에 양도한 경우를 가정하여 검토해보자.

귀농 후 최초 양도 주택에서 과세되는 C주택은 제외되고 A주택은 비과세받은 사실이 없는 일반주택에 해당하므로 귀농주택 특례로 비과세받을 수 있는 것이다.

귀농주택은 소득세법상 농어촌주택으로 1) 지역 요건: 수도권 밖 읍(도시지역 제외) 면 지역에 소재 2) 가액 요건: 취득 당시 고가주택에 해당하지 아니할 것 3) 면적 요건: 대지 면적이 660m^2 이내일 것 4) 농지 요건: 1,000m^2 이상 농지 소유자 또는 그 배우자가 해당 농지 소재지에 주택을 취득(또는 농지 소유 전 1년 이내)하고 5) 전입 요건: 세대 전원이 농어촌주택으로 이사하는 것을 요건으로 한다.

사례에서 A주택은 1) 지역 요건 2) 가액 요건 3) 면적 요건을 충족한 상태이다. 따라서 추가로 4) 농지 요건과 5) 전입 요건을 충족하면 비로소 귀농주택에 해당한다.

갑이 1,000m^2 이상 농지를 이미 소유한 상태라면 요건 중 농지 요건과 취득 후 거주 중으로 전입 요건까지 충족한 상태다.

귀농주택에 해당하면 귀농 후 최초로 양도하는 1개의 일반주택에 한해 비과세 특례를 적용한다. 여기서 귀농 후란 귀농일 이후로서 농지 취득 후 주택을 취득하였다면 거주를 개시한 날이 귀농일이고 농지를 주택보다 나중에 취득하였다면 거주 개시 후 농지를 취득한 날이 귀농일이다.

▶ 핵심 포인트 정리!

귀농 후 최초 양도하는 주택의 의미

귀농 후 비과세 요건이 갖추어지지 않은 일반주택의 양도는 제외하고 비과세 요건이 갖추어진 1개의 일반주택과 귀농주택을 보유한 상태에서 종전에 귀농주택 보유로 인한 비과세 혜택을 받은 사실이 없는 1개의 일반주택을 최초로 양도하는 경우를 말한다.

귀농주택의 사후관리

귀농일부터 계속하여 3년 이상 영농(영어)에 종사하지 않거나 그 기간 동안 해당 주택에 거주하지 않은 경우 그 양도한 일반주택은 1세대 1주택으로 보지 아니하며, 해당 귀농주택 소유자는 그 사유가 발생한 날이 속하는 달의 말일부터 2개월 이내에 귀농주택 특례가(적용되지 않은 경우 세액-적용된 경우 세액)을 양도소득세로 신고 · 납부하여야 한다.

이 경우 3년의 기간을 계산하는 데 '계속하여 3년 이상'이므로 귀농일부터 단절 없이 3년 이상 영농(영어)에 종사하고 거주하여야 한다. 그 기간에 상속이 개시된 때에는 피상속인의 영농(영어) 기간과 상속인의 영농(영어) 기간을 통산한다.

사례3

타인 소유 대지의 면적이 기준(660㎡) 초과 시 농어촌주택 과세특례로 비과세 가능 여부

2004년 12월	2013년 4월	2022년 7월	2023년
A아파트 취득	B주택 증여 취득	C주택 취득	A아파트 양도 예정

상황

- 04년 12월: 갑, A아파트 취득
- 13년 04월: 갑, 별도세대인 부친으로부터 전남 화순군 00리 소재 B주택(84㎡) 증여받음(부수토지 800㎡로서 타인 소유)
- 22년 07월: 갑, 배우자와 공동명의로 C주택 취득
- 23년 00월: A아파트 양도 예정

질문

① 갑이 부친으로부터 증여받은 B주택을 조세특례제한법 제99조의4 1항 1호에 따른 농어촌주택으로 볼 수 있나요?
② B주택을 농어촌주택으로 본다면 C주택 취득 후 3년 이내에 A아파트를 양도하는 경우 비과세 가능한가요?

⌛ 해설

① 조세특례제한법 제99조의4 1항 1호에 따른 농어촌주택에 해당하지 않는다.

농어촌주택의 주택과 그 부수토지의 소유자가 다른 경우에도 주택과 그 부수토지 전체의 면적과 가액을 기준으로 판정한다. 따라서 타인이 소유하는 대지의 면적이 660㎡를 초과하는

B주택은 농어촌주택으로 볼 수 없다.

사례의 경우 대지의 면적이 800㎡로서 660㎡ 초과하여 조세특례제한법상 농어촌주택에 해당하지 않는다.

만약, 대지의 면적이 660㎡ 이내고 도시지역 등외 지역에서 증여받은 경우로 질문 2의 경우는 어떨까?

이 경우 B주택은 농어촌주택에 해당하고 농어촌주택 취득 전에 보유하던 일반주택(A) 양도 시 종전주택(A), 농어촌주택(B), 신규주택(C) 보유로 일시적 3주택에 해당하나 일반주택(A)의 양도 시 비과세를 판단함에 있어 조세특례제한법 제99조의4의 농어촌주택은 갑의 소유 주택으로 보지 않으므로 A와 C는 소득세법 시행령 제155조 1항의 일시적 2주택 특례에 해당되어 비과세 규정을 적용하는 것이다.

따라서 신규주택(C)을 종전주택(A)주택 취득 후 1년 이상이 지나서 취득하였고 종전주택의 처분 기한 3년 이내인 25년 7월까지 양도하면 양도일 현재 비과세 요건인 2년 이상 보유 요건을 충족하고 있으므로 비과세받을 수 있다.

사례에서 취득 원인이 증여가 아닌 상속일 경우 상속받은 농어촌주택은 면적에 대한 제한은 없을 뿐만 아니라 A주택이 상속개시 당시 보유한 주택이 아니어도 상속받은 농어촌주택과 일반주택을 보유한 경우로서 A주택은 상속받은 농어촌주택 특례와 일시적 2주택 특례의 중첩 적용으로 비과세가 가능하다.

소득세법 제155조 7항에 해당하는 상속받은 농어촌주택은 지역 요건 및 피상속인이 5년 이상 거주한 사실이 있는 주택이어야 한다.

② 비과세 가능하다.

사례에서 C주택이 아닌 C조합원입주권을 승계 취득한 경우라면 취득일로부터 3년 내에 A주택을 양도하지 못한 경우에도 입주권의 사업 완료로 취득한 주택이 완성되기 전 또는 완성된 후 3년 이내에 A주택을 양도하면 비과세를 받을 수 있다. 다만, C주택이 완공된 후 3년 이내에 그 주택으로 세대 전원이 이사하여 1년 이상 계속하여 거주하여야 한다.

23.1.12. 이후 양도분부터 종전주택 처분 기한은 2년에서 3년으로 개정되었다.

▶ 핵심 포인트 정리!

조특법 제99조의4 농어촌주택은 일반주택이 있는 상태에서 취득해야 하고 그 기간도
농어촌주택은 03.8.1~25.12.31, 고향주택은 09.1.1~25.12.31까지 법정하고 있으며
농어촌주택 특례를 적용받기 위해서는 3년 이상 보유하여야 한다.

반면 소득세법 시행령 제155조 7항의 농어촌주택은 그러한 취득 시기 및 보유 기간
에 관한 제한 규정은 없다.

👆 하나 더!!

증여 & 상속

증여나 상속 모두 무상으로 재산을 이전받는 것은 동일하나 증여는 사전(死前), 상속
은 사후(死後)에 당연 승계받는 것이다.

상속을 임의로 선택할 수는 없지만, 사례에서 상속받은 농어촌주택이라면 선택의 폭이
넓음을 알 수 있다. 따라서 피상속인이 고령이고 증여해야 할 특별한 이유가 없는 경우
라면 가급적 증여를 받지 않는 것도 절세의 한 방법이다.

사례4
농어촌주택, 거주주택 및 일시적 2주택 특례의 동시 적용 가능 여부

2003년 9월	2014년 1월	2016년 8월	2020년 9월	2023년 2월
A주택 상속 취득 농어촌주택	B주택 취득 장기임대주택 등록	C주택 취득	D주택 취득 조정대상지역	C주택 양도

상황

- 03년 09월: 갑, 부친(별도세대)으로부터 A농어촌주택(피상속인이 5년 이상 거주) 상속
- 14년 01월: 갑, B주택 취득(장기임대주택 등록)
- 16년 08월: 갑, C주택 취득 및 거주
- 20년 09월: 갑, D주택 취득(조정대상지역)
- 23년 02월: 갑, C주택 양도(조정대상지역)

질문

- C주택 양도 시 비과세 가능한가요?

⧖ 해설

비과세되지 않는다.

사례에서 C주택 양도 시 상속받은 농어촌주택 특례와 거주주택 특례 및 일시적 2주택 특례의 중첩 적용으로 소득세법 시행령 제155조의 특례가 3개 이상 중첩되는 경우에는 1세대 1주택 비과세 적용을 받을 수 없다.

만약, A주택이 조세특례제한법 제99조의4의 농어촌주택의 모든 요건을 충족하고 있다면 C

주택의 비과세를 판단함에 있어 갑의 소유 주택으로 보지 않으므로 소득세법상 1세대 1주택 특례(거주주택 특례, 일시적 2주택 특례)가 2개 중첩되고 조특법상 농어촌주택 특례가 1개 중첩되는 경우로서 C주택 양도 시 비과세받을 수 있다.

그러나 사례에서 조세특례제한법 제99조의4의 농어촌주택의 지역 요건, 가액 요건, 면적 요건을 충족하였다 해도 반드시 일반주택을 보유한 상태에서 농어촌주택을 취득해야만 특례를 받을 수 있다.

따라서 C주택은 조특법 제99조의4의 농어촌주택이 있는 상태에서 일반주택을 취득하여 조세특례제한법 제99조의4에 해당하는 농어촌주택 특례로 비과세받을 수 없다.

[절세 TIP]
농어촌지역에 있는 A주택이 차익이 적을 것으로 예상된다면 A주택을 먼저 양도하여 과세받고 C주택은 거주주택 특례와 일시적 2주택 특례의 중첩으로 비과세를 받는 것이 절세 측면에서 가장 합리적인 방법일 것이다.

▶ 핵심 포인트 정리!

조세특례제한법 제99조의4에 해당하는 농어촌주택 특례는 일반주택 취득 후 농어촌주택을 취득하고 3년 이상 보유하여야 한다. 일반주택을 농어촌주택 취득일로부터 3년이 도래하기 전 비과세로 양도 후 농어촌주택을 양도 또는 증여 등으로 3년 이상 보유 요건 미충족 시에는 비과세받은 일반주택에 대한 양도소득세가 추징된다는 점에 유의하자.

👆 하나 더!!

3년 이상 보유 요건
조세특례제한법상 농어촌주택의 보유 기간은 세대별로 판단한다. 따라서 보유 기간이 3년 미만으로 동일세대에게 증여하더라도 세대로 판단하여 3년 이상만 충족하면 되는 것이다.

상속농어촌주택의 비과세 특례 해당 여부

2003년	2014년	2016년	2020년	2020년	2021년	20203
A주택 취득 후 거주 (부친)	B주택 취득 (자녀)	부친, 자녀 동거봉양합가	B주택 양도 (자녀)	C주택 취득 (자녀)	A주택 상속 취득 (자녀)	C주택 양도 예정

상황

- 03년 10월: 부친(78세), A농어촌주택 취득 후 거주(대지 311㎡, 주택 56㎡)
- 14년 04월: 자녀, B주택 취득
- 16년 04월: 부친 · 자녀 동거봉양합가
- 20년 07월: 자녀, B주택 양도 후 C주택 취득
- 21년 05월: 자녀, 갑 사망으로 A농어촌주택 상속
- 23년 03월: 자녀, C주택 양도 예정

질문

- 동거봉양을 위해서 합가한 후 일반주택 취득 및 농어촌주택을 상속받은 경우 상속받은 농어촌주택 특례에 따른 비과세가 가능한가요?

해설

비과세 가능하다.

동거봉양합가 이후 합가 당시 보유한 일반주택 B를 매도하는 경우 동거봉양합가 특례로 비과세 가능하다. 이후 다른 일반주택(C)을 취득 후 동일세대로부터 A주택을 상속받는 경우에도 합치기 이전부터 보유한 A주택은 상속주택 특례를 적용받을 수 있으며 소득세법 시행령 제

155조 7항의 적용 대상인 상속받은 농어촌주택도 일반주택의 상속개시 전후 취득 시기와 무관하게 반복적으로 비과세가 가능하다.

▶ 핵심 포인트 정리!

소득세법 시행령 제155조 2항 단서 내용을 보면 "다만, 상속인과 피상속인이 상속개시 당시 1세대인 경우에는 1주택을 보유하고 1세대를 구성하는 자가 직계존속(배우자의 직계존속을 포함하며, 세대를 합친 날 현재 직계존속 중 어느 한 사람 또는 모두가 60세 이상으로서 1주택을 보유하고 있는 경우만 해당한다)을 동거봉양하기 위하여 세대를 합침에 따라 2주택을 보유하게 되는 경우로서 합치기 이전부터 보유하고 있었던 주택만 상속받은 주택으로 본다(상속받은 농어촌주택도 같다)"라고 규정하고 있다.

👆 하나 더!!

기타 농어촌주택 관련 세제

취득세 중과 예외

1. 시가표준액이 1억원 이하인 주택

2. 대지면적이 660㎡ 이내이고 건축물의 연면적이 150㎡ 이내이고 건축물의 시가표준액이 6천 500만원 이내이면서 다음 중 하나라도 해당 지역이 아닐 것
① 광역시에 소속된 군지역 또는 수도권 단, 접경지역과 자연보전권역 중 행정안전부령으로 정하는 지역 제외
② 도시지역 및 허가구역, 조정대상지역, 관광진흥법 제2조에 따른 관광단지

종합부동산세 주택수
농어촌주택도 주택수에 포함한다.

⚡ 절세 포인트

[귀농 후 최초 양도 & 도시지역 농어촌주택]

귀농 후 최초로 양도하는 주택이 아닌 경우 및 조세특례제한법상 고향주택이 아닌 농어촌주택으로서 도시지역에 있는 주택은 1세대 1주택 비과세 특례 대상이 아니다. 여기서 귀농 후 최초 양도하는 주택이란 귀농 후 비과세 요건이 갖추어지지 않은 일반주택의 양도는 제외하고 비과세 요건이 갖추어진 1개의 일반주택과 귀농주택을 보유한 상태에서 종전에 귀농주택 보유로 인한 비과세 혜택을 받은 사실이 없는 1개의 일반주택을 최초로 양도하는 경우를 말한다.

[일반주택의 비과세 요건]

농어촌주택과 일반주택을 각각 1주택씩 소유하는 1세대가 일반주택을 먼저 양도하는 경우 비과세되나 반드시 일반주택의 양도일 현재 비과세 요건인 2년 이상 보유 및 조정대상지역에서 취득한 경우 2년 이상 거주요건을 추가로 충족하여야만 한다.

[조세특례제한법상 농어촌주택의 면적 기준]

조세특례제한법 제99조의4 1항 1호에 따른 농어촌주택 해당 여부는 주택과 그 부수토지의 소유자가 다른 경우에도 주택과 그 부수토지 전체의 면적과 가액을 기준으로 판정하는 것이다. 부친이 농어촌주택을 취득하고 부수토지 중 부친이 $660\,m^2$ 자녀가 $330\,m^2$를 취득한 경우 부수토지의 전체 면적이 $660\,m^2$를 초과하여 조세특례제한법상 농어촌주택 특례 대상이 아니다. 다만, 17년 이후 취득분부터 주택 면적 기준이 폐지되었고 21년 이후 취득분부터 부수토지 면적 기준이 폐지되었다.

[소득세법상 농어촌주택+장기임대주택+거주주택+신규 취득]

상속받은 농어촌주택(A)과 장기임대주택(B)을 보유하고 있는 거주자가 일반주택(C)을 취득하여 1세대 3주택이 된 상태에서 일반주택(C)을 취득한 날부터 1년 이상이 지난 후 신규주택(D)을 취득하고 신규주택(D)주택을 취득한 날부터 3년 이내에 2년 이상 거주한 일반주택(C)주택을 양도하는 경우에는 1세대 1주택 비과세 규정이 적용되지 않는다.

그 이유는 소득세법상 1세대 1주택 특례가 3개 이상 (농어촌주택 특례, 거주주택 특례, 일시적 2주택 특례) 중첩되는 경우에는 1세대 1주택 특례가 적용되지 않는다고 해석하고 있기 때문이다.

[농어촌주택을 2개 취득한 경우]

조세특례제한법 제99조의4의 규정에 따른 농어촌주택 취득자에 대한 양도소득세 과세특례를 적용할 때 1세대가 농어촌주택 취득 기간 중에 농어촌주택 2개를 취득한 경우 그중 1개를 양도한 후에 남은 농어촌주택 취득 전에 보유하던 일반주택을 양도하는 경우 해당 농어촌주택을 1세대의 소유 주택이 아닌 것으로 보아 1세대 1주택 비과세 규정을 적용한다. 이 경우 농어촌주택 등의 3년 이상 보유 요건을 충족하기 전에 일반주택을 양도하는 경우에도 마찬가지이다.

[상속주택이면서 농어촌주택에 해당하는 경우]

1세대가 소득세법 시행령 제155조 2항 단서에 따른 동거봉양합가 이후 상속받은 주택이면서 동시에 상속받은 농어촌주택 요건을 충족하는 농어촌주택을 소유한 상태에서 합가 당시 보유한 일반주택을 매도한 후, 다시 일반주택을 취득하여 양도한 경우에도 1세대 1주택 비과세 규정을 적용한다. 다시 말해 상속받은 농어촌주택이 있는 상태에서 일반주택을 취득하여 비과세 요건 충족 후 양도 시 반복적으로 비과세가 가능하다는 점에서 상속주택 특례와는 다른 장점이라 할 수 있다.

소득세법 시행령 제155조 2항 단서 내용은 상속인과 피상속인이 상속개시 당시 1세대인 경우에는 1주택을 보유하고 1세대를 구성하는 자가 직계존속(배우자의 직계존속을 포함하며, 세대를 합친 날 현재 직계존속 중 어느 한 사람 또는 모두가 60세 이상으로서 1주택을 보유하고 있는 경우만 해당한다)을 동거봉양하기 위하여 세대를 합침에 따라 2주택을 보유하게 되는 경우로서 합치기 이전부터 보유하고 있었던 주택만 상속받은 주택으로 본다는 것이다.

[이농 후 다시 귀농한 경우]

소득세법 시행령 제155조 7항 3호의 규정에 따른 귀농주택 특례를 적용할 때 당초 5년 이상 거주한 사실이 있는 이농주택으로 귀농하는 경우 해당 이농주택은 영농을 목적으로 취득한 귀농주택에 해당하지 않는다.

[귀농주택 여부 판정 시 농지 및 주택의 취득 요건]

귀농주택 요건 충족 여부는 농지 및 주택의 선후 취득에 관계없이 귀농일(귀농주택에 주민등록을 이전하여 거주를 개시한 날)을 기준으로 하여 판정한다.

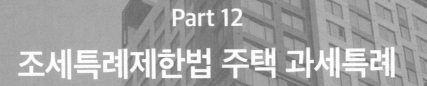

Part 12
조세특례제한법 주택 과세특례

조세특례제한법 제97조부터 제99조의4까지 세법상 요건을 충족한 주택의 양도 시 양도세 감면 등 과세특례 제도를 두고 있다. 과세특례 제도가 다양하고 서로 유사한 측면도 많아 납세자가 상당히 어려워하는 부분이다.

조문의 제목을 일일이 나열하여 직관적으로 확인 가능토록 하였으며 과세특례 제도 대부분을 서술하였다.

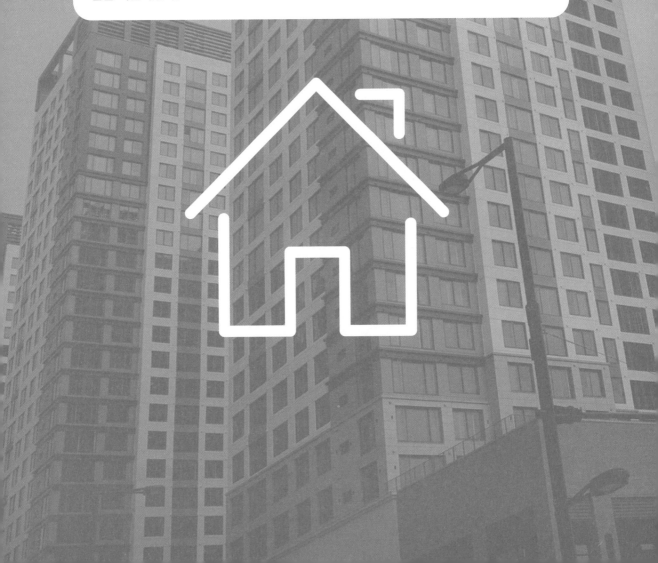

취득 시기별 조특법상 주택 특례

구분 / 법조항	미분양							
	제98조	제98조의2	제98조의3	제98조의4	제98조의5	제98조의6	제98조의7	제98조의8
1995	95.11.1~ 97.12.31							
1996								
1997								
1998	98.3.1~ 98.12.31							
2008								
2009		08.11.3~ 10.12.31	09.2.12 (3.16)~ 10.2.11	09.3.16~ 10.2.11				
2010					10.2.11~ 11.4.30			
2011						11.3.29~ 11.12.31		
2012							12.9.24~ 12.12.31	
2014								
2015								14.1.1~ 16.12.31
2016								

구분 / 법조항	장기임대		
	제97조	제97조의2	제98조의5
1986	86.1.1~ 00.12.31		
1987~1998			
1989			
1999		99.8.20~ 01.12.31	
2000			
2001			
2015			15.1.1~ 18.12.31
2016			
2017			
2018			
2019			

구분	신축		
법조항	제99조	제99조의2	제98조의3
1998	98.5.22~99.6.30 (99. 12. 31)		
1999			
2000			00.11.1~01.12.31
2001			
2002			01.5.23~03.6.30
2003			
2013		13.4.1~13.12.31	
2014			
2015			
2016			
2017			
2018			

구분	농어촌	고향
법조항	제99조의4	제99조의4
2003		
2004		
2005		
2006		
2007		
2008	03.8.01~ 25.12.31	
2009		
2010		09.1.1~ 25.12.31
2011		
~		
2024		
2025		

미분양주택 취득 관련 조세 특례

구 분	취득 기간	지 역	규 모	과세특례	농특세
지방 미분양 (제98의2) −미분양 −신규분양	08.11.03~10.12.31 (10.12.31까지 계약+ 계약금 지급 포함)	수도권 밖	모든 주택	− 중과 배제 − 장특공 표2 적용(보유 기간 별) − 단기양도 기본 세율 − 비과세 판단 시 주택수 제 외	비과세
미분양 (제98의3) −미분양 −신규분양 −자가건축	거주자 09.02.12~10.02.11 비거주자 09.03.16~10.02.11	서울 밖 (지정지 역 제외) ① 과밀 지역 외 ② 과밀 지역	① 제한 없음 ② 공동: 45평 이 하 단독: 대지 200 평, 연면적 45평 이하	5년 내 양도 ① 100% 감면 ② 60% 감면 5년 후 양도: 5년간 양도소득 금액(100%, 60%)를 과세 소득 금액에서 차감 *중과 배제 *비과세 판단 시 주택수 제외	비과세
수도권 밖 미분양 (제98의5)	10.2.11. 현재 미분양 주택을 주택보증공사 등으로부터 11.04.30 까지 최초 취득	수도권 밖	모든 주택	5년 내 양도: ① 분양 인하율 10↓ ⇒ 60% ② 10%~20%↓ ⇒ 80% ③ 20% 초과 ⇒ 100% 감면 5년 후 양도: 소득금액 X 인 하율을 과세소득금액에서 차 감 *중과 배제 *비과세 판단 시 주택수 제외	비과세
준공 후 미분양 (제98의6)	11.03.29 현재 미분양 분 선착순 공급에 의해 11.12.31까지 최초 취 득	전국	취득 기준시가 6억원 이하, 주택 149m^2 이 하(2년 이상 임 대)	5년 내 양도: 100% 감면 5년 후 양도: 소득금액−5년 간감면소득금액 *중과 배제 *비과세 판단 시 주택수 제외	과세
미분양 주택 (제98의7)	12.09.24 현재 미분양이고 12.09.24~12.12.31 까지 선착순 계약	전국	모든 주택 취득가 9억원 이 하	5년 내 양도: 100% 감면 5년 후 양도: 소득금액−5년 간감면소득금액 *중과 배제 *비과세 판단 시 주택수 제외	과세
준공 후 미분양 (제98의8)	15.01.1~15.12.31 선착순 계약하고, 5년 이상 임대 & 취득가 6 억원 이하	전국	단독: 135m^2 이 하(연면적) 공동: 135m^2(전 용)	5년 후 양도: 소득금액−5년 간감면소득금액 X 50% *중과 배제 *비과세 판단 시 주택수 제외	과세

장기임대주택 관련 과세특례

구분	기본 요건 및 취득 요건	규모	임대 요건	과세특례	농특세
장기임대주택 (제97)	① 86.01.01~00.12.31 신축 ② 85.12.31 이전 신축공동주택+12.31 현재 입주 사실 없는 주택	국민주택 (연면적 2배 이내 토지)	00.12.31. 이전에 5호 이상 이고 5년 이상 임대 개시	① 양도세 50% 감면 - 5년 이상 일반임대주택 ② 양도세 100% 감면 - 10년 이상 일반임대 - 5년 이상 건설임대주택 - 5년 이상 매입임대주택 *중과 배제 *거주주택 특례	과세
신축임대주택 (제97의2)	99.08.20~01.12.31 까지의 신축주택 거주자+2호 (1호 이상 신축주택 포함)	국민주택 (연면적 2배 이내 토지)	2호 이상 & 5년 이상 임대	양도세 전액 면제 *거주주택 특례	과세
장기일반임대주택 (구준공공) 과세특례 (제97의3)	거주자+장기일반임대 등록+임대료 등 증액 제한 요건 준수	85㎡ 이하	① 8년 이상 ② 10년 이상	장기보유특별공제 ① 8년 이상: 50% ② 10년 이상: 70%	비과세
장기일반임대주택 감면 (구준공공) (제97의5)	거주자+15.01.01~18.12.31 매입임대주택 취득+3개월 내 임대 등록	85㎡ 이하	10년 이상	임대 기간 중 발생한 양도소득세 100% 상당 감면 *제97의4와 중복 배제	과세
장기임대주택 (제97의4)	거주자, 비거주자+임대 등록	① 매입임대 6억원 (지방 3억원) 이하 ② 건설임대 6억원 이하	18.12.31까지 임대 등록	6년 이상~10년 임대 시 연 2%P씩 추가 공제 (최대 10%P 공제)	비과세
미분양주택 임대(제98)	① 95.10.31 현재 미분양주택 ② 98.12.31 현재 미분양으로 98.03.01~12.31 내 취득 & 서울 외 지역	국민주택	5년 이상	①, ② 중 납세자 선택 가능 ① 양도세율 20%로 양도세 납부 방식 ② 종합소득세 계산 납부 방식 중 납세자 선택 가능	비과세

신축주택 취득자에 대한 과세특례

구 분	취득 기간	지 역	규 모	과세특례	농특세
신축주택 (제99조)	98.05.22~99.06.30 (국민주택: 99.12.31 까지)	전국	고가주택 제외	5년 내 양도: 100% 감면 5년 후 양도: 소득금 액−5년간 감면 소득금액 *중과 배제 *다른 주택 양도 시 주택 수 포함	과세
신축주택 (제99조의3)	00.11.01~01.05.22	수도권 밖	85㎡ 이하	5년 내 양도: 100% 감면 5년 후 양도: 소득금 액−5년간 감면 소득금액 *다른 주택 양도 시 주택 수 포함	과세
	01.05.23~02.12.31	전국	모든 주택 (고급주택 X)		
	03.01.01~03.6.30	서울, 과천, 5대 신도시 지역 제 외	모든 주택 (고가주택 X)		

1세대 1주택자의 소유 주택 등의 취득자에 대한 과세특례

구 분	취득 기간	유 형	규 모	과세특례	농특세
1세대 1주택자 의 소유 주택 등 (제99조 의2)	13.04.01~13.12.31 계약+계약금 지급 *감면 대상임을 계약서 에 날인받은 경우에 한 함	① 신축주택 ② 13.04.01 현 재 미분양주택 (①, ② 주거용 오피스텔 포함) ③ 1주택자의 기 존 주택	실가 6억원 이하 or 85㎡ 이하	5년 내 양도: 100% 감면 5년 후 양도: 소득금액−5 년간 감면 소득금액 *중과 배제 *비과세 판단 시 주택수 제 외	과세

알아보기

조특법상 감면주택의 농특세 과세 여부 판단

1. 농어촌특별세가 과세되는 감면의 종류는 다음과 같다.

비과세, 세액면제, 세액감면, 세액공제, 소득공제

2. 따라서 과세대상 감면에 해당하지 않는 세율 우대, 장기보유특별공제율 우대 등이 적용되

는 조특법상 감면주택은 농특세가 과세되지 않는다.

해당 조문: 제97조의3, 제97조의4, 제98조, 제98조의2, 제98조의3, 제98조의5

사례1

장기일반민간임대주택 등에 대한 양도소득세 세액감면(제97조의5)

2012년 3월	2012년 4월	2015년 7월	2022년 4월	2023년 5월
A주택 취득	A주택 준공공임대 등록	B주택 취득	A주택 기준시가 5억	A주택 양도

상황

- 12년 03월: A주택 취득 2억원(기준시가 1.2억원)
- 12년 04월: A주택 준공공임대주택으로 등록
- 15년 07월: B주택 취득
- 22년 04월: 임대 종료, A주택 기준시가 5억원
- 23년 05월: A주택 양도 7억원(기준시가 5.95억원)

질문

- A주택 양도 시 과세소득 금액은 얼마인가요?

⌛ **해설**

해당 사례는 조특법 제97조의5가 적용되는 특례다. 제97조5에서는 "~임대 기간 중 발생한 양도소득에 대한 양도소득세의 100분의 100에 상당하는 세액을 감면한다"라고 규정되어 있다. 따라서 감면은 전체 양도소득세에서 감면 비율만큼 세액에서 감면되는 것이다.

감면소득=

전체 양도소득 금액 (3.9)	X	10년 임대 마지막 날 기준시가(5) - 취득 시 기준시가(1.2)
		양도 시 기준시가(5.95) - 취득 시 기준시가(1.2)

=3.9 X 80%=3.12억원

감면세액=129,060,000 X 3.12/3.9=103,248,000
*양도소득 금액은 장기보유특별공제 후 금액
*농특세: 감면세액의 20% 과세

① 감면을 못 받은 경우 양도세액	129,060,000
② 감면을 받은 경우 양도세액	25,812,000
차이 금액(①-②)	₩ 103,248,000

* 참고로 "감면 소득금액을 과세대상 소득금액에서 차감한다"라고 규정된 경우

과세대상 소득금액=3.9억원 - 3.12억원=7,800만원

양도소득세=12,360,000원이다.

사례에서는 차감하는 방식이 보다 유리하다.

준공공임대주택에 대한 양도소득세 세액감면(제97조의5)

취지

임대주택 활성화를 통한 서민주거의 안정지원을 목적으로 14.12.23. 신설되었고 17.12.19. 개정 시 17.12.31까지였던 양도소득세 감면의 적용 기한을 18.12.31까지로 1년 연장하였다.

특례

거주자가 매입임대주택을 18.12.31까지 취득하고, 준공공임대주택으로 등록하여 10년 이상 준공공임대주택으로 임대하는 경우 임대 기간 중 발생한 양도소득에 대한 양도소득세의 100분의 100에 상당하는 세액을 감면하고 농특세는 과세한다.

 **핵심 포인트 정리!**

장기일반민간임대주택 등에 대한 양도소득세 세액감면(제97조의5)
거주자가 다음 각호의 요건을 모두 갖춘 민특법에 따른 장기일반민간임대주택 등을 양도하는 경우에는 대통령령으로 정하는 바에 따라 임대 기간 중 발생한 양도소득에 대한 양도소득세의 100분의 100에 상당하는 세액을 감면한다.

1. 18.12.31까지 민특법의 민간매입임대주택 및 공공주택 특별법 제2조 1호의3에 따른 공공매입임대주택의 매입임대주택을 취득(18.12.31까지 매매계약을 체결하고 계약금을 납부한 경우를 포함)하고, 취득일로부터 3개월 이내에 민특법에 따라 장기일반민간임대주택 등으로 등록할 것

2. 장기일반민간임대주택 등으로 등록 후 10년 이상 계속하여 장기일반민간임대주택 등으로 임대한 후 양도할 것

3. 임대 기간 중 임대료 증액제한 요건을 준수할 것

 하나 더!!

앞서 설명한 조세특례제한법상 과세특례는 농어촌특별세로 감면세액의 20%를 신고 납부하여야 한다. 감면 방식에 따라 다음과 같이 감면세액을 계산한다.

1. 세액감면 방식: 감면세액 ×20%
2. 소득금액 차감 방식: 감면 전 산출 세액-감면소득 차감 후 산출세액) X 20%

감면의 방식
100% 상당 세액을 감면한다 ⇒ 감면세액을 감면 비율로 계산
과세대상 소득금액에서 차감 ⇒ 감면 소득금액을 과세대상 소득금액에서 차감

신축주택 등 취득자에 대한
양도소득세의 과세특례(제99조의2)

2013년 8월 — A분양권 취득
2014년 4월 — A주택 잔금지급
2017년 8월 — B주택 취득
2023년 1월 — A주택 양도

상황

- 13년 08월: A주택(미분양 85㎡) 선착순 최초 분양계약 체결하고 계약금 지급
- 14년 04월: A주택 잔금 지급
- 17년 08월: B주택 취득 후 거주
- 23년 01월: A주택 양도

구 분	취득가	양도가	기준시가
14년 04월	2.5억원		2억원
19년 04월			4억원
23년 01월		10억원	8억원

질문

- A주택 양도 시 비과세 가능한가요?

⧗ 해설

비과세되지 않는다.

사례에서 양도일 현재 2주택자로서 종전주택 양도 기한(3년)이 경과하여 일시적 2주택 특례가 적용되지 않는다. 다만, 13.04.01~13.12.31. 기간에 미분양주택을 선착순으로 분양계약을 체결하고 계약금을 지급한 경우 조세특례제한법 제99조2에 해당하는 신축주택 등 취득자에 대한 양도소득세 과세특례 대상인지 확인해보아야 한다.

조세특례제한법 제99조의2에 해당하는 주택은 사업 주체 등이 신축주택 등임을 확인하는 날인을 받아 매매계약자에게 교부하여야 하므로 분양계약서에 해당 날인이 있다면 감면 대상 주택에 해당하는 것이다.

사례에서 신축주택 등 취득자에 대한 양도소득세의 과세특례(조특법 제99조의2) 대상이면 $7.5 \times [(1-장특공제율(0.16)] \times (4-2)/(8-2) = 2.1$억원 감면 대상 소득금액이다.

따라서, 전체 양도소득 금액-감면 소득금액=6.3-2.1=4.2억원이 과세대상 소득금액이다.

*농특세: 감면세액의 20% 과세

① 과세특례를 못 받은 경우 양도세액	227,610,000
② 과세특례를 받은 경우 양도세액	141,060,000
차이 금액(①-②)	₩86,550,000

만약, A주택이 아닌 B주택을 양도하면 어떻게 될까?

조세특례제한법 제99조의2 신축주택 등은 1세대 1주택 비과세를 판단함에 있어 거주자의 소유 주택으로 보지 않는다. 따라서 B주택의 1세대 1주택 비과세를 판단함에 있어 조세특례제한법 제99조의2에 해당하는 신축주택 등(A주택)은 거주자(갑)의 소유 주택으로 보지 않으므로 2년 이상 보유(조정대상지역 취득 시 2년 이상 거주요건 추가) 및 2년 이상 거주요건을 충족한 B주택은 비과세받을 수 있다.

신축주택 등 취득자에 대한 양도소득세의 과세특례(제99조의2)

취지

2013년 침체 현상이 지속되고 있는 부동산시장의 수급 불균형을 완화하고, 보유 주택이 매각되지 않아 어려움을 겪고 있는 하우스푸어를 지원하기 위하여 신축주택 등 취득자에 대한 양도소득세 과세특례 제도를 신설하여 침체된 부동산 경기 활성화를 목적으로 13.5.10. 신설되었다.

특례

13.12.31까지 취득하는 6억원 이하이거나 주택의 연면적 85㎡ 이하인 신축주택, 미분양주택 및 1세대 1주택자가 소유한 주택에 대해서는 취득 후 5년 이내에 양도하는 경우 양도소득세의 100분의 100에 상당하는 세액을 감면하고, 5년 후에 양도하는 경우에는 5년간 발생한 양도소득 금액을 양도소득세 과세대상 소득금액에서 공제하는 것을 골자로 한다.

▶ 핵심 포인트 정리!

신축주택 등 취득자에 대한 양도소득세의 과세특례(제99조의2)

거주자 또는 비거주자가 대통령령으로 정하는 신축주택, 미분양주택 또는 1세대 1주택자의 주택으로서 취득가액이 6억원 이하이거나 주택의 연면적(공동주택: 전용면적)이 85㎡ 이하인 주택을 13.4.1부터 13.12.31까지 주택법 제54조에 따라 주택을 공급하는 사업 주체 등 대통령령으로 정하는 자와 최초로 매매계약을 체결하여 그 계약에 따라 취득(13.12.31까지 매매계약을 체결하고 계약금을 지급한 경우를 포함)한 경우에 해당 주택 취득일부터 5년 이내에 양도함으로써 발생하는 양도소득에 대하여는 양도소득세의 100분의 100에 상당하는 세액을 감면하고, 취득일부터 5년이 지난 후에 양도하는 경우에는 해당 주택 취득일부터 5년간 발생한 양도소득 금액을 해당 주택의 양도소득세 과세대상 소득금액에서 공제한다.

1세대 1주택자의 주택

다음 각호의 어느 하나에 해당하는 주택(주택에 부수되는 토지로서 건물이 정착된 면적에 지역별로 정하는 배율을 곱하여 산정한 면적 이내의 토지를 포함)을 말한다. 이 경우 다음 각호에 해당하는지를 판정할 때 1주택을 여러 사람이 공동으로 소유한 경우 공동 소유자 각자가 그 주택을 소유한 것으로 보되, 1세대의 구성원이 1주택을 공동으로 소유하는 경우에는 그러하지 아니하다.

1. 13.4.1. 현재 주민등록법상 1세대가 매매계약일 현재 국내에 1주택(13.4.1. 현재 주민등록법에 따른 주민등록이 되어 있는 오피스텔을 소유하고 있는 경우에는 그 1오피스텔을 1주택으로 본다)을 보유하고 있는 경우로서 해당 주택의 취득 등기일부터 매매계약

일까지의 기간이 2년 이상인 주택

2. 국내에 1주택을 보유한 1세대가 종전의 주택을 양도하기 전에 다른 주택을 취득함
   으로써 일시적으로 2주택이 된 경우 종전주택의 취득 등기일부터 1년 이상이 지난
   후 다른 주택을 취득하고 그 다른 주택을 취득한 날(등기일을 말한다)부터 3년 이내
   에 매매계약을 체결하고 양도하는 종전의 주택. 다만, 취득 등기일부터 매매계약일
   까지의 기간이 2년 이상인 종전의 주택으로 한정한다.

🖑 하나 더!!

조세특례제한법상 과세특례를 적용받기 위해선 감면 대상 확인서를 제출하거나 과세
특례 신청을 하는 경우에 한하여 감면 및 특례를 적용한다.

1. 신축주택 과세특례
과세특례별로 신축주택의 취득 기간 내에 자가건설의 경우 사용 승인일 등 또는 분양
받은 경우에는 그 취득 기간 내에 계약체결(계약금 지급한 경우로 한함)분을 포함한다.

2. 감면의 방식
100% 상당 세액을 감면한다 ⇒ 감면세액을 감면 비율로 계산
과세대상 소득금액에서 차감 ⇒ 감면 소득금액을 과세대상 소득금액에서 차감

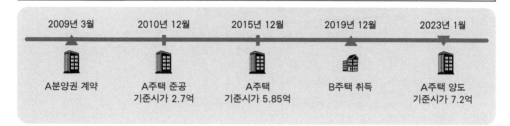

사례3

미분양주택 취득자에 대한 양도소득세 과세특례(제98조의3)

2009년 3월	2010년 12월	2015년 12월	2019년 12월	2023년 1월
A분양권 계약	A주택 준공 기준시가 2.7억	A주택 기준시가 5.85억	B주택 취득	A주택 양도 기준시가 7.2억

상황

- 09년 03월: A주택 최초 분양계약(하남, 미분양분, 분양가 3억원)
- 10년 12월: A주택 준공(기준시가 2.7억원)
- 15년 12월 A주택 기준시가 5.85억원
- 19년 12월: B주택 취득
- 23년 01월: A주택 양도 9억원(기준시가 7.2억원)

질문

- A주택 양도 시 비과세 가능한가요?

⧖ 해설

비과세되지 않는다.

양도일 현재 2주택자로서 원칙적으로 비과세가 되지 않지만, 일시적 2주택 특례가 가능한지 살펴보아야 한다.

사례에서 A주택을 B주택 취득일로부터 종전주택 처분 기한 이내인 22년 12월까지 잔금을 청산했다면 비과세를 적용받을 수 있다. 하지만 한 달여 차이로 비과세 적용은 불가하다.

A주택은 비과세는 안 되지만 거주자가 하남시 지역에서 미분양주택을 취득 기간인

09.2.12~10.2.11. 기간에 해당하는 09년 3월에 최초 분양계약을 체결하였으므로 조세특례제한법 제98조의3의 미분양주택 취득자에 대한 양도소득세 과세특례에 해당하여 특례 규정을 적용받을 수 있다.

과세소득 금액(전체 양도소득 금액−5년간 양도소득 금액)
취득일로부터 5년간 발생한 양도 소득금액=

$$\text{전체 양도소득 금액} \quad \times \quad \frac{\text{5년이 되는 날 기준시가(5.85억)} - \text{취득 시 기준시가(2.7억)}}{\text{양도 시 기준시가(7.2억)} - \text{취득 시 기준시가(2.7억)}}$$

=4.56[6−장특공(24%)]억X70%*X60%**=1.9152억
* (5.85−2.7)÷(7.2−2.7)=70%
**하남시는 23년 1월 현재 수도권 과밀억제권역임
농특세: 조특법 제98조의3은 비과세 대상

과세 양도소득 금액=4.56억 − 1.9152억=2.6448억원

① 과세특례를 못 받은 경우 양도세액	155,460,000
② 과세특례를 받은 경우 양도세액	79,612,400
차이 금액(①−②)	₩75,847,600

장기보유특별공제 적용 시 조세특례제한법 제98조의3은 중과 배제 주택이므로 다주택자여도 표1의 장기보유특별공제를 적용한다.

반면, 조세특례제한법 제98조의2 지방 미분양주택 취득에 대한 양도소득세 등 과세특례에서는 장기보유특별공제 적용 시 다주택자이거나 거주하지 않아도 표2에 따라 보유 기간별 공제율을 적용한다. (최대 40%)

한편 A주택이 아닌 B주택을 양도하면 어떻게 될까?

B주택을 먼저 양도해 2주택인 상태여도 비과세된다. 조세특례제한법 제98조의3이 적용되는 주택은 1세대 1주택 비과세 판단 시 소유 주택으로 보지 않기 때문이다.

미분양주택의 취득자에 대한 양도소득세 과세특례(제98조의3)

취지

서울특별시 밖에 소재하는 미분양주택을 취득하는 경우 취득일로부터 5년간 양도소득세를 감면하도록 하는 등 경제 활성화를 위한 세제 지원 제도를 도입하려는 것으로 09.3.25. 신설된 특례 제도이다.

특례

09.2.12~10.2.11까지 서울특별시 밖에 소재하는 미분양주택을 취득하여 추후 양도하는 경우 해당 주택에 대하여는 그 취득일부터 5년 이내에 양도함으로써 발생하는 소득에 대해서는 양도소득세의 100% 상당 세액을 감면하고, 미분양주택의 취득일부터 5년이 지난 후에 양도하는 경우에는 5년간 발생한 양도소득 금액을 주택의 과세대상 소득금액에서 차감한다.
다만, 수도권 과밀억제권역은 5년간 발생 소득금액의 60%를 감면 또는 차감한다.

 핵심 포인트 정리!

미분양주택 취득자에 대한 양도소득세 과세특례(제98조의3)
거주자 등이 서울특별시 밖의 지역(지정지역은 제외)에 있는 미분양주택을 아래의 기간 중에 주택법 제54조에 따라 주택을 공급하는 사업 주체 등과 최초로 매매계약을 체결하고 취득(10.2.11까지 매매계약을 체결하고 계약금을 납부한 경우를 포함)하여 그 취득일부터 5년 이내에 양도함으로써 발생하는 소득에 대해서는 양도소득세의 100% 상당 세액을 감면하고, 미분양주택의 취득일부터 5년이 지난 후에 양도하는 경우에는 5년간 발생한 양도 소득금액을 주택의 과세대상 소득금액에서 차감한다.
다만, 수도권 과밀억제권역은 5년간 발생 소득금액의 60%를 감면 또는 차감한다.

1. 거주자: 09.2.12~10.2.11까지의 기간
2. 비거주자: 09.3.16~10.2.11까지의 기간

 하나 더!!

조세특례제한법 제98조의3을 적용함에 있어 자가건축도 09.2.12~10.2.11. 기간 내에 착공하고 그 기간 내에 사용검사 또는 임시사용승인을 받은 경우에도 동일하게 적용된다.

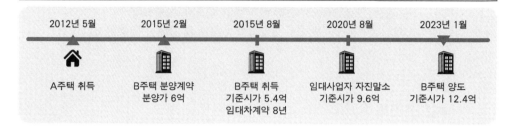

준공 후 미분양주택의 취득자에 대한 양도소득세의 과세특례(제98조의8)

2012년 5월 — A주택 취득
2015년 2월 — B주택 분양계약 분양가 6억
2015년 8월 — B주택 취득 기준시가 5.4억 임대차계약 8년
2020년 8월 — 임대사업자 자진말소 기준시가 9.6억
2023년 1월 — B주택 양도 기준시가 12.4억

상황

- 12년 05월: A주택 취득 후 거주
- 15년 02월: B주택 선착순 분양계약(서울, 준공 후 미분양분, 분양가 6억원)
- 15년 08월: B주택 취득(기준시가 5.4억원)
  B주택 임대차계약(세무서 및 8년 임대사업자 등록)
- 20년 08월: B주택 임대사업자 자진말소(B주택 기준시가 9.6억원)
- 23년 01월: B주택 양도 15억원(기준시가 12.4억원)

질문

- 장기임대주택으로 등록했던 B주택은 양도세가 전액 면제되나요?

⌛ 해설

B주택은 조세특례제한법상 제98조의8에 해당하는 준공 후 미분양주택 취득자에 대한 과세특례 적용으로 취득일부터 5년간 발생한 양도소득금액의 50%를 감면한다.

과세소득 금액(전체 양도소득 금액-5년간 양도소득 금액)
취득일로부터 5년간 발생한 양도소득 금액(차감하는 감면 소득금액)=

전체 양도소득 금액 X $\dfrac{\text{5년이 되는 날 기준시가(9.6억)} - \text{취득 시 기준시가(5.4억)}}{\text{양도 시 기준시가(12.4억)} - \text{취득 시 기준시가(5.4억)}}$

=7.74억X60%=4.644억
*장기보유특별공제율 14%
과세 양도소득 금액=7.74억-4.644억X50%=5.418억
농특세: 감면세액의 20% 과세

① 과세특례를 못 받은 경우 양도세액	288,090,000
② 과세특례를 받은 경우 양도세액	190,566,000
차이 금액(①-②)	₩97,524,000

한편 B주택이 아닌 A주택을 양도하면 어떻게 될까?

B주택이 소득세법 시행령 제155조 20항의 거주주택 특례 대상 장기임대주택에 해당하면 A주택은 2년 이상 거주하였으므로 거주주택 특례로 비과세된다.

한편, B주택은 조세특례제한법 제98조의8에 해당하는 과세특례 대상 주택이므로 A주택의 비과세를 판단함에 있어 갑의 소유 주택으로 보지 않는다. 즉, 갑은 A주택 양도 시 거주주택 특례로 또는 조세특례제한법상 특례로 비과세를 받을 수 있다.

조세특례제한법상 과세특례로 다른 주택의 비과세 판단 시 거주자의 소유 주택으로 보지 않는 규정은 다른 주택을 비과세받은 후 다시 취득한 주택도 동일한 적용을 받을 수 있으므로 갑은 거주주택 특례보다 조특법상 과세특례 주택을 소유 주택으로 보지 않는 특례를 선택하는 것이 보다 더 유리하다 할 것이다.

준공 후 미분양주택의 취득자에 대한 양도소득세 과세특례(제98조의8)

취지

경제구조를 안정화하고 성장 동력을 확충하기 위하여 적용 대상과 공제율을 확대하고자 준공 후 미분양주택을 15.1.1~15.12.31까지 취득하여 5년 이상 임대한 후 양도하는 경우에 대한 특례 제도를 14.12.23. 신설하였다.

특례

준공 후 미분양주택으로 취득 당시 취득가액이 6억원 이하 주택의 연면적(공동주택: 전용면적)이 135㎡ 이하인 주택을 15.1.1~15.12.31까지 최초 매매계약을 체결하고 5년 이상 임대한 주택을 양도하는 경우 주택의 취득일부터 5년간 발생한 양도소득 금액의 100분의 50에 상당하는 금액을 주택의 양도소득세 과세대상 소득금액에서 차감한다.

▶ 핵심 포인트 정리!

준공 후 미분양주택의 취득자에 대한 양도소득세의 과세특례(제98조의8)

거주자가 대통령령으로 정하는 준공 후 미분양주택으로서 취득 당시 취득가액이 6억원 이하이고 주택의 연면적(공동주택: 전용면적)이 135㎡ 이하인 주택을 주택법 제54조에 따라 주택을 공급하는 사업 주체 등 대통령령으로 정하는 자와 215.1.1~15.12.31까지 최초 매매계약을 체결하고 5년 이상 임대한 주택(세무서와 지자체에 임대사업자등록을 하고 15.12.31. 이전에 임대계약을 체결한 경우로 한함)을 양도하는 경우 주택의 취득일부터 5년간 발생한 양도소득 금액의 100분의 50에 상당하는 금액을 해당 주택의 양도소득세 과세대상 소득금액에서 차감한다.

하나 더!!

준공 후 미분양주택에서 제외되는 주택

1. 사업 주체 등과 양수자 간에 실제로 거래한 가액이 6억원을 초과하거나 연면적(공동주택: 전용면적)이 135㎡를 초과하는 주택. 이 경우 양수자가 부담하는 취득세 및 그 밖의 부대비용은 포함하지 아니한다.

2. 14.12.31. 이전에 사업 주체 등과 체결한 매매계약이 15.1.1. 이후 해제된 주택

3. 2호에 따른 매매계약을 해제한 매매계약자가 15.1.1~15.12.31까지의 기간 중 계약을 체결하여 취득한 준공 후 미분양주택 및 해당 매매계약자의 배우자[매매계약자 또는 그 배우자의 직계존비속(그 배우자를 포함) 및 형제자매를 포함]가 15.1.1~15.12.31까지의 기간 중 원래 매매계약을 체결하였던 사업 주체 등과 계약을 체결하여 취득한 준공 후 미분양주택

신축주택의 취득자에 대한
양도소득세의 과세특례(제99조의3)

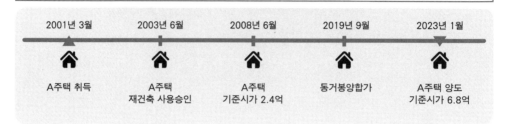

| 2001년 3월 | 2003년 6월 | 2008년 6월 | 2019년 9월 | 2023년 1월 |
| A주택 취득 | A주택
재건축 사용승인 | A주택
기준시가 2.4억 | 동거봉양합가 | A주택 양도
기준시가 6.8억 |

상황

- 01년 03월: 갑, A주택 취득 0.8억원
- 03년 06월: 갑(원조합원), 고양시 덕양구 소재 A주택(추가 부담금 1.2억원, 기준시가 1.8억원) 사용승인
- 08년 06월 A주택 기준시가 2.4억원
- 19년 09월: 80세 모친(3주택자)과 동거봉양합가
- 23년 01월: A주택 양도 8억원 (기준시가 6.8억원)
  *02년 11월 OO조합은 을(비조합원)과 잔여 주택에 대해 최초 계약 후 계약금 납부받음

질문

- A주택 양도 시 동거봉양합가로 비과세 가능한가요?

⌛ 해설

원칙적으로 비과세되지 않는다.

동거봉양합가 특례는 1주택을 보유한 60세 이상 직계존속의 봉양을 위해 합가하는 경우 합가일로부터 10년 이내에 먼저 양도하는 주택에 대해 비과세 규정을 적용하는 것이다.

사례는 3주택자인 직계존속과 동거봉양합가하였으므로 비과세되지 않는다.

반면 갑은 원조합원으로 A주택을 서울, 과천 및 분당·일산·평촌·산본·중동 외 지역인 고양시 덕양구에서 03년 6월 사용승인받아 조세특례제한법상 제99조의3에 해당하는 신축주택이므로 양도소득세 과세특례를 적용받을 수 있다.

만약, 사례에서 A주택의 사용승인일이 03년 7월로 신축주택 취득 기간을 경과한 경우라도 조특법 제99조의3을 적용할 수 있다. 원조합원의 경우 조특법 제99조의3의 신축주택 취득 기간을 경과하여 사용승인을 받았지만 갑의 A주택은 신축주택으로 판단된다. 비조합원이 신축주택 취득 기간 내에 해당 주택조합 등과 잔여 주택에 대해 최초 매매계약을 체결하고 계약금을 납부한 경우에는 신축주택 취득 기간을 경과하여 원조합원의 신축주택이 사용승인을 받았더라도 특례 대상 신축주택으로 보기 때문이다.

이는 비조합원은 감면 대상이 되고 조합원은 감면 대상에서 제외되는 불합리한 점을 개선하기 위함이다.

과세 소득금액(전체 양도소득 금액-5년간 양도소득 금액)
취득일로부터 5년간 발생한 양도소득 금액(차감하는 감면 소득금액)=

$$\text{전체 양도소득 금액} \times \frac{\text{신축 5년이 되는 날 기준시가(2.4억)} - \text{신축 취득 시 기준시가(1.8억)}}{\text{양도 시 기준시가(6.8억)} - \text{종전 취득 시 기준시가(0.8억)}}$$

=4.2억X10%=0.42억
*장기특별공제율 30%

과세 양도소득 금액=4.2억-0.42억=3.78억
농특세: 감면세액의 20% 과세

---

① 과세특례를 못 받은 경우 양도세액	141,060,000
② 과세특례를 받은 경우 양도세액	124,260,000
차이 금액(①-②)	₩16,800,000

신축주택의 취득자에 대한 양도소득세의 과세특례(제99조의3)

취지

해당 조문의 취지는 신축주택에 대한 수요를 진작하여 부동산 경기를 활성화하기 위하여 00.12.29. 신설된 조문이 01.8.14. 개편된 규정으로 종전에는 수도권 지역 외의 지역에 소재하는 신축주택으로서 국민주택규모 이하의 주택에 대해서만 5년간 양도소득세를 면제하도록 하였으나, 고가주택을 제외한 서울, 과천 및 5대 신도시 지역을 제외한 신축주택에 한하여 감면 혜택이 이어지고 있다.

특례

거주자(주택건설사업자 제외)가 서울, 과천 및 5대 신도시 지역 외의 지역에 있는 신축주택(그 주택에 딸린 토지로서 해당 건물 연면적의 2배 이내의 것을 포함)을 취득하여 그 취득일부터 5년 이내에 양도하는 경우에는 그 신축주택을 취득한 날부터 양도일까지 발생한 양도소득 금액을 양도소득세 과세대상 소득금액에서 빼며, 해당 신축주택을 취득한 날부터 5년이 지난 후에 양도하는 경우에는 그 신축주택을 취득한 날부터 5년간 발생한 양도소득 금액을 양도소득세 과세대상 소득금액에서 뺀다.

▶ 핵심 포인트 정리!

신축주택의 취득자에 대한 양도소득세의 과세특례(제99조의3)

1. 거주자가 서울특별시, 과천시 및 택지개발촉진법 제3조에 따라 택지개발지구로 지정·고시된 분당·일산·평촌·산본·중동 신도시 지역 외의 지역에 있는 아래의 어느 하나에 해당하는 신축주택(부수토지로서 해당 건물 연면적의 2배 이내의 것을 포함)을 취득하여 그 취득일부터 5년 이내에 양도하는 경우에는 그 신축주택을 취득한 날부터 양도일까지 발생한 양도소득 금액을 양도소득세 과세대상 소득금액에서 차감하며, 해당 신축주택을 취득한 날부터 5년이 지난 후에 양도하는 경우에는 그 신축주택을 취득한 날부터 5년간 발생한 양도소득 금액을 양도소득세 과세대상 소득금액에서 공제한다.
   1) 주택건설사업자로부터 취득한 신축주택의 경우
   ① 01.5.23~03.6.30까지의 기간 중 주택건설업자와 최초로 매매계약을 체결하고 계약금을 납부한 자가 취득한 신축주택
   ② 주택조합 등이 그 조합원에게 공급하고 남은 잔여 주택으로서 01.5.23~03.6.30까지 주택조합 등과 직접 매매계약을 체결하고 계약금을 납부한 자가 취득하는 주택
   ③ 조합원이 주택조합 등으로부터 취득하는 주택으로서 신축주택 취득 기간 경과 후

에 사용승인 또는 사용검사를 받는 주택. 다만, 주택조합 등이 조합원 외의 자와 신축주택 취득 기간 내에 잔여 주택에 대한 매매계약(매매계약이 다수인 때에는 최초로 체결한 매매계약 기준)을 직접 체결하여 계약금을 납부한 경우에 한한다.

2) 자기가 건설한 신축주택

자기가 건설한 신축주택(주택조합 등을 통해 조합원이 취득하는 주택을 포함)의 경우 01.5.23~03.6.30. 기간에 사용승인 또는 사용검사(임시 사용승인을 포함)를 받은 신축주택

2. 다음의 주택은 감면을 배제한다.

1) 고가주택

2) 매매계약일 현재 입주한 사실이 있는 주택

3) 01.5.23. 전에 주택건설사업자와 주택 분양계약을 체결한 분양 계약자가 당해 계약을 해제하고 분양 계약자 또는 그 배우자(분양 계약자 또는 그 배우자의 직계존비속 및 형제자매를 포함)가 당초 분양계약을 체결하였던 주택을 다시 분양받아 취득한 주택 또는 당해 주택건설사업자로부터 당초 분양계약을 체결하였던 주택에 대체하여 다른 주택을 분양받아 취득한 주택. 다만, 취학 등 부득이한 사유에 해당하는 주택은 감면을 적용한다.

하나 더!!

과세소득에서 차감 방식

조특법 제99조의3 특례는 "그 취득일부터 5년 이내에 양도하는 경우에는 그 신축주택을 취득한 날부터 양도일까지 발생한 양도소득 금액을 양도소득세 과세대상 소득금액에서 차감"한다고 되어 있다. 일반적으로 다른 감면의 경우 "5년 이내에 양도함으로써 발생하는 소득에 대하여는 양도소득세의 100% 또는 50%에 상당하는 세액을 감면"한다고 규정되어 있는 것과는 다른 특이한 점이 있다.

개정 연혁을 보면 "세액감면 ⇒ 양도소득세 면제 ⇒ 과세대상 소득금액에서 빼며"로 변천해왔다. 15.2.15. 개정 전 '양도소득세 면제'라 표현해 논란이 있던 부분을 과세대상 소득금액에서 빼며로 개정하여 명확히 하였다.

1세대 1주택 비과세 판단 시 주택수 포함 여부

조특법 제99조의3의 과세특례 주택은 소득세법 비과세를 판단함에 있어 신축주택과 그 외의 주택을 보유한 거주자가 그 신축주택 외의 주택을 07.12.31까지 양도하는 경우에만 그 신축주택을 거주자의 소유 주택으로 보지 아니한다. 따라서 2008년부터 다른 주택 양도 시 주택수에서 제외되지 않음을 유의해야 한다.

고가주택의 판정 시점

조세특례제한법 제99조의3 신축주택 취득자에 대한 양도소득세 과세특례는 고가주택에 대해서는 적용되지 않는다. 이 경우 고가주택의 판정은 신축주택의 취득 시점이 아니라 양도일 현재 시점에서 판단하는 것이다. 따라서 현행 규정에 의해 12억원을 초과하는 고가주택은 신축주택의 취득자에 대한 과세특례 제도가 적용되지 않는 것이다.

장기임대주택에 대한 양도소득세 등의 감면(제97조)

1. 임대주택을 5호 이상 임대하는 거주자가 다음의 어느 하나에 해당하는 국민주택(이에 딸린 해당 건물 연면적의 2배 이내의 토지를 포함)을 00.12.31. 이전에 임대를 개시하여 5년 이상 임대한 후 양도하는 경우에는 임대주택을 양도함으로써 발생하는 소득에 대한 양도소득세의 100분의 50에 상당하는 세액을 감면한다. 다만, 민특법 또는 공공주택 특별법에 따른 건설임대주택 중 5년 이상 임대한 임대주택과 매입임대주택 중 95.1.1. 이후 취득 및 임대를 개시하여 5년 이상 임대한 임대주택(취득 시 입주된 사실이 없는 주택만) 및 10년 이상 임대한 임대주택의 경우에는 양도소득세를 면제한다.
   1) 86.1.1부터 00.12.31까지의 기간 중 신축된 주택
   2) 85.12.31. 이전에 신축된 공동주택으로서 86.1.1. 현재 입주 사실이 없는 주택

2. 1세대 1주택 비과세 판단 시 임대주택은 그 거주자의 소유 주택으로 보지 아니한다.

신축임대주택에 대한 양도소득세의 감면 특례 (제97조의2)

1호 이상의 신축임대주택을 포함하여 2호 이상의 임대주택을 5년 이상 임대하는 거주자가 다음의 어느 하나에 해당하는 국민주택(이에 딸린 해당 건물 연면적의 2배 이내의 토지를 포함)을 5년 이상 임대한 후 양도하는 경우에는 그 신축임대주택을 양도함으로써 발생하는 소득에 대한 양도소득세를 면제한다.

1. 다음 어느 하나에 해당하는 민특법 또는 공공주택 특별법에 따른 건설임대주택
   1) 99.8.20부터 01.12.31까지의 기간 중 신축된 주택
   2) 99.8.19. 이전에 신축된 공동주택으로서 99.8.20. 현재 입주 사실이 없는 주택

2. 다음 어느 하나에 해당하는 민특법 또는 공공주택 특별법에 따른 매입임대주택 중 99.8.20. 이후 취득(99.8.20부터 2001.12.31까지의 기간 중 매매계약을 체결하고 계약금을 지급한 경우만 해당한다) 및 임대를 개시한 임대주택(취득 시 입주 사실이 없는 주택만 해당)

 1) 99.8.20. 이후 신축된 주택

 2) 1에 2)에 해당하는 주택

장기일반민간임대주택 등에 대한 양도소득세의 과세특례 (제97조의3)

1. 거주자가 민특법에 따른 장기일반민간임대주택 등을 24.12.31까지 등록[20.7.11. 이후 장기일반민간임대주택으로 등록 신청한 경우로서 민간임대주택에 관한 특별법(법률 제 17482호로 개정되기 전의 것) 단기민간임대주택을 20.7.11. 이후 공공지원민간임대주택 또는 장기일반민간임대주택으로 변경 신고한 주택은 제외한다]한 후 ① 10년 이상 계속 임대하고 ② 임대보증금 상한 제한(5%)을 준수하고 ③ 국민주택규모 이하 ④ 기준시가의 합계액이 임대 개시일 당시 6억원(수도권 밖의 지역인 경우에는 3억원)초과하지 아니할 경우 장기보유 특별공제액을 계산 시 다음의 공제율을 적용한다.

1) 8년 이상 계속 임대 후 양도하는 경우: 50%

2) 10년 이상 계속 임대 후 양도하는 경우: 70%

2. 제97조의2 과세특례는 제97조의4에 따른 장기임대주택에 대한 양도소득세의 과세특례와 중복하여 적용하지 않는다.

장기임대주택에 대한 양도소득세의 과세특례 (제97조의4)

거주자 또는 비거주자가 민특법에 따른 민간건설임대주택, 민간매입임대주택, 공공주택 특별법 따른 공공건설임대주택, 공공매입임대주택으로서 제167조의3 1항 2호 가목 및 다목에 따른 장기임대주택(비거주자가 소유한 주택을 포함)을 6년 이상 임대한 후 양도하는 경우 그 주택을 양도함으로써 발생하는 소득에 대해서는 장기보유 특별공제액을 계산할 해당 주택의 임대 기간에 따라 6년 이상 보유에 따른 장기보유특별공제율에 연 2% 추가 공제율을 더한 공제율을 적용한다. 다만, 장기보유특별공제 표2가 적용되는 경우에는 추가 공제하지 않는다.

장기일반민간임대주택 등에 대한 양도소득세 세액감면 (제97조의5)

거주자가 다음 각호의 요건을 모두 갖춘 민특법에 따른 장기일반민간임대주택 또는 공공지원 민간임대주택(장기일반민간임대주택 등)을 양도하는 경우에는 따라 임대 기간 중 발생한 양도소득에 대한 양도소득세의 100분의 100에 상당하는 세액을 감면한다.

1. 18.12.31까지 민특법의 민간매입임대주택 및 공공주택 특별법 제2조 1호의3에 따른 공공매입임대주택의 매입임대주택을 취득(18.12.31까지 매매계약을 체결하고 계약금을 납부한 경우를 포함)하고, 취득일로부터 3개월 이내에 민특법에 따라 장기일반민간임대주택 등으로 등록할 것

2. 장기일반민간임대주택 등으로 등록 후 10년 이상 계속하여 장기일반민간임대주택 등으로 임대한 후 양도할 것

3. 임대 기간 중 임대료 증액제한 요건을 준수할 것

지방 미분양주택 취득에 대한 양도소득세 과세특례
(제98조의2)

1. 거주자가 08.11.3일부터 10.12.31까지의 기간 중 취득(10.12.31까지 매매계약을 체결하고 계약금을 납부한 경우를 포함한다)한 지방 미분양주택을 양도함으로써 발생하는 소득에 대해서는 장기보유특별공제액 및 세율은 다음의 규정을 적용한다.

   1) 장기보유특별공제액: 표2에 따른 보유 기간별 공제율을 곱하여 계산한 금액
   2) 세율: 보유 기간이 1년 미만이더라도 기본세율을 적용한다.

2. 법인이 지방 미분양주택을 양도함으로써 발생하는 소득에 대해서는 법인세 추가 과세(20%)를 적용하지 아니한다. 다만, 미등기양도의 경우 법인세 추가 과세함.

3. 부동산매매업을 경영하는 거주자가 지방 미분양주택을 양도함으로써 발생하는 소득에 대해선 부동산매매업자에 대한 세액계산의 특례(비교 과세)에도 불구 일반 세율을 적용한다.

4. 1세대 1주택 비과세 판단 시 지방 미분양주택은 해당 거주자의 소유 주택으로 보지 아니한다.

미분양주택 취득자에 대한 양도소득세 과세특례
(제98조의3)

1. 거주자 또는 국내 사업장이 없는 비거주자가 서울특별시 밖의 지역(지정지역은 제외)에 있는 미분양주택을 다음의 기간 중 주택법 제54조에 따라 주택을 공급하는 사업 주체(20호 미만의 주택을 공급하는 경우 해당 주택건설사업자를 포함)와 최초로 매매계약을 체결하고 취득(10.2.11까지 매매계약을 체결하고 계약금을 납부한 경우를 포함)하여 그 취득일부터 5년 이내에 양도함으로써 발생하는 소득에 대해서는 양도소득세의 100분의 100(수도권 과밀억제권

역인 경우에는 100분의 60)에 상당하는 세액을 감면하고, 해당 미분양주택의 취득일부터 5년이 지난 후에 양도하는 경우에는 해당 미분양주택의 취득일부터 5년간 발생한 양도소득 금액(수도권 과밀억제권역인 경우에는 양도소득 금액의 100분의 60에 상당하는 금액)을 주택의 양도소득세 과세대상 소득금액에서 차감한다.

1) 거주자: 09.2.12부터 10.2.11까지의 기간
2) 비거주자: 09.3.16부터 10.2.11까지의 기간

2. 자기가 건설한 신축주택으로서 09.2.12부터 10.2.11까지의 기간 중 공사에 착공(착공일이 불분명한 경우에는 착공신고서 제출일을 기준)하고, 사용승인 또는 사용검사(임시사용승인을 포함)를 받은 주택을 포함한다. 다만, 다음의 경우에는 이를 적용하지 아니한다.

1) 재개발사업 등에 따른 정비사업조합의 조합원이 관리처분계획에 따라 취득하는 주택
2) 거주하거나 보유하는 중에 소실·붕괴·노후 등으로 인하여 멸실되어 재건축한 주택

3. 1세대 1주택 비과세를 판단 시 위 1 및 2를 적용받는 주택은 거주자의 소유 주택으로 보지 아니한다.
4. 위 1 및 2를 적용받는 주택을 양도함으로써 발생하는 소득에 대해서는 장기보유특별공제는 표1 또는 표2를 적용하고 세율은 기본세율을 적용한다.

비거주자의 주택취득에 대한 양도소득세의 과세특례 (제98조의4)

국내 사업장이 없는 비거주자가 09.3.16일부터 10.2.11까지의 기간 중 제98조의3 1항에 따른 미분양주택 외의 주택을 취득(10.2.11까지 매매계약을 체결하고 계약금을 납부한 경우를 포함)하여 양도함으로써 발생하는 소득에 대해서는 양도소득세의 100분의 10에 상당하는 세액을 감면한다.

수도권 밖의 지역에 있는
미분양주택의 취득자에 대한 양도소득세의 과세특례
(제98조의5)

1. 거주자 또는 국내 사업장이 없는 비거주자가 10.2.11. 현재 수도권 밖의 지역에 있는 미분양주택을 11.4.30까지 주택법 제54조에 따라 주택을 공급하는 사업 주체 등과 최초로 매매계약을 체결하고 취득(11.4.30까지 매매계약을 체결하고 계약금을 납부한 경우를 포함)하여 그 취득일부터 5년 이내에 양도함으로써 발생하는 소득에 대하여는 양도소득세에 다음의 분양가격 인하율에 따른 감면율을 곱하여 계산한 세액을 감면하고, 미분양주택의 취득일부터 5년이 지난 후에 양도하는 경우에는 미분양주택의 취득일부터 5년간 발생한 양도소득금액에 다음의 분양가격 인하율에 따른 감면율을 곱하여 계산한 금액을 미분양주택의 양도소득세 과세대상 소득금액에서 차감한다.
1) 분양가격 인하율 100분의 10 이하: 100분의 60
2) 분양가격 인하율 100분의 10을 초과 100분의 20 이하: 100분의 80
3) 분양가격 인하율 100분의 20 초과: 100분의 100

2. 1세대 1주택 비과세 판단 시 1항을 적용받는 미분양주택은 거주자의 소유 주택으로 보지 아니한다.

3. 1항을 적용받는 미분양주택을 양도함으로써 발생하는 소득에 대하여는 장기보유특별공제는 표1 또는 표2를 적용하고 기본세율을 적용한다.

준공 후 미분양주택의 취득자에 대한 양도소득세의 과세특례 (제98조의6)

1. 거주자 또는 국내 사업장이 없는 비거주자가 다음의 어느 하나에 해당하는 주택을 양도하는 경우에는 해당 주택의 취득일부터 5년 이내에 양도함으로써 발생하는 소득에 대하여는 양도소득세의 100분의 50에 상당하는 세액을 감면(1호의 요건을 갖춘 주택에 한정한다)하고, 그 취득일부터 5년이 지난 후에 양도하는 경우에는 해당 주택의 취득일부터 5년간 발생한 양도소득 금액의 100분의 50에 상당하는 금액을 해당 주택의 양도소득세 과세대상 소득금액에서 차감한다.

1) 주택법 제54조에 따라 주택을 공급하는 사업 주체 및 그 밖에 대통령령으로 정하는 사업자*(사업 주체 등)가 대통령령으로 정하는 준공 후 미분양주택**을 11.12.31까지 임대계약을 체결하여 2년 이상 임대한 주택으로서 거주자 또는 비거주자가 해당 사업 주체 등과 최초로 매매계약을 체결하고 취득한 주택

2) 거주자 또는 비거주자가 준공 후 미분양주택을 사업 주체등과 최초로 매매계약을 체결하여 취득하고 5년 이상 임대한 주택(거주자 또는 비거주자가 세무서 및 지자체에 임대사업자등록을 하고 11.12.31. 이전에 임대계약을 체결한 경우에 한정한다)

*대통령령으로 정하는 사업자 (제98조의7, 제98조의8에서 동일)

① 주택도시기금법 시행령 제22조 1항 1호 가목에 따라 주택을 매입한 주택도시보증공사

② 주택의 공사대금으로 해당 주택을 받은 주택의 시공자

③ 법인세법 시행령 제92조의2 2항 1호의5, 1호의8 및 1호의10에 따라 주택을 취득한 기업구조조정 부동산투자회사 등

④ 법인세법 시행령 제92조의2 2항 1호의7, 1호의9 및 1호의11에 따라 주택을 취득한 자본시장과 금융투자업에 관한 법률에 따른 신탁업자

**준공 후 미분양주택

1. 주택법 제54조에 따라 공급하는 주택으로서 같은 법 제49조에 따른 사용검사(임시 사용승인을 포함) 또는 사용승인을 받은 후 11.3.29. 현재 분양계약이 체결되지 아니하여 선착순의 방법으로 공급하는 주택(준공 후 미분양주택)을 말한다. 다만, 해당 주택 및 이에 부수되는 토지의 기준시가의 합계액이 취득 당시(준공 후 미분양주택은 최초 임대 개시 시) 6억원을 초과하거나, 주택의 연면적(공동

주택: 전용면적)이 149 m^2를 초과하는 주택은 제외한다

2. 1세대 1주택 비과세 판단 시 1항을 적용받는 주택은 해당 거주자의 소유 주택으로 보지 아니한다.

3. 1항을 적용받는 주택을 양도함으로써 발생하는 소득에 대하여는 장기보유 특별공제는 표1 또는 표2를 적용하고 기본세율을 적용한다.

미분양주택의 취득자에 대한 양도소득세의 과세특례 (제98조의7)

1. 내국인이 12.9.24. 현재 대통령령으로 정하는 미분양주택*으로서 취득가액이 9억원 이하인 주택을 12.9.24부터 12.12.31까지 주택법 제54조에 따라 주택을 공급하는 해당 사업 주체 또는 그 밖에 대통령령으로 정하는 사업자**와 최초로 매매계약(계약금을 납부한 경우에 한정한다)을 체결하거나 그 계약에 따라 취득한 경우에는 취득일부터 5년 이내에 양도함으로써 발생하는 소득에 대하여는 양도소득세의 100분의 100에 상당하는 세액을 감면하고, 해당 미분양주택의 취득일부터 5년이 지난 후에 양도하는 경우에는 해당 미분양주택의 취득일부터 5년간 발생한 양도소득 금액을 양도소득세 과세대상 소득금액에서 공제한다.

*대통령령으로 정하는 미분양주택
주택법 제54조에 따라 주택을 공급하는 사업 주체가 같은 조에 따라 공급하는 주택으로서 해당 사업 주체가 입주자 모집공고에 따른 입주자의 계약일이 지난 주택단지에서 12.9.23까지 분양계약이 체결되지 아니하여 선착순의 방법으로 공급하는 주택

**대통령령으로 정하는 사업자(제98조의6, 제98조의8에서 동일)

2. 1세대 1주택 비과세 판단 시 1항을 적용받는 미분양주택은 해당 거주자의 소유 주택으로 보지 아니한다.

준공 후 미분양주택의 취득자에 대한 양도소득세의 과세특례(제98조의8)

1. 거주자가 대통령령으로 정하는 준공 후 미분양주택*으로서 취득 당시 취득가액이 6억원 이하이고 주택의 연면적(공동주택: 전용면적)이 135㎡ 이하인 주택을 주택법 제54조에 따라 주택을 공급하는 사업 주체 등 대통령령으로 정하는 자**와 15.1.1부터 15.12.31까지 최초로 매매계약을 체결하고 5년 이상 임대한 주택(거주자가 소득세법 제168조에 따른 사업자등록과 민특법 제5조에 따른 임대사업자등록을 하고 15.12.31. 이전에 임대계약을 체결한 경우로 한정한다)을 양도하는 경우에는 해당 주택의 취득일부터 5년간 발생하는 양도소득 금액의 100분의 50에 상당하는 금액을 해당 주택의 양도소득세 과세대상 소득금액에서 공제한다.

*대통령령으로 정하는 준공 후 미분양주택

 1) 주택법 제54조에 따라 공급하는 주택으로서 사용검사(임시 사용승인을 포함) 또는 사용승인을 받은 후 14.12.31까지 분양계약이 체결되지 아니하였을 것

 2) 15.1.1. 이후 선착순의 방법으로 공급할 것

**대통령령으로 정하는 자(제98조의6, 제98조의7에서 동일)

2. 1세대 1주택 비과세 판단 시 1항에 해당하는 주택은 해당 거주자의 소유 주택으로 보지 아니한다.

신축주택의 취득자에 대한 양도소득세의 감면(제99조)

1. 거주자(주택건설사업자는 제외)가 다음의 어느 하나에 해당하는 신축주택(이에 딸린 해당 건물 연면적의 2배 이내의 토지를 포함)을 취득하여 그 취득한 날부터 5년 이내에 양도하는 경우에

는 그 신축주택을 취득한 날부터 양도일까지 발생한 양도소득 금액을 양도소득세 과세대상 소득금액에서 차감하며, 신축주택을 취득한 날부터 5년이 지난 후에 양도하는 경우에는 그 신축주택을 취득한 날부터 5년간 발생한 양도소득 금액을 양도소득세 과세대상 소득금액에서 차감한다.

1) 자기가 건설한 주택(주택법에 따른 주택조합 또는 도정법에 따른 정비사업조합을 통하여 조합원이 취득하는 주택을 포함한다)으로서
   ① 모든 주택: 98.5.22부터 99.6.30까지의 기간
   ② 국민주택: 98.5.22부터 99.12.31까지
      사이에 사용승인 또는 사용검사(임시 사용승인을 포함)를 받은 주택

2) 주택건설사업자로부터 취득하는 주택
   ① 신축주택 취득 기간에 주택건설업자와 최초로 매매계약을 체결하고 계약금을 납부한 자가 취득하는 주택
   ② 주택조합 등이 조합원에게 공급하고 남은 잔여 주택으로 신축주택 취득 기간 내에 주택조합 등과 직접 매매계약을 체결하고 계약금을 납부한 자가 취득하는 주택
   ③ 조합원이 주택조합 등으로부터 취득하는 주택으로서 주택조합 등이 조합원 외의 자와 신축주택 취득 기간 내에 잔여 주택에 대한 계약을 직접 체결하여 계약금을 납부받은 사실이 있는 신축주택 취득 기간 경과 후에 사용승인 또는 사용검사를 받은 주택

2. 다음의 주택은 감면을 배제한다.
   1) 고가주택
   2) 매매계약일 현재 다른 자가 입주한 사실이 있는 주택
   3) 98.5.21. 이전에 주택건설사업자와 주택 분양계약을 체결한 분양 계약자가 당해 계약을 해제하고 분양 계약자 또는 그 배우자(분양 계약자 또는 그 배우자의 직계존비속 및 형제자매를 포함한다)가 당초 분양계약을 체결하였던 주택을 다시 분양받아 취득한 주택 또는 당해 주택건설사업자로부터 당초 분양계약을 체결하였던 주택에 대체하여 다른 주택을 분양받아 취득한 주택 다만, 취학 등 부득이한 사유로 당해 주택건설업자로부터 다른 주택을 분양받아 취득하는 경우의 주택은 감면한다.

신축주택 등 취득자에 대한 양도소득세의 과세특례
(제99조의2)

1. 거주자 또는 비거주자가 대통령령으로 정하는 신축주택, 미분양주택 또는 1세대 1주택자의 주택으로서 취득가액이 6억원 이하이거나 주택의 연면적(공동주택: 전용면적)이 85㎡ 이하인 주택을 13.4.1부터 13.12.31까지 주택법 제54조에 따라 주택을 공급하는 사업 주체 등 대통령령으로 정하는 자와 최초로 매매계약을 체결하여 그 계약에 따라 취득(13.12.31까지 매매계약을 체결하고 계약금을 지급한 경우를 포함한다)한 경우에 해당 주택을 취득일부터 5년 이내에 양도함으로써 발생하는 양도소득에 대하여는 양도소득세의 100분의 100에 상당하는 세액을 감면하고, 취득일부터 5년이 지난 후에 양도하는 경우에는 해당 주택의 취득일부터 5년간 발생한 양도소득 금액을 해당 주택의 양도소득세 과세대상 소득금액에서 공제한다.

1) 주택법 제54조에 따라 주택을 공급하는 사업 주체가 같은 조에 따라 공급하는 주택으로서 해당 사업 주체가 입주자 모집공고에 따른 입주자의 계약일이 지난 주택단지에서 13.3.31까지 분양계약이 체결되지 아니하여 13.4.1. 이후 선착순의 방법으로 공급하는 주택

2) 주택법 제15조에 따른 사업계획승인(건축허가를 포함)을 받아 해당 사업계획과 주택법 제54조에 따라 사업 주체가 공급하는 주택(입주자 모집공고에 따른 입주자의 계약일이 13.4.1. 이후 도래하는 주택으로 한정한다)

3) 주택건설사업자(30호 미만의 주택을 공급하는 자를 말하며, 1호와 2호에 해당하는 사업 주체는 제외한다)가 공급하는 주택 (주택법상 주택으로 4호부터 8호까지 규정에서 같다)

4) 주택도시보증공사가 주택도시기금법 시행령 제22조 1항 1호 가목에 따라 매입한 주택으로서 주택도시보증공사가 공급하는 주택

5) 주택의 시공자가 해당 주택의 공사대금으로 받은 주택으로서 해당 시공자가 공급하는 주택

6) 기업구조조정부동산투자회사 등이 취득한 주택으로서 해당 기업구조조정부동산투자회사 등이 공급하는 주택

7) 자본시장과 금융투자업에 관한 법률에 따른 신탁업자가 법인세법 시행령 제92조의2 2항 1호의7, 1호의9 및 1호의11에 따라 취득한 주택으로서 해당 신탁업자가 공급하는 주택

8) 자기가 건설한 주택으로서 13.4.1부터 13.12.31까지의 기간 중 사용승인 또는 사용검사

(임시사용승인을 포함)를 받은 주택. 다만, 다음 각 목의 주택은 제외한다.

  가. 도정법에 따른 재개발사업, 재건축사업 또는 빈집법에 따른 소규모주택정비사업을 시
      행하는 정비사업조합의 조합원이 해당 관리처분계획(소규모주택정비사업의 경우에는 사
      업시행계획을 말한다)에 따라 취득하는 주택

  나. 거주하거나 보유하는 중에 소실 · 붕괴 · 노후 등으로 인하여 멸실되어 재건축한 주택

  9) 오피스텔 중 건축법 제11조에 따른 건축허가를 받아 건축물의 분양에 관한 법률 제6조에
     따라 분양사업자가 공급(분양 광고에 따른 입주 예정일이 지나고 13.3.31까지 분양계약이 체결
     되지 아니하여 수의계약으로 공급하는 경우를 포함한다)하거나 건축법 제22조에 따른 건축물
     의 사용승인을 받아 공급하는 오피스텔(4호부터 8호까지의 방법으로 공급 등을 하는 오피스텔
     을 포함한다)

2. 1세대 1주택 비과세 판단 시 1항을 적용받는 주택은 해당 거주자의 소유 주택으로 보지 아니한다.

3. 1항은 전국 소비자물가상승률 및 전국 주택매매가격상승률을 고려하여 부동산 가격이 급등하거나 급등할 우려가 있는 지역으로서 대통령령으로 정하는 지역에는 적용하지 아니한다.

1세대 1주택자의 주택

다음 각호의 어느 하나에 해당하는 주택(주택에 부수되는 토지로서 건물이 정착된 면적에 지역별로 정하는 배율을 곱하여 산정한 면적 이내의 토지를 포함)을 말한다. 이 경우 다음 각호에 해당하는지를 판정할 때 1주택을 여러 사람이 공동으로 소유한 경우 공동 소유자 각자가 그 주택을 소유한 것으로 보되, 1세대의 구성원이 1주택을 공동으로 소유하는 경우에는 그러하지 아니하다.

1. 13.4.1. 현재 주민등록법상 1세대가 매매계약일 현재 국내에 1주택(13.4.1. 현재 주민등록법에 따른 주민등록이 되어 있는 오피스텔을 소유하고 있는 경우에는 그 1오피스텔을 1주택으로 본다)을 보유하고 있는 경우로서 해당 주택의 취득 등기일부터 매매계약일까지의 기간이 2년 이상인 주택

2. 국내에 1주택을 보유한 1세대가 종전의 주택을 양도하기 전에 다른 주택을 취득함으로써

일시적으로 2주택이 된 경우 종전의 주택의 취득 등기일부터 1년 이상이 지난 후 다른 주택을 취득하고 그 다른 주택을 취득한 날(등기일을 말한다)부터 3년 이내에 매매계약을 체결하고 양도하는 종전의 주택. 다만, 취득 등기일부터 매매계약일까지의 기간이 2년 이상인 종전의 주택으로 한정한다.

신축주택의 취득자에 대한 양도소득세의 과세특례 (제99조의3)

1. 거주자(주택건설사업자는 제외)가 서울특별시, 과천시 및 택지개발촉진법 제3조에 따라 택지개발지구로 지정·고시된 분당·일산·평촌·산본·중동 신도시 지역 외의 지역에 있는 다음 각호의 어느 하나에 해당하는 신축주택(부수토지로서 해당 건물 연면적의 2배 이내의 것을 포함)을 취득하여 그 취득일부터 5년 이내에 양도하는 경우에는 그 신축주택을 취득한 날부터 양도일까지 발생한 양도소득 금액을 양도소득세 과세대상 소득금액에서 차감하며, 해당 신축주택을 취득한 날부터 5년이 지난 후에 양도하는 경우에는 그 신축주택을 취득한 날부터 5년간 발생한 양도소득 금액을 양도소득세 과세대상 소득금액에서 공제한다.

1) 주택건설사업자로부터 취득한 신축주택의 경우

① 01.5.23부터 03.6.30까지의 기간 중 주택건설업자와 최초로 매매계약을 체결하고 계약금을 납부한 자가 취득한 신축주택

② 주택조합 등이 그 조합원에게 공급하고 남은 잔여 주택으로서 법 제99조의3 1항 1호의 규정에 의한 신축주택 취득 기간 이내에 주택조합 등과 직접 매매계약을 체결하고 계약금을 납부한 자가 취득하는 주택

③ 조합원이 주택조합 등으로부터 취득하는 주택으로서 신축주택 취득 기간 경과 후에 사용승인 또는 사용검사를 받는 주택. 다만, 주택조합 등이 조합원 외의 자와 신축주택 취득 기간 내에 잔여 주택에 대한 매매계약(매매계약이 다수인 때에는 최초로 체결한 매매계약을 기준으로 한다)을 직접 체결하여 계약금을 납부받은 사실이 있는 경우에 한한다.

2) 자기가 건설한 신축주택

자기가 건설한 신축주택(주택조합 등 조합원이 조합을 통해 취득하는 주택을 포함한다)의 경우:

신축주택 취득 기간에 사용승인 또는 사용검사(임시 사용승인을 포함한다)를 받은 신축주택

2. 다음의 주택은 감면을 배제한다.

1) 고가주택

2) 매매계약일 현재 입주한 사실이 있는 주택

3) 01.5.23. 전에 주택건설사업자와 주택 분양계약을 체결한 분양 계약자가 당해 계약을 해제하고 분양 계약자 또는 그 배우자(분양 계약자 또는 그 배우자의 직계존비속 및 형제자매를 포함한다)가 당초 분양계약을 체결하였던 주택을 다시 분양받아 취득한 주택 또는 당해 주택건설사업자로부터 당초 분양계약을 체결하였던 주택에 대체하여 다른 주택을 분양받아 취득한 주택. 다만, 취학 등 부득이한 사유에 해당하는 주택은 감면을 적용한다.

농어촌주택 등 취득자에 대한 양도소득세 과세특례 (제99조의4)

농어촌주택 특례 참조

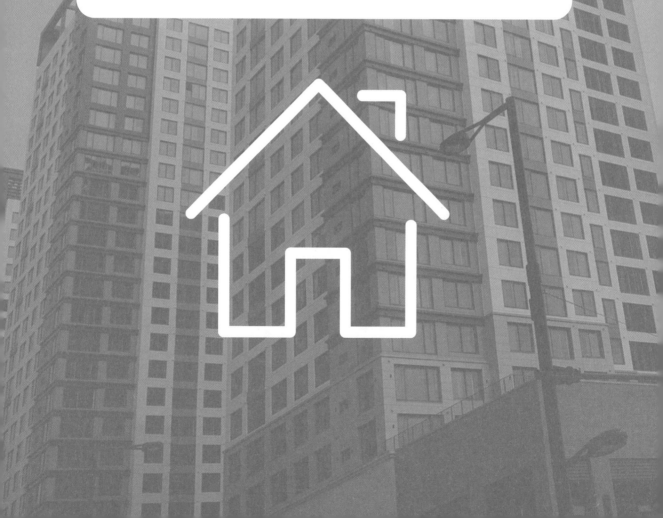

Part 13

경매 세금

부동산 투자 방법은 매매, 경매, 공매, 급매, 갭투자 등 여러 가지가 존재한다.
성공적인 투자를 위해서는 본인의 투자성향이나 경제적인 상황에 맞는 투자 방법을 선택
하여야 하며 반드시 투자수익률에 대한 분석이 선행되어야 한다.
이때 간과하기 쉬운 부분이 바로 취득 시부터 보유, 그리고 양도 시까지의 세금이다. 특히
부동산에 대한 규제가 강한 시기에는 비록 세전 수익률이 본인의 기대수익률을 충족하더
라도 세금을 공제한 후의 세후 수익률은 기대수익률을 훨씬 하회할 수도 있다.
이에 부동산 투자 중 특히 주택 경매와 관련된 세금 문제를 살펴보고자 한다.

낙찰받은 주택의 취득가액

2023년 1월 5일   2023년 1월 27일

A주택 경매   A주택 경매
낙찰일   완납일

상황

- 경매 대상 물건: A주택
- 낙찰자: 갑
- 낙찰일: 23.01.05.
- 경락가액: 30억원
- 경락가액 완납: 23.01.27.
- 선순위 권리: 없음
- 부대비용 지출 내역
  - 부동산컨설팅 용역비: 1억원
  - 전 소유자에 대한 법적 지급 의무 없는 명도비: 1천만원
  - 체납관리비: 공용분 2천만원, 전용분 4천만원, 연체료 1천만원
  - 대출 수수료: 3천만원

질문

- A주택에 대한 취득세 과세표준과 양도소득세 취득가액은 얼마인가요?

⌛ 해설

1. 취득세 과세표준

=경락가액+부동산컨설팅 용역비

=31억원

① 대출 수수료의 포함 여부는 취득자에 따라 다르다. 취득자가 법인인 경우 부동산의 취득과 관련한 차입금으로 인하여 발생한 금융비용은 취득세 과세표준에 포함된다. 그러나 취득자가 개인인 경우에는 2023년부터 취득과 관련된 금융비용이라도 취득세 과세표준에서 제외되는 것으로 지방세법시행령이 개정되었다. 사례는 개인이 취득한 경우이므로 취득세 과세표준에 포함되지 않는다.

② 컨설팅 수수료는 부동산을 취득하거나 부동산을 취득하기 위한 자금조달의 목적으로 지급된 비용으로서 부동산 취득과 관련 있는 비용에 해당하여 취득세 과세표준에 포함된다.

③ 체납관리비는 부동산을 취득하기 위하여 인수한 채무라기보다는 해당 부동산을 취득함에 따라 비로소 부담하게 된 채무에 불과하므로 취득과 관련된 간접비용으로 볼 수 없어 취득세 과세표준에 포함되지 않는다.

④ 전 소유자에 대한 명도비는 원활한 부동산 점유를 위해 법적 지급 의무 없이 지출한 비용일 뿐 해당 부동산을 취득하기 위하여 지출한 비용이 아니므로 취득세 과세표준에 포함되지 않는다.

2. 양도소득세 취득가액
=경락가액+부동산컨설팅 용역비+체납관리비 중 공용분
=31억 2천만원

① 양도소득세에서 취득가액(필요경비)은 세법에 열거된 항목에 한하는 것으로서 경매로 낙찰받은 자가 전 소유자가 부담하여야 할 각종 체납된 경비를 법적인 지급 의무 없이 대신 지급한 경우에는 필요경비에 포함되지 않는다. 다만 전체 체납관리비 중 공용부분 체납관리비(연체료 제외)는 법적인 지급 의무가 있는 것으로 보아 매입가액의 부대비용으로 취득가액에 포함된다.

② 자산을 취득하기 위하여 지출한 컨설팅 비용은 취득가액에 포함된다. 단, 이에 해당하는지는 계약서, 지출증빙 등을 통해 명백하게 확인되어야 한다. 또한 경매로 취득 시 소요된 변호사비용이나 경매 자문을 위하여 지출한 비용도 취득가액에 포함된다. 다만 자문 내용이 불분명하고 그 이행 내역이 확인되지 않으면 부인될 수 있다.

▶ 핵심 포인트 정리!

취득세

1. 취득세의 과세표준이 되는 취득가격은 과세대상 물건의 취득 시기를 기준으로 그 이전에 당해 물건을 취득하기 위하여 거래 상대방 또는 제삼자에게 지급하였거나 지급하여야 할 일체의 비용을 말한다.

2. 여기서 말하는 '취득가격'에는 과세대상 물건의 취득 시기 이전에 거래 상대방 또는 제삼자에게 지급 원인이 발생 또는 확정된 것으로서 당해 물건 자체의 가격(직접비용)은 물론 그 이외에 실제로 당해 물건 자체의 가격으로 지급되었다고 볼 수 있거나 그에 준하는 취득 절차 비용도 간접비용으로서 이에 포함된다.

3. 취득가격에 포함되는 간접비용의 예: 컨설팅 수수료, 소개 수수료, 설계비, 중개수수료, 연체료, 할부이자 및 건설자금에 충당한 차입금의 이자 또는 이와 유사한 금융비용 등

4. 위 3의 간접비용 중 중개수수료, 건설자금 이자, 금융비용, 할부이자, 연체료는 개인의 경우에는 취득가격에 포함되지 않는다.

양도소득세

1. 소득세법 제97조 1항에서는 거주자의 양도차익을 계산할 때 양도가액에서 공제할 필요경비를 취득가액 등으로 규정하면서 해당 자산의 취득에 든 실지거래가액을 확인할 수 있는 경우 그 취득가액은 실지거래가액을 적용하도록 규정하고 있다.

2. 소득세법 시행령 제163조 1항에서는 취득원가에 상당하는 가액, 취득에 관한 쟁송이 있는 자산에 대하여 그 소유권 등을 확보하기 위하여 직접 소요된 소송비용·화해비용 등을 실지거래가액에 포함될 구체적 금액으로 규정하고 있다.

3. 따라서 세법에 열거된 취득비용이 아닌 경우 양도소득세 계산 시 취득가액으로 포

함되지 않는다.

4. 취득가액(필요경비)으로 인정되는 비용 예시

　매입가액

　취득 시 중개수수료, 등기비용, 취득세

　취득과 관련 있는 컨설팅 비용

　경매 낙찰자가 부담한 대항력 있는 임차인의 전세보증금

5. 취득가액(필요경비)으로 인정되지 않는 비용 예시

　건설자금이자

　명도비용

　이자 비용

　매도인이 부담할 양도세를 매수인이 약정 없이 대납한 금액

 하나 더!!

지방세법시행령 제18조 [사실상 취득가격의 범위 등]

1. 법 제10조의3 1항에서 '대통령령으로 정하는 사실상의 취득가격'(이하 '사실상 취득가격'이라 한다)이란 해당 물건을 취득하기 위하여 거래 상대방 또는 제삼자에게 지급했거나 지급해야 할 직접비용과 다음 각호의 어느 하나에 해당하는 간접비용의 합계액을 말한다. 다만, 취득 대금을 일시급 등으로 지급하여 일정액을 할인받은 경우에는 그 할인된 금액으로 하고, 법인이 아닌 자가 취득한 경우에는 1호, 2호 또는 7호의 금액을 제외한 금액으로 한다.
   1) 건설자금에 충당한 차입금의 이자 또는 이와 유사한 금융비용
   2) 할부 또는 연부(年賦) 계약에 따른 이자 상당액 및 연체료
   3) 「농지법」에 따른 농지보전부담금, 「문화예술진흥법」 제9조 3항에 따른 미술작품

의 설치 또는 문화예술진흥기금에 출연하는 금액, 「산지관리법」에 따른 대체산림자원조성비 등 관계 법령에 따라 의무적으로 부담하는 비용

4) 취득에 필요한 용역을 제공받은 대가로 지급하는 용역비·수수료(건축 및 토지조성 공사로 수탁자가 취득하는 경우 위탁자가 수탁자에게 지급하는 신탁 수수료를 포함한다)

5) 취득 대금 외에 당사자의 약정에 따른 취득자 조건 부담액과 채무 인수액

6) 부동산을 취득하는 경우 「주택도시기금법」 제8조에 따라 매입한 국민주택채권을 해당 부동산의 취득 이전에 양도함으로써 발생하는 매각차손. 이 경우 행정안전부령으로 정하는 금융회사 등(이하 이 조에서 '금융회사 등'이라 한다) 외의 자에게 양도한 경우에는 동일한 날에 금융회사 등에 양도하였을 경우 발생하는 매각차손을 한도로 한다.

7) 「공인중개사법」에 따른 공인중개사에게 지급한 중개보수

8) 붙박이 가구·가전제품 등 건축물에 부착되거나 일체를 이루면서 건축물의 효용을 유지 또는 증대시키기 위한 설비·시설 등의 설치비용

9) 정원 또는 부속 시설물 등을 조성·설치하는 비용

10) 1호부터 9호까지의 비용에 준하는 비용

2. 1항에도 불구하고 다음 각호의 어느 하나에 해당하는 비용은 사실상 취득가격에 포함하지 않는다.

1) 취득하는 물건의 판매를 위한 광고 선전비 등의 판매 비용과 그와 관련한 부대 비용

2) 「전기사업법」, 「도시가스사업법」, 「집단에너지사업법」, 그 밖의 법률에 따라 전기·가스·열 등을 이용하는 자가 분담하는 비용

3) 이주비, 지장물 보상금 등 취득 물건과는 별개의 권리에 관한 보상 성격으로 지급되는 비용

4) 부가가치세

5) 1호부터 4호까지의 비용에 준하는 비용

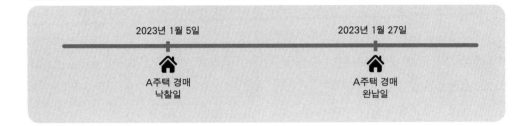

사례2

낙찰받은 후 유치권자의 채권을 변제한 경우 취득가액

2023년 1월 5일   2023년 1월 27일

A주택 경매
낙찰일

A주택 경매
완납일

상황

- 경매 대상 물건: A주택
- 낙찰자: 갑
- 낙찰일: 23.01.05.
- 경락가액: 30억원
- 경락가액 완납일: 23.01.27.
- 적법한 유치권자의 채권 변제액: 5억원(구상권 청구 불가능)

질문

- A주택에 대한 취득세 과세표준과 양도소득세 취득가액은 얼마인가요?

⧖ 해설

1. 취득세 과세표준
=경락가액+적법한 유치권자의 채권 변제액
=35억원

① 적법하게 성립된 유치권에 대한 해소 비용은 취득 관련 비용으로 보아 취득세 과세표준에

포함한다. 유치권자는 경락인에 대하여 그 피담보채권의 변제를 청구할 수는 없지만, 자신의 피담보채권이 변제될 때까지 유치 목적물인 부동산의 인도를 거절할 수 있기 때문에 경락인도 사실상 유치물을 점유 및 사용할 수가 없다. 따라서 적법하게 성립된 유치권에 대한 해소 비용은 경락받은 부동산에 대한 전면적이고 배타적인 소유권 취득을 위해 필요한 취득 관련 비용으로 보는 것이다. 그러므로 적법한 유치권이 있는 경매 물건의 경우 취득세 부담이 높아지는 점도 고려하여야 한다.

② 적법하게 성립된 유치권이 아닌 경우에는 취득과 관련된 것이 아닌 점유와 관련된 것이므로 취득세의 과세표준에 포함되지 않는다. 예를 들어 불법 점유한 자의 명도를 위한 비용은 취득과 관련된 비용으로 보지 않는 것이다.

2. 양도소득세 취득가액

=경락가액+적법한 유치권자의 채권 변제액

=35억원

① 양도소득세에서 취득가액(필요경비)은 세법에 열거된 항목에 한하는 것으로서, 법원의 경매를 통하여 부동산을 취득하면서 경락매수인이 적법한 유치권자에게 채권을 변제한 경우에는 그 부동산을 취득하는 데 소요된 실질적인 대가이므로 세법에서 규정하는 '취득에 소요된 실지거래가액'으로 보아 취득가액에 포함된다.

② 다만 유치권자에게 변제한 금액을 당초 채무자인 경매 대상 부동산의 전소유자에게 구상권을 행사하여 돌려받을 수 있는 경우에는 취득가액에 포함되지 않는다.

▶ 핵심 포인트 정리!

1. 경매로 부동산을 취득하면서 적법한 유치권자의 채권을 변제한 경우 그 변제 금액은 취득세의 과세표준 및 양도소득세 계산 시의 취득가액에 포함된다.

2. 적법한 유치권자에게 변제한 금액을 경매 대상 부동산의 전 소유자에게 구상권을 행사하여 돌려받을 수 있는 경우에는 취득세의 과세표준 및 양도소득세 계산 시의 취득가액에 포함되지 않는다.

3. 부동산을 경매로 취득한 후 유치권을 주장하는 자에게 법적으로 지급 의무가 없는 유치권에 대한 합의금을 지급한 경우 해당 금액은 취득세의 과세표준 및 양도소득세 계산 시의 취득가액에 포함되지 않는다.

 하나 더!!

유치권

1. 유치권이란 타인의 물건 또는 유가증권을 점유하는 자가 그 물건 등에 관하여 생긴 채권이 변제기에 있는 경우에는 변제를 받을 때까지 그 물건 또는 유가증권을 유치할 권리를 의미한다.

2. 유치권은 민법상 법정담보물권으로서 일정 요건이 만족되면 당연히 성립하는 것으로 목적물이 부동산이어도 등기가 필요 없다.

3. 경매에서 유치권은 무조건 불소멸의 인수주의가 적용되므로 유치권자는 물건의 낙찰자에게도 채권의 변제가 있을 때까지 목적물의 인도를 거절할 수 있다.

4. 유치권은 아래의 요건을 모두 충족하여야 성립한다.
 ① 타인 소유의 물건이나 유가증권일 것
 ② 목적물을 적법하게 점유해야 할 것
 ③ 채권의 경우 변제기에 도래할 것
 ④ 유치권 배제 특약이 없어야 할 것
 ⑤ 채권과 목적물 사이에 견련관계*가 있을 것
* 견련관계: 사물 상호 간에 연결된 의존성에 법률상의 뜻을 부여하는 일. 예를 들어 유치권에서 담보된 채권과 물건이 쌍무 계약인 경우 양쪽의 채무가 견련관계에 있다고 한다.

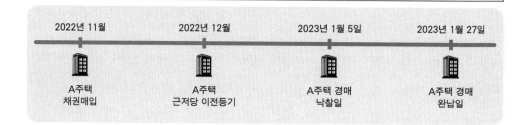

부실채권(NPL) 매입 후 낙찰받은 주택의 취득가액

2022년 11월	2022년 12월	2023년 1월 5일	2023년 1월 27일
A주택 채권매입	A주택 근저당 이전등기	A주택 경매 낙찰일	A주택 경매 완납일

상황

- 경매 대상 물건: A주택
- 낙찰자: 홍길동
- 낙찰일: 23.01.05. (6차 경매, 최저매각가격 5억원)
- 경락가액: 26억원
- 경락가액 완납일: 23.01.27.
- 낙찰자는 갑저축은행의 1순위 근저당 채권 매입자와 동일인
    - 채권최고액: 26억원(근저당설정비율 130%)
    - 채권매입액: 15억원
    - 채권매입일: 22년 11월
    - 근저당이전등기일: 22년 12월
- 경락금액과 1순위 근저당 채권의 배당금 상계, 추가 납부한 금액 없음

질문

- A주택의 양도소득세 계산 시 취득가액은 얼마인가요?

⌛ 해설

A주택의 취득가액은 15억원이다.

소득세법에서는 양도차익 계산 시 양도가액에서 공제할 취득가액을 '실지거래가액'에 의하도록 규정하고 있고, 실지거래가액이란 자산의 양도 또는 취득 당시에 양도자와 양수자가 실제로 거래한 가액으로서 해당 자산의 양도 또는 취득과 대가관계에 있는 금전과 그 밖의 재산가액을 말한다고 규정하고 있다. 즉 양도차익을 계산할 때 실지거래가액이란 객관적인 교환가치를 반영하는 일반적인 시가가 아니라 실지의 거래대금 그 자체 또는 거래 당시 급부의 대가로 실지 약정된 금액을 의미한다.

양도소득세 과세대상 부동산의 양도차익을 계산할 때, 건전한 사회통념 및 상관행에 비추어 부당하다고 볼 만한 사유가 없는 등 통상적으로 성립된다고 인정되는 가액으로 응찰하여 낙찰받은 경매가액은 취득에 소요된 실지거래가액이 되는 것이나, 이 건과 같이 과다한 취득가액을 공제받기 위하여 외관을 형성하여 만든 경락가액은 정상적인 거래가액으로 인정하기 어렵다.

위 사례의 경우 부동산에 대한 채권을 저가로 양수한 후 채권가액 모두를 배당받을 수 있는 경쟁우위를 이용하여 고액으로 응찰함으로써 해당 부동산을 낙찰받고, 이러한 형식적 가격을 통해 취득가액까지 높아져 조세를 회피하게 되는 결과를 야기하므로 실질과세 원칙에 따라 실제 지출한 비용인 채권매입액과 추가지출액의 합계액을 취득가액으로 하는 것이다.

한편, 과세대상 자산을 경매에 의하여 양도하는 경우에는 경매 및 낙찰 과정에 하자가 있지 않는 한 경락가액을 실지 양도거래가액으로 본다. 위 사례의 경우 경매 과정에 달리 하자가 없이 26억원에 경락되었고 채무 변제액이 26억원이므로 해당 주택의 양도가액은 경락가액인 26억원이 되는 것이다. 즉, 동일한 경매사건에 대해 세법상 양도거래가액(경락가액)과 취득가액이 상이해지는 상황이 발생할 수 있다는 것이다.

▶ 핵심 포인트 정리!

1. 통상적으로 성립된다고 인정되는 가액으로 낙찰받은 경매가액은 취득에 소요된 실지거래가액으로 본다.

2. 부실채권(NPL) 매입을 통해 채권가액 모두를 배당받을 수 있는 경쟁우위를 이용하여 고액 응찰 후 낙찰받은 경매가액은 통상적으로 인정되는 가액으로 볼 수 없다.

3. 경락가액이 통상적으로 인정되는 가액이 아닌 경우에는 해당 부동산 취득을 위해 실제 지출한 비용인 부실채권매입액과 추가지출액의 합계액을 취득가액으로 본다.

4. 경매 대상 부동산을 부실채권 매입자가 경락받아도 경매 및 낙찰 과정에 하자가 없다면 전 소유자의 양도실지거래가액은 경락가액이 된다.

👆 하나 더!!

경매 대상 부동산을 부실채권 매입자가 경락받아도 경매 및 낙찰 과정에 하자가 없다면 전 소유자의 양도실지거래가액은 경락가액이 된다.

그러나 경매 대상 부동산의 전 소유자가 받는 이익이 경락가액에 미치지 못하는 형식상의 경락가액인 경우라면 이때의 경락가액은 양도실지거래가액으로 볼 수 없다는 지방법원의 판결이 나왔다.

소송의 사례에서 원고는 물상보증인으로서 그가 이 사건 경매절차를 통하여 얻은 이익은 물상보증인으로서의 물적 부담을 면제받은 것인데 이는 통상 물적 담보의 시가와 일치한다.

그러나 부실채권 매입자인 낙찰자의 개입으로 집행법원의 감정가액조차 초과하는 거액으로 낙찰되었는데 이는, 부실채권 매입자인 낙찰자가 향후 이 사건 토지를 전매할 경우에 전매차손액의 극대화를 위하여 거액의 이 사건 경락가를 형성하여 놓은 것이어서, 실제로는 부실채권 매입자인 낙찰자가 장래 부담할 세 부담을 현재의 원고에게 전가시킨 것에 불과한 것으로 보아 경락가액을 실지양도가액으로 볼 수 없다는 취지의 판결이다.

이러한 창원지법의 판결은 국세청이나 조세심판원에서의 판단과 다르므로 본인의 상황에 따라 양도소득세 절세의 근거로 적극 활용할 가치가 있으므로 참고하기 바란다.

창원지법2017구합50339(2017.10.17.)

[제목] 형식상의 경낙가는 실지거래가액으로 양도소득세를 산정할 수 없음

[요약] 양도소득을 형식상의 경낙가로 하는 것은 실질과세 원칙에 위배되므로 이를 기준으로 양도소득세를 산정할 수 없으므로 토지의 양도소득을 확정할 수 없는 경우에 해당함

[판단] 소득세법 제96조 1항은 양수인과 양도인이 실제로 거래한 가액을 실지거래가액으로 하여 양도소득세 산정의 기준으로 하고 있어, 형식상은 이 사건 경낙가인 ㅇ억원은 위 조항에서 정한 실지거래가액으로 볼 수 있다. 하지만 다음과 같은 이유에서 이 사건 토지에 대한 양도소득을 이 사건 경낙가로 하는 것은 실질과세의 원칙을 위반하므로 이를 기준으로 양도소득세를 산정할 수 없으므로, 이 사건은 이 사건 토지의 양도소득을 확정할 수 없는 경우에 해당하므로, 이를 간과한 이 사건 처분은 취소되어야 한다.

1) 국세기본법 제14조 1항은 "세법 중 과세표준의 계산에 관한 규정은 소득, 수익, 재산, 행위 또는 거래의 명칭이나 형식에 관계없이 그 실질 내용에 따라 적용한다"고 규정하고 있어 거래 내용에 있어서 실질주의를 규정하고 있다. 이 사건의 경우 원고는 이 사건 경낙가인 ㅇ억원에 이 사건 토지를 매도한 형식을 띠기는 하지만 원고는 물상보증인으로서 이 사건 토지의 임의경매를 통하여 양도한 것이고 그 과정에서 원고가 거래에 관여한 사실은 전혀 없다. 이에 반하여 김ㅇㅇ 등은 근저당권자의 지위에서 자신들이 채권최고액을 전액 변제받는 것을 악용하여 향후 이 사건 부동산을 낙찰받은 후 전매할 때를 대비하여 과다한 취득비용을 공제받기 위한 외관을 만들기 위하여 이 사건 경락가를 작출한 것이므로, 이는 정상적인 거래가 아님이 명백하다. 따라서 이 사건 경락가를 기준으로 양도소득세를 부과할 경우에는 위 실질과세의 원칙에 반한다.

2) 원고에게 귀속된 이익에 관하여 살피건대, 원고는 물상보증인으로서 그가 이 사건 경매절차를 통하여 얻은 이익은 물상보증인으로서의 물적 부담을 면제받은 것인데 이는 통상 물적 담보의 시가와 일치한다. 그런데, 이 사건 토지의 시가는 집행법원의 감정 결

과에 따르면, ○○○,○○○,000원에 불과하므로, 만일 김○○ 등의 관여가 없었다면, 원고가 얻은 이익도 ○○○,○○○,000원 이내이고 원고는 그 범위 내에서 세금을 부담할 정당한 기대를 가지게 된다. 그런데 김○○가 작출한 외관인 이 사건 경락가를 그대로 원고의 이익으로 볼 경우에는 원고는 담보로 제공한 부동산의 소유권을 상실함으로써 물적 담보 책임을 면하는 점에서는 동일하지만, 실제 세금 액수는 이 사건 토지의 법원감정가조차 초과하는 거액을 부담하게 되어 원고의 적법한 기대를 해친다.

3) 이 사건 경락가는 법원감정가의 3배를 초과하여 통상적인 시가를 전혀 반영하지 못한다.

4) 이 사건의 속성은, 김○○ 등이 향후 이 사건 토지를 전매할 경우에 전매차액의 극대화를 위하여 거액의 이 사건 경락가를 형성하여 놓은 것이어서, 실제로는 김○○ 등이 장래 부담할 세 부담을 현재의 원고에게 전가시킨 것에 불과하므로, 그 구조적인 모순은 시정될 필요가 있다.

5) 실제로 김○○ 등이 이 사건 부동산을 임의경매에서 취득하는 데 든 비용은 NPL 채권의 구입대금과 임의경매의 집행비용을 합한 금액에 불과한데, 경매 비용은 앞서 본 바와 같이 ○,○○○,776원이고(○○○,○○○,000원 - ○○○,○○○,224원), 채권의 구입 비용은 알 수가 없으므로, 결국 이 사건 토지의 실지거래가액은 이를 알 수 없는 경우에 해당한다. 다만 원고는 김○○ 등의 채권매입가를 알 수 없는 이상 이 사건 법원감정가가 소득세법 제114조 7항의 추계조사 가격으로 볼 수 있다고 주장하는데, 피고는 아직까지 김○○ 등의 채권매입가를 조사하여 실지거래가격을 확정한 사실이 없는 것으로 보이는 점에 비추어 이 사건 감정가를 바로 추계조사 가격으로 인정하는 것은 바람직하지 않은 것으로 보인다.

투자수익률 계산 사례 – 1주택 보유 중 1주택 경매 취득

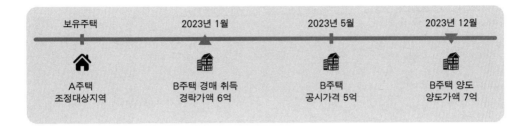

보유주택	2023년 1월	2023년 5월	2023년 12월
A주택 조정대상지역	B주택 경매 취득 경락가액 6억	B주택 공시가격 5억	B주택 양도 양도가액 7억

상황

▪ 기존 주택 보유 현황
 – A주택, 조정대상지역, 공시가격 8억원(23년)

▪ 경매 주택 현황
 – 취득 시: B주택($85m^2$ 이하), 취득일 23년 1월, 비조정, 도시지역, 경락가액 6억원
   경락잔금대출 5억원, 대출이자율 8%
 – 보유 시: 공시가격 5억원(23년)
 – 양도 시: 양도가액 7억원(양도일 23년 12월)

질문

▪ B주택에 대한 투자수익과 투자수익률은 얼마인가요?

해설

1년 미만 단기 양도 시

구분	내역	금액
세금 공제 전	투자수익	60,000,000
	투자수익률	60%
세금 공제 후	취득세	6,600,000
	재산세	1,104,000
	종합부동산세	923,680
	양도소득세 등	69,993,000
	총 부담 세금	78,620,680
	투자수익	-18,620,680
	투자수익률	-18.6%

* 종부세는 추가 취득에 따른 증가 금액임

세금을 고려하지 않았을 때의 투자수익은 매매차익에서 금융비용을 공제한 금액이 된다. 이렇게 구해진 투자수익을 실투자금으로 나누면 투자수익률이 계산된다. 세금을 생각하지 않고 보면 얼핏 1억원 투자해서 1년 만에 60%의 수익을 낸 투자인 듯 보인다.

그러나 세금을 고려하면 어떻게 될까?

먼저 취득 시를 보면 경매받은 주택에 대한 취득세가 발생한다. 22. 12. 21. 정부 개정안에 따르면 2주택까지는 중과세율을 적용하지 않고 있으니 취득세는 기본세율로 계산된다.

보유세는 재산세와 종부세가 부과되는데 과세기준일이 매년 6월 1일이니 만약 낙찰 대금을 6월 1일 지나서 완납했다면 당해연도에는 보유세가 발생하지 않는다.

위 사례의 경우 1월에 낙찰받았으므로 재산세와 종부세가 발생한다. 재산세는 재산별로 부과되고 종부세는 인별 합산과세되는데, 기존 보유하던 1주택의 공시가격이 8억원이라 그동안은 종부세가 부과되지 않았으나 경매로 취득한 주택과 합산되어 과세기준액인 9억원을 초과하므로 종부세가 과세되는 상황이 된다.

경매받은 부동산을 양도하게 되면 양도소득세가 발생한다. 일반적으로 경매는 장기투자보다는 단기투자 목적으로 많이 활용되므로 1년 내에 매도하는 상황을 가정해 양도소득세를 산출하였다.

현재 주택에 대한 단기 양도는 중과세율이 적용된다. 즉 1년 미만 양도 시 양도차익의 77%(지방소득세 포함), 2년 미만 양도 시에는 66%의 세율이 적용되고 있다. 단기 양도에 대한 세율도 매우 높지만 양도차익 계산 시 취득에서 양도까지 발생한 모든 비용을 전부 공제하는 것이 아님을 유의해야 한다. 세법에서 열거하고 있는 비용만 공제해주고 있기 때문이다.

위 사례의 경우 실제 발생한 비용에서 대출이자는 매우 큰 부분을 차지하고 있으나 양도소득세에서는 비용으로 인정되지 않는다. 또한 법적 지급 의무 없이 지출한 명도비용이나 도배, 장판비 등도 공제되지 않고 있다.

위 사례를 보면 세금 공제 전 투자수익률은 60%이나 세금 공제 후 투자수익률은 오히려 마이너스인 것을 볼 수 있다. 투자 결정 시 세금은 매우 중요하게 고려해야 하는 요소임을 알 수 있다.

세금과 관련된 법은 매우 빈번하게 개정된다. 따라서 기존에 알고 있던 지식으로 판단을 하면 큰 낭패를 볼 수도 있다. 투자를 결정하기 전에 반드시 세금 문제를 꼼꼼히 확인하고 향후 개정 가능성도 염두에 두며 판단해야 예상치 못한 손실을 면할 수 있다.

투자수익률 계산 사례 - 2주택 보유 중 1주택 경매 취득

보유주택	2023년 1월	2023년 5월	2023년 12월
A주택 조정대상지역	B주택 조정대상지역	C주택 경매 취득 비조정대상지역 경락가액 6억	C주택 공시가격 5억	C주택 양도 양도가액 7억

상황

- 기존 주택 보유 현황
  - A주택, 조정대상지역, 공시가격 8억원(23년)
  - B주택, 조정대상지역, 공시가격 10억원(23년)
- 경매 주택 현황
  - 취득 시: C주택(85㎡ 이하), 취득일 23년 1월, 비조정, 도시지역, 경락가액 6억원,
    경락잔금대출 5억원, 대출이자율 8%
  - 보유 시: 공시가격 5억원(23년)
  - 양도 시: 양도가액 7억원(양도일 23년 12월)

질문

- C주택에 대한 투자수익과 투자수익률은 얼마인가요?

해설

1년 미만 단기 양도 시

구분	내역	금액
세금 공제 전	투자수익	60,000,000
	투자수익률	60%
세금 공제 후	취득세	26,400,000
	재산세	1,104,000
	종합부동산세	2,877,830
	양도소득세 등	54,747,000
	총 부담 세금	85,128,830
	투자수익	−25,128,830
	투자수익률	−25.1%

* 종부세는 추가 취득에 따른 증가 금액임

세법에는 다주택자에 대한 중과 제도가 있다.

취득세의 경우 22.12.21. 정부 개정안에 따르면 2주택 취득 시까지는 기본세율이 적용되지만 3주택 취득 시부터는 중과세율이 적용되며 이는 조정대상지역 여부에 따라 달리 적용된다. 위 사례의 경우 비조정대상지역에서 3번째 주택을 취득하는 상황이며 이때 취득세 세율은 4.4%가 적용된다.

종부세의 경우에도 2주택까지는 기본세율이 적용되지만 3주택부터는 조정대상지역 여부를 떠나 중과세율이 적용된다. 위 사례의 경우 경매주택 취득으로 인해 3주택 보유 상태이므로 중과세율이 적용되는 상황이다. 종부세는 보유 중인 모든 주택의 공시가격 합산 금액에서 9억원을 공제한 후 공정시장가액비율을 적용하여 과세표준을 산출하며 과세표준 구간별 중과세율을 적용하여 종부세를 산출하게 된다. 여기에 재산세 중복분을 차감하고 농어촌특별세를 가산하면 최종적으로 납부할 종부세가 산출된다.

양도소득세의 경우에도 다주택자에 대한 중과 제도가 있다. 2주택자의 조정대상지역 주택 양도 시에는 '기본세율+20%P' 세율 적용 및 장기보유특별공제 적용 배제, 3주택자의 조정대상지역 주택 양도 시에는 '기본세율+30%P' 세율 적용 및 장기보유특별공제 적용을 배제한다. 그러나 24.5.9까지는 다주택자에 대한 중과세를 유예하고 있으니 매도 시기 결정 시 반드시 고려해야 한다. 위 사례의 경우 비조정대상지역의 1년 미만 단기 양도에 해당되어 양도차익에 77%의 세율이 적용되어 양도소득세 등이 산출된다.

만약 2년 이상 보유한 후 양도한다면 중과세율이 적용될까? C주택의 경우 비조정대상지역에 소재하므로 양도 시 비록 다주택자이지만 중과세율이 아닌 일반세율이 적용된다. 그러나 취득 시 비조정대상지역이었지만, 양도할 때 조정대상지역으로 되었다면 중과세율이 적용됨을 유의해야 한다.

이상에서 살펴본 것처럼 다주택자의 경매투자는 특히 세금 관계를 꼼꼼히 확인해야만 낭패를 보지 않는다. 사례 4의 경우와 동일한 주택을 경매로 취득하였으나 기존에 보유한 주택수에 따라 투자수익률이 현격히 달라지고 있음을 알 수 있다. 본인의 현재 상황을 고려하지 않고 단순히 경매 물건만 분석한다면 잘못된 판단을 내릴 수도 있다. 경매 물건만 보고 투자하는 것이 아닌, 어느 주택을 먼저 팔지, 언제 투자할지 등을 사전에 다각적으로 조율해야 절세를 통해 투자수익률을 극대화할 수 있다.

대항력 있는 임차인이 낙찰자가 된 경우 취득가액

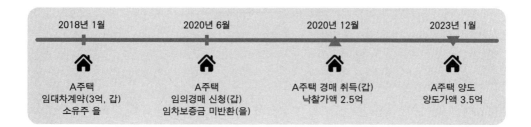

| 2018년 1월 | 2020년 6월 | 2020년 12월 | 2023년 1월 |

A주택
임대차계약(3억, 갑)
소유주 을

A주택
임의경매 신청(갑)
임차보증금 미반환(을)

A주택 경매 취득(갑)
낙찰가액 2.5억

A주택 양도
양도가액 3.5억

상황

- 18년 01월: 갑은 A주택 소유주 을과 임차보증금 3억원에 임대차계약 체결
  전입신고 및 확정일자 받음(1순위 채권자)
- 20년 06월: 을의 임차보증금 미반환으로 인해 갑이 A주택 임의경매 신청
- 20년 12월: 임차인 갑이 A주택 2.5억원에 낙찰
- 23년 01월: A주택 3.5억원에 매도

질문

- 임차인 갑이 경락받은 A주택의 취득세 과세표준과 양도소득세 취득가액은 얼마인가요?

해설

A주택의 취득세 과세표준과 양도소득세 취득가액은 모두 3억원이다.

[취득세]

취득세는 사실상의 취득가액을 과세표준으로 한다.

부동산을 경매로 취득함에 있어 대항력 있는 임차인은 추후 경락인에게 임차보증금의 반환을 청구할 수 있으므로, 경락대금과 별개로 임차보증금을 인수하였어도 부동산을 취득하기 위한 일체의 비용으로 보아 취득세의 과세표준에 포함된다.

그러나 대항력 없는 임차인의 임차보증금은 경락인이 반환할 의무가 없으므로 취득세 과세표준에 포함되지 않으며, 대항력 있는 임차인의 임차보증금이라도 매각 대금 배당을 통해 임차인이 전액 돌려받은 경우라면 취득세 과세표준에 포함되지 않는다.

[양도소득세]

소득세법에서는 거주자의 양도차익을 계산할 때 양도가액에서 취득가액, 자본적 지출액, 양도비 등을 필요경비로 보아 공제한다. 이때 취득가액은 취득에 소요된 실지거래가액을 의미하는데, 임차인이 낙찰자가 된 경우 미회수된 임차보증금이 취득가액에 포함되는지에 대한 논란이 있었다.

그동안 국세청은 임차인이 낙찰자가 된 경우 미회수된 임차보증금은 그 임차주택 취득에 소요된 실지거래가액이 아니므로 취득가액에 포함되지 않는다는 입장이었으나, 22년 2월의 사전답변을 통해 "선순위의 대항력이 있는 임차인이 당해 임차주택을 경락받아 양도하는 경우 임차인이 회수하지 못한 임차보증금은 취득가액에 포함"된다고 해석을 변경하였다.

따라서 대항력 있는 임차인이 임차주택을 낙찰받은 후 양도하는 경우 취득가액은 경락대금과 경매 비용 및 소유권이전 비용과 미회수된 임차보증금의 합계액으로 산정된다.

위 사례의 경우 갑은 대항력 있는 임차인으로서 A주택을 낙찰받았으므로 미회수된 임차보증금 5천만원을 취득가액에 포함하여 A주택의 취득가액은 경락대금 2억 5천만원에 미회수된 임차보증금 5천만원을 합산한 3억원이 된다.

이때 미회수된 임차보증금 5천만원에 대해 갑은 전 소유자에게 나머지 채권을 청구할 수 있을까?

대항력 있는 임차인이 있는 경우 낙찰자는 전 소유자인 임대인의 지위를 승계한 것으로서 면책적 채무 인수에 해당하므로 전 소유자는 임차인에 대한 임차보증금 반환채무가 소멸되는 것이다.

즉, 대항력 있는 임차인이 낙찰자가 된 경우에는 임차인으로서 임차보증금을 반환받을 권리와 임대인으로서 임차보증금을 내줄 채무가 동일인에게 귀속되어 민법에 정해진 혼동의 요건을 충족함에 따라 그 채권이 소멸하게 된다.

따라서 미회수된 임차보증금이 있는 경우에도 전 소유자에게 나머지 채권을 청구할 수 없음을 반드시 인지하고 경매 참여 여부를 결정하여야 한다.

위의 사례에서 임차인이 대항력 없는 상태에서 낙찰받은 경우를 살펴보자

부동산의 양도에 대한 양도차익을 실지거래가액에 의하여 산정함에 있어 취득가액은 그 자산의 취득 당시 거래된 실지거래가액을 말하는 것으로, 부동산의 소유권을 경락으로 취득하는 경우에는 경락대금이 실지거래가액이며, 경락으로 취득하는 부동산에 대항력이 있는 전세권이나 임차권이 설정되어 있어 그 부동산의 경락인이 경락대금과는 별개로 전세권자나 임차인에게 반환할 의무가 있는 전세보증금이나 임차보증금은 실질적으로 그 부동산을 취득하는 데 소요된 대가로 본다.

그러나 임차인이 대항력이 있는 전세권이나 임차권을 설정한 사실이 없는 경우에는 경락인이 임차보증금을 지급할 의무가 없고, 임차인도 이에 대하여 경락인에게 대항할 수 없으므로 이를 부동산 취득 시 실질적으로 소요된 대가로 볼 수 없으며, 이는 임차인과 경락인이 동일한 경우에도 마찬가지로 적용된다.

따라서 대항력 없는 임차인이 낙찰자가 된 경우의 취득가액은 경락대금과 경매 비용 및 소유권이전 비용의 합계액으로 산정된다.

위 사례에서 갑이 대항력 없는 임차인으로서 A주택을 낙찰받았다면 미회수된 임차보증금 5천만원은 취득가액에 포함되지 않아 A주택의 취득가액은 경락대금 2억 5천만원이 된다.

이때 미회수된 임차보증금 5천만원에 대해 갑은 전 소유자에게 나머지 채권을 청구할 수 있을까?

대항력 없는 임차인이 있는 경우 낙찰자는 전 소유자인 임대인의 지위를 승계한 것이 아니므로 전 소유자의 임차인에 대한 채무는 그대로 남게 된다. 따라서 갑은 보증금 전액을 배당받지 못했다면 나머지 못 받은 돈에 대해서 임차인으로서 전 소유자에게 임차보증금 반환을 청구할 수 있다.

▶ 핵심 포인트 정리!

1. 대항력 있는 임차인이 낙찰자가 된 경우 취득세 과세표준
    =경락대금+경매 비용 등+미회수 임차보증금

2. 대항력 없는 임차인이 낙찰자가 된 경우 취득세 과세표준
    =경락대금+경매 비용 등

3. 대항력 있는 임차인이 낙찰자가 된 경우 양도소득세 취득가액
    =경락대금+경매 비용 등+소유권이전 비용+미회수 임차보증금

4. 대항력 없는 임차인이 낙찰자가 된 경우 양도소득세 취득가액
    =경락대금+경매 비용 등+소유권이전 비용

🖐 하나 더!!

양도소득세는 양도차익에 대해 과세되는 세금이다. 양도차익은 양도가액에서 필요경비를 차감하여 계산하며 필요경비로 인정되는 구체적인 항목들이 세법에 열거되어 있다. 즉, 열거되지 않은 비용은 양도 대상 물건과 관련하여 지출하였어도 필요경비로 인정되지 않는다는 의미이다. 그러므로 양도소득세 절감을 위해 세법에서 인정하는 필요경비가 어떤 것이 있는지 숙지하고 관련된 증빙(금융 증빙 및 견적서, 세금계산서, 현금영수증, 간이영수증 등)을 갖추도록 하자.

아래의 표에서 세법상 필요경비 인정 여부를 예시하고 있으니 도움이 되길 바란다.

필요경비 인정	필요경비 불인정
취득가액, 취득 시 중개수수료, 취득세, 법무사 비용 등	대출이자
취득과 관련하여 발생한 소송비용, 화해비용	소유권 확보 이외의 소송비용
취득과 관련된 취득 시 컨설팅 비용	부동산 매도를 위한 컨설팅 비용
경락대금에 포함되지 않은 대항력 있는 임차보증금	경매로 취득한 부동산의 세입자 명도비용
전 소유자의 체납관리비 중 공용부분 관리비(구상권 청구할 수 없는 경우에 한함)	전 소유자의 체납관리비 중 전용 부분 관리비 및 연체료
대항력 있는 유치권 해결 비용	대항력 없는 유치권 해결 비용
토지건물 일괄 취득 후 즉시(또는 단시간 내) 건물을 철거한 경우 건물의 취득가액과 철거 비용(잔설처분 가액은 차감)	토지건물 일괄취득하여 장시간 사용 후 건물 철거한 경우 건물의 취득가액과 철거비용
분양가액에 포함된 옵션 금액	분양가액과 별도로 소유자가 개별적으로 시행한 추가 비용 중 수익적 지출액
발코니 및 방 확장비용	붙박이장 설치비
새시 교체 공사, 바닥 공사	타일·욕조·변기 교체, 하수도관 교체
시스템 에어컨 설치	싱크대 및 주방 가구 교체, 도배, 장판
난방시설(보일러) 교체	보일러 수리비, 방수공사
홈오토 설치 공사, 자바라 방범창 설치 공사	오수 정화조 설비 교체, 버티컬 및 커튼 설치, 도색 공사, 문짝 교체, 조명 교체 등
양도 시 중개수수료, 양도세 신고 수수료	부동산매매업자가 텔레마케터에게 판매실적에 따라 지급한 영업활동 수당
매매계약에 따른 양도자가 지출하는 명도 비용	계약 해약으로 지급한 위약금
약정에 의한 매도인의 양도세 및 이자 대납액	약정 없이 지급한 세입자 명도비, 양도세 등 대납액

부동산매매업은 반드시 법인이 유리한가

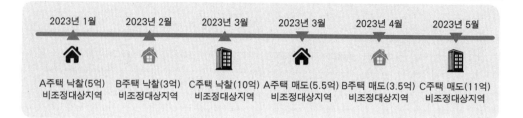

| 2023년 1월 | 2023년 2월 | 2023년 3월 | 2023년 3월 | 2023년 4월 | 2023년 5월 |
| A주택 낙찰(5억)
비조정대상지역 | B주택 낙찰(3억)
비조정대상지역 | C주택 낙찰(10억)
비조정대상지역 | A주택 매도(5.5억)
비조정대상지역 | B주택 매도(3.5억)
비조정대상지역 | C주택 매도(11억)
비조정대상지역 |

상황

- 23년 01월: A주택 낙찰 취득가액 5억원
- 23년 02월: B주택 낙찰 취득가액 3억원
- 23년 03월: C주택 낙찰 취득가액 10억원
- 23년 03월: A주택 매도 양도가액 5.5억원
- 23년 04월: B주택 매도 양도가액 3.5억원
- 23년 05월: C주택 매도 양도가액 11억원
  *A, B, C 주택 모두 비조정대상지역 소재
- 관련 비용 발생 내역
  - 이자 비용: 5천만원(대출금 16억원)
  - 붙박이장 설치, 방수공사, 도배, 장판, 싱크대 및 변기 교체: 4천만원
  - 임장 비용(교통비, 숙박비): 1천만원

질문

- 주택 매매는 비사업자 개인과 개인사업자 그리고 법인사업자 중 어느 쪽이 더 유리한가요?

⧗ 해설

사례의 상황을 살펴보면 비조정대상지역의 주택 여러 채를 경락대출받아 경매로 취득한 후 부분적으로 수선하여 단기매매하고 있음을 알 수 있다.

위 사례의 납세 주체별 총부담세금 및 세후 투자수익률은 아래와 같다.

구분	비사업자	개인사업자	법인사업자
양도가액	2,000,000,000	2,000,000,000	2,000,000,000
(−)취득가액	1,800,000,000	1,800,000,000	1,800,000,000
(−)필요경비	0	100,000,000	100,000,000
(=)양도차익	200,000,000	100,000,000	100,000,000
(−)장기보유특별공제	0	0	0
(=)소득금액	200,000,000	100,000,000	100,000,000
(−)기본공제	2,500,000	1,500,000	0
(=)과세표준	197,500,000	98,500,000	100,000,000
(X)세율	70%	35%	9%
(=)산출 세액	138,250,000	19,035,000	9,000,000
(+)지방소득세	13,825,000	1,903,500	900,000
(+)추가 과세	0	0	44,000,000
(=)총 부담 세액	152,075,000	20,938,500	53,900,000
세후 투자수익	△52,075,000	79,061,500	46,100,000
세후 투자수익률	△13.02%	19.76%	11.52%

위의 표에서 보는 바와 같이 사례의 경우에는 개인사업자가 세금 측면에서 가장 유리하다.

비사업자 개인의 양도소득세 계산 시 이자 비용이나 도배 장판 등의 수익적 지출액은 필요경비로 공제되지 않아 세금 공제 전 투자수익은 약 4,800만원이나 세금과 이자 비용까지 고려하면 오히려 5천여만원의 손실을 보고 있음을 알 수 있다.

개인사업자의 경우 양도소득세가 아닌 종합소득세로 과세되며 사업과 관련하여 발생한 비용이라면 필요경비로 인정된다. 사례의 이자 비용이나 수선비 등은 모두 주택 매매사업과 관련하여 발생하였으므로 종합소득세 계산 시 필요경비로 공제 가능하다. 또한 비조정대상지역의 주택 단기 양도는 양도소득세와 비교하여 큰 금액을 납부할 세금으로 하는 비교 과세대상이 아니므로 추가로 과세될 여지도 없다. 그러나 만약 조정대상지역의 주택이라면 비교 과세의 대상이 되므로 비사업자 개인과 차이가 없게 된다.

법인사업자의 경우 법인과 관련된 모든 이익은 법인세로 과세된다. 또한 사업과 관련된 비용이라면 모두 필요경비로 인정되므로 사례의 이자 비용이나 수선비 등은 법인의 비용으로 처리 가능하다. 그러나 법인이 미등기자산, 비사업용 토지, 주택, 조합원입주권, 분양권을 양도하는 경우에는 각 사업연도 소득에 대한 법인세 외에 추가로 법인세를 과세한다. 이때의 양도차익은 개인의 경우와 유사하게 이자 비용이나 수선비 등을 반영하지 않으므로 주의하여야 한다.

위 사례의 경우처럼 비조정대상지역의 주택을 단기매매하는 투자자라면 개인사업자등록을 고려해볼 만하다. 그러나 개인사업자의 경우 4대보험의 부담이 있으며 국민주택규모를 초과하는 주택 매매의 경우 부가가치세가 과세되고 다른 종합소득이 있는 경우 합산하여 과세되므로 누진효과로 인한 세부담이 증가할 수 있다. 따라서 본인의 투자성향과 타 소득 유무 등을 종합적으로 고려하여 판단하여야 한다.

법인사업자의 경우 법인세율이 상대적으로 낮고 단기 양도 시 중과세율이 없지만 국민주택규모를 초과하는 주택 매매 시 부가가치세가 과세되고 주택 등의 양도에 대해서는 추가 과세하므로 반드시 이 부분까지 검토하여야 한다. 또한 법인의 이익은 배당이나 급여를 통해 인출 가능한데 이때 소득세가 부담되므로 최종적으로 이때의 소득세 부담까지 고려하여야 한다.

지금까지 살펴본 바와 같이 어느 납세자 형태가 가장 좋은지 단편적으로 판단할 수는 없다. 본인의 투자성향과 개인사업자와 법인사업자의 차이 및 4대보험 등 추가적인 상황을 모두 고려하여 사전 검토 후 결정하여야 한다.

▶ 핵심 포인트 정리!

1. 부동산 매매차익은 비사업자 개인의 경우 양도소득세로 과세되며 매매사업자는 사업소득에 해당되어 종합소득세로 과세된다.

2. 부동산매매업 해당 여부는 단순히 사업자등록 여부나 거래 횟수만으로 판단하는 것이 아니라 거래 규모, 거래가 등을 종합적으로 고려하여 실질 판단한다. 즉 부동산 거래가 전체적으로 사업 목적하에 계속성과 반복성을 가지고 이루어진다면 일정 기간 판매 횟수가 없거나 적어도 사업자로 보는 것이다.

3. 부동산매매업자의 매매차익은 사업소득에 해당하므로 사업과 관련하여 발생한 이자 비용, 차량 관련 비용, 교육비, 자본적 지출액, 수익적 지출액, 임장 비용 등은 필요경비로 인정된다.

4. 부동산매매업자의 매매차익은 사업소득에 해당하므로 원칙적으로 기본세율이 적용되나 비교 과세대상 자산의 양도인 경우에는 양도소득세와 비교하여 더 큰 세액으로 과세하는 비교 과세 제도가 있다.

5. 18.4.1. 이후 비사업자 개인에게 중과세율이 적용되는 자산에 대해 매매업자에게도 비교 과세가 적용되므로 부동산매매업 사업자등록의 실익이 과거에 비해 줄어들었다.

6. 다만, 비조정지역 주택의 단기 양도, 상가의 단기 양도, 사업용토지의 단기 양도 등에 대해서는 비교 과세하지 않으므로 단기투자 위주의 투자자에게는 매매업 사업자등록이 여전히 유리한 측면이 있다.

하나 더!!

주택 매매의 납세 주체별 세금 비교

구분	세목	비사업자	개인사업자	법인사업자
취득 시	취득세*	기본: 1~3% 중과: 4%, 6%	기본: 1~3% 중과: 4%, 6%	6%
보유 시	재산세	0.1~0.4%	0.1~0.4%	0.1~0.4%
	종부세	기본: 0.5~2.7% 중과: 0.5~5.0%	기본: 0.5~2.7% 중과: 0.5~5.0%	기본: 2.7% 중과: 5.0%
임대 시	소득세	종합소득세 6~45%	종합소득세 6~45%	법인소득세 9~24%
양도 시	소득세	양도소득세 기본세율: 6~45% 비과세 가능 중과세 장기보유특별공제	종합소득세 기본세율: 6~45% 비과세 불가 비교 과세 장특공 없음	법인소득세 기본세율: 9~24% 비과세 불가 추가 과세 20% 장특공 없음
	부가가치세	없음	10% (국민주택규모 초과 주택)	10% (국민주택규모 초과 주택)

* 취득세: 22.12.21. 정부 개정안 반영

주택 등 매매차익 비교 과세

개념

부동산매매업자의 양도소득세 중과제도 회피를 방지하고 양도소득세 납세의무자 간 과세 형평을 도모하고자 미등기자산 등에 대해서 양도소득세 계산 방식 세금과 종합소득세 계산 방식 세금 중 비교하여 큰 금액으로 과세

대상

해당: 미등기자산, 비사업용토지, 조정대상지역 분양권, 조정대상지역의 다주택자 주택, 단기 양도 분양권

제외: 비조정대상지역 주택, 상가, 사업용토지, 기준시가 3억 이하 주택(수도권 · 광역시 · 자치시 외 지역, 수도권 등의 읍면 지역)

의미

종전에는 부동산매매업자의 매매차익 중 미등기자산과 비사업용토지에 대해서만 비교 과세하고 단기 양도에 대해서는 기본세율로 과세하였으나 18.4.1. 이후부터는 조정대상지역 분양권, 조정대상지역 다주택자 주택, 단기 양도 분양권 매매도 비교 과세 대상으로 추가되었다.

즉 18.4.1. 이후 비사업자 개인에게 중과세율이 적용되는 자산에 대해 매매업자에게도 비교 과세가 적용되므로 매매업자의 혜택이 많이 줄어들었다. 다만 비조정지역 주택의 단기 양도, 단기 양도 상가, 단기 양도 사업용토지 등에 대해서는 비교 과세하지 않으므로 단기투자 위주의 투자자에게는 매매업 사업자등록이 여전히 실익이 있다.

도시형생활주택과 오피스텔의 세금 차이

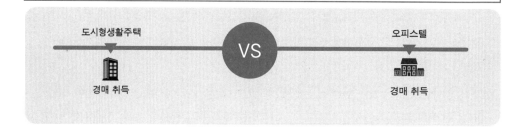

해설

투자자 입장에서 도시형생활주택과 오피스텔은 외형상 큰 차이가 없고 소액투자가 가능하다는 점에서 매력적인 투자 대상이다. 그러나 세금적인 측면에서는 취득 단계에서부터 보유 시 그리고 양도 시까지 차이가 있으므로 이 둘의 세법상 차이점에 대해 잘 인지하고 있어야 한다. 세법상 도시형생활주택과 오피스텔의 가장 큰 차이점은 주택수 포함 여부에 있다.

주택수 포함 여부는 취득 시, 보유 시, 임대 시, 양도 시에 모두 영향을 미치는 매우 중요한 사항인데, 주택법의 적용을 받는 도시형생활주택은 주택수에 포함되는 데 반해 건축법의 적용을 받는 오피스텔은 주택수에 포함되지 않는다.

먼저 취득 시를 살펴보면, 도시형생활주택 취득 시 주택의 취득에 해당되어 취득세율이 1% 부과되나 오피스텔은 주택이 아니므로 일반건축물 취득세율인 4%가 적용된다. 주의할 점은 오피스텔은 다주택자 여부와 무관하게 4%가 동일하게 적용되나 3주택자가 도시형생활주택을 추가로 취득하는 경우에는 비조정대상지역 취득 시 4%, 조정대상지역 취득 시 6%가 적용되며, 4주택 이상 취득 시에는 조정, 비조정 불문하고 모두 6%가 적용된다는 점이다 (22.12.21. 행정안전부 취득세 중과 완화 개정안).

보유에 따른 보유세(재산세, 종부세)를 살펴보면, 도시형생활주택은 주택으로 보아 재산세 및 종부세가 부과되는 한편, 주거용 오피스텔의 경우 원칙적으로 주택이 아닌 건축물로 보아 건축물 재산세가 부과되며 종합부동산세 과세대상에도 포함되지 않는다. 그러나 주택임대사업자로 등록하거나 주거용임을 신고하여 주택분 재산세 적용을 받는 경우라면 주택분 재산세가 고지되며 종합부동산세 과세대상에도 포함된다. 따라서 재산세 절감액과 종합부동산세 증가액을 구체적으로 비교해보아 판단하여야 하나, 종합부동산세 증가액이 더 큰 경우가 일반적이다.

도시형생활주택과 오피스텔의 임대소득이 발생하는 경우 도시형생활주택이나 주택임대사업자로 등록한 주거용 오피스텔은 연 임대소득이 2천만원 이하라면 15.4%로 분리과세하거나 종합과세하는 것 중 유리한 상황을 선택할 수 있다. 일반적으로 타 소득이 없는 상황이라면 분리과세보다 종합과세하는 것이 더 유리하다. 한편 업무용 오피스텔은 분리과세 제도가 없으며 연간 임대소득 금액과 무관하게 종합과세된다.

끝으로 양도 시를 살펴보면, 도시형생활주택이나 주거용 오피스텔의 양도는 주택의 양도이므로 1세대 1주택자 비과세 요건을 충족한다면 양도소득세가 과세되지 않으며, 단기 양도하거나 다주택자에 해당한다면 중과세율이 적용된다. 이때 주거용 오피스텔 여부는 주택임대사업자등록 여부와 무관하게 실제 주거용으로 사용하였는지 여부로 판단하므로 주의하여야 한다. 반면 업무용 오피스텔의 양도인 경우 양도소득세는 원칙적으로 기본세율이 적용되나 1년 미만 보유하고 양도하는 경우에는 50%의 세율이 적용된다. 또한 업무용 오피스텔의 경우 양도소득세와 별개로 양도가액에 대한 10%의 부가가치세가 과세될 수 있다.

이상의 내용을 요약하면 아래의 표와 같다.

구분	세목	도시형생활주택	주거용 오피스텔	업무용 오피스텔
취득	취득세 등	원칙: 1.1% 예외: 과표 1억 이상 다주택자 중과	4.6%	4.6%
보유	재산세	0.1~0.4%(주택)	원칙: 0.25%(건축물) 예외: 0.1~0.4%(주택)	0.25%(건축물)
	종부세	0.5~2.7% 0.5~5.0%	원칙: 비과세(상가) 예외: 좌동(주택)	비과세
임대	종소세	주택임대 6~45% 분리과세 가능 (2천만원 이하 14%)	주택임대 6~45% 분리과세 가능 (2천만원 이하 14%)	상가임대 6~45% 분리과세 없음
양도	양도세	기본세율 6~45% 비과세 ○ 중과세 ○ (단기, 20%P, 30%P) 장기보유특별공제	기본세율 6~45% 비과세 ○ 중과세 ○ (단기, 20%P, 30%P) 장기보유특별공제	기본세율 6~45% 비과세 X 중과세 X (1년 미만 양도는 중과) 장기보유특별공제

▶ 핵심 포인트 정리!

1. 도시형생활주택은 주택수에 포함되며 오피스텔은 원칙적으로 주택수에 포함되지 않는다.

2. 개정된 지방세법에 의해 20.08.12. 이후 취득한 주거용 오피스텔은 다른 주택의 취득세 중과 여부 판단 시 주택수에 포함된다. 이 경우 주거용 오피스텔 여부는 실질 사용 현황이 아니라 재산세가 주택분으로 부과되고 있는 경우를 말한다.

3. 오피스텔은 공부상 업무시설이므로 상가분 재산세 부과가 원칙이나 임대주택으로 등록하거나 자자체에 주택분 재산세 부과를 신청하는 경우 지자체에서 주택분 재산세가 부과될 수 있다.

4. 오피스텔은 도시형생활주택에 비해 주거용에서 업무용으로, 업무용에서 주거용으로 용이하게 용도변경이 가능하다.

5. 부동산 양도 시 주택 해당 여부는 공부상이 아닌 실질에 따라 판단한다. 따라서 주택임대사업자등록을 하지 않았어도 사실상 주택으로 사용하고 있다면 주택으로 보아 양도소득세가 과세되며 다른 주택 양도 시 비과세나 중과 여부 판단할 때 주택수에 포함되어 영향을 미친다.

하나 더!!

도시형생활주택

개념

도시지역 내에서 지을 수 있는 공동주택의 일종

1~2인 가구 등 서민 주거 안정을 위한 주택 보급 목적으로 2009년 5월부터 시행

국민주택규모에 해당하는 전용면적 85m^2 이하(수도권 외 100m^2, 원룸형은 14m^2 이상 50

m^2 이하)로 지어야 하며, 300가구 미만의 소규모로 건설하여 공급하는 공동주택

지하층에는 세대를 설치할 수 없음

종류

① 단지형 연립주택

　주택으로 쓰는 층수가 4개 층 이하인 주택

　1개 동의 바닥면적의 합(연면적)이 660m^2 초과

　주거전용면적 85m^2 이하

② 단지형 다세대주택

　주택으로 쓰는 층수가 4개층 이하인 주택

　1개 동의 바닥면적의 합(연면적)이 660m^2 이하

　주거면적 85m^2이하

③ 원룸형

　세대당 주거전용면적 14m^2 이상 50m^2 이하

　세대별로 욕실과 부엌 설치

　주거전용면적이 30m^2 이상인 경우 두 개의 공간으로 구성 가능

장점

　주택 보급 확충 목적에 따라 건설 기준이나 주차시설 설치 기준 등을 완화하거나

　배제

　19세 이상 누구나 청약 가능

주택청약자격 당첨 제한 적용 배제

오피스텔에 비해 전용률이 높고 발코니 확장 가능

비교적 대출한도가 높고 대출 금리가 낮은 편임

단점

도시형생활주택은 주택수에 포함되므로 다른 주택 청약 시 주택수에 산정될 수
있음

도시형생활주택은 주택수에 포함되므로 다주택자인 경우 취득세와 양도소득세가
중과될 수 있으며, 종부세 과세대상에도 포함됨

주차 공간 부족

조경, 편의시설 등 아파트에 비해 주거 편의성 부족

⚙️ 절세 포인트

취득세

1. 취득세 과세표준

취득세의 과세표준은 취득 당시의 가액으로 한다. 다만, 연부로 취득하는 경우 취득세의 과세표준은 연부금액(매회 사실상 지급되는 금액을 말하며, 취득 금액에 포함되는 계약보증금을 포함)으로 한다.

경매로 부동산을 취득할 경우 취득세의 과세표준은 경락가액 및 취득과 관련하여 부담하는 간접비용 금액의 합계액이다. 간접비용은 체납관리비와 유치권 해소 비용, 컨설팅 비용 등을 들 수 있는데 이러한 비용의 취득세 과세표준 포함 여부는 취득 관련성으로 판단한다. 특히 체납관리비에 대해서는 포함 여부에 대한 논란이 많았으나 22.12.01. 대법원의 판결로 명확해졌다.

1) 체납관리비: 법률의 규정에 따라 원고에게 승계된 것이므로 위 조항에서 정한 간접비용에 해당한다고 볼 수 없으므로 취득세 과세표준에 포함되지 않는다. 즉, 체납관리비는 부동산의 취득을 위하여 인수한 채무가 아니라 부동산을 취득함에 따라 비로소 부담하게 된 채무에 불과하므로 취득세 과세표준에 포함되지 않는 것이다.

2) 유치권: 적법하게 성립된 유치권에 대한 해소 비용은 취득 관련 비용으로 보아 취득세 과세표준에 포함한다. 적법하게 성립된 유치권이 아닌 경우에는 취득과 관련된 것이 아닌 점유와 관련된 것이므로 취득세의 과세표준에 포함되지 않는다.

대법 2022두42402(2022.12.01)

사실상의 취득가격에 포함하는 간접비용으로 정한 '취득자 조건 부담액과 채무인수액'은 당사자의 약정에 따른 것만을 의미한다고 보아야 한다. 그런데 이 사건 체납관리비는 당사자의 약정이 아니라 법률의 규정에 따라 원고에게 승계된 것이므로 위 조항에서 정한 간접비용에 해당한다고 볼 수 없다.

'당사자의 약정에 따른 취득자 조건 부담액과 채무인수액'을 사실상의 취득가격에 포함하도록 규정한 것은, 그러한 금액은 취득하는 과세대상 물건과 대가관계에 있고, 실질적으로 해당 물건의 가격으로 지급되는 것으로 볼 수 있기 때문이다.

그런데 경매절차에서 구분건물의 매수인은 체납관리비의 승계 여부와 관계없이 매각대금을

다 내면 매각의 목적인 권리를 취득하고(민사집행법 제135조), 전 소유자가 체납한 공용부분 관리비 채무를 인수하는 것은 경매절차에서 매각되는 구분건물을 취득하기 위한 법정매각조건에도 해당하지 않는다. 따라서 특별한 사정이 없는 한 매수인이 집합건물법 제18조에 따라 승계하는 공용부분 체납관리비는 경매 절차에서 취득하는 구분건물과 대가관계에 있다고 보기 어렵다.

이 사건 체납관리비는 원고가 이 사건 부동산을 취득하기 위하여 인수한 채무라기보다는 이 사건 부동산을 취득함에 따라 비로소 부담하게 된 채무에 불과하다.

2. 취득세 세율

취득세는 취득의 원인에 따라 세율을 달리 적용하며 승계 취득에 비해 원시취득의 세율이 낮아 납세자에게 유리하다.

원시취득은 전주(前主)없이 원시적으로 취득하는 것으로 선점, 습득, 시효취득 등으로 전에는 없었던 권리가 새로 발생하는 것이다.

반면 승계 취득은 전주가 이미 가지고 있는 권리를 매매, 상속 등으로 후주(後主)가 이어받아 권리가 발생하는 것이다. 이때 후주가 이어받은 권리는 전주가 가지고 있는 권리 이상의 권리를 취득하지 못한다. 따라서 전주가 무권리자이면 후주는 권리를 취득하지 못한다.

만약 무권리자(예: 원인 무효의 소유권이전등기)인 전주의 부동산이 경매된 경우라면 경락인은 매각 대금을 완납하더라도 그 부동산의 소유권을 취득하지 못하므로, 경매에 의한 부동산 소유권 취득은 승계 취득이라고 봄이 타당하다. 그러므로 경매로 취득한 경우 원시취득이 아닌 승계 취득으로 보아 취득세 세율을 적용한다.

취득세 중과 완화 개정안

지역	1주택	2주택	3주택	법인 · 4주택↑
조정대상지역	1~3%	8% → 1~3%	12% → 6%	12% → 6%
비조정대상지역		1~3%	8% → 4%	12% → 6%

22.12.21 행정안전부 보도자료(22.12.21. 취득분부터 소급 적용)

대법2018두67442(2019.04.12.)

① '경매'는 채무자 재산에 대한 환가절차를 국가가 대행해 주는 것일 뿐 본질적으로 매매의

일종에 해당하는 점(대법원 1993.5.25. 선고 92다15574 판결 등 참조)

② 부동산 경매 시 당해 부동산에 설정된 선순위 저당권 등에 대항할 수 있는 지상권이나 전세권 등은 매각으로 인해 소멸되지 않은 채 매수인에게 인수되며, 매수인은 유치권자에게 그 유치권의 피담보채권을 변제할 책임이 있는 등(민사집행법 제91조 제3 내지 5항, 제268조), 경매 이전에 설정되어 있는 당해 부동산에 대한 제한이 모두 소멸되는 것이 아니라 일부 승계될 수 있는 점

③ 지방세 기본법 제20조 3항은 '이 법 및 지방세 관계법의 해석 또는 지방세 행정의 관행이 일반적으로 납세자에게 받아들여진 후에는 그 해석 또는 관행에 따른 행위나 계산은 정당한 것으로 보며, 새로운 해석 또는 관행에 따라 소급하여 과세되지 아니한다'고 규정하는 바, 과거 조세실무상 경매로 인한 소유권 취득은 승계 취득으로 취급된 것으로 보이는 점 등을 종합하면, 경매절차를 통한 부동산 취득은 '승계 취득'이라고 봄이 타당함.

보유세

재산세와 종합부동산세의 과세기준일은 매년 6월 1일이다. 경매로 취득하는 부동산의 취득일은 경락대금의 잔금을 청산한 날이므로 경락대금을 6월 1일 후로 납부하면 당해 연도의 재산세와 종합부동산세가 과세되지 않아 절세 가능하다.

1. 재산세

매년 6월 1일(과세기준일) 현재 주택 등을 소유한 자에게 과세

납세의무자: 과세기준일 현재(매년 6월 1일) 재산을 사실상 소유하고 있는 자

주택 과세표준: 시가표준액의 100분의 40부터 100분의 80까지

주택 세율:

 ① 별장: 과세표준액의 1,000분의 40

 ② 기타 주택

과세표준	세율
6천만원 이하	1/1,000
6천만원 초과 1억 5천만원 이하	6만원+(6천만원 초과 금액의 1.5/1,000)
1억 5천만원 초과 3억원 이하	19만 5천원+(1억 5천만원 초과 금액의 2.5/1,000)
3억원 초과	57만원+(3억원 초과 금액의 4/1,000)

2. 종합부동산세

매년 6월 1일(과세기준일) 현재 주택 등을 소유한 자에게 과세

납세의무자: 과세기준일 현재 보유한 과세유형별 공시가격의 전국 합산액이 공제금액(과세기준금액)을 초과하는 재산세 납세의무자

주택 과세표준: [전국 합산 공시가격-9억(1세대 1주택 12억)]×공정시장가액비율

주택 세율

주택(2주택 이하)		주택(3주택 이상)	
과세표준	세율	과세표준	세율
3억원 이하	0.5%	3억원 이하	0.5%
6억원 이하	0.7%	6억원 이하	0.7%
12억원 이하	1.0%	12억원 이하	1.0%
25억원 이하	1.3%	25억원 이하	2.0%
50억원 이하	1.5%	50억원 이하	3.0%
94억원 이하	2.0%	94억원 이하	4.0%
94억원 초과	2.7%	94억원 초과	5.0%
법인	2.7%	법인	5.0%

양도소득세

1. 취득 원가 또는 필요경비 예시

포함

① 경락가액에 취득세·등록세 기타 부대비용을 가산한 금액

② 경매로 자산을 취득하기 위하여 지출한 컨설팅 수수료, 변호사 비용, 경매 자문 비용

③ 법원의 경매를 통한 부동산 취득 시 유치권을 담보로 하는 채권의 변제(구상권 행사가 불가능한 경우에 한함)

④ 공용부분 체납관리비(취득세 과세표준에는 불포함)

⑤ 소유권 확보를 위한 근저당권 인수 비용, 근저당권 이전 비용 및 소송 비용 등

⑥ 선순위 임차인이 임차주택을 경락받음으로 회수하지 못한 임차보증금

불포함

① 부동산 경매 취득 시 매수인이 부담한 경매집행 비용

　(비고: 경매로 양도 시 경매집행비용은 양도비에 해당)

② 법적 지급 의무가 없는 합의금

③ 전체 체납관리비 연체료 및 전용 부분 체납관리비

④ 법적 변제의무가 없는 임차보증금

⑤ 법적 변제의무가 없는 낙찰 포기 대가로 지급한 금액

⑥ 근저당권자에 대한 배당금액

⑦ 취득 시 법적 의무 없이 지급한 이사 비용

　(비고: 매매계약상의 인도 의무를 이행하기 위해 양도자가 지출하는 명도소송 비용은 양도비로 인정)

⑧ 방치된 폐기물의 처리비용, 도배·장판 비용 등

⑨ 부동산 취득자금대출의 이자 비용

2. 일괄 취득 시
경매를 위하여 감정평가한 자산별 감정평가액을 기준으로 안분한다.

3. 동일세대원이 경매 취득한 경우

배우자로부터 증여로 취득한 경우 1세대 1주택 보유기간 계산은 동일세대로서 보유한 기간을 통산하나, 배우자로부터 경매로 취득한 경우 1세대 1주택 보유기간 계산은 경락대금을 완납한 날부터 기산하여 적용한다.

4. 환산 취득가액 적용 여부

경매에 의한 부동산의 취득은 '등기촉탁서'상에서 취득 실가가 확인되므로 환산가액을 적용할 수 없다.

5. 경매 취득 시 경락대금외 당사자 간 수수한 별도 대가는 취득가액 불포함

부동산을 경락으로 취득하기 전 부동산 소유자와 부동산 매수계약을 체결하고 일부 양수대금을 지급하였으나, 경매 배당으로 기지급한 금액 중 반환받지 못한 금액이 발생하였다 하더라도 이는 경락으로 해당 부동산을 취득하기 위해 소요된 대가가 아니므로 취득가액에 포함되지 않는다.

6. 담보채권자가 경락받은 담보물건의 취득가액

담보권이 설정된 채권을 매입한 후 그 담보물건에 대한 경매에 참여하여 해당 자산을 경락받은 경우, 해당 자산의 경락가액이 공정가액으로 인정되는 때에는 그 경락가액을 해당 자산의 취득가액으로 한다.

그러나 근저당권을 양수 후 경매에 참가하여 고가로 응찰한 경락가액이 사회통념상 정상적이라 보기 어려운 형식적인 경매가액에 불과하여 공정가액으로 인정되지 않는 때에는 경락가액을 취득가액으로 인정할 수 없다. 경매대상 부동산에 대한 채권을 저가 양수 후 채권가액 모두를 배당받을 수 있는 경쟁우위를 이용해 고액응찰을 하여 낙찰받으면서 형식적 가격으로 취득가액도 높여 조세회피를 야기한다면 실질과세 원칙에 따라 실제 지출한 비용을 취득가액으로 하는 것이 타당하기 때문이다. 이런 경우 해당 부동산의 취득에 든 실지거래가액은 낙찰자가 실제로 부담한 근저당 채권 인수가액과 실질 경매대금의 합계액으로 한다.

7. 부동산을 타인의 채무에 담보로 제공하였다가 경매가 개시되자 본인이 경락받아 양도한 경우 경락대금 납부액의 필요경비 해당 여부

자기 소유 재산에 대하여 경매가 개시되어 자기가 경락받은 경우에는 양도에 해당되지 아니하며 따라서 자기 소유재산을 경락받은 것은 새로운 취득이 될 수 없으므로 경락 시에 소유자가 자기의 지분을 경락받는데 납부한 대금은 해당 부동산의 양도차익을 계산함에 있어서 취득가액에 해당되지 않는다.

8. 경매로 양도된 경우 양도가액

① 소득세법상 양도라 함은 자산에 대한 등기·등록에 관계없이 그 자산이 유상으로 사실상 이전되는 것을 말하는 것으로 경매로 소유권 이전된 경우도 양도소득세 과세대상이다. 설사 경락대금이 모두 배당되어 경락대금을 교부받지 못했더라도 채무의 소멸이라는 경제효과를 얻게 되어 실질적으로 소득이 있다고 봄이 타당하므로 경락가액을 양도가액으로 본다.

② 부동산 소유자가 경락대금의 교부를 받지 못함으로써 양도에 의한 소득이 없는 경우에도 과세하는 것은 헌법상의 실질적 조세법률주의, 재산권 보장의 원칙, 평등의 원칙 등에 위반된다는 주장에 대한 헌법재판소의 판결은 아래와 같다.

첫째, 경락에 의한 부동산 소유권이전의 경우 양도소득에 해당되는 것은 경락대금인데 이것은 부동산 소유자인 물상보증인에게 법률상 귀속되는 것이므로 양도소득이 없다고 할 수 없다.

둘째, 물상보증인이 경락대금에서 아무런 대금교부를 받지 못하였다고 하더라도 경락대금이 담보권자에게 교부됨으로써 물상보증인은 담보채무의 소멸이라는 경제효과를 얻게 되므로 청구인은 실질적으로도 소득이 있는 것이다.

셋째, 임의경매에 의하여 경락된 경우와 물상보증인이 임의로 담보목적물을 양도한 후 그 대금으로 변제하는 경우를 비교하면 양자 간에 본질적인 차이가 없다.

따라서 근저당권실행을 위한 임의경매에서 그 경락대금은 경매부동산의 소유자에게 귀속되므로 경락대금을 지급 또는 배당한 결과 경매부동산의 소유자에게 돌아갈 경락대금 잔액이 전혀 없는 경우에도 경락대금에서 경매부동산의 취득가액을 비롯한 필요경비 등 소득세법 소정의 제반 금액을 공제한 잔액은 경매부동산 소유자의 양도소득으로서 과세대상이 된다.

③ 담보로 제공한 부동산이 임의경매되어 보증채무를 대위변제하였으나, 구상채권이 회수 불가능한 경우 양도가액에서 제외할 수 있는지 여부

경락대금이 양도자의 채무에 충당됨으로써 물상보증 채무를 면하게 되었고 양도자산의 양도차익을 계산할 때 양도가액에서 공제할 필요경비로 회수 불가능한 구상채권을 열거하고 있지 않으므로 구상권을 행사할 수 없다 하더라도 해당 부동산의 양도가액에서 제외한다

거나 필요경비로 인정할 수 없다.

④ 부동산이 근저당권자에게 고가로 경락된 경우 양도가액양도차익산정의 기준이 되는 실지 거래가액은 실지의 거래대금 그 자체 또는 거래 당시 급부의 대가로 실지 약정된 금액을 의미하고, 과세대상 자산을 경매에 의하여 양도하는 경우 경매 및 낙찰 과정에 하자가 있지 않는 한 경매가액이 양도 시 실지거래가액이 된다.

참고

부동산을 경락받아 취득하면서 그 부동산을 명도받기 위해 지출하는 명도비나 미납관리비 등은 법적 지급 의무가 없는 경우 양도소득세 계산 시 취득가액에 포함되지 않는다.

그러나 국세청은 법인이 경락 부동산을 취득하면서 그 부동산을 명도받기 위하여 불가피하게 지급하는 기존 임차인과의 합의금, 미납관리비 등이 사회통념상 타당하다고 인정되는 범위 내의 금액인 경우라면 경락 부동산의 취득가액에 가산할 수 있다고 서면 회신하였다.

즉 유사한 상황에서 개인이냐 법인이냐에 따라 다르게 세법이 적용될 수 있다는 것이다. 이는 소득세법과 법인세법의 적용 대상 및 범위가 다를 뿐 아니라 일시적, 우발적인 개인의 양도소득세와는 달리 계속적, 반복적으로 영리활동을 하는 법인의 사업과 관련성이 있다면 사업 관련 비용으로 인정한다는 의미로 해석된다.

따라서 부동산 투자를 지속적으로 할 계획이라면 사업자등록을 고려할 필요가 있으며, 개인사업자와 법인사업자 중 어느 것이 더 유리할지는 본인의 상황과 세법상 각각의 장단점을 고려하여 판단하여야 한다.

서면법인 2019-4511(2020.08.25.)
[제목] 경락 부동산 명도를 위해 지출하는 금액의 취득가액 가산 여부
[요약] 법인이 경락 부동산을 취득하면서 그 부동산을 명도받기 위하여 불가피하게 지급하는 사회통념상 타당하다고 인정되는 범위 내의 금액은 부동산의 취득가액에 가산하는 것임
[질의]

(사실관계)

○ 질의법인은 경락을 통해 부동산을 취득하여 매도 또는 임차하는 회사임

○ 경락을 통해 부동산을 취득할 때 명도비용, 미납관리비 등이 빈번하게 발생하고 있음

(질의내용)

○ (질의1) 부동산을 경락 취득 후 지출하는 명도비, 미납관리비 등을 취득가액에 가산하는지

○ (질의2) 잔금 납부 이전ㆍ이후, 소유권이전 시기에 따라 취득가액에 가산하는 금액이 달라지는지

[회신]

「법인세법」 제52조의 부당행위계산의 부인 규정이 적용되지 않는 경우로서, 법인이 경락 부동산을 취득하면서 그 부동산을 명도받기 위하여 불가피하게 지급하는 기존 임차인과의 합의금, 미납관리비 등이 사회통념상 타당하다고 인정되는 범위 내의 금액인 경우, 동 금액은 경락 부동산의 취득가액에 가산하는 것이나 이에 해당하는지는 지급 경위ㆍ목적, 지급 상대방, 지급금액 등 구체적인 사실관계에 따라 판단할 사항이며, 이 경우 지급일이 잔금 지급일 및 소유권이전등기일 전ㆍ후에 따라 취득가액에 가산하는 금액이 달라지는 것은 아닙니다.

참고2

배당 순위

경락대금에 대한 배당 순서는 아래의 표와 같다. 다만 23.4.1. 이후 매각허가 결정받는 경매 물건부터는 당해세의 법정기일보다 임차인의 확정일자가 빠른 경우 임차인의 보증금이 먼저 배당될 수 있다(우선 징수할 수 있었던 당해세의 징수액을 한도로 함).

순위	항목	내용
1	경매 집행 비용	공고, 현황조사, 감정평가, 집행 수수료 등 경매 신청자가 미리 부담한 비용으로 가장 먼저 배당됨
2	필요비, 유익비	필요비: 경매목적물을 보존하기 위해 드는 비용 유익비: 경매목적물의 가치를 증가시키기 위해 드는 비용
3	최우선 변제채권	- 주택임대차보호법에 의한 소액보증금 중 일정액*1) - 상가임대차보호법에 의한 소액보증금 중 일정액*2) - 근로자 임금채권 중 최종 3개월분의 임금, 재해보상금, 최종 3년간의 퇴직급여 등

4	당해세	경매목적물 자체에 부과된 국세와 지방세 상속세, 증여세, 종합부동산세, 재산세, 농지세, 도시계획세 등
5	선순위 조세채권	법정기일이 말소기준등기보다 앞선 조세채권 말소기준등기일과 동일자인 경우 조세채권 우선
6	담보물권	근저당권, 전세권, 임차권, 확정일자를 받은 임차인의 보증금 등 설정등기의 선후에 의해 순위 결정됨
7	일반임금채권	최우선변제 임금채권 외의 잔여 임금채권
8	조세채권	법정기일이 말소기준등기보다 나중인 조세채권
9	공과금	국민연금, 건강보험료, 산재보험료 등
10	후순위채권	조세, 공과금에 우선하지 않은 저당권, 전세권, 담보가등기
11	일반채권	가압류, 가처분 등의 일반채권

*1) 주택임대차보호법에 따른 소액임차인의 최우선변제 금액

기준 시점	지 역	임차인 보증금 범위	최우선 변제 금액
1990.2.19~	서울특별시, 직할시	2,000만원 이하	700만원
	기타 지역	1,500만원 이하	500만원
1995.10.19~	특별시 및 광역시(군지역 제외)	3,000만원 이하	1,200만원
	기타 지역	2,000만원 이하	800만원
2001.9.15~	수도권 중 과밀억제권역	4,000만원 이하	1,600만원
	광역시(군지역과 인천광역시지역 제외)	3,500만원 이하	1,400만원
	그 밖의 지역	3,000만원 이하	1,200만원
2008.8.21~	수도권 중 과밀억제권역	6,000만원 이하	2,000만원
	광역시(군지역과 인천광역시지역 제외)	5,000만원 이하	1,700만원
	그 밖의 지역	4,000만원 이하	1,400만원
2010.7.26~	서울특별시	7,500만원 이하	2,500만원
	수도권 중 과밀억제권역 (서울특별시 제외)	6,500만원 이하	2,200만원
	광역시(수도권 중 과밀억제권역에 포함된 지역과 군지역 제외), 안산시, 용인시, 김포시 및 광주시	5,500만원 이하	1,900만원
	그 밖의 지역	4,000만원 이하	1,400만원

2014.1.1~	서울특별시	9,500만원 이하	3,200만원
	수도권 중 과밀억제권역 (서울특별시 제외)	8,000만원 이하	2,700만원
	광역시(수도권 중 과밀억제권역에 포함된 지역과 군지역 제외), 안산시, 용인시, 김포시 및 광주시	6,000만원 이하	2,000만원
	그 밖의 지역	4,500만원 이하	1,500만원
2016.3.31~	서울특별시	1억원 이하	3,400만원
	수도권 중 과밀억제권역 (서울특별시 제외)	8,000만원 이하	2,700만원
	광역시(수도권 중 과밀억제권역에 포함된 지역과 군지역 제외), 세종특별자치시, 안산시, 용인시, 김포시, 광주시	6,000만원 이하	2,000만원
	그 밖의 지역	5,000만원 이하	1,700만원
2018. 9. 18~	서울특별시	1억 1천만원 이하	3,700만원
	수도권 중 과밀억제권역 (서울특별시 제외), 용인시, 세종특별자치시, 화성시	1억원 이하	3,400만원
	광역시(수도권 중 과밀억제권역에 포함된 지역과 군지역 제외), 안산시, 김포시, 광주시, 파주시	6,000만원 이하	2,000만원
	그 밖의 지역	5,000만원 이하	1,700만원
2021.5.11~	서울특별시	1억 5천만원 이하	5,000만원
	수도권 중 과밀억제권역 (서울특별시 제외), 세종특별자치시, 용인시, 화성시, 김포시	1억 3천만원 이하	4,300만원
	광역시(수도권 중 과밀억제권역에 포함된 지역과 군지역 제외), 안산시, 광주시, 파주시, 이천시, 평택시	7,000만원 이하	2,300만원
	그 밖의 지역	6,000만원 이하	2,000만원

- 기준시점은 담보물권(저당권, 근저당권, 가등기담보권 등) 설정 일자 기준임
- 배당요구의 종기까지 배당요구를 하여야 함
- 경매 개시 결정의 등기 전에 대항요건(주택 인도 및 주민등록)을 갖추어야 하고, 배당요구의 종기까지 대항력을 유지해야 함
- 주택가액(대지의 가액 포함)의 1/2에 해당하는 금액까지만 우선변제 받음

*2) 상가임대차보호법에 따른 소액임차인의 최우선변제 금액

기준 시점	지역	적용 범위	임차인 보증금 범위	최우선 변제 금액
2002. 11.1~	서울특별시	2억 4천만원 이하	4,500만원 이하	1,350만원
	수도권 중 과밀억제권역 (서울특별시 제외)	1억 9천만원 이하	3,900만원 이하	1,170만원
	광역시(군지역과 인천광역시 지역을 제외)	1억 5천만원 이하	3,000만원 이하	900만원
	그 밖의 지역	1억 4천만원 이하	2,500만원 이하	750만원
2008. 8.21~	서울특별시	2억 6천만원 이하	4,500만원 이하	1,350만원
	수도권 중 과밀억제권역 (서울특별시 제외)	2억 1천만원 이하	3,900만원 이하	1,170만원
	광역시(군지역과 인천광역시 지역을 제외)	1억 6천만원 이하	3,000만원 이하	900만원
	그 밖의 지역	1억 5천만원 이하	2,500만원 이하	750만원
2010. 7.26~	서울특별시	3억원 이하	5,000만원 이하	1,500만원
	수도권 중 과밀억제권역 (서울특별시 제외)	2억 5천만원 이하	4,500만원 이하	1,350만원
	광역시(수도권 중 과밀억제권역에 포함된 지역과 군지역은 제외), 안산시, 용인시, 김포시, 광주시	1억 8천만원 이하	3,000만원 이하	900만원
	그 밖의 지역	1억 5천만원 이하	2,500만원 이하	750만원
2014. 1.1~	서울특별시	4억원 이하	6,500만원 이하	2,200만원
	수도권 중 과밀억제권역 (서울특별시 제외)	3억원 이하	5,500만원 이하	1,900만원
	광역시(수도권 중 과밀억제권역에 포함된 지역과 군지역은 제외), 안산시, 용인시, 김포시, 광주시	2억 4천만원 이하	3,800만원 이하	1,300만원
	그 밖의 지역	1억 8천만원 이하	3,000만원 이하	1,000만원

2018. 1.26~	서울특별시	6억 1천만원 이하	6,500만원 이하	2,200만원
	수도권 중 과밀억제권역 (서울특별시 제외)	5억원 이하	5,500만원 이하	1,900만원
	부산광역시(기장군 제외)	5억원 이하	3,800만원 이하	1,300만원
	부산광역시(기장군)	5억원 이하	3,000만원 이하	1,000만원
	광역시(수도권 중 과밀억제권역에 포함된 지역과 군지역, 부산광역시 제외), 안산시, 용인시, 김포시, 광주시	3억 9천만원 이하	3,800만원 이하	1,300만원
	세종특별자치시, 파주시, 화성시	3억 9천만원 이하	3,000만원 이하	1,000만원
	그 밖의 지역	2억 7천만원 이하	3,000만원 이하	1,000만원
2019. 4.2~	서울특별시	9억원 이하	6,500만원 이하	2,200만원
	수도권 중 과밀억제권역 (서울특별시 제외)	6억 9천만원 이하	5,500만원 이하	1,900만원
	부산광역시(기장군 제외)	6억 9천만원 이하	3,800만원 이하	1,300만원
	부산광역시(기장군)	6억 9천만원 이하	3,000만원 이하	1,000만원
	광역시(수도권 중 과밀억제권역에 포함된 지역과 군지역, 부산광역시 제외), 안산시, 용인시, 김포시, 광주시	5억 4천만원 이하	3,800만원 이하	1,300만원
	세종특별자치시, 파주시, 화성시	5억 4천만원 이하	3,000만원 이하	1,000만원
	그 밖의 지역	3억 7천만원 이하	3,000만원 이하	1,000만원

- 기준시점은 담보물권(저당권, 근저당권, 가등기담보권 등) 설정 일자 기준임
- 배당요구의 종기까지 배당요구를 하여야 함
- 경매 개시 결정의 등기 전에 대항요건(건물 인도 및 사업자등록)을 갖추어야 하고, 배당요구의 종기까지 대항력을 유지해야 함
- 임대건물가액(임대인 소유의 대지가액 포함)의 1/2에 해당하는 금액까지만 우선변제 받음

과밀억제권역

2001.1.29~2009.1.15

○ 서울특별시
○ 인천광역시[강화군, 옹진군, 중구 · 운남동 · 운북동 · 운서동 · 중산동 · 남북동 · 덕교동 · 을왕동 · 무의동, 서구 대곡동 · 불로동 · 마전동 · 금곡동 · 오류동 · 왕길동 · 당하동 · 원당동, 연수구 송도매립지(인천광역시장이 송도신시가지 조성을 위하여 1990.11.12. 송도 앞 공유수면매립공사면허를 받은 지역), 남동유치지역은 각 제외]
○ 경기도 중 의정부시, 구리시, 남양주시(호평동 · 평내동 · 금곡동 · 일패동 · 이패동 · 삼패동 · 가운동 · 수석동 · 지금동 및 도농동에 한한다), 하남시, 고양시, 수원시, 성남시, 안양시, 부천시, 광명시, 과천시, 의왕시, 군포시, 시흥시(반월특수지역 제외)

2009.1.16~2011.3.8

○ 서울특별시
○ 인천광역시(강화군, 옹진군, 서구 대곡동 · 불로동 · 마전동 · 금곡동 · 오류동 · 왕길동 · 당하동 · 원당동, 인천경제자유구역 및 남동국가 산업단지는 각 제외)
○ 경기도 중 의정부시, 구리시, 남양주시(호평동, 평내동, 금곡동, 일패동, 이패동, 삼패동, 가운동, 수석동, 지금동, 도농동만 해당), 하남시, 고양시, 수원시, 성남시, 안양시, 부천시, 광명시, 과천시, 의왕시, 군포시, 시흥시(반월특수지역 제외)

2011.3.9~2017.6.19

○ 서울특별시
○ 인천광역시(강화군, 옹진군, 서구 대곡동 · 불로동 · 마전동 · 금곡동 · 오류동 · 왕길동 · 당하동 · 원당동, 인천경제자유구역 및 남동 국가산업단지는 각 제외)
○ 경기도 중 의정부시, 구리시, 남양주시(호평동, 평내동, 금곡동, 일패동, 이패동, 삼패동, 가운동, 수석동, 지금동, 도농동만 해당), 하남시, 고양시, 수원시, 성남시, 안양시, 부천시, 광명시, 과천시, 의왕시, 군포시, 시흥시[반월특수지역(반월특수지역에서 해제된 지역 포함) 제외]

2017.6.20~

○ 서울특별시
○ 인천광역시(강화군, 옹진군, 서구 대곡동 · 불로동 · 마전동 · 금곡동 · 오류동 · 왕길동 · 당하동 · 원당동, 인천경제자유구역(경제자유구역에서 해제된 지역을 포함한다) 및 남동 국가산업단지는 각 제외)
○ 경기도 중 의정부시, 구리시, 남양주시(호평동, 평내동, 금곡동, 일패동, 이패동, 삼패동, 가운동, 수석동, 지금동, 도농동만 해당), 하남시, 고양시, 수원시, 성남시, 안양시, 부천시, 광명시, 과천시, 의왕시, 군포시, 시흥시[반월특수지역(반월특수지역에서 해제된 지역 포함) 제외]

과밀억제권역 시기별 포함 지역

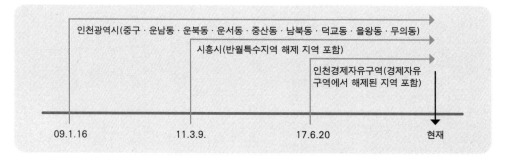

434

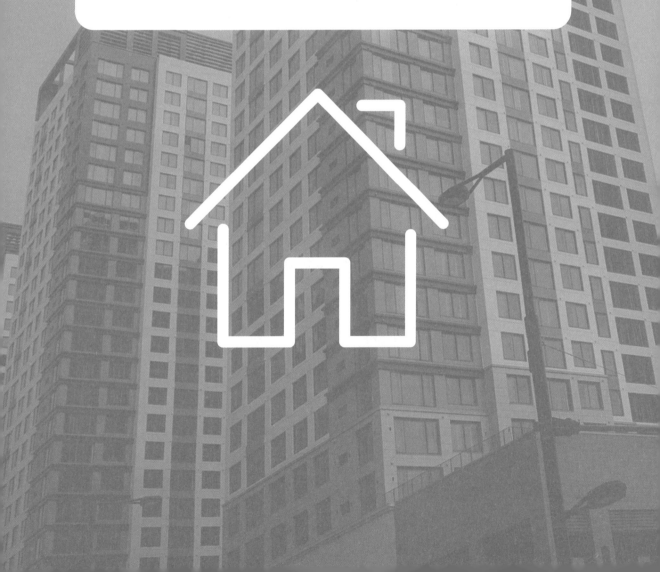

Part 14

주택 유형별 세무상 취급

단독주택, 다가구주택, 오피스텔 등 주택의 형태별로 세법상 적용이 달라지고 취득 원인이나 거래 상황에 따라 용어도 다르게 정의하고 있다.

각각의 유형별로 세법의 적용과 쟁점을 살펴보자.

❶ 주택의 유형

유형	세무상 취급
단독주택	상시 주거용으로 사용하는 공동주택이 아닌 주택
다중주택	단독주택으로 공부상 고시원 등으로 등재되어 있어도 상시 주거용으로 사용하는 경우 주택으로 취급
다가구주택	하나의 매매단위로 양도 시 단독주택으로 취급
다중생활시설	준주택으로 공부상 고시원 등으로 등재되어 있어도 세법상 상시 주거용으로 사용하는 경우 주택으로 취급
오피스텔	준주택으로 세법상 주거용으로 상시 사용 시 주택으로 취급 세무상 취급 세법상 주택은 상시 주거용으로 사용하는 건물을 주택으로 본다. 오피스텔은 건축법상 업무시설로 분류되나 상시 주거용으로 사용하는 경우 주택으로 보아 1세대 1주택 비과세 및 민특법상 장기일반임대주택으로 등록이 가능하고 주거용에서 업무용으로 또는 업무용에서 주거용으로 용도변경 시 별도의 절차 없이 가능하다. ① 주거용 오피스텔 소득세법상 사업자등록, 사업장현황신고 및 종합소득세 신고납부의무, 주택으로 재산세 부과시 종합부동산세는 주택분으로 적용받는다. ② 업무용 오피스텔 부가가치세법상 사업자등록 및 부가가치세와 종합소득세 등 신고납부 의무 ③ 취득세 취득 시는 주택 외 부동산으로 취득세를 과세한다.
국민주택	주택법상 공공기관 등이 공급하는 주택으로 세법상 다음과 같이 취급 ① 주택공급사업자: 부가가치세 신고납부의무가 없으나 국민주택규모를 초과하는 주택의 공급은 부가가치세 과세대상 재화의 공급에 해당한다. 다만, 토지의 공급은 부가가치세법상 면세대상 재화이다. ② 주택임대사업자: 주택(토지 포함)임대는 국민주택규모를 초과해도 부가가치세 면세 대상 용역의 공급에 해당한다.
임대주택	주택법상 공공임대주택과 민간임대주택으로 구분 세무상 취급 ① 과세특례 조세특례제한법상 일정 요건을 충족한 임대주택은 양도소득세 등 조세특례를 적용받을 수 있다. ② 거주주택 특례 소득세법 시행령 제155조 20항의 장기임대주택에 해당하는 경우 임대주택 외 일반주택은 거주주택 비과세 특례를 적용받을 수 있다. ③ 임대소득 비과세 1세대 1주택자의 임대소득 비과세(기준시가 12억원 초과 주택은 과세) ④ 양도소득세 중과배제 소령 제167조의3 1항 2호에 해당하는 임대주택 중과배제 ⑤ 종합부동산세 합산배제 지자체와 세무서에 사업자등록 한 일정 요건의 임대주택 종합부동산세 합산배제 ⑥ 재산세 등 경감 취득세 및 재산세가 전용면적 등에 따라 경감 가능

❷ 민특법에 따른 임대 등록

주택 유형	임대주택 등록 가능 여부	임대 등록 단위
아파트	X	전부(20.7.11. 이후 장기일반임대등록 불가)
도시형생활주택	O	호별
연립주택	O	호별
다세대주택	O	호별
단독주택	O	전부
다가구주택	O	일부 임대등록 불가 (단, 소유주 본인 거주분 제외한 나머지 모두 임대 등록 시 가능)
주거용 오피스텔	O	전부

❸ 세법상 쟁점 주택

1. 겸용주택(실지거래가 12억원 이하): 주택과 주택 외 부분으로 복합되어 있는 주택	
비과세 적용	① 주택 > 주택 외 부분: 전체를 주택으로 보아 비과세 규정을 적용하고 ② 주택 ≤ 주택 외 부분: 주택만 주택으로 보아 비과세를 판단함

2. 고가주택(실지거래가 12억원 초과 주택)	
비과세 적용	양도가액이 12억원을 초과 부분에 대해서 과세
장기보유특별공제	1세대 1주택자로서 2년 이상 거주 시 12억원 초과분에 대해서 장기보유특별공제 표2를 적용한다.
겸용 고가주택	1세대 1주택자로서 겸용주택은 주택 외 부분의 가액을 포함하여 12억원 초과 여부를 판정하며 12억원 초과시 주택 부분이 주택 외 부분보다 큰 경우에도 주택 부분만 주택으로 보아 고가주택 판단 및 장기보유특별공제 표2를 적용함

3. 입주권 & 분양권	
원조합원입주권	① 양도소득세: 주택으로 보아 일정 요건 충족 시 비과세 가능 다른 주택 양도 시 주택 수에 포함 ② 취득세: 다른 주택 취득 시 주택수에 포함
승계조합원입주권	① 양도소득세: 주택수에 포함, 주택이 아닌 권리이므로 비과세는 불가 ② 취득세: 토지 취득으로 간주, 다른 주택 취득 시 주택수 포함 관리처분인가일 등 이후 멸실 전은 주택(토지포함)으로 과세

주택분양권 (21.1.1. 이후 취득)	① 양도소득세: 21.1.1. 이후 취득분부터 주택수 계산 포함, 주택이 아닌 권리이므로 비과세는 불가 ② 취득세: 과세대상 아님
주택 외 분양권	① 양도소득세: 주택수 계산에 포함되지 않음 ② 취득세: 주택이 아닌 권리로서 취득세 과세대상 아님

4. 종전주택 & 신규주택(소득령 제155조 1항)	
비과세 적용	신규주택 취득일부터 3년 이내에 종전주택을 양도하는 경우 1주택으로 보아 비과세 규정을 적용함
종전주택	신규주택 취득 전에 보유하고 있는 주택으로 종전주택을 신규주택 취득일로부터 3년 이내 양도하고 비과세받기 위해서는 2년 이상 보유(조정대상지역에서 취득 시 2년 이상 거주요건 추가)요건을 충족해야 함
신규주택	종전주택을 보유하고 있는 상태에서 새로이 취득하는 주택 원칙적으로 종전주택 취득일로부터 1년 이상이 지나서 취득해야 함

5. 상속받은 주택	
비과세 적용	상속 당시 선순위 상속주택 외 상속 당시 보유한 1채의 일반주택 양도 시 상속주택 비과세 특례에 의해 비과세 가능
중과세 여부	5년이 경과하지 않은 선순위 상속주택은 중과배제
상속받은 농어촌주택 (소득령 155조)	피상속인이 5년 이상 거주한 일정 요건의 농어촌주택 외 1채의 일반주택 양도 시 비과세 가능. 이 경우 일반주택은 상속개시일 전후 취득 시기에 관계없이 적용함
공동상속주택	1세 1주택 비과세 판단함에 있어 소수 지분자의 공동상속주택은 거주자의 주택으로 보지 않음. 선순위 공동상속주택의 소수지분은 기한의 제한 없이 중과배제

6. 동거봉양 & 혼인합가 주택	
비과세 적용	1주택자(또는 1주택으로 보는 자)와 1주택자가 동거봉양 및 혼인으로 합가 시 합가일로부터 10년(5년) 이내 먼저 양도하는 주택은 비과세 가능
1주택으로 보는 자	1주택 외에 일시적 2주택, 상속주택 특례, 조특법상 주택수에 포함되지 않는 감면주택 등을 보유한 자

7. 소득령 제155조 7항 농어촌주택(상속받은 농어촌주택, 이농주택, 귀농주택)	
비과세 적용	일정 요건의 농어촌주택과 1개의 일반주택 보유하고 일반주택 양도 시 농어촌주택은 없는 것으로 보아 일반주택의 비과세 여부를 판단
소재 지역	수도권 밖의 지역 중 읍 지역(도시지역 안의 지역을 제외한다) 또는 면 지역에 소재하는 주택

438

8. 거주주택(소득령 제155조 20항)	
비과세 적용	장기임대주택(장기어린이집)과 1개의 거주주택을 소유하고 있는 경우로 보유기간 중 거주기간이 2년 이상 요건을 충족하고 1거주주택을 양도하는 경우 비과세 가능
직전거주주택	민특법에 따라 임대주택으로 등록하였거나 영유아보육법에 따른 인가를 받거나 같은 법에 따른 위탁을 받아 어린이집으로 사용한 사실이 있고 직전거주주택보유주택의 보유기간 중에 양도한 다른 거주주택(양도한 다른 거주주택이 2 이상인 경우에는 가장 나중에 양도한 거주주택)
직전거주주택 보유주택의 비과세	직전 거주주택이 있는 거주주택을 직전거주주택보유주택이라 하고 직전거주주택이 있는 거주주택인 경우 직전거주주택 양도일 이후의 기간분에 대해서만 비과세
계속 적용 여부	임대사업자의 거주주택 비과세 특례는 생애 한 차례만 적용

9. 대체주택(소득령 제156조의2)	
비과세 적용	1주택자가 그 주택이 도정법에 따른 재개발사업 등의 시행기간 중 거주를 위하여 취득한 주택을 재개발 등에 따라 취득하는 주택이 완성 전 또는 완성 후 3년 이내에 양도 시 1세대 1주택으로 보아 비과세 가능
거주요건	대체주택은 1년 이상 거주하여야 비과세 가능
사후관리	재개발 등에 따라 주택이 완성된 후 3년 이내 대체주택 양도 시 완성된 후 3년 이내 세대 전원 이사 및 1년 이상 거주해야 함

10. 과세특례(감면)주택-조세특례제한법상 과세특례편 참조	
과세특례 및 감면	조특법상 일정 요건 충족 시 양도세감면, 장특공, 세율, 일반주택 비과세판단 시 주택수에서 제외 등 특례를 적용
유형	장기임대주택 미분양주택 신축주택 등
내용	조특법 제97조~제99조의4의 과세특례 대상 주택 규정을 둠
1주택 비과세 판단 시 주택수에서 제외되는 특례	조세특례제한법 제98조의2 , 제98조의3 , 제98조의5 , 제98조의6 , 제98조의7 , 제98조의8, 제99조의2

11. 농어촌주택(조특법 제99조의4)	
과세특례	1세대가 03.8.1부터 25.12.31까지의 기간 중에 세법에서 정하는 1개의 농어촌주택 등을 취득(자가건설 포함)하여 3년 이상 보유하고 그 농어촌주택 취득 전에 보유하던 일반주택을 양도 시 그 농어촌주택을 해당 1세대의 소유 주택이 아닌 것으로 보아 비과세 규정을 적용
지역 요건	수도권, 도시지역 등외 읍, 면, 동(20만 이하 시) 소재(연천, 옹진군, 강화군 포함) 일반주택이 소재한 지역 및 연접지역이 아닐 것
가액 요건	취득 당시 기준시가 2억원(23년 이후 3억원) 이하(한옥 4억원)
면적 요건	단독: 대지 660m^2(21년 이후 삭제) 연면적 150m^2 이내(17년 이후 삭제) 공동주택: 116m^2(17년 이후 삭제)

12. 고향주택(조특법 제99조4)	
과세특례	1세대가 09.1.1부터 25.12.31까지의 기간 중에 세법에서 정하는 1개의 고향주택을 취득(자가건설포함)하여 3년 이상 보유하고 그 고향주택 취득 전에 보유하던 일반주택을 양도하는 경우에는 그 고향주택을 해당 1세대의 소유 주택이 아닌 것으로 보아 비과세 규정을 적용
지역 요건	수도권, 조정지역 등 외 지역에 가족관계등록부에 10년 이상 등재 및 거주 사실이 있는 인구 20만 이하 시 소재 일반주택이 소재한 지역 및 연접지역이 아닐 것
가액 요건	취득 당시 기준시가 2억원(23 이후 3억원) 이하(한옥 4억원)
면적 요건	단독: 대지 660m^2(21년 이후 삭제) 연면적150m^2 이내(17년 이후 삭제) 공동주택: 116m^2(17년 이후 삭제)

❹ 무상취득 주택

1. 증여받은 주택	
취득 시기	증여등기 접수일
양도세율	취득일부터 기산
이월과세	배우자 등으로부터 증여받은 후 10년 내 양도 시 이월과세(22년 이전 증여분 5년)
취득세	원칙적으로 매매사례가액 등 시가 인정액을 과세표준으로 함

2. 상속받은 주택	
취득 시기	상속개시일
양도세율	피상속인이 취득한 날부터 기산하여 적용
중과배제	선순위 상속받은 주택은 중과배제 단, 5년이 경과하지 않은 경우로 한정
공동상속주택	소수 지분자는 기한의 제한 없이 중과배제

일반주택	① 선순위 상속받은 주택과 1개의 일반주택 소유하고 상속개시 당시 보유한 일반주택 양도 시 상속주택 특례 적용으로 비과세 요건 충족 시 비과세 가능 ② 선순위 상속주택외 1개의 일반주택 양도 시 중과세 배제 ③ 선순위 상속주택이 아닌 경우 주택수에 포함되어 1개의 일반주택 양도 시 비과세 요건을 충족해도 비과세 불가
양도소득세	선순위 상속주택 외 1개의 일반주택은 상속주택 특례로 비과세 요건 충족 시 비과세 가능
취득세	① 시가표준액을 과세표준으로 함 ② 주택: 2.8%, 1가구 1주택: 0.8%
종합부동산세	1세대 1주택 판단 시 상속 취득한 주택 (분양권 등에 의해 완료된 신축주택 포함) 다음 어느 하나에 해당하는 경우 주택수에서 제외 　가. 과세기준일 현재 상속개시일부터 5년 미경과 주택 　나. 지분율이 40% 이하인 주택 　다. 지분율에 상당하는 공시가격이 6억원 이하

❺ 허가 및 등기 여부

무허가, 미등기 주택	
무허가 주택	무허가 주택도 주택에 포함 1주택인 경우 비과세 가능
미등기 주택	양도세율 70% 적용 비과세 요건 충족 시 미등기 주택 중 건물분은 비과세 불가하나 등기된 토지분은 비과세 가능

용어집

Part 1. 1세대 1주택 비과세

양도
자산에 대한 등기 또는 등록과 관계없이 매도, 교환, 법인에 대한 현물출자 등을 통하여 그 자산을 유상으로 사실상 이전하는 것을 말한다.

실지거래가액
자산의 양도 또는 취득 당시에 양도자와 양수자가 실제로 거래한 가액으로서 해당 자산의 양도 또는 취득과 대가관계에 있는 금전과 그 밖의 재산 가액을 말한다.

1세대
'거주자 및 그 배우자'가 그들과 같은 주소 또는 거소에서 생계를 같이 하는 자와 함께 구성하는 가족 단위를 말한다.
배우자에는 법률상 이혼을 하였으나 생계를 같이 하는 등 사실상 이혼한 것으로 보기 어려운 관계에 있는 사람을 포함하며, 당초부터 법률상 혼인관계가 아닌 사실혼 관계는 제외한다.
세법이 정한 경우에 해당하면 배우자가 없어도 1세대로 본다.
가족의 범위: 거주자 및 그 배우자
　　　　　직계존비속(배우자의 직계존비속 포함)
　　　　　형제자매(배우자의 형제자매 포함)

주택
허가 여부나 공부(公簿)상의 용도구분과 관계없이 사실상 주거용으로 사용하는 건물을 말한다. 이 경우 그 용도가 분명하지 아니하면 공부상의 용도에 따른다.

장기보유특별공제율

표1: 일반공제율

보유기간	공제율
3년 이상 4년 미만	6%
4년 이상 5년 미만	8%
5년 이상 6년 미만	10%
6년 이상 7년 미만	12%
7년 이상 8년 미만	14%
8년 이상 9년 미만	16%
9년 이상 10년 미만	18%
10년 이상 11년 미만	20%
11년 이상 12년 미만	22%
12년 이상 13년 미만	24%
13년 이상 14년 미만	26%
14년 이상 15년 미만	28%
15년 이상	30%

표2: 2년 이상 거주한 1세대 1주택자

보유기간	공제율	거주기간	공제율
3년 이상 4년 미만	12%	2년 이상 3년 미만 (보유기간 3년 이상 한정)	8%
		3년 이상 4년 미만	12%
4년 이상 5년 미만	16%	4년 이상 5년 미만	16%
5년 이상 6년 미만	20%	5년 이상 6년 미만	20%
6년 이상 7년 미만	24%	6년 이상 7년 미만	24%
7년 이상 8년 미만	28%	7년 이상 8년 미만	28%
8년 이상 9년 미만	32%	8년 이상 9년 미만	32%
9년 이상 10년 미만	36%	9년 이상 10년 미만	36%
10년 이상	40%	10년 이상	40%

*장기보유특별공제율의 표1과 표2는 본문의 모든 파트에서 동일하게 적용된다.

Part 2. 다가구주택 겸용주택 고가주택

다가구주택: 다음의 요건을 모두 갖춘 주택으로서 공동주택에 해당하지 않을 것
  1) 주택으로 쓰는 층수(지하층은 제외)가 3개 층 이하일 것. 다만, 1층의 전부 또는 일부를 필로티 구조로 하여 주차장으로 사용하고 나머지 부분을 주택(주거 목적으로 한정) 외의 용도로 쓰는 경우에는 해당 층을 주택 층수에서 제외한다.
  2) 1개 동의 주택으로 쓰이는 바닥면적의 합계가 660㎡ 이하일 것
  3) 19세대(대지 내 동별 세대수를 합한 세대를 말한다) 이하가 거주할 수 있을 것

고가주택: 실지거래가액이 12억원을 초과하는 주택

준주택: 주택 외의 건축물과 그 부속토지로서 주거시설로 이용 가능한 시설로서 기숙사, 다중생활 시설, 노인복지주택 및 오피스텔

겸용주택: 주택과 주택 외의 건물이 복합되어 있는 건물

건축면적: 건축물의 외벽의 중심선으로 둘러싸인 부분의 수평투영면적

바닥면적: 건축물의 각 층 또는 그 일부로서 벽, 기둥, 그 밖에 이와 비슷한 구획의 중심선으로 둘러싸인 부분의 수평투영면적

연면적: 하나의 건축물 각 층의 바닥면적의 합계

수평투영면적: 입체를 수평으로 투영한 면적으로 하늘에서 내려다보았을 때 보이는 면적

Part 3. 일시적 2주택 비과세 특례

종전주택: 1세대가 새로운 주택을 취득하기 전부터 보유하고 있는 1주택

신규주택

- 종전주택 취득후 새롭게 취득한 주택
- 취득 원인(매매, 상속, 증여 등)에는 제한이 없다.
- 동일세대간 증여로 인한 소유권 이전은 신규 주택 취득에 해당되지 않는다.

신규주택 취득 기간 제한

- 종전주택 취득일로부터 1년이 되는 날까지임
- 1년이 지난 이후부터 신규 주택을 취득해야 일시적 2주택 비과세 적용 가능하다.
  세법에서 정한 경우에 해당하는 경우 신규 주택 취득 기한에 대한 제한이 없다.

종전주택 양도 기한

- 신규주택 취득일로부터 종전주택 양도 시 비과세를 받을 수 있는 양도 기한

종전주택을 23.1.12. 이후 양도하는 경우 조정대상지역 여부와 무관하게 종전주택 양도 기한은 3년이 적용된다.

종전주택을 23.1.12. 전에 양도하는 경우 신규주택 취득 시 종전주택과 신규주택이 모두 조정대상지역에 소재한 경우에는 2년, 그 외에는 3년이 적용된다.

Part 4. 취학 등 부득이한 사유 비과세 특례

부득이한 사유: 기획재정부령으로 정하는 취학, 근무상의 형편, 질병의 요양, 학교폭력으로 인한 전학

부득이한 사유가 해소된 날: 취학, 근무상 형편, 질병의 요양, 그 밖의 부득이한 사유가 졸업, 퇴사 등으로 소멸된 날을 의미한다.

수도권: 서울 경기도 및 인천광역시

Part 5. 분양권의 1세대 1주택 특례

분양권

「주택법」 등 대통령령으로 정하는 법률에 따른 주택에 대한 공급계약을 통하여 주택을 공급받는 자로 선정된 지위(해당 지위를 매매 또는 증여 등의 방법으로 취득한 것을 포함한다)

소득세법 시행령 제156조의3(주택과 분양권을 소유한 경우 1세대 1주택의 특례)에서의 분양권은 주택수에 포함되는 21.1.1. 이후 취득한 분양권을 의미한다.

[참고] 대통령령으로 정하는 법률
1. 건축물의 분양에 관한 법률
2. 공공주택 특별법
3. 도시개발법
4. 도시 및 주거환경정비법
5. 빈집 및 소규모주택 정비에 관한 특례법
6. 산업입지 및 개발에 관한 법률
7. 주택법
8. 택지개발촉진법

Part 6. 입주권의 1세대 1주택 특례

조합원입주권

도정법 제74조에 따른 관리처분계획의 인가 및 빈집법 제29조에 따른 사업시행계획인가로 인하여 취득한 입주자로 선정된 지위를 말한다.

이 경우 도정법에 따른 재건축사업 또는 재개발사업, 빈집법에 따른 자율주택정비사업, 가로주택정비사업, 소규모 재건축사업 또는 소규모 재개발사업을 시행하는 정비사업조합의 조합원(같은 법 제22조에 따라 주민합의체를 구성하는 경우에는 같은 법 제2조 6호의 토지등소유자를 말한다)으로서 취득한 것(그 조합원으로부터 취득한 것을 포함한다)으로 한정하며, 이에 딸린 토지를 포함한다.

즉, 조합원입주권은 재개발사업 등을 시행하는 정비사업조합의 조합원이 당해 조합을 통해 취득한 입주자로 선정된 지위로서, 기존 건물과 토지 대신에 새로운 건물이 완성되는 때에 그 건물과 이에 부수되는 토지를 취득할 수 있는 권리를 말한다.

양도소득세 과세 시 주택수 계산에 포함되는 입주권은 조합원이 기존주택 대신에 취득하는 원조합원입주권과 제삼자가 조합원 또는 다른 제삼자로부터 취득하는 승계조합원입주권을 말하며, 일반 개인이 신규분양절차를 통하여 취득하는 분양권은 입주권에 포함되지 않는다.

Part 7. 장기임대주택 거주주택 특례

장기임대주택(거주주택 특례 대상)
소득세법 시행령 제167조의3 1항 2호에 따른 장기임대주택으로서 세무서와 시·군·구에 사업자등록하여 임대하고 있는 주택

장기어린이집
1세대의 구성원이 영유아보육법에 따른 인가 또는 위탁을 받고 고유번호를 부여받은 후 5년 이상(의무 사용 기간) 어린이집으로 사용하고 어린이집으로 사용하지 않게 된 날부터 6개월이 경과하지 않은 주택

거주주택
2년 이상 보유하고 보유기간 동안 2년 이상 거주한 주택

직전거주주택
민간임대주택에 관한 특별법에 따라 임대주택으로 등록하였거나 영유아보육법에 따른 인가를 받거나 같은 법에 따른 위탁을 받아 어린이집으로 사용한 사실이 있고 직전거주주택보유주택의 보유기간 중에 양도한 다른 거주주택(양도한 다른 거주주택이 2 이상인 경우에는 가장 나중에 양도한 거주주택)

직전거주주택보유주택

직전거주주택이 있는 거주주택(민간임대주택으로 등록한 사실이 있는 주택인 경우에는 1주택 외의 주택을 모두 양도한 후 1주택을 보유하게 된 경우로 한정)

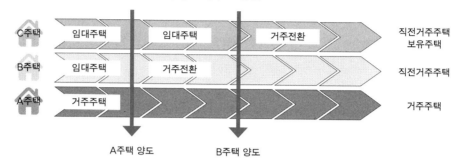

직전거주주택이란

최종적으로 임대등록에서 거주 전환되어 2년 이상 거주한 주택(C)을 처분하는 입장에서 즉, C주택의 입장에서 보면 직전(C주택 처분 전)에 다른 임대주택(B)이 거주주택으로 전환된 후 양도한 주택으로서 직전 전(B주택 처분 전)에 비과세받은 사실이 있는 거주주택(A)과 다른 거주주택(B) 중 가장 나중에 양도한 B주택을 의미한다.

자진말소

임대의무기간의 2분의 1 이상을 임대한 경우 임대의무기간 내 등록 말소 신청으로 등록이 말소된 경우(임차인 동의 필수)

자동말소

임대의무기간 종료로 자동으로 등록이 말소된 경우

민간임대주택에 관한 특별법
민간임대주택의 건설 · 공급 및 관리와 민간 주택임대사업자육성 등에 관한 사항을 정함으로써 민간임대주택의 공급을 촉진하고 국민의 주거생활을 안정시키는 것을 목적으로 하는 법률 (이하 민특법)

Part 8. 상생임대주택 특례

직전 임대차계약
주택을 취득한 후 임차인과 새로이 체결한 계약

상생 임대차계약
- 직전 임대차계약 대비 임대보증금 또는 임대료 증가율 5% 이내인 임대차계약
- 직전 임대차계약과 상생 임대차계약의 임대인은 동일해야 하나 임차인은 달라도 무관
- 직전 임대차계약과 상생 임대차계약 사이에 임대 기간의 시간적 공백(임대인 직접 거주, 공실 등) 있어도 무방

Part 9. 동거봉양(혼인)합가 특례

1세대
거주자 및 그 배우자(법률상 이혼을 하였으나 생계를 같이 하는 등 사실상 이혼한 것으로 보기 어려운 관계에 있는 사람을 포함)가 그들과 같은 주소 또는 거소에서 생계를 같이 하는 자와 함께 구성하는 가족 단위를 말한다. 다음의 경우에는 배우자가 없어도 1세대로 본다.
① 해당 거주자의 나이가 30세 이상인 경우
② 배우자가 사망하거나 이혼한 경우
③ 중위소득의 100분의 40 수준 이상으로서 소유하고 있는 주택 또는 토지를 관리·유지하면서 독립된 생계를 유지할 수 있는 경우

60세 이상 직계존속
다음 각호의 사람을 포함한다.
① 배우자의 직계존속으로서 60세 이상인 사람
② 직계존속(배우자의 직계존속을 포함한다) 중 어느 한 사람이 60세 미만인 경우
③ 국민건강보험법 시행령 별표 2 3호 가목 3), 같은 호 나목 2) 또는 같은 호 마목에 따른 요양급여를 받는 60세 미만의 직계존속(배우자의 직계존속을 포함한다)으로서 보건복지부장관이 정하여 고시하는 기준에 따라 중증질환자, 희귀·난치성 질환자 또는 결핵 환자 산정

특례 대상자로 등록되거나 재등록된 자

동거봉양합가일
사실상 합가일, 사실상 합가일이 분명하지 않은 경우 주민등록 전입일

혼인일
가족관계의 등록 등에 관한 법률에 따라 관할 지방 관서에 혼인신고한 날

Part 10. 상속주택 특례

상속인
민법에 따른 상속인을 말하며 상속에 의해 재산을 승계받는 자

피상속인
사망한 자

상속받은 주택
상속을 원인으로 취득한 주택으로서 선순위 상속주택*을 뜻한다.

그 밖의 주택 (일반주택): 상속받은 주택 외 보유주택

공동상속주택
상속인들이 지분형태로 공동으로 상속받은 주택

[참고]
*선순위 상속주택이란 피상속인의 소유 주택이 2개 이상인 경우(1개의 주택이 재건축사업 등으로 2개 이상의 주택이 된 경우를 포함한다) 피상속인을 중심으로 다음의 순서에 따라 판단한 하나의 주택이 선순위 상속주택이 되며 그 주택이 상속주택 특례 대상 상속받은 주택이다.

1) 피상속인이 소유한 기간이 가장 긴 1주택

2) 피상속인이 소유한 기간이 같은 주택이 2 이상일 경우에는 피상속인이 거주한 기간이 가장 긴 1주택

3) 피상속인이 소유한 기간 및 거주한 기간이 모두 같은 주택이 2 이상일 경우에는 피상속인이 상속개시 당시 거주한 1주택

4) 피상속인이 거주한 사실이 없는 주택으로서 소유한 기간이 같은 주택이 2 이상일 경우에는 기준시가가 가장 높은 1주택(기준시가가 같은 경우에는 상속인이 선택하는 1주택)

Part 11. 농어촌주택특례

수도권
서울특별시, 인천광역시 및 경기도

도시지역
도시지역은 국토의 계획 및 이용에 관한 법률에 의한 용도지역 중 주거 · 상업 · 공업지역 및 녹지지역

고향주택
가족관계등록부에 10년 이상 등재되고 10년 이상 거주한 사실이 있는 인구 20만 이하 시지역(연접 시와 위 10년 이상 등재 및 거주한 군의 연접한 시 포함)으로서 대통령령으로 정하는 별표 12에 따른 시 지역에 소재하는 주택 다만, 수도권, 조정대상지역, 관광단지 등은 제외한다.

구분	소득세법 시행령 제155조 7항		조세특례제한법 제99조의4	
			농어촌주택	고향주택
지역요건	수도권 밖의 지역 중 읍 지역 (도시지역 안의 지역을 제외한다) 또는 면지 역에 소재하는 주택		수도권, 도시지역 등외 읍, 면, 동(20만 이하 시) 소재(연천, 강화군, 옹진군 포함), 영남, 해남, 태안 관광레저형 기업도시개발구역	수도권, 조정지역 등 외 지역에 가족관계등록부에 10년 이상 등재 및 거주 사실이 있는 인구 20만 이하 시 소재
타지역			일반주택이 소재한 지역 및 연접지역이 아닐 것	
유형	상속	피상속인 5년 이상 거주한 주택		
	이농	이농인이 5년 이상 거주한 주택		
	귀농	3년 이상 영농 및 거주 사후관리		
가액	귀농: 취득 당시 고가주택이 아닐 것		취득 당시 기준시가 2억원(23년 이후 3억원 이하, 한옥 4억원)	
면적	귀농: 대지면적 660㎡ 이내, 1,000㎡ 이상 소유농지소재지에 주택 취득		대지: 660㎡(21년 이후 삭제) 주택: 단독 150㎡ 이내 공동주택: 116㎡(17년 이후 삭제)	
기타	귀농: 세대 전원이 이사하여 거주할 것 일반주택: 귀농주택 취득 후 5년 내 최초 양도		농어촌주택 취득 전 일반주택에 한해 특례 적용	
어업인	어업인은 농지 소유 요건은 없으며 다음의 어업인이 취득하는 농어촌주택이 대상이다. 1. 「수산업법」에 따른 신고 · 허가 · 면허 어업자 및 「양식산업발전법」에 따른 허가 · 면허 양식업자(같은 법 제10조 1항 7호의 내수면양식업 및 제43조 1항 2호의 육상 등 내수양식업을 경영하는 자는 제외한다) 2. 제1호의 자에게 고용된 어업종사자			

Part 13. 경매 세금

경매

물건을 팔고자 하는 사람(매도인)이 물건을 사고자 하는 다수의 사람(매수희망인)에게 매수의 청약을 실시해서 그중 가장 높은 가격으로 청약을 한 사람에게 물건을 매도하는 형태의 거래

법원경매

국가기관이 주체가 되는 공경매로서 법원이 집행주체가 되어 실시하는 경매. 임의경매와 강

제경매를 모두 포함.

임의경매
채권자가 채무자에게 담보로 제공받은 부동산에 설정한 저당권·근저당권·유치권·질권·전세권·담보가등기 등의 담보권을 실행하는 경매, 집행권원이 필요 없음

강제경매
실행할 담보가 없는 경우로서 법원의 집행권원을 부여받아야 경매 실시 가능

집행권원(채무명의 또는 집행명의)
– 국가의 강제력에 의해 실현될 이행청구권의 존재와 범위를 표시하고 그에 대해 강제집행을 실시할 수 있는 권리를 인정한 공정증서
– 집행력 있는 판결, 지급명령정본, 화해조서 정본 등

[참고]

부동산경매 절차	채권자의 경매 신청
	법원의 경매 개시 결정
	배당 요구의 종기 결정 및 공고
	매각 준비
	매각 방법의 지정, 매각기일 공고
	입찰자의 정보 수집 및 입찰 참여
	법원의 최고가 매수인 선정 및 매수신청보증금 반환
	법원의 매각 허가 결정
	매수인의 매각 대금 납부
	소유권이전등기 등의 촉탁, 부동산 인도 명령
	채권자에 대한 배당